Die Einziehung unbelasteter sowie sicherungsabgetretener Außenstände
im Insolvenzverfahren

Schriften zum Gesellschaftsrecht und Unternehmensinsolvenzrecht

Herausgegeben von Hans-Friedrich Müller und Peter Reiff

Band 2

PL ACADEMIC RESEARCH

Sonja Keller

Die Einziehung unbelasteter sowie sicherungsabgetretener Außenstände im Insolvenzverfahren

PL ACADEMIC RESEARCH

Bibliografische Information der Deutschen Nationalbibliothek
Die Deutsche Nationalbibliothek verzeichnet diese Publikation in der Deutschen Nationalbibliografie; detaillierte bibliografische Daten sind im Internet über http://dnb.d-nb.de abrufbar.

Zugl.: Trier, Univ., Diss., 2016

D 385
ISSN 2366-729X
ISBN 978-3-631-67631-8 (Print)
E-ISBN 978-3-653-06994-5 (E-Book)
DOI 10.3726/978-3-653-06994-5

PL Academic Research ist ein Imprint der Peter Lang GmbH.

Peter Lang – Frankfurt am Main · Bern · Bruxelles · New York · Oxford · Warszawa · Wien

Diese Publikation wurde begutachtet.

www.peterlang.com

Vorwort

Die vorliegende Arbeit wurde im Wintersemester 2015/2016 vom Fachbereich Rechtswissenschaft der Universität Trier als Dissertation angenommen. Das Manuskript wurde hinsichtlich Literatur und Rechtsprechung auf den Stand März 2016 gebracht.

Mein besonderer Dank gilt meinem Doktorvater, Herrn Prof. Dr. Diederich Eckardt, dem ich eine intensive Förderung zu verdanken habe und der mir stets mit Rat und Zuspruch zur Seite stand. Insbesondere bin ich für das kollegiale Miteinander an seinem Lehrstuhl dankbar, an dem ich als Wissenschaftliche Mitarbeiterin tätig war.

Herrn Prof. Dr. Hans-Friedrich Müller LL.M. danke ich für die zügige Erstellung des Zweitgutachtens.

Herzlicher Dank gebührt schließlich meiner Familie und meinen Freunden, die mich während meiner Promotion begleitet und unterstützt haben und damit wesentlich zum Gelingen der Arbeit beigetragen haben.

Berlin, im März 2016

Inhaltsverzeichnis

Einführung

Wird über das Vermögen des Schuldners das Insolvenzverfahren eröffnet, fällt der Blick zumeist ausschließlich auf dessen Gläubiger. Regelmäßig ist der Insolvenzschuldner jedoch nicht nur Schuldner offener Verbindlichkeiten, sondern zugleich auch selbst Gläubiger von Außenständen. Diese aus Dienstleistungen oder Warenlieferungen resultierenden Forderungen gegen Dritte, die regelmäßig einen wesentlichen Teil des schuldnerischen Gesamtvermögens ausmachen,[1] stellen lediglich die Vorstufe zu der in der Insolvenz naturgemäß dringend benötigten Barliquidität dar. Werden sie nicht oder nicht rechtzeitig eingezogen, hat dies eine Schädigung der Gesamtheit der Insolvenzgläubiger zur Folge. Die Einziehung offener Außenstände zählt daher zu den dringlichsten und wesentlichsten Aufgaben des Insolvenzverwalters, der die Insolvenzmasse gemäß § 80 Abs. 1 InsO zu verwalten und über sie zu verfügen hat. In der Praxis ergeben sich für den Insolvenzverwalter jedoch zahlreiche Rechtsfragen, die Gegenstand der vorliegenden Arbeit sein werden.

Etwa findet der Insolvenzverwalter in der Regel einen Betrieb vor, in dem der Schuldner einen Großteil seiner Forderungen zur Kreditsicherung – als verlängerter Eigentumsvorbehalt zur Sicherung eines Warenkredits, in Form von Globalzessionen oder als Singularzession zur Sicherung von Geldkrediten – abgetreten hat. Diese Forderungen sind gemäß §§ 51 Nr. 1 Alt. 2, 50 Abs. 1 InsO mit einem Absonderungsrecht belastet – Forderungsinhaber ist der Sicherungszessionar. Ungeachtet dessen ermächtigt § 166 Abs. 2 InsO den Insolvenzverwalter zur Verwertung. Der knappe Wortlaut der Vorschrift lässt wesentliche Fragen jedoch offen.

So ist in § 166 Abs. 2 InsO nicht ausdrücklich entschieden, ob neben dem Insolvenzverwalter auch der absonderungsberechtigte Gläubiger zur Verwertung berechtigt ist oder ob die Verwertungsbefugnis des Insolvenzverwalters diejenige des Absonderungsberechtigten ab dem Zeitpunkt der Verfahrenseröffnung verdrängt. Ohne nähere Begründung wird zumeist angenommen, dass ausschließlich der Insolvenzverwalter verwertungsberechtigt sei und dass der Absonderungsberechtigte jegliche Verwertungsbefugnis verliere.[2] Auf Bedenken stößt dies allerdings nicht nur wegen des Wortlauts von § 166 Abs. 2 InsO. Insbesondere die Tatsache, dass die Sicherungszession ihrem Inhaber eine grundrechtlich geschützte Eigentumsposition i.S.d. Art. 14 GG vermittelt, verlangt eine überzeugende Begründung für die Annahme, der Sicherungszessionar verliere seine Verwertungsbefugnis infolge der Verfahrenseröffnung.

---

1 MünchKomm-InsO/*Haarmeyer*, § 22 Rn. 54.

2 S. etwa *Berger*, FS Fischer, S. 1, 6; *Bork*, Einführung in das Insolvenzrecht, Rn. 305; Braun/*Dithmar*, § 166 Rn. 18; FK-InsO/*Wegener*, § 166 Rn. 8; HK/*Landfermann*, § 166 Rn. 34 ff.; *Lüke*, FS Fischer, S. 353, 357; Uhlenbruck/*Brinkmann*, § 166 Rn. 32.

Überdies bereitet die Durchführung der Verwertung Schwierigkeiten. Verwertet der Insolvenzverwalter eine sicherungsabgetretene Forderung nach § 166 Abs. 2 InsO, ordnet § 170 Abs. 1 S. 2 InsO an, dass der absonderungsberechtigte Gläubiger – nach dem Abzug von Kostenbeiträgen zugunsten der Insolvenzmasse – unverzüglich aus dem Verwertungserlös zu befriedigen ist. Uneinigkeit besteht jedoch im Hinblick auf die Rechtsstellung des absonderungsberechtigten Gläubigers. Zwar steht dem gesicherten Gläubiger nach herrschender Meinung in Literatur und Rechtsprechung ein Vorzugsrecht am Erlös zu,[3] an einer dogmatischen Begründung hierfür fehlt es in aller Regel aber.

Nicht abschließend geklärt sind ferner die Voraussetzungen der Verwertungsbefugnis des Insolvenzverwalters. Um den absonderungsberechtigten Gläubiger zu schützen, legt das Gesetz dem Insolvenzverwalter während der Durchführung der Verwertung bestimmte Pflichten auf, §§ 167 ff. InsO. Aus dem Gesetz ergibt sich allerdings nicht, ob die Einhaltung dieser Vorgaben Voraussetzung der Verwertungsbefugnis ist, sodass eine Verletzung der §§ 167 ff. InsO die Verwertung durch den Insolvenzverwalter insgesamt zu einer „unberechtigten“ macht,[4] oder ob die Verwertungsbefugnis unabhängig von der Einhaltung der Verfahrensregelungen ist.[5]

Darüber hinaus stellt sich die Frage, wie Fälle zu behandeln sind, in denen der Insolvenzverwalter eine Forderung verwertet, die weder nach § 80 Abs. 1 InsO noch nach § 166 Abs. 2 InsO in seine Verwertungsmacht fällt. In Betracht kommen etwa Forderungen, die der Schuldner vor Verfahrenseröffnung verpfändet hat.

Bedeutung erlangt die Einziehung von Außenständen indes nicht nur im eröffneten Verfahren. Bereits während des Insolvenzeröffnungsverfahrens bietet die Einziehung offener Außenstände oftmals die einzige Möglichkeit, die für die Verfahrenseröffnung benötigten finanziellen Mittel aus dem schuldnerischen Unternehmen zu generieren und die gesetzlich geforderte Betriebsfortführung zu ermöglichen. Diesbezüglich wird je nach der Ausgestaltung der Rechtsstellung des vorläufigen Insolvenzverwalters zu untersuchen sein, ob der spätere Insolvenzschuldner die Befugnis zur Geltendmachung offener Außenstände behält, oder ob die Einziehungsbefugnis ebenso wie im eröffneten Verfahren auf den vorläufigen Insolvenzverwalter übergeht.

In Parallele zum eröffneten Insolvenzverfahren bereitet auch während des Insolvenzeröffnungsverfahrens vor allem die Einziehung zur Sicherheit abgetretener

---

3 S. u. a. BGH NZI 2009, 165, 166 (Rn. 18); *Berger,* KTS 2007, 433, 443 f.; *Ganter/Bitter,* ZIP 2005, 93, 98 f.; HK/*Landfermann,* § 170 Rn. 9; Jaeger/*Henckel,* Vor §§ 49–52 Rn. 55; K/P/B/*Flöther,* § 170 Rn. 8; MünchKomm-InsO/*Ganter,* Vor §§ 49–52 Rn. 64 ff.; MünchKomm-InsO/*Tetzlaff,* § 170 Rn. 38; Uhlenbruck/*Brinkmann,* § 170 Rn. 10.

4 So *Gundlach/Frenzel/Schmidt,* DZWIR 2001, 140, 143; *dies.,* ZInsO 2001, 537, 538; ebenso MünchKomm-InsO/*Tetzlaff,* § 168 Rn. 23.

5 So die ganz überwiegende Auffassung, s. etwa *Berger,* KTS 2007, 433, 445 f.; *Ganter,* NZI 2005, 1, 8; Gottwald/*Adolphsen,* § 42 Rn. 175; *Harder,* Insolvenzrechtliche Surrogation, Rn. 381; HK/*Landfermann,* § 168 Rn. 6; MünchKomm-InsO/*Ganter,* § 48 Rn. 30; Uhlenbruck/*Brinkmann,* § 168 Rn. 3.

Forderungen Schwierigkeiten. Zwar ist die unter der Geltung der KO umstrittene Frage, ob das Insolvenzgericht die Forderungseinziehung durch den Sicherungszessionar untersagen und den vorläufigen Insolvenzverwalter zur Einziehung ermächtigen kann, seit Einführung des § 21 Abs. 2 S. 1 Nr. 5 InsO obsolet, weil die Vorschrift dies nun ausdrücklich anordnet. Dennoch blieben im Hinblick auf die Einziehung sicherungsabgetretener Außenstände während des Insolvenzeröffnungsverfahrens wesentliche Fragen offen. So benennt § 21 Abs. 2 S. 1 Nr. 5 InsO weder die Voraussetzungen für eine Anordnung eindeutig noch sind die Rechtsfolgen einer Anordnung hinreichend geregelt. Praktische Bedeutung erlangt insbesondere die Frage, ob die eingezogenen Forderungsbeträge zur Betriebsfortführung eingesetzt werden dürfen.

Da Anordnungen nach § 21 Abs. 2 S. 1 Nr. 5 InsO in der Praxis häufig nicht getroffen werden,[6] weil Insolvenzgerichte bestimmen müssen, auf welche Forderungen sich die Anordnung bezieht, welche Gläubiger erfasst sein sollen sowie im Einzelnen prüfen und darlegen müssen, dass die Maßnahme geeignet, erforderlich und angemessen ist,[7] wird ferner zu untersuchen sein, inwieweit gesicherte Gläubiger ihre Verwertungsbefugnisse im Insolvenzeröffnungsverfahren ausüben können, wenn keine gerichtliche Anordnung nach § 21 Abs. 2 S. 1 Nr. 5 InsO erlassen wurde.

Übergreifend stellt sich die Frage nach der Anwendbarkeit von Schuldnerschutzvorschriften. Denn in der Praxis dürfte es an der Tagesordnung sein, dass Drittschuldner noch nach der Anordnung von Verfügungsbeschränkungen oder sogar noch nach Verfahrenseröffnung an den nicht mehr empfangsberechtigten Insolvenzschuldner oder den nicht mehr empfangszuständigen Sicherungszessionar statt an die Masse leisten. Dementsprechend ist die Frage, unter welchen Voraussetzungen Drittschuldner von ihrer Verbindlichkeit gegenüber der Insolvenzmasse befreit werden, sowohl für den Insolvenzverwalter als auch für den leistenden Drittschuldner von großer Relevanz.

Diese Aufzählung an Rechtsfragen mag genügen, um zu verdeutlichen, dass sich in der Praxis bei der Einziehung von Außenständen zahlreiche Probleme ergeben. Zwar befassen sich Rechtsprechung und Literatur, wozu vor allem die Aufsatzliteratur zu zählen ist, zum Teil mit den auftretenden Fragen. An einer Arbeit, die sich der Thematik umfassend widmet, fehlt es trotz der hohen praktischen Relevanz bislang allerdings. Das Bedürfnis nach einer eingehenden, strukturierten Darstellung wird insbesondere auch dadurch deutlich, dass sich die einschlägigen Kommentierungen zumeist in einer Wiedergabe der – sofern vorhandenen – Rechtsprechung erschöpfen, eine vertiefende Auseinandersetzung mit den einzelnen Rechtsfragen jedoch vermissen lassen.

Ziel der vorliegenden Arbeit ist es daher, diese Lücke in der insolvenzrechtlichen Literatur zu schließen, indem sie sich nicht nur mit Einzelaspekten beschäftigt, sondern die Materie erstmals in ihrer Gesamtheit beleuchtet und sich in diesem Zuge kritisch mit sämtlichen auftretenden Problemen auseinandersetzt. Dabei erhebt die

---

6 So *Flöther/Wehner*, NZI 2010, 554, 555.

7 BGHZ 183, 269, 273 = NZI 2010, 95.

Arbeit nicht den Anspruch, einen handbuchartigen Überblick für die insolvenzrechtliche Praxis zu bieten. Ziel der Abhandlung ist es vielmehr, die bestehenden Rechtsfragen am bisherigen Erkenntnisstand orientiert dogmatisch argumentativ zu untersuchen.

Hierzu werden sowohl die Einziehung von Außenständen im eröffneten Verfahren als auch die Einziehung während des Insolvenzeröffnungsverfahrens untersucht. Neben der Einziehung unbelasteter Forderungen wird es in beiden Stadien um die Einziehung sicherungsabgetretener Außenstände gehen. Entsprechend lässt sich der Aufbau dieser Abhandlung, die sich in zwei Hauptteile gliedert, skizzieren: In einem ersten Teil behandelt die Arbeit die Forderungseinziehung im eröffneten Insolvenzverfahren, wobei anfangs die Einziehung unbelasteter Außenstände untersucht wird. Nachfolgend wird die Einziehung zur Sicherheit abgetretener Forderungen dargestellt. Nach Ausführungen zur Teleologie des § 166 Abs. 2 InsO sowie einer Darstellung des Anwendungsbereichs der Vorschrift folgt eine eingehende Untersuchung der Rechtsfolgen von § 166 Abs. 2 InsO. Im Anschluss daran widmet sich die Arbeit der Durchführung der Verwertung. Den Gegenstand des zweiten Teils wird die Forderungseinziehung während des Insolvenzeröffnungsverfahrens bilden. Nachdem auch hier zunächst die Einziehung unbelasteter Außenstände erörtert wird, setzt sich die Arbeit mit der Einziehung zur Sicherheit abgetretener Forderungen auseinander. Untersucht wird zunächst die Rechtslage bei Erlass einer gerichtlichen Anordnung nach § 21 Abs. 2 S. 1 Nr. 5 InsO, bevor die Rechtslage ohne gerichtliche Anordnung in den Blick genommen wird.

1. Teil: Die Einziehung von Außenständen im eröffneten Insolvenzverfahren

§ 1 Die Einziehung unbelasteter Außenstände im eröffneten Verfahren

Im folgenden ersten Abschnitt der Abhandlung wird die Einziehung unbelasteter Außenstände im eröffneten Insolvenzverfahren beleuchtet. Hier wird es zunächst um die Forderungsverwertung durch den Insolvenzverwalter gehen, wobei sowohl die materiell-rechtlichen Verwertungsmöglichkeiten als auch die prozessuale Seite der Forderungsdurchsetzung dargestellt werden. Anschließend beschäftigt sich die Arbeit mit der Frage, unter welchen Voraussetzungen Drittschuldner von ihrer Leistungspflicht gegenüber der Masse befreit werden, wenn sie an den Insolvenzschuldner statt an die Masse leisten.

A. Forderungsverwertung durch den Insolvenzverwalter

Der Insolvenzverwalter hat gemäß § 148 Abs. 1 InsO die Aufgabe, das gesamte zur Insolvenzmasse gehörende Vermögen in Besitz und Verwaltung zu nehmen. Hieraus resultiert die Pflicht, offene, nicht zur Sicherheit an Geld- oder Warenkreditgeber abgetretene Forderungen, die dem Schuldner gegen Dritte zustehen, geltend zu machen.[8] Sofern die Gläubiger nichts anderes beschlossen haben, begründet zudem § 159 InsO ab dem Berichtstermin eine gesetzliche Verwertungspflicht, nach welcher der Insolvenzverwalter noch nicht eingezogene Forderungen unverzüglich zu verwerten hat. Die für die Einziehung erforderliche Verwaltungs- und Verfügungsbefugnis ist gemäß § 80 Abs. 1 InsO mit der Eröffnung des Insolvenzverfahrens auf den Insolvenzverwalter übergegangen.

I. Ermittlung von Ansprüchen

Die Einziehungspflicht des Insolvenzverwalters bezieht sich nicht nur auf Forderungen, die sich ohne Weiteres aus der Buchhaltung des Schuldners ergeben oder in einer von diesem aufgestellten Vermögensübersicht enthalten sind, sondern auch auf solche, die einer besonderen Feststellung bedürfen. Der Insolvenzverwalter ist daher verpflichtet, die Existenz von Ansprüchen zu ermitteln.[9]

Da die Ermittlung unbekannter Ansprüche regelmäßig eine erhebliche Arbeitsbelastung für den Insolvenzverwalter bedeutet, ist er dazu berechtigt, die Ermittlung

8 Statt aller *Bork*, Einführung in das Insolvenzrecht, Rn. 232; K/P/B/*Holzer*, § 148 Rn. 12; MünchKomm-InsO/*Füchsl/Weishäupl/Jaffeé*, § 148 Rn. 41; Uhlenbruck/*Sinz*, § 148 Rn. 7.

9 *Bork*, ZIP 2005, 1120, 1122 f.; K/P/B/*Holzer*, § 148 Rn. 12.

auf Dritte zu delegieren. Dafür, dass es sich bei der Ermittlung offener Außenstände um eine höchstpersönliche und damit nicht übertragbare Aufgabe des Insolvenzverwalters handelt, sind keine Anhaltspunkte ersichtlich.[10] Der Insolvenzverwalter muss auch keinen Vergütungsabschlag befürchten. Denn sofern es um mehr als die Durchsicht der vorhandenen Buchhaltung des Schuldners geht – die zweifellos zu den Regelaufgaben des Insolvenzverwalters zählt –, handelt es sich bei der Ermittlung unbekannter Forderungen, die aus der Buchhaltung des Schuldners nicht ohne Weiteres hervorgehen, um eine besondere Aufgabe i.S.d. § 4 Abs. 1 S. 3 InsVV.[11] Der Insolvenzverwalter kann Personal also direkt für die Masse einstellen, sodass die daraus resultierenden Entgeltansprüche als Masseverbindlichkeiten i.S.d. § 55 Abs. 1 Nr. 1 InsO entstehen.[12]

II. Verwertungsmöglichkeiten

Da die Verwaltungs- und Verfügungsbefugnis umfassend auf den Insolvenzverwalter übertragen wird, entscheidet er eigenverantwortlich und selbstständig darüber, auf welche Art er offene Forderungen verwertet. Im Folgenden werden die verschiedenen Verwertungsmöglichkeiten, die dem Insolvenzverwalter zur Verfügung stehen, dargestellt.

1. Forderungsverkauf

In der Regel werden Forderungen verwertet, indem sie eingezogen werden. Da der Insolvenzverwalter orientiert an einer optimalen Gläubigerbefriedigung grundsätzlich sämtliche Möglichkeiten optimaler Verwertung ausschöpfen kann und auszuschöpfen hat,[13] ist neben der Forderungseinziehung aber auch die Verwertung in anderer Weise möglich.[14] In Betracht kommt etwa der Verkauf an ein echtes Factoring-Unternehmen. Ein Forderungsverkauf zum Nennwert wird in der Regel jedoch kaum realisierbar, sondern stets mit Abschlägen verbunden sein, sodass anzunehmen ist, dass ein Verkauf dem Zustimmungserfordernis des § 160 Abs. 1 InsO unterworfen ist, falls wesentliche Teile des Forderungsbestands betroffen sind.[15]

---

10 *Bork,* ZIP 2005, 1120, 1123.

11 *Bork,* ZIP 2005, 1120, 1123 f.

12 Im Allgemeinen dazu BK-InsO/*Blersch,* § 4 InsVV Rn. 9 ff.; MünchKomm-InsO/*Riedel,* § 4 InsVV Rn. 9 ff.

13 OLG Düsseldorf KTS 1973, 270, 271 f.; BK-InsO/*Breutigam,* § 159 Rn. 6; *Häsemeyer,* Insolvenzrecht, Rn. 13.36; K/P/B/*Onusseit,* § 159 Rn. 4b; MünchKomm-InsO/*Görg/Janssen,* § 159 Rn. 9; Uhlenbruck/*Zipperer,* § 159 Rn. 3.

14 Andres/Leithaus/*Andres,* § 159 Rn. 2; Karsten Schmidt-InsO/*Jungmann,* § 159 Rn. 13; MünchKomm-InsO/*Görg/Janssen,* § 159 Rn. 10; N/R/*Balthasar,* § 159 Rn. 15; N/R/*Wittkowski/Kruth,* § 80 Rn. 85.

15 N/R/*Balthasar,* § 159 Rn. 15.

2. *Inkassozession und Einziehungsermächtigung*

Der Insolvenzverwalter kann die Forderung ferner verwerten, indem er sie an ein Inkassounternehmen abtritt, das die Forderung als Rechtsinhaber im eigenen Namen für den Insolvenzverwalter einzieht, sich aber dazu verpflichtet, den eingezogenen Erlös abzüglich einer Provision an die Insolvenzmasse abzuführen.[16]

Darüber hinaus hat der Insolvenzverwalter die Möglichkeit, einem Dritten eine Einziehungsermächtigung zu erteilen.[17] Hierdurch erhält der Dritte die Befugnis, die Forderung im eigenen Namen einzuziehen, ohne dass die Forderung an den Dritten abgetreten wird.[18] Zu beachten ist allerdings, dass das Risiko der Uneinbringbarkeit der Forderung in beiden Fällen bei der Masse verbleibt.

3. *Vergleichsbefugnis des Insolvenzverwalters*

Der Insolvenzverwalter ist überdies dazu berechtigt, zur Vermeidung gerichtlicher Auseinandersetzungen oder im streitigen Verfahren einen Vergleich mit dem Drittschuldner zu schließen. In diesem Fall unterwirft § 160 Abs. 2 Nr. 3 InsO den Vergleichsschluss wegen des darin regelmäßig enthaltenen Verzichts sowie der besonderen Reichweite für die Ansprüche der Gläubiger dem Zustimmungserfordernis.

Schließt der Verwalter einen Vergleich ohne die Zustimmung des Gläubigerausschusses, hat dies in aller Regel keine Auswirkung auf die Wirksamkeit des Vergleichsschlusses, § 164 InsO. Die Unwirksamkeit kann sich jedoch aus den allgemeinen Regeln zur Unwirksamkeit rechtswidrigen Verwalterhandelns ergeben. Denn obwohl die Rechtsmacht des Insolvenzverwalters im Außenverhältnis grundsätzlich unbeschränkt ist, sind nach allgemeiner Auffassung Handlungen des Verwalters unwirksam, wenn sie evident gegen den Zweck des Insolvenzverfahrens verstoßen und die Insolvenzzweckwidrigkeit für den Geschäftspartner ohne Weiteres erkennbar ist.[19]

---

16 MünchKomm-InsO/*Ott/Vuia*, § 80 Rn. 52. Allgemein zur Inkassozession s. *Bülow*, Recht der Kreditsicherheiten, Rn. 1147; Jauernig/*Stürner*, § 398 Rn. 24 f.

17 Die Einziehungsermächtigung ist anerkannt, obwohl die Einziehung einer Forderung streng genommen keine Verfügung über die Forderung darstellt, s. nur BGHZ 4, 153, 164 = NJW 1952, 337; BGHZ 389, 394 = NJW 1978, 1375; MünchKomm-BGB/*Bayreuther*, § 185 Rn. 34 ff.; Palandt/*Grüneberg*, § 398 Rn. 32. *Rüssmann*, JuS 1972, 169 ff. sieht die Einziehungsermächtigung als eine richterliche Rechtsschöpfung an, wohingegen *Bülow*, Recht der Kreditsicherheiten, Rn. 1450 die Einziehungsermächtigung als vertrautes und gepflegtes Rechtsinstitut des deutschen Privatrechts ansieht, die als „mandatum ad agendum" bereits im römischen Recht existiert habe, sodass es einer Rechtsfortbildung nicht bedürfe.

18 Zur Abgrenzung zwischen der Inkassozession und der Einziehungsermächtigung s. BGH WM 1985, 613.

19 Die Rechtsprechung zieht zur Begründung die Regeln über den Missbrauch der Vertretungsmacht heran, s. BGHZ 150, 353, 360 f. = NZI 2002, 375; BGH NZI 2013, 347, 348; BGH NZI 2014, 121, 122; OLG Celle ZIP 2006, 1364; zur Insolvenzzweckwidrigkeit

4. Freigabe

Hält der Insolvenzverwalter eine Forderung für unverwertbar, ist er außerdem dazu berechtigt, die Forderung freizugeben. Die Freigabe führt dazu, dass die Forderung in das insolvenzfreie Vermögen des Schuldners zurückfällt, sodass dieser (wieder) unbeschränkt darüber verfügen kann.[20] Die Freigabeerklärung erfolgt durch einseitige empfangsbedürftige Willenserklärung gegenüber dem Schuldner.[21]

5. Modifizierte Freigabe

Fraglich ist, ob für den Insolvenzverwalter neben den aufgezeigten Verwertungsarten auch die Möglichkeit besteht, eine Forderung mit der Abrede freizugeben, dass der Schuldner das Recht einklagt und das Erlangte für den Fall des Prozessgewinns ganz oder zum Teil an die Insolvenzmasse abführt. In diesem Fall spricht man von einer „modifizierten oder fiduziarischen“ Freigabe. Für den Insolvenzverwalter ist diese Möglichkeit besonders günstig, weil die Masse nicht das Prozess- und Kostenrisiko zu tragen hat, während gewährleistet ist, dass der in der Forderung verkörperte Wert im Falle des Obsiegens der Masse zusteht. Die Zulässigkeit einer solchen Freigabe ist allerdings umstritten.

Der BGH hat entsprechende Gestaltungen zwar grundsätzlich anerkannt, beurteilt sie aber nach den zur Prozessstandschaft entwickelten Grundsätzen.[22] Eine Freigabewirkung derartiger Vereinbarung scheide aus, weil der Insolvenzverwalter den wirtschaftlichen Wert der Forderung nicht aus den Händen geben wolle. In der Literatur wird eine Freigabe verbunden mit der Verpflichtung des Schuldners, den erlangten Betrag an die Masse abzuführen, demgegenüber in den Grenzen des § 138 BGB zum Teil für zulässig gehalten.[23] Begründet wird dies mit einer Parallele zur Inkassozession. Durch die Freigabe entstehe eine ähnliche Rechtslage wie bei der Zession, weil der Anspruch aus der Masse in das insolvenzfreie Vermögen des

---

s. auch HambKomm/*Kuleisa,* § 80 Rn. 21; Jaeger/*Windel,* § 80 Rn. 252; Karsten Schmidt-InsO/*Sternal,* § 80 Rn. 34; MünchKomm-InsO/*Ott/Vuia,* § 80 Rn. 61; N/R/*Wittkowski/Kruth,* § 80 Rn. 121; *Preuß,* NZI 2003, 625 ff.; *Spickhoff,* KTS 2000, 15 ff.; s. ferner K/P/B/*Lüke,* § 80 Rn. 30, wonach es auf die Erkennbarkeit für den Dritten nicht ankommen soll. Zum früheren Recht *Jauernig,* FS Weber, S. 307.

20 BGHZ 35, 180, 181 = NJW 1961, 1528; MünchKomm-InsO/*Ott/Vuia,* § 80 Rn. 65; MünchKomm-InsO/*Peters,* § 35 Rn. 85; Uhlenbruck/*Hirte,* § 35 Rn. 71.

21 S. nur BGHZ 127, 156, 163 = NJW 1994, 3232; Uhlenbruck/*Hirte,* § 35 Rn. 73 m.w.N.

22 BGHZ 35, 180, 182 ff. = NJW 1961, 1528; BGHZ 38, 281, 283 ff. = NJW 1963, 297. Zur gewillkürten Prozessstandschaft des Schuldners sogleich unter § 1 A.II.6., S. 10 ff.

23 *Benckendorff,* Kölner Schrift, 43. Kapitel Rn. 13; *Brehm,* JR 1988, 16; HambKomm/*Lüdtke,* § 35 Rn. 55; *Kuhn,* WM 1964, 998; N/R/*Wittkowski/Kruth,* § 80 Rn. 100; *Weber,* JZ 1963, 223, 224; abl. HambKomm/*Kuleisa,* § 80 Rn. 45; *Häsemeyer,* Insolvenzrecht, Rn. 13.16; Jaeger/*Windel,* § 80 Rn. 33; K/P/B/*Lüke,* § 80 Rn. 98; Uhlenbruck/*Hirte,* § 35 Rn. 87; Uhlenbruck/*Mock,* § 80 Rn. 232.

Schuldners überführt werde.[24] Ebenso wie eine Zession mit der schuldrechtlichen Nebenabrede verbunden werden könne, das Erlangte an die Masse abzuführen, müsse auch eine Freigabe mit einer Nebenabrede verbunden werden können.

Die Parallele zur Inkassozession überzeugt jedoch nicht. Zwar trägt der Vergleich insoweit, als die Forderung sowohl bei der Abtretung als auch bei der Freigabe dinglich in das Vermögen des Zessionars bzw. des Schuldners übergeht, sodass dieser die Forderung im eigenen Namen einklagen kann.[25] Der Inkassozessionar führt den Rechtsstreit aber anders als der Schuldner nicht aus eigenem Interesse an der Forderung, sondern um an dem Inkasso zu verdienen. Die Interessenlagen sind daher von vornherein verschieden.[26] Hinzu kommt, dass dem Inkassozessionar im Innenverhältnis ein Befreiungs- und Aufwendungsersatzanspruch im Hinblick auf vorgelegte und dem Gegner zu erstattende Kosten zusteht, §§ 675 i.V.m. 670 BGB.[27] Dem Schuldner wird regelmäßig kein Erstattungsanspruch gegen die Masse zustehen, hängt doch die Vereinbarung einer modifizierten Freigabe in der Regel mit einer Verschiebung des Kostenrisikos im Falle des Unterliegens zusammen. Wird aber der Kostenerstattungsanspruch des Schuldners ausgeschlossen, so stößt die Freigabe an die Grenze der vorsätzlich sittenwidrigen Gläubigerschädigung, weil der Gläubiger im Falle des Obsiegens nur einen Kostenanspruch gegen den Insolvenzschuldner persönlich besitzt.[28] In dieser Form wäre sie also gemäß § 138 BGB nichtig.

Darüber hinaus bewirkt die Inkassozession anders als die Freigabe keine Veränderung in der Haftungslage. Der Inkassozessionar ist Treuhänder, sodass der Zedent einer Vollstreckung durch Gläubiger des Zessionars im Wege der Drittwiderspruchsklage nach § 771 ZPO widersprechen kann.[29] Demgegenüber werden durch die Freigabe Vermögensgegenstände und Rechte dauerhaft aus dem Insolvenzbeschlag in das insolvenzfreie Vermögen des Schuldners überführt, sodass dieser unbeschränkt darüber verfügen kann.[30] Dies ist im Falle der modifizierten Freigabe aber gerade nicht gewollt. Die Forderung bzw. der Erlös soll nicht in das insolvenzfreie Vermögen des Schuldners übergeleitet werden, sondern der Insolvenzmasse zur Verfügung stehen. Soll die Forderung nur treuhänderisch übertragen werden, fehlt es aber an

---

24 So *Weber*, JZ 1963, 223, 224; ebenfalls auf die Inkassozession hinweisend *Brehm*, JR 1988, 16.

25 Der Inkassozessionar klagt aus eigenem Recht, sodass die Klage nach h.M. kein schutzwürdiges Eigeninteresse voraussetzt, s. BGH NJW 1980, 991; BGHZ 102, 293, 298 = NJW 1988, 1210; OLG Düsseldorf NJW-RR 1998, 1317, 1318; Stein/Jonas/*Bork*, Vor § 50 Rn. 26; Zöller/*Vollkommer*, ZPO, Vor § 50 Rn. 48 m.w.N.; a.A. MünchKomm-ZPO/*Lindacher*, Vor §§ 50 ff. Rn. 74.

26 Jaeger/*Windel*, § 80 Rn. 33.

27 Kausalgeschäft der Abtretung ist eine Geschäftsbesorgung nach § 675 BGB.

28 Jaeger/*Windel*, § 80 Rn. 33; *K. Schmidt/Schulz*, ZIP 1982, 1015, 1022; MünchKomm-InsO/*Ott/Vuia*, § 80 Rn. 72; vgl. auch K/P/B/*Lüke*, § 80 Rn. 98.

29 S. nur Jauernig/*Stürner*, § 398 Rn. 24; MünchKomm-BGB/*Roth/Kieninger*, § 398 Rn. 44.

30 S. oben Fn. 20.

der erforderlichen haftungsrechtlich relevanten Vermögensverschiebung.[31] Diese ist für eine Freigabe unerlässlich. Damit schließen sich Freigabe und treuhänderische Übertragung aus.

6. *Gewillkürte Prozessstandschaft des Schuldners*

Will der Insolvenzverwalter eine massezugehörige Forderung nicht freigeben, die Masse aber auch nicht mit dem Prozess- und Kostenrisiko belasten, stellt sich die Frage, ob er den Schuldner dazu ermächtigen kann, über eine massezugehörige Forderung zu prozessieren. Die Rechtsprechung[32] und die überwiegende Auffassung in der Literatur[33] halten dies nach den Regeln über die gewillkürte Prozessstandschaft grundsätzlich für zulässig. Das nach den allgemeinen Grundsätzen der gewillkürten Prozessstandschaft erforderliche eigene schutzwürdige Interesse des Schuldners wird dabei auf verschiedene Weise begründet. So soll ein Eigeninteresse des Schuldners bestehen, wenn abzusehen sei, dass nach der Befriedigung der Gläubiger für den Schuldner ein Masseüberschuss verbleibe.[34] Ein schutzwürdiges Interesse sei auch dann gegeben, wenn es sich als zweifelhaft erweise, ob die Klageforderung zur Masse oder zum freien Vermögen des Schuldners gehöre.[35] Ein Eigeninteresse des Schuldners wird des Weiteren im Hinblick auf die Nachhaftung nach § 201 InsO bejaht. Der Schuldner habe ein schutzwürdiges Interesse daran, seine Verbindlichkeiten durch Beitreibung aller Forderungen zu tilgen.[36] Anerkannt wird ein Eigeninteresse außerdem, weil der Schuldner in der Lage bleiben müsse

---

31 BGHZ 35, 180, 181 = NJW 1961, 1528; Jaeger/*Windel*, § 80 Rn. 33; anders *Weber*, JZ 1963, 223, 224, der anführt, die obligatorische Nebenabrede könne der Freigabe nicht die dingliche Wirksamkeit nehmen.

32 BGHZ 35, 180 = NJW 1961, 1528; BGHZ 38, 281 = NJW 1963, 297 (zur Nachlassverwaltung); BGHZ 96, 151 = NJW 1986, 850; BGHZ 100, 217 = NJW 1987, 2018.

33 *Brehm*, JR 1988, 16; HambKomm/*Kuleisa*, § 80 Rn. 46; HK/*Kayser*, § 80 Rn. 41; HK/*Ries*, § 35 Rn. 61; *Kuhn*, WM 1964, 998; *ders.*, WM 1969, 226; *Marotzke*, EWiR 1987, 725; K/P/B/*Lüke*, § 80 Rn. 58; MünchKomm-InsO/*Ott/Vuia*, § 80 Rn. 81; N/R/*Wittkowski/Kruth*, § 80 Rn. 25; Uhlenbruck/*Mock*, § 80 Rn. 181 ff.; i.E. ebenso, allerdings mit abweichender Begründung *Diederichsen*, KTS 1963, 94, 103; abl. *Häsemeyer*, Insolvenzrecht, Rn. 10.44; Jaeger/*Windel*, § 80 Rn. 216 ff.; *Koch*, JZ 1987, 991; Uhlenbruck/*Hirte*, § 35 Rn. 87; *Weber*, JZ 1963, 223 f.

34 HambKomm/*Kuleisa*, § 80 Rn. 46; HK/*Kayser*, § 80 Rn. 42; Jaeger/*Henckel* KO, § 6 Rn. 126, 128; abl. Jaeger/*Windel*, § 80 Rn. 220.

35 So BGH KTS 1965, 236, 237; HambKomm/*Kuleisa*, § 80 Rn. 46; HK/*Kayser*, § 80 Rn. 42; K/P/B/*Lüke*, § 80 Rn. 58; MünchKomm-InsO/*Ott/Vuia*, § 80 Rn. 81; Uhlenbruck/*Mock*, § 80 Rn. 182; abl. Jaeger/*Windel*, § 80 Rn. 219; N/R/*Wittkowski/Kruth*, § 80 Rn. 28.

36 BGHZ 100, 217, 220 = NJW 1987, 2018, zustimmend *Marotzke*, EWiR 1987, 725, 726; *Brehm*, JR 1988, 16; HambKomm/*Kuleisa*, § 80 Rn. 46; HK/*Kayser*, § 80 Rn. 42; HK/*Ries*, § 35 Rn. 61; MünchKomm-InsO/*Ott/Vuia*, § 80 Rn. 81; N/R/*Wittkowski/Kruth*, § 80 Rn. 28; K/P/B/*Lüke*, § 80 Rn. 58, 97; Uhlenbruck/*Mock*, § 80 Rn. 182; *Weber*, JZ 1963, 223, 225; a.A. Jaeger/*Windel*, § 80 Rn. 220.

zu verhindern, dass der Insolvenzverwalter die Führung aussichtsreicher Prozesse verweigert.[37]

Hinsichtlich der Zulässigkeit der Prozessstandschaft des Schuldners ist zunächst festzuhalten, dass es sich jedenfalls nicht um eine „echte“ gewillkürte Prozessstandschaft handeln kann, weil diese dazu berechtigt, ein fremdes Recht im eigenen Namen geltend zu machen. Der Schuldner ist aber kein Dritter, der kraft Ermächtigung über ein fremdes Rechts prozessiert. Als Rechtsinhaber klagt er vielmehr sein eigenes Recht ein. Insofern ließe sich die Anwendung der Regeln über die Prozessstandschaft nur mit der veränderten Lage im Hinblick auf die Verwaltungs- und Verfügungsbefugnis rechtfertigen,[38] wobei es sich genau betrachtet um eine Rückermächtigung handeln würde, weil die eigene Prozessführungsbefugnis des Schuldners wieder in Kraft träte.

Die gewillkürte Prozessstandschaft des Schuldners ist allerdings ebenso abzulehnen wie die modifizierte Freigabe.[39] Für die Beurteilung der Zulässigkeit kann es jedenfalls nicht darauf ankommen, ob ein eigenes rechtliches Interesse des Schuldners daran besteht, die Forderung einzuklagen. Denn ein Eigeninteresse des Schuldners als materiell-rechtlicher Forderungsinhaber wird stets gegeben sein, sodass das Erfordernis des Eigeninteresses als Korrektiv gegen missbräuchliche Verschiebungen des Prozessrisikos von der Masse auf das insolvenzfreie Vermögen ausfällt.[40] Zwar versagt auch die h.M. der Ermächtigung die Wirksamkeit, wenn die Prozessstandschaft ausschließlich dazu dient, das Prozesskostenrisiko auf den Gegner zu verlagern.[41] Doch spricht gegen die Zulässigkeit der Prozessstandschaft, dass dem Schuldner keine Befugnisse übertragen werden können, die ihm mit Insolvenzeröffnung kraft Gesetzes entzogen werden. §§ 80, 81 InsO schließen den Einfluss des Schuldners auf die Masse aus. Ab dem Zeitpunkt der Verfahrenseröffnung ist dieser nicht mehr zur eigenmächtigen Prozessführung über massezugehörige Rechte befugt. Die Vorschriften sind zwingend und können nicht durch eine Vereinbarung zwischen Insolvenzverwalter und Schuldner abbedungen werden.[42] Hiergegen spricht auch nicht, dass der Insolvenzverwalter sich bei der Erfüllung seiner Pflichten gemäß § 97 InsO der Hilfe des Schuldners bedienen kann. Zwar ist dies unstreitig, allerdings kann aus § 97 InsO nicht der Schluss gezogen werden, dass dem Schuldner Befugnisse eingeräumt werden können, die ihm mit Insolvenzeröffnung

37 *Diederichsen,* KTS 1963, 94, 98; abl. Jaeger/*Windel,* § 80 Rn. 222.

38 So der BGH, s. BGHZ 35, 180, 183 = NJW 1961, 1528; BGHZ 38, 281, 283 = NJW 1963, 297; vgl. auch K/P/B/*Lüke,* § 80 Rn. 97; kritisch dazu *Diederichsen,* KTS 1963, 94, 95.

39 Zur modifizierten Freigabe oben § 1 A.II.5., S. 8 f.

40 *Häsemeyer,* Insolvenzrecht, Rn. 10.44; Jaeger/*Windel,* § 80 Rn. 218.

41 BGHZ 35, 180, 183 = NJW 1961, 1528; BGHZ 38, 281, 287 = NJW 1963, 297; BGHZ 100, 217, 221 = NJW 1987, 2018; K/P/B/*Lüke,* § 80 Rn. 97; N/R/*Wittkowski/Kruth,* § 80 Rn. 27; Uhlenbruck/*Mock,* § 80 Rn. 183.

42 Jaeger/*Windel,* § 80 Rn. 216; *Weber,* JZ 1963, 223, 225; vgl. auch *Koch,* JZ 1987, 991; a.A der BGH, s. BGH KTS 1965, 236, 237; BGHZ 35, 180, 183 f. = NJW 1961, 1528; *Kuhn,* WM 1969, 226.

kraft Gesetzes entzogen wurden.[43] Die Anerkennung einer gewillkürten Prozessstandschaft des Schuldners scheitert damit im Ergebnis an den §§ 80, 81 InsO.

III. Prozessuale Geltendmachung

Sollten Drittschuldner die Zahlung verweigern, ist der Insolvenzverwalter auch dazu ermächtigt, Forderungen gerichtlich durchzusetzen.[44] Über die Frage, ob er das Prozessrisiko für die Masse eingehen will, entscheidet der Insolvenzverwalter nach pflichtgemäßem Ermessen.[45] Für die Entscheidung sind die Interessen aller Verfahrensbeteiligten zu berücksichtigen.

1. Prozessführungsbefugnis des Insolvenzverwalters

Die Prozessführungsbefugnis des Insolvenzverwalters folgt ebenso wie die materiell-rechtliche Verwertungsbefugnis aus § 80 Abs. 1 InsO.[46] Der Insolvenzverwalter tritt als gesetzlicher Prozessstandschafter – als Partei kraft Amtes – für die Masse auf.[47] Massebezogene Prozesse führt er daher im eigenen Namen.

Der Insolvenzschuldner, der infolge der Verfahrenseröffnung das Recht verliert, das zur Insolvenzmasse gehörende Vermögen zu verwalten und über es zu verfügen, verliert auch die Befugnis, Prozesse mit Wirkung für und gegen die Masse zu

---

43 Ebenso *Weber,* JZ 1963, 223, 225; anders wohl der BGH, s. BGHZ 35, 180, 183 f. = NJW 1961, 1528; zustimmend *Diederichsen,* KTS 1963, 94, 102.

44 S. statt aller K/P/B/*Lüke,* § 85 Rn. 26; MünchKomm-InsO/*Brandes/Schoppmeyer,* § 60 Rn. 14; N/R/*Rein,* § 60 Rn. 47; Uhlenbruck/*Sinz,* § 148 Rn. 7.

45 So *Häsemeyer,* Insolvenzrecht, Rn. 13.22.

46 Im Rahmen dieser Abhandlung wird der heute in Rechtsprechung und Literatur nahezu ausnahmslos vertretenen „Amtstheorie“ gefolgt, s. u. a. BVerfGE 27, 326, 333; BVerfGE 51, 405, 409; RGZ 29, 29 ff.; BGHZ 24, 393, 396 = NJW 1957, 1361; BGHZ 32, 114, 118 = NJW 1960, 1006; BGHZ 49, 11, 16 = NJW 1968, 300; BGHZ 51, 125, 128 = NJW 1969, 424; BGHZ 88, 331, 334 = NJW 1984, 739; BGHZ 100, 346, 351 = NJW 1987, 3133; BGH ZInsO 2006, 260 (Rn. 6); aus der Literatur s. statt vieler *Bork,* Einführung in das Insolvenzrecht, Rn. 78; *Häsemeyer,* Insolvenzrecht, 15.06; *Henckel,* Parteilehre, S. 118 ff.; HK/*Kayser,* § 80 Rn. 14; K/P/B/*Lüke,* § 80 Rn. 37, 38; *Pohlmann,* Befugnisse und Funktionen des vorläufigen Insolvenzverwalters, Rn. 546 ff.

47 RGZ 29, 29, 37; BGHZ 88, 331, 334 = NJW 1984, 1341; BGHZ 121, 179, 184 = NJW 1993, 663; BGHZ 185, 11, 23 = NZI 2010, 811; *Baur/Stürner/Bruns,* Zwangsvollstreckungsrecht, Rn. 17.12; *Bork,* Einführung in das Insolvenzrecht, Rn. 78; *Damerius,* Das Schicksal schwebender Verfahren des Insolvenzschuldners, S. 29; Gottwald/*Eckardt,* § 32 Rn. 1; Karsten Schmidt-InsO/*Sternal,* § 80 Rn. 37; MünchKomm-ZPO/*Lindacher,* Vor §§ 50 ff. Rn. 44; *Rückert,* Einwirkung des Insolvenzverfahrens auf schwebende Prozesse, S. 12 ff.; Zöller/*Vollkommer,* ZPO, Vor § 50 Rn. 21; s. auch *Jacoby,* Das private Amt, S. 281 ff., 298 ff.

führen.[48] Er ist ab dem Zeitpunkt der Verfahrenseröffnung von der Prozessführung ausgeschlossen.

2. Klageerhebung des Schuldners vor Verfahrenseröffnung

In beinahe jedem Verfahren wird der Schuldner bereits vor der Verfahrenseröffnung gerichtliche Schritte zur Durchsetzung von Forderungen angestrengt haben. Prozessual tritt der Insolvenzverwalter kraft Gesetzes in das zwischen Schuldner und Gegner bestehende Prozessrechtsverhältnis ein; er erlangt damit die gleiche Rechtsstellung, die der Schuldner bisher innehatte.[49] Es findet folglich ein gesetzlicher Parteiwechsel statt.[50]

a) Unterbrechung rechtshängiger Verfahren, § 240 S. 1 ZPO

Der eingetretene Parteiwechsel bedarf einer verfahrensrechtlichen Absicherung, denn er bedingt ein Bedürfnis der Parteien, sich auf die durch die Insolvenz rechtlich und wirtschaftlich veränderte Situation einzustellen und sich ein Bild von den Erfolgsaussichten der weiteren Prozessführung zu machen.[51] Für den Insolvenzverwalter besteht diese Notwendigkeit insbesondere, weil die Kosten eines aufgenommen Rechtsstreits, unabhängig davon, ob sie vor Eintritt des Insolvenzverwalters in den Prozess oder erst später entstanden sind, eine Masseverbindlichkeit nach § 55 Abs. 1 S. 1 InsO bilden.[52] Aufgrund dessen werden bereits begonnene Prozesse nicht

---

48 BGH NZI 2013, 641, 642 (Rn. 12); *Damerius,* Das Schicksal schwebender Verfahren des Insolvenzschuldners, S. 30 f.; Gottwald/*Eckardt,* § 32 Rn. 1; HK/*Kayser,* § 80 Rn. 23; MünchKomm-ZPO/*Lindacher,* Vor §§ 50 ff. Rn. 44; *Rückert,* Einwirkung des Insolvenzverfahrens auf schwebende Prozesse, S. 12 ff.

49 *Rückert,* Einwirkung des Insolvenzverfahrens auf schwebende Prozesse, S. 28, 36; *Schink,* Jura 1985, 291, 296.

50 Der Parteiwechsel vollzieht sich kraft Gesetzes mit Verfahrenseröffnung s. RGZ 53, 8, 10; BGH NJW 1997, 1445; BGH NZI 2009, 169, 171 (Rn. 16); BAG ZInsO 2001, 727, 728; BFH NZI 2000, 504; OLG Celle ZIP 2011, 2127, 2128; Gottwald/*Eckardt,* § 32 Rn. 80; *Meyer,* NZI 2005, 9, 12; MünchKomm-InsO/*Schumacher,* § 85 Rn. 15; *Rückert,* Einwirkung des Insolvenzverfahrens auf schwebende Prozesse, S. 24 ff.; *Schink,* Jura 1985, 291, 296; Uhlenbruck/*Mock,* § 80 Rn. 175; Zöller/*Greger,* ZPO, § 240 Rn. 1; anders jedoch *Henckel,* JZ 1992, 645, 650; *ders.* Parteilehre S. 150 f.; K/P/B/*Lüke,* § 85 Rn. 57; Musielak/*Stadler,* § 240 Rn. 1; Stein/Jonas/*Roth,* § 240 Rn. 1: Übergang der Parteistellung als Folge der Prozessaufnahme.

51 Zum Normzweck des § 240 ZPO s. BGH NZI 2012, 572, 575 (Rn. 46); BGH NZI 2012, 625 (Rn. 7); BGH NZI 2013, 747, 748 (Rn. 15); *Damerius,* Das Schicksal schwebender Verfahren des Insolvenzschuldners, S. 41; Gottwald/*Eckardt,* § 32 Rn. 81; Jaeger/*Windel,* § 85 Rn. 2; MünchKomm-ZPO/*Gehrlein,* § 240 Rn. 1; Musielak/*Stadler,* § 240 Rn. 1; *Rückert,* Einwirkung des Insolvenzverfahrens auf schwebende Prozesse, S. 11.

52 Gottwald/*Eckardt,* § 32 Rn. 146; Jaeger/*Henckel,* § 55 Rn. 21; Jaeger/*Windel,* § 85 Rn. 139; L/S/Z/*Smid,* § 85 Rn. 19.

übergangslos mit dem Insolvenzverwalter als neuer Partei fortgeführt, sondern gemäß § 240 S. 1 ZPO kraft Gesetzes unterbrochen.[53]

b) Ende der Unterbrechungswirkung

Die Unterbrechung eines rechtshängigen Verfahrens gemäß § 240 S. 1 ZPO dauert an, bis der Rechtsstreit aufgenommen wird. Diesbezüglich erklärt § 240 S. 1 ZPO die einschlägigen Vorschriften der §§ 85–87 InsO für maßgeblich. Hat der Schuldner Ansprüche gegen Dritte verfolgt und beansprucht er damit ein Recht zugunsten der Insolvenzmasse, so handelt es sich um einen Aktivprozess i.S.v. § 85 InsO. In diesem Fall besteht ausschließlich für den Insolvenzverwalter die Möglichkeit, den Rechtsstreit in der Lage, in der er sich befindet, aufzunehmen, § 85 Abs. 1 S. 1 InsO. Nimmt der Insolvenzverwalter den Prozess auf, endet die Unterbrechung.

Die Entscheidung über die Aufnahme des Prozesses, die zu den höchstpersönlichen Aufgaben des Insolvenzverwalters zählt,[54] hat dieser nach pflichtgemäßem Ermessen zu treffen. Maßgebendes Entscheidungskriterium ist das Interesse der Insolvenzmasse und damit das der Insolvenzgläubiger.[55] Zu beachten sind die Erfolgsaussichten in tatsächlicher sowie rechtlicher Hinsicht und die Finanzierbarkeit der zu zahlenden Prozesskosten im Falle des Unterliegens.[56] Die Aufnahme eines Prozesses mit erheblichem Streitwert bedarf gemäß § 160 Abs. 2 Nr. 3 InsO der Zustimmung des Gläubigerausschusses.

Sollte ein Interesse der Masse an der Aufnahme des Rechtsstreits nicht vorhanden sein, etwa weil ein hohes Prozessrisiko für die streitbefangene Forderung besteht, ist der Insolvenzverwalter im Übrigen auch dazu berechtigt, die Aufnahme des Rechtsstreits abzulehnen. In diesem Fall können sowohl der Schuldner als auch der Prozessgegner den Rechtsstreit aufnehmen, § 85 Abs. 2 InsO. Da der Insolvenzverwalter durch die Ablehnung der Prozessaufnahme erklärt, dass die Masse an der streitbefangenen Forderung nicht interessiert sei, ist die Ablehnung der Aufnahme notwendig mit der Freigabe der im Streit befindlichen Forderung verbunden.[57] Sie bewirkt daher, dass die Forderung wieder zum insolvenzfreien Vermögen des Schuldners zählt, für das der Schuldner sowohl die Verfügungs- als auch die Prozessführungsbefugnis besitzt.

---

53 Nach überwiegender Auffassung werden nur rechtshängige Prozesse unterbrochen, s. BGH NZI 2009, 169 (Rn. 9); *Damerius,* Das Schicksal schwebender Verfahren des Insolvenzschuldners, S. 66; Gottwald/*Eckardt,* § 32 Rn. 80; HK/*Kayser,* § 85 Rn. 10 f.; K/P/B/*Lüke,* § 85 Rn. 21; MünchKomm-InsO/*Schumacher,* § 85 Rn. 1; a.A. Jaeger/*Windel,* § 85 Rn. 3 ff.: Anhängigkeit genügt.

54 S. nur BGHZ 198, 225, 228 = NZI 2013, 1022.

55 Gottwald/*Eckardt,* § 32 Rn. 141; Jaeger/*Windel,* § 85 Rn. 127.

56 Jaeger/*Windel,* § 85 Rn. 127.

57 BGHZ 163, 32, 36 = NZI 2005, 387; BGH NZI 2007, 173, 174 (Rn. 18); *Bork,* Einführung in das Insolvenzrecht, Rn. 222; *Henckel,* FS Kreft, S. 291, 303 f.; HK/*Kayser,* § 85 Rn. 62; L/S/Z/*Smid,* § 85 Rn. 21; *Rückert,* Einwirkung des Insolvenzverfahrens auf schwebende Prozesse, S. 138.

IV. Forderungsdurchsetzung als insolvenzspezifische Pflicht i.S.d. § 60 InsO

Die – notfalls gerichtliche – Durchsetzung offener Außenstände sowie die Ermittlung von unbekannten Forderungen zählen zu den insolvenzspezifischen Pflichten i.S.d. § 60 Abs. 1 InsO. Macht der Insolvenzverwalter werthaltige Forderungen schuldhaft nicht geltend, führt dies daher zu einer Schadensersatzpflicht nach § 60 Abs. 1 InsO.[58] Den Gläubigern entsteht infolge der unterlassenen Einziehung ein Quotenschaden, der gemäß § 92 S. 2 InsO durch einen Sonderinsolvenzverwalter geltend zu machen ist.

Die Reichweite der Pflicht zur Forderungsdurchsetzung – und damit das Haftungsrisiko für den Insolvenzverwalter – besteht jedoch nicht unbegrenzt. So ist der Insolvenzverwalter nicht verpflichtet, Forderungen gerichtlich durchzusetzen, wenn die Prozessführung von vornherein keinen Erfolg verspricht.[59] Das ist etwa dann der Fall, wenn damit zu rechnen ist, dass der Beklagte sich mit Einreden oder rechtsvernichtenden Einwendungen verteidigen wird.[60]

Im Gegenteil wird man eine Pflichtverletzung annehmen müssen, wenn der Insolvenzverwalter einen Prozess trotz mangelnder Erfolgsaussicht schuldhaft führt und der Insolvenzmasse dadurch ein Schaden entsteht.[61] Um jedoch zu vermeiden, dass aussichtsreiche, wenngleich nicht völlig risikolose Prozesse unterlassen werden, dürfen keine zu strengen Anforderungen an die Sorgfaltspflichten des Insolvenzverwalters gestellt werden.[62] Insofern kann der in der Rechtsprechung[63] vertretenen Ansicht, wonach eine Pflichtverletzung bereits dann vorliegen soll, wenn die Wahrscheinlichkeit, dass der Prozess gewonnen werde, nicht mindestens 50 % betragen habe, nicht gefolgt werden. Vielmehr ist anzunehmen, dass eine überwiegende Erfolgswahrscheinlichkeit nicht verlangt werden kann, sondern eine sachgerechte Gesamtbewertung der Erfolgsaussichten stattzufinden hat.[64] Letztlich wird der Insolvenzverwalter die Erfolgsaussichten des Prozesses stets mit der

---

58 BGH NJW 1994, 323, 324; BGH NZI 2009, 771, 772 (Rn. 12); *Bork*, ZIP 2005, 1120, 1121; K/P/B/*Lüke*, § 60 Rn. 23a; *Lüke*, Persönliche Haftung des Verwalters in der Insolvenz, Rn. 223; MünchKomm-InsO/*Brandes/Schoppmeyer*, § 60 Rn. 14; N/R/*Rein*, § 60 Rn. 47; Uhlenbruck/*Sinz*, § 60 Rn. 14.

59 So die allg. Auffassung, s. BGH NJW 1994, 323, 324; BGHZ 148, 175, 179 = NZI 2001, 533; *Bork*, Einführung in das Insolvenzrecht, Rn. 233 (Fn. 2); *ders.*, ZIP 2005, 1120, 1121; HK/*Lohmann*, § 60 Rn. 9; Jaeger/*Gerhardt*, § 60 Rn. 80; MünchKomm-InsO/*Füchsl/Weishäupl/Jaffeé*, § 148 Rn. 41; MünchKomm-InsO/*Brandes/Schoppmeyer*, § 60 Rn. 14; N/R/*Rein*, § 60 Rn. 47; Uhlenbruck/*Sinz*, § 148 Rn. 7.

60 OLG Koblenz ZIP 1993, 52, 53 f.; *Bork*, ZIP 2005, 1120, 1121.

61 S. u. a. *Bork*, ZIP 2005, 1120, 1121; MünchKomm-InsO/*Brandes/Schoppmeyer*, § 60 Rn. 14; Uhlenbruck/*Sinz*, § 60 Rn. 14.

62 *Braun*, EWiR 1995, 905, 906; L/S/Z/*Smid/Leonhardt*, § 60 Rn. 22; zustimmend *Bork*, ZIP 2005, 1120, 1121.

63 Zu eng OLG Hamm ZIP 1995, 1436, 1437, dazu *Braun*, EWiR 1995, 905 f.

64 *Bork*, ZIP 2005, 1120, 1121; MünchKomm-InsO/*Brandes/Schoppmeyer*, § 60 Rn. 14.

gebotenen Sorgfalt zu prüfen[65] und als „ordentlicher und gewissenhafter Insolvenzverwalter“ zu beurteilen haben (§ 60 Abs. 1 S. 2 InsO), wobei ihm in Bezug auf die Erfolgsaussichten ein Beurteilungsspielraum und hinsichtlich der Prozessführung pflichtgemäßes Ermessen einzuräumen ist.[66]

Neben den Erfolgsaussichten des Prozesses sind ferner die Vollstreckungsaussichten zu beachten.[67] Der Insolvenzverwalter ist daher von seiner Pflicht zur Forderungsdurchsetzung entbunden, wenn eine Vollstreckung von vornherein ausgeschlossen ist. Eine Pflicht zur Forderungsdurchsetzung ist überdies zu verneinen, wenn der Prozess nicht von nennenswertem wirtschaftlichem Interesse ist.[68] Prozesse, die für die Quote von vornherein bedeutungslos sind, braucht der Insolvenzverwalter daher ebenfalls nicht zu führen.

Auch eine Haftung gegenüber dem Prozessgegner für den Fall, dass dieser den Prozess gewinnt, sein Kostenerstattungsanspruch wegen Masseunzulänglichkeit jedoch nicht befriedigt wird, scheidet aus. Denn die InsO begründet keine Verpflichtung des Insolvenzverwalters, die Interessen des Prozessgegners an einer Erstattung seiner Kosten zu berücksichtigen, sodass eine insolvenzspezifische Pflichtverletzung nicht vorliegt.[69] Insofern ist der Insolvenzverwalter nicht dazu verpflichtet, die Führung eines aussichtsreichen Prozesses wegen Masseunzulänglichkeit zu unterlassen.

V. Mitwirkungspflichten des Insolvenzschuldners

Da der Insolvenzverwalter seiner Pflicht, offene Außenstände zu ermitteln und einzuziehen, meist nicht ohne die Mitwirkung des Insolvenzschuldners nachzukommen vermag, besteht für den Schuldner eine umfassende Auskunftspflicht, § 97 Abs. 1 InsO.[70] In Ergänzung der Auskunftspflicht ist der Schuldner darüber hinaus auch dazu verpflichtet, den Insolvenzverwalter bei der Einziehung zu unterstützen, § 97 Abs. 2 InsO.[71]

---

65 *Bork,* ZIP 2005, 1120, 1121; Jaeger/*Gerhardt,* § 60 Rn. 80.

66 *Bork,* ZIP 2005, 1120, 1121; zust. Jaeger/*Gerhardt,* § 60 Rn. 80; s. auch *Häsemeyer,* Insolvenzrecht, Rn. 13.22, wonach die Frage der Prozessführung im pflichtgemäßen Ermessen des Insolvenzverwalters steht.

67 BGHZ 148, 175, 179 = NZI 2001, 533; *Bork,* ZIP 2005, 1120, 1122; MünchKomm-InsO/*Füchsl/Weishäupl/Jaffeé,* § 148 Rn. 41; Uhlenbruck/*Sinz,* § 148 Rn. 7.

68 BGH NJW 1994, 323, 324; BGHZ 148, 175, 179 = NZI 2001, 533; *Bork,* ZIP 2005, 1120, 1122.

69 BGHZ 148, 175, 178 f. = NZI 2001, 533, dazu *Pape,* EWiR 2001, 823 f.; BGHZ 161, 236, 240 = NZI 2005, 155, dazu *Pape,* ZInsO 2005, 138 ff.; OLG Köln ZIP 2008, 1131, 1133; *Adam,* DZWIR 2008, 14, 15; *Berger,* KTS 2004, 185 ff.; *Bork,* ZIP 2005, 1120, 1122; *Lüke,* ZIP 2005, 1113, 1117 f.; MünchKomm-InsO/*Brandes/Schoppmeyer,* § 60 Rn. 71; *Pape,* NJW 2007, 411, 414; Uhlenbruck/*Sinz,* § 60 Rn. 14.

70 MünchKomm-InsO/*Stephan,* § 97 Rn. 14a; Uhlenbruck/*Zipperer,* § 97 Rn. 7.

71 Braun/*Kroth,* § 97 Rn. 12.

B. Die Leistungserbringung an den Schuldner

Der Insolvenzschuldner verliert mit der Eröffnung des Insolvenzverfahrens die Verwaltungs- und Verfügungsbefugnis über das zur Insolvenzmasse gehörende Vermögen. Insofern büßt er auch sein Einziehungsrecht für offene Forderungen ein, sodass er Drittschuldner nach Verfahrenseröffnung nicht mehr auffordern darf, die Leistung an ihn als Forderungsinhaber zu erbringen.

Ist ab dem Zeitpunkt der Verfahrenseröffnung also ausschließlich der Insolvenzverwalter zur aktiven Geltendmachung von massezugehörigen Ansprüchen gegenüber Drittschuldnern berechtigt, muss aus Gründen des Masseschutzes auch die Möglichkeit, mit schuldbefreiender Wirkung an den Insolvenzschuldner zu leisten, ausgeschlossen werden.

I. Die Empfangszuständigkeit des Schuldners nach Verfahrenseröffnung

1. Grundsatz: Verlust der Empfangszuständigkeit

In die Masse fallende Forderungen können daher grundsätzlich nur durch Leistung an den Insolvenzverwalter getilgt werden. Leistet ein Drittschuldner gleichwohl an den Insolvenzschuldner, wird er von seiner Verbindlichkeit nicht befreit. Dogmatisch begründet wird dies oftmals mit der absoluten Unwirksamkeit von Verfügungen des Schuldners über massezugehörige Gegenstände, § 81 Abs. 1 S. 1 InsO. Als Verfügung wird die Annahme der Leistung durch den Schuldner betrachtet, denn der Schuldner verfüge durch die Entgegennahme über den zur Insolvenzmasse gehörenden Anspruch.[72] Allerdings bestehen berechtigte Zweifel an der Annahme, dass die Entgegennahme der Leistung eine Verfügung über die massezugehörige Forderung darstellt.[73] Uneingeschränkt zu bejahen wäre diese Aussage nur dann, wenn man hinsichtlich der Erfüllung eines Schuldverhältnisses der Vertragstheorie folgt, die zur Erfüllung neben der realen Bewirkung der Leistung einen zusätzlichen auf die Aufhebung des Schuldverhältnisses gerichteten Vertrag (Erfüllungsvertrag) fordert.[74] Schließt man sich indessen der in Schrifttum[75] und Rechtsprechung[76] herrschenden „Theorie der realen Leistungsbewirkung" an, ist unerheblich, ob eine

---

72 So etwa BK-InsO/*v. Olshausen*, § 82 Rn. 1; *Bork*, Einführung in das Insolvenzrecht, Rn. 171; *Brinkmann*, KTS 2010, 343; *Häsemeyer*, Insolvenzrecht, Rn. 10.14; HK/*Kayser*, § 82 Rn. 1; *Leithaus/Riewe*, DStR 2010, 2194; Uhlenbruck/*Mock*, § 82 Rn. 1.

73 Verneinend *Harder*, JuS 1977, 149, 150; *Larenz*, Schuldrecht, § 18 I, S. 240; MünchKomm-BGB/*Fetzer*, § 362 Rn. 8.

74 Zur beschränkten Vertragstheorie s. MünchKomm-BGB/*Fetzer*, § 362 Rn. 6 ff.; Staudinger/*Olzen*, Vor §§ 362 ff. Rn. 9.

75 S. u.a. *Larenz*, Schuldrecht, § 18 I, S. 238 ff.; *Looschelders*, Schuldrecht, Rn. 361 f.; MünchKomm-BGB/*Fetzer*, § 362 Rn. 8; Palandt/*Grüneberg*, § 362 Rn. 1; Staudinger/*Olzen*, Vor §§ 362 ff. Rn. 14.

76 S. etwa BGH NJW 1991, 1294, 1295; BGH NJW 2007, 3488, 3489 (Rn. 17); BGH ZIP 2008, 1911 1913; BGHZ 186, 269, 282 = NZI 2010, 723; BGH NZI 2014, 156, 158 (Rn. 21).

Verfügung vorliegt, weil bereits § 80 Abs. 1 InsO die – sich mit der Verfügungsmacht deckende[77] – Empfangszuständigkeit des Insolvenzschuldners zu Gunsten der Empfangszuständigkeit der Masse ausschließt.[78] Im Ergebnis stellt dies allerdings eine rein dogmatische Kontroverse dar, denn unabhängig davon, welcher Erfüllungstheorie man folgt, ist die aus §§ 80 Abs. 1, 81 InsO abzuleitende Konsequenz, dass eine Leistung, die nach Verfahrenseröffnung zur Erfüllung einer massezugehörigen Forderung an den Schuldner erbracht wird, keine schuldbefreiende Wirkung besitzt.

2. Verhältnis zum Neuerwerb i.S.d. § 35 Abs. 1 Alt. 2 InsO

Anders als unter der Geltung der KO gehört heute gemäß § 35 Abs. 1 Alt. 2 InsO auch dasjenige zur Insolvenzmasse, was der Schuldner während des Verfahrens erlangt. Vor diesem Hintergrund stellt sich die Frage, ob die Beschränkung der Erfüllungswirkung überhaupt noch gerechtfertigt ist.[79] Denn aus der Massezugehörigkeit der erfüllungsweise erfolgten Leistung könnte der Schluss gezogen werden, dass der Leistende auch dann, wenn er in Kenntnis von der Verfahrenseröffnung an den Schuldner geleistet hat, von seiner Verbindlichkeit befreit wird.

Allerdings bewirkt § 35 Abs. 1 Alt. 2 InsO lediglich die rechtliche Zugehörigkeit des Leistungsgegenstands zur Insolvenzmasse, was für den Eintritt der Erfüllungswirkung nicht ausreicht. Der Eintritt der Erfüllungswirkung setzt vielmehr voraus, dass der Leistungsgegenstand auch tatsächlich in die Insolvenzmasse gelangt.[80] Die Vorschrift des § 82 InsO gibt dieses Ergebnis vor. Denn nach dieser Regelung werden Drittschuldner, die nach der Eröffnung des Insolvenzverfahrens an den Schuldner leisten, nur dann von ihrer Leistungspflicht gegenüber der Insolvenzmasse befreit, wenn sie in Unkenntnis der Verfahrenseröffnung an den Schuldner geleistet haben. Leistungen an den Schuldner gelten damit ungeachtet der Regelung des § 35 Abs. 1 Alt. 2 InsO nicht als Erfüllung zur Insolvenzmasse.

Im Hinblick auf den Schutz der Insolvenzmasse ist allein dieses Ergebnis sachgerecht. § 82 InsO lässt sich entnehmen, dass das Risiko einer zweckwidrigen Verwendung des Leistungsgegenstands seitens des Insolvenzschuldners grundsätzlich

---

77 Bamberger/Roth/*Dennhardt*, § 362 Rn. 16; *Larenz*, Schuldrecht, § 18 I, S. 240; MünchKomm-BGB/*Fetzer*, § 362 Rn. 12; Palandt/*Grüneberg*, § 362 Rn. 4; Staudinger/*Olzen*, § 362 Rn. 37.

78 BGHZ 182, 85, 86 f. = NZI 2009, 680; BAG NJW 2014, 1839 (Rn. 8); Erman/*Buck-Heeb*, § 362 Rn. 5; Hess/*Hess*, § 82 Rn. 3; Jaeger/*Windel*, § 82 Rn. 2; MünchKomm-InsO/*Ott/Vuia*, § 82 Rn. 3; Palandt/*Grüneberg*, § 362 Rn. 4.

79 Vgl. bereits K/P/B/*Lüke*, § 82 Rn. 2 ff.; *Wagenknecht-Hose*, Vertragliche und umsatzsteuerliche Neuverbindlichkeiten des Schuldners in der Insolvenz, S. 26.

80 Braun/*Kroth*, § 82 Rn. 3; Jaeger/*Windel*, § 82 Rn. 1; *Landfermann*, Kölner Schrift[2], Rn. 17 (Fn. 18); MünchKomm-InsO/*Ott/Vuia*, § 82 Rn. 2; *Wagenknecht-Hose*, Vertragliche und umsatzsteuerliche Neuverbindlichkeiten des Schuldners in der Insolvenz, S. 27.

den Leistenden treffen soll.[81] Nur dann, wenn der Drittschuldner bei der Leistungserbringung keine Kenntnis von der Verfahrenseröffnung besitzt, verlagert sich das Beitreibungsrisiko gemäß § 82 InsO auf die Masse.

Gilt eine Leistung an den Schuldner damit ungeachtet der Regelung des § 35 Abs. 1 Alt. 2 InsO bei Kenntnis des Drittschuldners von der Verfahrenseröffnung nicht als Erfüllung an die Insolvenzmasse, wirft dies die Frage auf, ob § 35 Abs. 1 Alt. 2 InsO Leistungen an den Insolvenzschuldner nach Verfahrenseröffnung möglicherweise überhaupt nicht erfasst. Dementsprechend findet sich in der Literatur die Auffassung, der Gesetzgeber gehe offenbar davon aus, dass Leistungen auf bestehende Forderungen nicht Bestandteil der Masse werden sollen.[82]

Anhaltspunkte für diese Annahme gibt es jedoch keine. Vielmehr spricht die vom Gesetzgeber mit der Einbeziehung des Neuerwerbs verfolgte Intention der Masseanreicherung dafür, dass auch solche Leistungen als Neuerwerb erfasst werden, die ohne schuldbefreiende Wirkung an den Insolvenzschuldner erbracht werden.[83] Auch wenn die Leistung noch zu keiner tatsächlichen Massemehrung geführt hat, verstärkt doch die rechtliche Massezugehörigkeit der Leistung die Rechtsposition der Gläubiger.[84] Unerheblich ist in diesem Zusammenhang auch, dass die Leistung nach dem Konkursrecht nicht Bestandteil der Insolvenzmasse wurde.[85]

Leisten Drittschuldner nach Verfahrenseröffnung an den Insolvenzschuldner, wird folglich das an den Insolvenzschuldner Geleistete als Neuerwerb gemäß § 35 Abs. 1 Alt. 2 InsO Bestandteil der Masse, ohne dass der Drittschuldner gegenüber der Masse von seiner Leistungspflicht befreit wird. Damit gehören sowohl die Forderung gegen den Drittschuldner als auch die Leistung zur Insolvenzmasse. Eine derartige Konstellation ist dem deutschen Recht nicht fremd. So bewirkt die fehlende Empfangszuständigkeit eines Minderjährigen, dass die der Leistung zugrundeliegende Forderung nicht erlischt und der Leistende damit nicht von seiner Schuld befreit wird. Dies gilt unabhängig davon, dass der Minderjährige als Leistungsempfänger das Eigentum an dem geleisteten Gegenstand erwerben kann. Wegen des Abstraktionsprinzips ist der Eigentumserwerb für das Erlöschen bzw. das Nichterlöschen der Forderung ohne Bedeutung.

---

81 Braun/*Kroth,* § 82 Rn. 3; Hess/*Hess,* § 82 Rn. 4; HK/*Kayser,* § 82 Rn. 3; MünchKomm-InsO/*Ott/Vuia,* § 82 Rn. 1; N/R/*Wittkowski/Kruth,* § 82 Rn. 4.

82 So K/P/B/*Lüke,* § 82 Rn. 2.

83 So auch *Wagenknecht-Hose,* Vertragliche und umsatzsteuerliche Neuverbindlichkeiten des Schuldners in der Insolvenz, S. 28.

84 *Wagenknecht-Hose,* Vertragliche und umsatzsteuerliche Neuverbindlichkeiten des Schuldners in der Insolvenz, S. 28.

85 Unter der Geltung der KO trat die Massezugehörigkeit der Leistung auch nicht im Wege der Surrogation ein, weil in Kenntnis des Konkurses an den Gemeinschuldner erbrachte Leistungen die zugrunde liegende Masseforderung nicht erlöschen ließen.

3. *Die Empfangszuständigkeit des Schuldners für Leistungen auf massezugehörige Neuforderungen*

Da der Übergang der Verfügungsbefugnis auf den Insolvenzverwalter keinerlei Auswirkung auf die Rechts- und Geschäftsfähigkeit des Schuldners hat,[86] kann dieser auch nach Verfahrenseröffnung uneingeschränkt am Rechtsverkehr teilnehmen. Er ist folglich in der Lage, neue Verträge abzuschließen.[87] Dies gilt, obwohl bereits ein an den Schuldner gerichtetes Angebot auf den Abschluss eines Vertrags dogmatisch betrachtet als Rechtsposition in die Insolvenzmasse fallen müsste, § 35 Abs. 1 Alt. 2 InsO.[88] Die Annahmebefugnis läge dann gemäß § 80 Abs. 1 InsO allein beim Insolvenzverwalter; der Schuldner könnte den Vertrag nicht zustande kommen lassen. Allerdings setzt das Gesetz in § 35 Abs. 1 Alt. 2 InsO eigenständige Befugnisse des Insolvenzschuldners zum Abschluss von Verpflichtungsgeschäften offensichtlich voraus, indem auch Neuerwerb zur Masse gezogen wird.[89] Ein anderes Ergebnis würde zudem zu erheblicher Rechtsunsicherheit führen, denn das Zustandekommen eines Vertrages hinge davon ab, ob das Angebot zum Abschluss des Vertrages vom Insolvenzschuldner oder seinem Vertragspartner ausging.[90] Überdies wäre der Insolvenzschuldner entgegen der Intention des Gesetzgebers vom Geschäftsleben ausgeschlossen.[91]

Während der vertragliche Erfüllungsanspruch gegen den Drittschuldner als Neuverbindlichkeit gemäß § 35 Abs. 1 Alt. 2 InsO in die Masse fällt, bestehen nach Verfahrenseröffnung begründete (Gegenleistungs-)Ansprüche allerdings nur gegen das insolvenzfreie Vermögen des Schuldners.[92] Die Masse ist haftungsrechtlich allein

---

86 S. u. a. Braun/*Kroth*, § 80 Rn. 12; HambKomm/*Kuleisa*, § 80 Rn. 59; *Häsemeyer*, Insolvenzrecht, Rn. 9.04; Jaeger/*Windel*, § 80 Rn. 261; MünchKomm-InsO/*Ott/Vuia*, § 80 Rn. 11.

87 S. nur OLG Celle NZI 2003, 201, 202; HK/*Kayser*, § 81 Rn. 6; Jaeger/*Windel*, § 81 Rn. 7; MünchKomm-InsO/*Ott/Vuia*, § 81 Rn. 5.

88 *Windel*, KTS 1995, 367, 400.

89 *Windel*, KTS 1995, 367, 400; ebenso *Wagenknecht-Hose*, Vertragliche und umsatzsteuerliche Neuverbindlichkeiten des Schuldners in der Insolvenz, S. 24.

90 *Wagenknecht-Hose*, Vertragliche und umsatzsteuerliche Neuverbindlichkeiten des Schuldners in der Insolvenz, S. 24.

91 *Windel*, KTS 1995, 367, 400.

92 Die ganz überwiegende Auffassung lehnt eine Verpflichtung der Masse durch Neuverbindlichkeiten des Schuldners ab, s. Begr. zu § 92 RegEInsO, BT-Drucks. 12/2443, S. 135; OLG Celle NZI 2003, 201, 202; LG Erfurt NZI 2003, 40; AG Hamburg ZInsO 2005, 837; *Andres/Pape*, NZI 2005, 141, 142; *Bork*, Einführung in das Insolvenzrecht, Rn. 155; Braun/*Kroth*, § 81 Rn. 4; FK-InsO/*Wimmer-Amend*, § 81 Rn. 1; HambKomm/*Kuleisa*, § 81 Rn. 5; *Häsemeyer*, Insolvenzrecht, Rn. 9.02, 16.10, 22.05, 25.04 ff., 26.47; Jaeger/*Windel*, § 81 Rn. 7; *ders.*, KTS 1995, 367, 397; *Landfermann*, Kölner Schrift², Rn. 13; Münchkomm-InsO/*Ott/Vuia*, § 81 Rn. 5; MünchKomm-InsO/*Peters*, § 35 Rn. 60; Uhlenbruck/*Hirte*, § 35 Rn. 112; Uhlenbruck/*Mock*, § 81 Rn. 1; *Wagenknecht-Hose*, Vertragliche und umsatzsteuerliche Neuverbindlichkeiten des Schuldners in

den Insolvenzgläubigern zugewiesen, § 38 InsO; der Schuldner kann die Masse nicht mehr wirksam verpflichten. Dies führt zu der Frage, ob Anlass für eine wertungsmäßige Ausnahme vom Grundsatz der fehlenden Erfüllungswirkung besteht.

In der Literatur wird diesbezüglich die Auffassung vertreten, dem Insolvenzschuldner sei – über den durch § 82 InsO gewährten Gutglaubensschutz hinaus – die Empfangszuständigkeit zuzuerkennen, um Drittschuldner, die dem Insolvenzschuldner aus nach Verfahrenseröffnung begründeten Verbindlichkeiten verpflichtet sind, durch eine Verweisung auf das insolvenzfreie Vermögen des Insolvenzschuldners nicht rechtlos zu stellen.[93] Für Drittschuldner von Neuforderungen sei es unzumutbar, nur nach Maßgabe des § 82 InsO von ihrer Leistungspflicht befreit zu werden. Dies entspreche der Rechtslage beim Kommissionsgeschäft sowie Fällen des § 354a Abs. 1 HGB.[94] Hier besitze jeweils derjenige die Empfangszuständigkeit, der das Geschäft mit dem Drittschuldner abgeschlossen habe.

Beim Kommissionsgeschäft sei die Forderung vor der Abtretung dem Kommittenten gemäß § 392 Abs. 2 HGB bereits zugewiesen, während das Rechtsverhältnis im Übrigen gegenüber dem Kommissionär bestehe.[95] § 35 InsO führe im Insolvenzverfahren zu einer vergleichbaren Rechtslage, weil die Vorschrift einheitliche Schuldverhältnisse zerreiße.[96] Mit der Einbeziehung des Neuerwerbs würden nur die neubegründeten Aktiva der Masse gebühren, die Passiva würden ihr hingegen nicht zugewiesen, da eine Verpflichtung der Masse durch den Schuldner nach Verfahrenseröffnung nicht mehr in Betracht komme.[97]

Die Parallele zu § 354a HGB, wonach Zessionen trotz eines vereinbarten Abtretungsverbots wirksam seien, bestehe darin, dass die Forderung entgegen der Vereinbarung der Parteien und den von ihnen bei Vornahme des Rechtsgeschäfts gemachten Voraussetzungen einem anderen Vermögen – der Masse bzw. dem Vermögen des Zessionars – als dem der Vertragspartei zukommen solle.[98]

---

der Insolvenz, S. 35 ff.; nach a.A. soll eine Belastung der Masse durch Neuverbindlichkeiten des Schuldners möglich sein, s. *Maus,* ZIP 2004, 389, 391; ohne Begründung auch *Haarmeyer,* ZInsO 2007, 696, 698; *Sternal,* NJW 2007, 1909, 1911.

93 *Häsemeyer,* Insolvenzrecht, Rn. 9.27; *Windel,* KTS 1995, 367, 400 f.

94 So *Windel,* KTS 1995, 367, 400 f.

95 Beim Kommissionsgeschäft gelten die Forderungen vor der Abtretung im Verhältnis zwischen dem Kommittenten und dem Kommissionär oder dessen Gläubigern zwar als Forderungen des Kommittenten (§ 392 Abs. 2 HGB), jedoch besteht das Rechtsverhältnis im Übrigen gegenüber dem Kommissionär. Nur der Kommissionär ist berechtigt, die Leistung zu fordern, § 392 Abs. 1 InsO. Zudem besitzt er die alleinige Empfangszuständigkeit.

96 *Windel,* KTS 1995, 367, 400.

97 *Windel,* KTS 1995, 367, 397.

98 *Windel,* KTS 1995, 367, 401. Nach § 354a Abs. 1 S. 2 HGB kann der Drittschuldner trotz der Abtretung mit befreiender Wirkung an seinen bisherigen Gläubiger leisten. Dies gilt selbst dann, wenn der Schuldner Kenntnis von der Abtretung besitzt, BGH NJW-RR 2005, 624, 626; *Koller/Kindler/Roth/Morck,* § 354a Rn. 3; MünchKomm-BGB/*Roth/Kieninger,* § 399 Rn. 47; MünchKomm-HGB/*Schmidt,* § 354a Rn. 18.

Dogmatisch betrachtet soll es um die Frage gehen, ob § 82 InsO im Wege der Analogie auf Leistungen im Rahmen der vom Schuldner abgeschlossenen Umsatzgeschäfte anwendbar sei, was zur Folge habe, dass der Drittschuldner grundsätzlich in die Masse leisten müsse. Dies setzt jedoch zum einen voraus, dass der Verlust der Empfangszuständigkeit des Schuldners Rechtsfolge des § 82 InsO ist, und zum anderen, dass Leistungen auf Forderungen, die der Schuldner erst während des Verfahrens erwirbt, grundsätzlich nicht in den Anwendungsbereich von § 82 InsO fallen. Wie ausgeführt ist der Verlust der Empfangszuständigkeit jedoch Rechtsfolge des umfassenden Übergangs der Verfügungsbefugnis auf den Insolvenzverwalter gemäß § 80 Abs. 1 InsO, sodass es sich bei der Frage, ob der Schuldner die Empfangszuständigkeit für Verbindlichkeiten, die als Neuerwerb in die Masse fallen, behält, dogmatisch betrachtet um eine teleologische Reduktion des § 80 Abs. 1 InsO handelt.

Voraussetzung für eine teleologische Reduktion einer Rechtsnorm ist, dass es sich bei den von ihr erfassten Fällen um wesentlich ungleichartige Sachverhalte handelt, die auch unterschiedlich behandelt werden müssen. Eine solche Notwendigkeit kann sich dabei aus Sinn und Zweck der einzuschränkenden Norm selbst, durch den vorrangigen Zweck einer anderen Norm, durch die „Natur der Sache" oder ein vorrangiges, dem Gesetz immanentes Prinzip ergeben.[99]

Im Hinblick auf den Zweck des § 80 Abs. 1 InsO (i.V.m. § 81 InsO), die Insolvenzmasse als Haftungsobjekt zu sichern, erscheint die Empfangszuständigkeit des Schuldners für Forderungen, die der Schuldner erst während des Verfahrens erwirbt, aber gerade nicht gerechtfertigt. Denn der Insolvenzschuldner könnte sämtliche Neuforderungen mit Wirkung gegen die Masse einziehen. Die Erfüllungswirkung würde unabhängig davon eintreten, ob die Leistung später tatsächlich in die Masse gelangt. Das Risiko einer zweckwidrigen Verwendung des Leistungsgegenstands durch den Insolvenzschuldner würde damit der Insolvenzmasse aufgebürdet.[100] Das Gesetz schließt die Empfangszuständigkeit des Insolvenzschuldners jedoch bewusst im Interesse der Masse aus und begründet die alleinige Empfangszuständigkeit des Insolvenzverwalters. Die Regelung des § 82 InsO, nach welcher der Drittschuldner bei einer Leistung an den Insolvenzschuldner von seiner Leistungspflicht gegenüber der Masse befreit wird, wenn er zum Zeitpunkt der Leistung keine Kenntnis von der Verfahrenseröffnung hatte, zeigt, dass das Risiko, dass die Leistung nicht in die Masse gelangt, grundsätzlich beim leistenden Drittschuldner liegt.[101]

Des Weiteren hat der Gesetzgeber mit § 82 InsO bereits eine Regelung zum Schutz des Drittschuldners geschaffen. Die Vorschrift unterscheidet nicht danach, ob die Verbindlichkeit, auf die geleistet wurde, vor oder nach Verfahrenseröffnung entstanden ist. Dem Insolvenzschuldner die Empfangszuständigkeit über den Gutglaubensschutz nach § 82 InsO zubilligen zu wollen, erscheint daher systemwidrig.

---

99 *Larenz/Canaris,* Methodenlehre, S. 211.

100 *Wagenknecht-Hose,* Vertragliche und umsatzsteuerliche Neuverbindlichkeiten des Schuldners in der Insolvenz, S. 30.

101 S. oben Fn. 81.

Hinzu kommt, dass der in positiver Kenntnis der Verfahrenseröffnung an den Insolvenzschuldner leistende Drittschuldner nicht schutzwürdig ist, denn es wäre ihm ohne Weiteres möglich gewesen, seine Leistung von vornherein an den Insolvenzverwalter zu erbringen.[102] Dies gilt insbesondere deshalb, weil der Gutglaubensschutz des § 82 InsO sogar demjenigen zugute kommt, der in (grob-)fahrlässiger Unkenntnis an den Insolvenzschuldner leistet.[103] Der groben Fahrlässigkeit ist ferner die Kenntnis von Umständen, die auf die Insolvenzeröffnung schließen lassen, oder die Kenntnis von einem bereits gestellten Insolvenzantrag gleichzustellen.[104]

Darüber hinaus überzeugt auch die Parallele zu den §§ 392, 354a HGB nicht. § 392 Abs. 2 HGB fingiert zum Schutz des Kommittenten lediglich, dass die Forderung im Verhältnis zwischen dem Kommittenten und dem Kommissionär oder dessen Gläubigern als Forderung des Kommittenten gilt.[105] Diesem steht jedoch weder ein eigenes Forderungsrecht noch die Empfangszuständigkeit für Leistungen auf die Forderung zu. Dies ist im Insolvenzfall anders. Der Insolvenzverwalter erhält die volle Verfügungsbefugnis über die Forderung, wohingegen dem Insolvenzschuldner lediglich die „entleerte" Forderungsinhaberschaft verbleibt.[106] Vergleichbar wäre daher nur die Situation nach Abtretung der Forderung an den Kommittenten.[107] In diesem Fall ist der Kommissionär aber gerade nicht mehr empfangszuständig.

Auch die Vergleichbarkeit mit § 354a Abs. 1 HGB ist nicht gegeben. Der entscheidende Unterschied besteht darin, dass die Vereinbarung eines Abtretungsverbots grundsätzlich möglich ist, § 399 Alt. 2 BGB. Wurde ein solches vereinbart, darf der Drittschuldner auf dessen Einhaltung vertrauen, weil er mit einer Abtretung nicht rechnen musste. Die Regelung des § 354a Abs. 1 S. 2 HGB trägt dem Rechnung, indem sie gewährleistet, dass dem Drittschuldner der durch die Abtretung entstehende Mehraufwand erspart bleibt.[108] Demgegenüber besteht im Insolvenzfall keine Möglichkeit für den Drittschuldner, einen Gläubigerwechsel vertraglich auszuschließen. Die insolvenzrechtlichen Regelungen sind unabdingbar. Insofern ist die Möglichkeit

---

102 So auch *Wagenknecht-Hose,* Vertragliche und umsatzsteuerliche Neuverbindlichkeiten des Schuldners in der Insolvenz, S. 30.

103 BGH NZI 2010, 480, 481 (Rn. 10); BAG NJW 2014, 1839 (Rn. 8); OLG Düsseldorf ZInsO 2008, 44; OLG Bremen NZI 2014, 403, 405; *Bork,* DB 2012, 33, 37; Jaeger/*Windel,* § 82 Rn. 45; Karsten Schmidt-InsO/*Sternal,* § 82 Rn. 12; *Kayser,* FS Wellensiek, S. 211, 213; K/P/B/*Lüke,* § 82 Rn. 8.

104 OLG Rostock ZInsO 2006, 884, 885; Braun/*Kroth,* § 82 Rn. 9; MünchKomm-InsO/*Ott/Vuia,* § 82 Rn. 13.

105 Statt vieler Baumbach/Hopt/*Hopt,* § 392 Rn. 6; MünchKomm-HGB/*Häuser,* § 392 Rn. 1; s. auch *Karsten Schmidt,* Handelsrecht, § 31 Rn. 121 ff.

106 Dies erkennt auch *Windel,* KTS 1995, 367, 400 (Fn. 220); s. auch *Wagenknecht-Hose,* Vertragliche und umsatzsteuerliche Neuverbindlichkeiten des Schuldners in der Insolvenz, S. 32.

107 Zutreffend *Wagenknecht-Hose,* Vertragliche und umsatzsteuerliche Neuverbindlichkeiten des Schuldners in der Insolvenz, S. 32.

108 Baumbach/Hopt/*Hopt,* § 354a Rn. 2.

einer späteren Insolvenz des Vertragspartners von vornherein in Betracht zu ziehen. Die Erwartung, die Leistung in jedem Fall mit schuldbefreiender Wirkung an den Geschäftspartner erbringen zu können, ist damit nicht schutzwürdig.[109]

Die Annahme, der Drittschuldner werde von seiner Leistungspflicht auch dann befreit, wenn er zur Zeit der Leistung Kenntnis von der Verfahrenseröffnung besitzt, erscheint daher weder teleologisch gerechtfertigt noch findet sie eine Stütze im Gesetz. Im Ergebnis verliert der Insolvenzschuldner damit die Empfangszuständigkeit für Leistungen auf sämtliche massezugehörige Forderungen, unabhängig davon, ob es sich um Alt- oder Neuforderungen handelt. Eine Befreiung findet ausschließlich nach § 82 InsO statt, wenn der Drittschuldner in Unkenntnis der Verfahrenseröffnung an den Insolvenzschuldner geleistet hat.

II. Rechtsfolgen nicht befreiender Leistungen

1. Arglisteinwand des Drittschuldners

Leistet der Drittschuldner ohne schuldbefreiende Wirkung an den Insolvenzschuldner, sodass seine Verbindlichkeit gegenüber der Masse fortbesteht, so stellt sich die Frage, ob der Insolvenzverwalter zunächst einmal dazu verpflichtet ist, das Erlangte vom Insolvenzschuldner heraus zu verlangen, bevor er den Drittschuldner erneut in Anspruch nehmen kann. In der Literatur wird eine Plicht des Insolvenzverwalters, eine an den Schuldner erbrachte Leistung, auf die er noch zugreifen kann, zur Masse zu ziehen, bejaht. Unterlasse er dies, stehe dem Drittschuldner gegen ein nochmaliges Leistungsbegehren des Insolvenzverwalters der Arglisteinwand nach § 242 BGB zu.[110]

Eine Pflicht des Insolvenzverwalters zur vorrangigen Inanspruchnahme des Insolvenzschuldners lässt sich dem Gesetz jedoch nicht entnehmen.[111] Zwar verpflichtet § 148 Abs. 1 InsO den Insolvenzverwalter, massezugehörige Forderungen einzuziehen, allerdings besteht diese Pflicht allein im Interesse der Insolvenzmasse, nicht hingegen im Interesse des Drittschuldners.[112] Eine Verpflichtung des Insolvenzverwalters zur primären Inanspruchnahme des Insolvenzschuldners kann daher allenfalls gegenüber der Masse bestehen, wenn etwa die Einziehung beim Schuldner

---

109 *Wagenknecht-Hose,* Vertragliche und umsatzsteuerliche Neuverbindlichkeiten des Schuldners in der Insolvenz, S. 33.

110 Braun/*Kroth,* § 82 Rn. 4; *Häsemeyer,* Insolvenzrecht, Rn. 10.14 (Fn. 54); Karsten Schmidt-InsO/*Sternal,* § 82 Rn. 8; L/S/Z/*Smid,* § 82 Rn. 11; Uhlenbruck/*Mock,* § 82 Rn. 20; differenzierend BK-InsO/*v. Olshausen,* § 82 Rn. 13; FK-InsO/*Wimmer-Amend,* § 82 Rn. 25; Gottwald/*Eickmann,* § 31 Rn. 102; HK/*Kayser,* § 82 Rn. 59; Jaeger/*Windel,* § 82 Rn. 41: Arglisteinwand nur dann, wenn die Leistung beim Insolvenzschuldner ohne Weiteres zu erreichen ist.

111 Ebenso HambKomm/*Kuleisa,* § 82 Rn. 31; MünchKomm-InsO/*Ott/Vuia,* § 82 Rn. 10; N/R/*Wittkowski/Kruth,* § 82 Rn. 5.

112 Jaeger/*Windel,* § 82 Rn. 41; a.A. *Häsemeyer,* Insolvenzrecht, Rn. 10.14 (Fn. 54), wonach der Insolvenzverwalter dem Drittschuldner verpflichtet sein soll.

den unkompliziertesten und kostengünstigsten Weg zur Einziehung des Anspruchs darstellt. In diesem Fall – aber auch nur dann, wenn die Einziehung beim Schuldner tatsächlich ohne Weiteres möglich sein sollte –, wird man auch davon ausgehen müssen, dass sich der Drittschuldner gegen ein nochmaliges Leistungsbegehren des Insolvenzverwalters mit dem Arglisteinwand verteidigen kann. In der Praxis wird der Insolvenzschuldner die Gelder regelmäßig jedoch schon wieder verbraucht haben, sodass es für den Insolvenzverwalter ohnehin meist nicht möglich sein wird, die Leistung beim Insolvenzschuldner einzuziehen. Letztlich liegt das Risiko, dass die Leistung tatsächlich in die Masse gelangt, jedenfalls beim Leistenden.

2. *Bereicherungsanspruch des Leistenden*

Dem Drittschuldner steht jedoch ein bereicherungsrechtlicher Anspruch auf Herausgabe des Geleisteten gegen den Insolvenzschuldner zu. Was die dogmatische Grundlage dieses Anspruchs betrifft, werden in der Literatur unterschiedliche Auffassungen vertreten. Die ganz überwiegende Ansicht stellt auf einen Fall der Kondiktion wegen Nichteintritts des bezweckten Erfolgs nach § 812 Abs. 1 S. 2 Alt. 2 BGB ab.[113] Nur vereinzelt wird zu Recht für eine Anwendung des § 812 Abs. 1 S. 1 Alt. 1 BGB plädiert.[114]

Für die zuerst genannte Ansicht mag zwar die Tatsache sprechen, dass die Forderung als Rechtsgrund der Leistung infolge der Verfahrenseröffnung keineswegs erloschen ist. Grundgedanke der condictio ob rem ist allerdings, dass die Parteien den künftigen Eintritt eines besonderen Erfolgs als Zweck der Leistung vereinbart haben, der über den bloßen Erfolg der Schuldtilgung hinausgeht.[115] Erforderlich ist demnach eine gesonderte Zweckabrede. Besteht der mit der Leistung verfolgte Zweck allein darin, die bestehende Schuld zu tilgen, steht dem Leistenden ein Herausgabeanspruch gemäß § 812 Abs. 1 S. 1 Alt. 1 BGB zu. Unerheblich ist, ob der Leistungszweck deshalb verfehlt wird, weil dem Empfänger kein Anspruch zusteht oder deshalb, weil der Empfänger die Empfangszuständigkeit für Leistungen auf den an sich bestehenden Anspruch verloren hat. Insofern ist anzunehmen, dass dem Drittschuldner, der seine Leistung ohne schuldtilgende Wirkung an den Insolvenzschuldner erbringt, ein Anspruch gemäß § 812 Abs. 1 S. 1 Alt. 1 BGB zusteht.

---

113 *Brinkmann*, KTS 2010, 343; Gottwald/*Eickmann*, § 31 Rn. 103; HambKomm/*Kuleisa*, § 82 Rn. 33; Hess/*Hess*, § 82 Rn. 10; HK/*Kayser*, § 82 Rn. 60; Jaeger/*Windel*, § 82 Rn. 38; Karsten Schmidt-InsO/*Sternal*, § 82 Rn. 9; K/P/B/*Lüke*, § 82 Rn. 12; N/R/*Wittkowski/Kruth*, § 82 Rn. 6; Uhlenbruck/*Mock*, § 82 Rn. 22; offengelassen in BGH NZI 2010, 480 (Rn. 9).

114 MünchKomm-InsO/*Ott/Vuia*, § 82 Rn. 11; *Wagenknecht/Hose*, Vertragliche und umsatzsteuerliche Neuverbindlichkeiten des Schuldners in der Insolvenz, S. 28; s. auch allg. für Fälle fehlender Empfangszuständigkeit Jauernig/*Stürner*, § 362 Rn. 2.

115 *Brox/Walker*, Besonderes Schuldrecht, § 40 Rn. 31; MünchKomm-BGB/*Schwab*, § 812 Rn. 373a; Palandt/*Sprau*, § 812 Rn. 29.

Der Rückforderungsanspruch besteht allerdings nur gegen den Insolvenzschuldner persönlich – d.h. gegen dessen insolvenzfreies Vermögen –, sodass er in der Regel wertlos sein wird. Die Qualifizierung des Anspruchs als Insolvenzforderung scheidet aus, weil er erst nach Eröffnung des Verfahrens entstanden ist, § 38 InsO.[116]

III. Befreiende Leistungen an den Schuldner

Die bisherigen Ausführungen haben gezeigt, dass nach einer nicht schuldbefreienden Leistung an den Schuldner sowohl die zugrunde liegende Forderung als auch der Leistungsgenstand selbst zur Insolvenzmasse gehören. Der Drittschuldner muss die Leistung auf Verlangen des Insolvenzverwalters noch einmal erbringen. Zwar steht ihm ein Rückforderungsanspruch zu, dieser richtet sich jedoch gegen das insolvenzfreie Vermögen des Schuldners und wird damit praktisch kaum durchsetzbar sein. Aufgrund dessen birgt die Verfahrenseröffnung ein erhebliches Risiko für Drittschuldner.

1. Leistungen an den Schuldner in Unkenntnis der Verfahrenseröffnung, § 82 InsO

a) Regelungsgehalt

Die Vorschrift des § 82 InsO trägt dieser Doppelbelastung Rechnung. Denn sie befreit den Leistenden von seiner Verbindlichkeit gegenüber der Insolvenzmasse, wenn er zur Zeit der Leistung keine Kenntnis von der Verfahrenseröffnung hatte. § 82 InsO stellt damit eine Ausnahme zu dem sich aus § 80 Abs. 1 InsO ergebenden Grundsatz der fehlenden Erfüllungswirkung einer nach Verfahrenseröffnung an den Schuldner erbrachten Leistung dar.[117]

Die Regelung dient dem Schuldnerschutz,[118] denn sie beruht auf der Überlegung, dass für einen Drittschuldner des Schuldners – anders als für dessen Gläubiger – in der Regel wenig Anlass besteht, die Vermögensverhältnisse seines Gläubigers

---

116 *Bork*, Einführung in das Insolvenzrecht, Rn. 171; Braun/*Kroth*, § 82 Rn. 5; FK-InsO/*Wimmer-Amend*, § 82 Rn. 26; HambKomm/*Kuleisa*, § 82 Rn. 33; HK/*Kayser*, § 82 Rn. 60; Jaeger/*Windel*, § 82 Rn. 38; K/P/B/*Lüke*, § 82 Rn. 12; *Leithaus/Riewe*, DStR 2010, 2194; MünchKomm-InsO/*Ott/Vuia*, § 82 Rn. 11; N/R/*Wittkowski/Kruth*, § 82 Rn. 6; Uhlenbruck/*Mock*, § 82 Rn. 22; *Wagenknecht/Hose*, Vertragliche und umsatzsteuerliche Neuverbindlichkeiten des Schuldners in der Insolvenz, S. 28.

117 S. BK-InsO/*v. Olshausen*, § 82 Rn. 1; *Häsemeyer*, Insolvenzrecht, Rn. 10.14; *Landfermann*, Kölner Schrift², Rn. 15; *Schäfer*, ZInsO 2008, 16, 17; *Wagenknecht-Hose*, Vertragliche und umsatzsteuerliche Neuverbindlichkeiten des Schuldners in der Insolvenz, S. 25.

118 S. u. a. *Häsemeyer*, Insolvenzrecht, Rn. 10.14; HK/*Kayser*, § 82 Rn. 1; Jaeger/*Windel*, § 82 Rn. 2; K/P/B/*Lüke*, § 82 Rn. 1; MünchKomm-InsO/*Ott/Vuia*, § 82 Rn. 1; *Thole*, JZ 2010, 50.

im Auge zu behalten.[119] Letztlich begrenzt § 82 InsO damit den Schutz der Masse zugunsten des Verkehrsschutzes.

Im Schrifttum findet sich zum Teil die Aussage, § 82 InsO diene darüber hinaus dem Schutz der Insolvenzmasse durch die Aufrechterhaltung der zur Masse gehörenden Ansprüche.[120] Dies ist jedoch insofern missverständlich, als § 82 InsO nicht die Erfüllungswirkung einer an den Insolvenzschuldner erbrachten Leistung beschränkt.[121] Der Insolvenzschuldner verliert die Empfangszuständigkeit für massezugehörige Forderungen, wie ausgeführt, infolge des Übergangs der Verfügungsbefugnis auf den Insolvenzverwalter, sodass allein die §§ 80 Abs. 1, 81 InsO Masseschutz bewirken.[122]

b) Anwendungsbereich: Anwendbarkeit des § 82 InsO auf Neuforderungen?

Dem Wortlaut des § 82 InsO zufolge muss der Drittschuldner die Leistung zur Erfüllung einer massezugehörigen Forderung erbracht haben. Massezugehörig sind gemäß § 35 Abs. 1 InsO sowohl Ansprüche, die bereits vor der Verfahrenseröffnung entstanden sind, als auch solche, die erst nach Verfahrenseröffnung begründet wurden.

In der Literatur wird allerdings die Auffassung vertreten, dass § 82 InsO ausschließlich den guten Glauben des Leistenden in den Fortbestand der zum Zeitpunkt der Forderungsentstehung noch gegebenen und infolge der Verfahrenseröffnung entfallenen Empfangszuständigkeit des Insolvenzschuldners schütze.[123] Nach dieser Ansicht würde die Vorschrift also keine Anwendung finden, wenn der Anspruch gegen den Drittschuldner erst begründet wurde, nachdem die Empfangszuständigkeit des Insolvenzschuldners bereits entfallen war.

Als Begründung wird angeführt, dass der Gutglaubensschutz des § 82 InsO systematisch betrachtet an den Verlust der Empfangszuständigkeit des Schuldners nach § 80 Abs. 1 InsO anknüpfe. Argumentiert wird ferner mit einem gesetzeshistorischen Argument: Der BGH habe in einem noch unter Geltung der KO ergangenen Urteil ausgeführt, dass der Regelungsgehalt des § 8 Abs. 2 KO der Regelung des § 407 Abs. 1 InsO entspreche.[124] § 407 Abs. 1 BGB würde aber nur das Vertrauen des Leistenden in den Fortbestand der Verfügungsbefugnis seines ursprünglichen Gläubigers und somit daran schützen, dass eine schuldbefreiende Leistung an den

119 Jaeger/*Windel*, § 82 Rn. 2.

120 So etwa HambKomm/*Kuleisa*, § 82 Rn. 1; HK/*Kayser*, § 82 Rn. 6; MünchKomm-InsO/*Ott/Vuia*, § 82 Rn. 1; N/R/*Wittkowski/Kruth*, § 82 Rn. 2.

121 Anders *Windel*, KTS 1995, 367, 400.

122 Dazu oben unter § 1 B.I.1., S. 17 f.

123 So *Schäfer*, ZInsO 2008, 16 ff.; ohne nähere Erläuterung auch *Gogger*, Insolvenzgläubiger-Handbuch, § 2 Rn. 324.

124 BGHZ 140, 54, 56 f. = NZI 1999, 23.

ursprünglich Empfangsberechtigten auch weiterhin möglich ist.[125] Dieser Vergleich sei für die Auslegung des § 82 InsO insoweit bedeutsam, als § 8 KO nach der Gesetzesbegründung zu § 93 RegE[126], der später in § 82 InsO aufging, inhaltlich unverändert übernommen werden sollte. Insofern fänden die zu § 8 KO entwickelten Grundsätze auch bei § 82 InsO Anwendung, sodass davon auszugehen sei, dass auch § 82 InsO den Drittschuldner nur in seinem guten Glauben an die ursprünglich gegebene und durch die Eröffnung des Insolvenzverfahrens entfallene Empfangszuständigkeit des Insolvenzschuldners schütze.[127]

Eine einschränkende Auslegung des § 82 InsO erscheint im Hinblick auf Sinn und Zweck des § 82 InsO jedoch nicht geboten. Denn wie dargelegt schützt § 82 InsO den in Unkenntnis der Verfahrenseröffnung an den Insolvenzschuldner leistenden Drittschuldner und damit denjenigen, der keine Kenntnis von der fehlenden Empfangszuständigkeit des Insolvenzschuldners besitzt. Zwar trägt grundsätzlich der Drittschuldner das Risiko, dass der Leistungsgegenstand auch tatsächlich in die Insolvenzmasse gelangt. Hat er zur Zeit der Leistung keine Kenntnis von der Verfahrenseröffnung, verlagert sich das Risiko einer Verkürzung der Masse durch eine zweckwidrige Verwendung des Leistungsgegenstandes seitens des Insolvenzschuldners jedoch auf die Insolvenzmasse, § 82 InsO. Hinsichtlich der Schutzbedürftigkeit des Leistenden bedeutet es aber keinen Unterschied, ob auf eine Verbindlichkeit geleistet wird, die bei Verfahrenseröffnung bereits bestand, oder ob der Anspruch gegen den Drittschuldner erst nach Verfahrenseröffnung begründet wurde. Im Gegenteil besteht für den Drittschuldner, der dem Insolvenzschuldner aus einer nach Verfahrenseröffnung begründeten Verbindlichkeit verpflichtet ist, ein besonderes Schutzbedürfnis. Denn während der vertragliche Erfüllungsanspruch gegen den Drittschuldner als Neuverbindlichkeit gemäß § 35 Abs. 1 Alt. 2 InsO in die Masse fällt, bestehen nach Verfahrenseröffnung begründete (Gegenleistungs-)Ansprüche nur gegen den Schuldner persönlich, § 38 InsO. Der Drittschuldner ist weder Masse- noch Insolvenzgläubiger geworden. Ihm darüber hinaus den Gutglaubensschutz nach § 82 InsO zu verwehren, würde folglich eine besondere Härte bedeuten. Teleologisch betrachtet ist eine Differenzierung danach, ob auf eine Alt- oder Neuverbindlichkeit geleistet wurde, damit nicht gerechtfertigt, sodass anzunehmen ist, dass auch Leistungen, die auf nach Verfahrenseröffnung begründete Forderungen erbracht werden, gemäß § 82 InsO Erfüllungswirkung haben, wenn sie in Unkenntnis der Verfahrenseröffnung an den Schuldner erbracht wurden.[128]

---

125 Dazu MünchKomm-BGB/*Roth/Kieninger,* § 407 Rn. 1; Staudinger/*Busche,* § 407 Rn. 1.

126 Begr. zu § 93 RegEInsO, BT-Drucks. 12/2443, S. 136.

127 *Schäfer,* ZInsO 2008, 16, 17.

128 So im Ergebnis die ganz h.M., s. OLG Dresden ZInsO 2008, 509 ff.; BK-InsO/*v. Olshausen,* § 82 Rn. 4; FK-InsO/*Wimmer-Amend,* § 82 Rn. 6; HambKomm/*Kuleisa,* § 82 Rn. 3; Jaeger/*Windel,* § 82 Rn. 7; Karsten Schmidt-InsO/*Sternal,* § 82 Rn. 3; *Landfermann,* Kölner Schrift[2], Rn. 17; MünchKomm-InsO/*Ott/Vuia,* § 82 Rn. 8a; *Obermüller,* ZInsO 2010, 8, 17; Uhlenbruck/*Mock* § 82 Rn. 8.

c) Voraussetzungen des § 82 InsO

Im Folgenden werden die Voraussetzungen einer schuldbefreienden Leistung an den Insolvenzschuldner näher erläutert.

aa) Leistung zur Erfüllung einer Verbindlichkeit

Gemäß § 82 Abs. 1 InsO muss der Drittschuldner nach der Eröffnung des Insolvenzverfahrens zwecks Erfüllung einer Verbindlichkeit an den Insolvenzschuldner leisten. Der Begriff der Leistung ist dabei identisch mit dem Leistungsbegriff des § 362 BGB.[129] Eine Leistung zwecks Erfüllung liegt damit nur dann vor, wenn ihr Inhalt dem zugrunde liegenden Schuldverhältnis zwischen Insolvenzschuldner und Drittschuldner entspricht, wobei die allgemeinen Leistungsgrundsätze der §§ 262 ff. BGB zu beachten sind.[130]

bb) Unkenntnis des leistenden Drittschuldners

Darüber hinaus erfordert § 82 Abs. 1 InsO lediglich die Unkenntnis des Drittschuldners von der Verfahrenseröffnung zur Zeit der Leistung.

(1) Begriff der Unkenntnis

Diesbezüglich schadet nur positive Kenntnis von der Verfahrenseröffnung. Fahrlässige Unkenntnis, sei sie auch grob, steht dem Eintritt der Erfüllungswirkung nach Maßgabe des § 82 InsO nicht entgegen.[131] Dies folgt aus dem Wortlaut des § 82 InsO, der, anders als etwa §§ 115 Abs. 3, 117 Abs. 3, 118 InsO, nicht auf verschuldete Unkenntnis, sondern allein auf die (positive) Kenntnis von der Verfahrenseröffnung abstellt.[132] Aufgrund dessen darf das Merkmal der „Kenntnis“ in § 82 InsO nicht als „Kennenmüssen“ ausgelegt werden.

(2) Beweislast

Hinsichtlich der Beweislast für die Gutgläubigkeit des Drittschuldners differenziert das Gesetz danach, ob die Leistung vor oder nach der öffentlichen Bekanntmachung des Eröffnungsbeschlusses erbracht wurde. Die öffentliche Bekanntmachung erfolgt gemäß § 9 Abs. 1 S. 1 InsO durch die Veröffentlichung im Internet. Nach § 9 Abs. 1 S. 3 InsO gilt die Bekanntmachung als bewirkt, sobald nach dem Tag der Veröffentlichung im Internet[133] zwei weitere Tage verstrichen sind.

---

129 S. nur BK-InsO/*v. Olshausen,* § 82 Rn. 5; MünchKomm-InsO/*Ott/Vuia,* § 82 Rn. 3.

130 HambKomm/*Kuleisa,* § 82 Rn. 3; Uhlenbruck/*Mock,* § 82 Rn. 3.

131 So die allg. Auffassung, s. u. a. BGH NZI 2010, 480, 481 (Rn. 10); BAG NJW 2014, 1839 (Rn. 8); OLG Düsseldorf ZInsO 2008, 44; OLG Bremen NZI 2014, 403, 405; *Bork,* DB 2012, 33, 37; Jaeger/*Windel,* § 82 Rn. 45; Karsten Schmidt-InsO/*Sternal,* § 82 Rn. 12; *Kayser,* FS Wellensiek, S. 211, 213; K/P/B/*Lüke,* § 82 Rn. 8.

132 BGH NZI 2010, 480, 481 (Rn. 10).

133 www.insolvenzbekanntmachungen.de

Erfolgt die Leistung vor der öffentlichen Bekanntmachung, wird gemäß § 82 S. 2 InsO widerlegbar vermutet, dass der Leistende die Verfahrenseröffnung nicht kannte. Insofern obliegt es dem Insolvenzverwalter, die Kenntnis des Drittschuldners zu beweisen. Leistet der Drittschuldner hingegen am dritten Tag nach der öffentlichen Bekanntmachung, muss er nach den allgemeinen Regeln der Beweislast als für ihn günstigen Umstand darlegen und beweisen, dass er die Eröffnung des Insolvenzverfahrens nicht kannte. Gefordert ist jeweils ein Vollbeweis der Kenntnis bzw. der fehlenden Kenntnis von der Verfahrenseröffnung zum Zeitpunkt der Leistung.[134]

Ist strittig, ob die Leistung vor oder nach der öffentlichen Bekanntmachung erfolgt ist, hat der Drittschuldner, der sich auf die Vermutung des § 82 S. 2 InsO beruft, zu beweisen, dass er die Leistung nach dem Wirksamkeitszeitpunkt der Bekanntmachung erbracht hat.[135]

(3) Wissenszurechnung und Informationsorganisationspflichten

Bezüglich der Wissenszurechnung sind bei juristischen Personen, Gesellschaften sowie Behörden die allgemeinen Grundsätze maßgeblich. Somit ist das Wissen eines vertretungsberechtigten Organmitglieds als Wissen des Organs anzusehen und wird der juristischen Person damit zugerechnet.[136] Gleiches gilt für die vertretungsberechtigten Gesellschafter einer Personengesellschaft.[137] Bedient sich der Leistende eines Vertreters, so muss er sich dessen Wissen nach § 166 BGB zurechnen lassen.[138] Ebenso wird die Kenntnis eines Wissensvertreters, d.h. einer Person, die nach der Organisation des Drittschuldners dazu berufen ist, bestimmte Aufgaben eigenverantwortlich wahrzunehmen und die dabei anfallenden Informationen zur Kenntnis zu nehmen, zugerechnet.[139]

---

134 Jaeger/*Windel*, § 82 Rn. 49; MünchKomm-InsO/*Ott/Vuia*, § 82 Rn. 15.

135 So die ganz überwiegende Ansicht, s. FK-InsO/*Wimmer-Amend*, § 82 Rn. 21; HambKomm/*Kuleisa*, § 82 Rn. 30; HK/*Kayser*, § 82 Rn. 22; K/P/B/*Lüke*, § 82 Rn. 10; MünchKomm-InsO/*Ott/Vuia*, § 82 Rn. 15; N/R/*Wittowski/Kruth*, § 82 Rn. 17; Uhlenbruck/*Mock*, § 82 Rn. 26; a.A. Jaeger/*Windel*, § 82 Rn. 49, wonach der Insolvenzverwalter die Beweislast tragen soll.

136 BGHZ 109, 327, 330 f. = NJW 1990, 975; BGHZ 117, 104, 106 = NJW 1992, 1099; BGHZ 140, 54, 61 = NZI 1999, 23; BGH NZI 2006, 175, 176 (Rn. 13); *Bork*, DB 2012, 33, 34; HambKomm/*Kuleisa*, § 82 Rn. 29; HK/*Kayser*, § 82 Rn. 19; MünchKomm-InsO/*Ott/Vuia*, § 82 Rn. 14; Uhlenbruck/*Mock*, § 82 Rn. 12.

137 *Bork*, DB 2012, 33, 35; MünchKomm-InsO/*Ott/Vuia*, § 82 Rn. 14.

138 BGHZ 83, 293, 296 = NJW 1982, 1585; HambKomm/*Kuleisa*, § 82 Rn. 29; Jaeger/*Windel*, § 82 Rn. 46; Karsten Schmidt-InsO/*Sternal*, § 82 Rn. 13; N/R/*Wittowski/Kruth*, § 82 Rn. 20.

139 BGHZ 117, 104, 106 = NJW 1992, 1099; BGHZ 135, 202, 205 = NJW 1997, 1917; *Bork*, DB 2012, 33, 34; *Fatemi*, NJOZ 2010, 2637, 2642; HambKomm/*Kuleisa*, § 82 Rn. 29; HK/*Kayser*, § 82 Rn. 18; Karsten Schmidt-InsO/*Sternal*, § 82 Rn. 13; MünchKomm-InsO/*Ott/Vuia*, 82 Rn. 14.

Zudem besteht nach stetiger Rechtsprechung aus Verkehrsschutzgründen für jede am Rechtsverkehr teilnehmende Organisation eine abstrakte Organisationsobliegenheit dahin gehend, dass sicherzustellen ist, dass ordnungsgemäß zugegangene, rechtserhebliche Informationen innerhalb der betreffenden Organisation von ihren Entscheidungsträgern zur Kenntnis genommen werden können (Informationsweite rleitungspflicht).[140] Wurde eine entsprechende organisatorische Vorsorge nicht getroffen, muss sich ein Drittschuldner das Wissen einzelner Mitarbeiter – auf welcher Ebene auch immer – auch bei nachgewiesener Unkenntnis der Entscheidungsträger nach Treu und Glauben zurechnen lassen.[141]

Ferner existiert eine Informationsspeicherpflicht, nach der jede Information, die später mit einiger Wahrscheinlichkeit rechtserheblich werden kann, zu speichern und solange aufzubewahren ist, wie es ihrer erkennbaren Bedeutung entspricht.[142] Schließlich besteht eine Informationsabfragepflicht, nach der sicherzustellen ist, dass innerhalb einer Organisation das erkennbar vorhandene Wissen von dem jeweils zuständigen Bereich abgefragt wird, sofern konkreter Anlass bestand, sich zu vergewissern.[143]

(4) Informationsbeschaffungspflicht?

Fraglich ist allerdings, ob neben den aufgezeigten Informationsorganisationspflichten, die die Behandlung vorhandenen Wissens betreffen, auch eine Informationsbeschaffungspflicht, d.h. eine Pflicht zur Kenntniserlangung, besteht, nach welcher der Drittschuldner gehalten wäre, sich vor der Leistung an den Insolvenzschuldner über eine etwaige Verfahrenseröffnung zu informieren.[144] Eine Missachtung würde die Berufung auf Unkenntnis ebenfalls nach Treu und Glauben ausschließen.

Grundsätzlich ist eine generelle Informationsbeschaffungspflicht allerdings zu verneinen, da eine Wissensorganisationspflicht dahin gehend, dass neben der Weiterleitung bekannter Informationen stets auch eine Informationsaufnahme zu gewährleisten ist, zur Folge hätte, dass die fahrlässige Unkenntnis der (positiven)

---

140 S. grundsätzlich BGHZ 140, 54, 62 = NZI 1999, 23; *Bork,* DB 2012, 33, 35; *Buck-Heeb,* Wissen und juristische Personen, S. 410; vgl. ferner auch BGHZ 117, 104, 106 f. = NJW 1992, 1099; zu § 82 InsO im Speziellen BGH NZI 2006, 175, 176 (Rn. 13); BGHZ 182, 85, 91 = NZI 2009, 680; BGH NZI 2010, 480, 481 (Rn. 11); OLG Bremen NZI 2014, 403, 405; HK/*Kayser,* § 82 Rn. 15; Karsten Schmidt-InsO/*Sternal,* § 82 Rn. 14; MünchKomm-InsO/*Ott/Vuia,* § 82 Rn. 14; N/R/*Wittowski/Kruth,* § 82 Rn. 20.

141 BGH NZI 2006, 175, 176 (Rn. 13); BGHZ 182, 85, 91 = NZI 2009, 680; LG Dortmund ZIP 1997, 206, 207; HK/*Kayser,* § 82 Rn. 19; MünchKomm-InsO/*Ott/Vuia,* § 82 Rn. 14; N/R/*Wittowski/Kruth,* § 82 Rn. 20; Uhlenbruck/*Mock,* § 82 Rn. 14.

142 BGHZ 132, 30, 38 f. = NJW 1996, 1339; BGHZ 135, 202, 205 = NJW 1997, 1917; BGHZ 173, 23, 28 = NJW 2007, 2989; *Bork,* DB 2012, 33, 35; differenzierend *Buck-Heeb,* WM 2008, 281, 284 f.

143 BGHZ 132, 30, 37 = NJW 1996, 1339; BGHZ 135, 202, 205 = NJW 1997, 1917; *Bork,* DB 2012, 33, 35; *Wittmann/Kinzl,* ZIP 2011, 2232, 2234.

144 Ablehnend *Bork,* DB 2012, 33, 35.

Kenntnis gleichgesetzt würde.[145] Denn der Vorwurf, sich relevante Informationen nicht beschafft zu haben, betrifft die Frage des Verschuldens der Unkenntnis, auf das § 82 InsO gerade nicht abstellt. Insofern würde die Annahme einer Informationsbeschaffungspflicht das System der Wissensnormen unterlaufen, die teils auf positive Kenntnis, teils auf unverschuldete Unkenntnis abstellen.[146] Eine auf die Informationsbeschaffung zugeschnittene Betriebsorganisation kann daher regelmäßig nicht erwartet werden. Vielmehr ist der Beweis der Unkenntnis auch dann erbracht, wenn der Drittschuldner nachweist, dass er trotz Möglichkeit der Kenntnisnahme konkrete Kenntnis nicht besaß.

Aber auch wenn eine generelle Informationsbeschaffungspflicht nicht besteht, ist der Gutglaubensschutz nach Treu und Glauben dort zu beschränken, wo sich der Drittschuldner der Kenntniserlangung bewusst und rechtsmissbräuchlich verschließt.[147] Von einem rechtsmissbräuchlichen „Sich-Verschließen" ist dann auszugehen, wenn die Kenntnisnahme ohne Mühe möglich ist, dies dem Drittschuldner subjektiv bewusst ist und er Informationen gerade deshalb nicht abruft, um die günstigeren Rechtsfolgen der Unkenntnis für sich in Anspruch zu nehmen.[148]

Vor dem Hintergrund, dass die öffentliche Bekanntmachung nunmehr im Internet erfolgt, bedeutet dies aber nicht, dass dem Drittschuldner die Berufung auf seine Unkenntnis nach Treu und Glauben schon deshalb verwehrt ist, weil Insolvenzbekanntmachungen im Internet nicht abgefragt und die zur Verfügung stehenden Informationsquellen somit nicht ausgeschöpft wurden.[149] Denn eine solche „Informationsbeschaffungspflicht" würde die Grenzen des Zumutbaren überschreiten, sodass ein rechtsmissbräuchliches „Sich-Verschließen" nicht angenommen werden kann. Zwar ist die Informationserlangung durch die Veröffentlichung von Verfahrenseröffnungen im Internet einfacher und kostengünstiger geworden, jedoch würde eine generelle Abfrageobliegenheit sämtlicher im Internet vorhandener

145 Vgl. BGH NZI 2010, 480, 481 (Rn. 10); *Bork,* DB 2012, 33, 38.

146 OLG Bremen NZI 2014, 403, 405; *Bork,* DB 2012, 33, 38; s. auch *Fatemi,* NJOZ 2010, 2637, 2638.

147 BGH NJW 1985, 2022, 2023; BGH NJW-RR 1988, 411, 412; BGH NJW 1989, 2323, 2324; BGH NJW 1994, 3092, 3093 (jeweils zu § 852 BGB a.F.); OLG Bremen NZI 2014, 403, 405; *Bork,* DB 2012, 33, 38; *Buck-Heeb,* Wissen und juristische Personen, S. 69 ff.; *Fatemi,* NJOZ 2010, 2637, 2640; s. auch *Brinkmann,* KTS 2010, 343, 345 ff., der jedoch für eine teleologische Reduktion des Gutglaubensschutzes plädiert, wenn sich der Drittschuldner der Kenntniserlangung in fahrlässiger oder gar vorsätzlicher Weise entzieht.

148 OLG Bremen NZI 2014, 403, 405; *Bork,* DB 2012, 33, *Buck-Heeb,* Wissen und juristische Personen, S. 74; 38; *Fatemi,* NJOZ 2010, 2637, 2640.

149 BGH NZI 2010, 480, 481 (Rn. 13 ff.); bestätigt in BGH NZI 2011, 18, 20 (Rn. 25); OLG Bremen NZI 2014, 403, 405 f.; *Brinkmann,* KTS 2010, 343, 345; Uhlenbruck/ *Mock,* § 82 Rn. 14; bestätigend auch *Flitsch,* EWiR 2010, 615 f.; kritisch hingegen *Wittmann/Kinzl,* ZIP 2011, 2232, 2234; ebenfalls ablehnend *Keller,* WuB VI A. § 82 InsO 2.10, 765, 768.

Informationen eine erhebliche Belastung des Rechtsverkehrs bedeuten.[150] Insofern ist dem Drittschuldner der Nachweis der Unkenntnis nicht bereits aufgrund der Tatsache, dass Informationen im Internet verfügbar sind – d.h. allein wegen der Möglichkeit der Kenntnisnahme – verwehrt.

Dies steht indes unter dem Vorbehalt der technischen Weiterentwicklung und gilt daher jedenfalls solange nach Ablauf von zwei Wochen nach der Verfahrenseröffnung im Internet lediglich die sogenannte Einzelabfrage durchgeführt werden kann, welche die Kenntnis des allgemeinen Gerichtsstands des Insolvenzschuldners zum Zeitpunkt des Eingangs des Eröffnungsantrags erfordert. Sobald es die künftige Technik allerdings ermöglicht, Insolvenzbekanntmachungen mit verhältnismäßig geringem Aufwand im Internet abzurufen oder mit eigenen Kundendaten abzugleichen, sodass wesentliche Informationen fortlaufend in Unternehmensdateien übernommen werden können, wird die Frage der Rechtsmissbräuchlichkeit möglicherweise anders zu beurteilen sein.[151] Letztlich ist jedoch nicht danach zu fragen, ob dem Drittschuldner die Information generell zugänglich war, sondern vielmehr danach, ob von diesem in der konkreten Situation verlangt werden konnte, vorhandene Informationen abzufragen.[152]

(5) Maßgeblicher Zeitpunkt

Der Leistende wird nur dann von seiner Verbindlichkeit befreit, wenn er die Eröffnung des Insolvenzverfahrens über das Vermögen seines Gläubigers „zur Zeit der Leistung“ nicht kannte. Das Merkmal „zur Zeit der Leistung“ ist für die Befreiung des Drittschuldners somit von maßgeblicher Bedeutung. Dies führt zu der Frage, ob das Gesetz auf den Zeitpunkt der Leistungshandlung,[153] auf den Eintritt des Leistungserfolgs[154] oder auf einen dazwischen liegenden Zeitpunkt abstellt.

Nach ganz überwiegender Ansicht wird der Leistende in seinem Vertrauen in die Empfangszuständigkeit des Schuldners nur insoweit geschützt, als ihm die Eröffnung des Insolvenzverfahrens so lange unbekannt geblieben ist, wie er den Leistungserfolg noch zu verhindern vermochte.[155] Leistet der Drittschuldner durch

---

150 Vgl. BGH NZI 2010, 480, 481 (Rn. 14); *Brinkmann,* KTS 2010, 343, 345.

151 Vgl. BGH NZI 2010, 480, 481 (Rn. 13); s. auch *Brinkmann,* KTS 2010, 343, 346 f.; a.A. OLG Bremen NZI 2014, 403, 405; *Bork,* DB 2012, 33, 38 f.

152 *Brinkmann,* KTS 2010, 343, 346.

153 BK-InsO/*v. Olshausen,* § 82 Rn. 10; MünchKomm-InsO/*Ott/Vuia,* § 82 Rn. 13; zum früheren Recht *Kilger/Karsten Schmidt,* § 8 Anm. 2.

154 Hess/*Hess,* § 82 Rn. 14.

155 BGHZ 182, 85, 88 = NZI 2009, 680; BGH NZI 2012, 807 (Rn. 6); Braun/*Kroth,* § 82 Rn. 10; FK-InsO/*Wimmer-Amend,* § 82 Rn. 15; *Gehrlein,* WM 2014, 485, 488; *ders.,* VersR 2015, 38, 39; *Gundlach/Schirrmeister,* EWiR 2009, 685 f.; HambKomm/*Kuleisa,* § 82 Rn. 28; Jaeger/*Windel,* § 82 Rn. 48; *Kayser,* FS Wellensiek, S. 211, 214; K/P/B/*Lüke,* § 82 Rn. 8 (wohl in Widerspruch zu Rn. 28: § 82 gilt, wenn der Leistende „zum Zeitpunkt der Vornahme der Leistungshandlung gutgläubig war“); *Leithaus/Riewe,* DStR 2010, 2194; N/R/*Wittkowski/Kruth,* § 82 Rn. 18; *Obermüller,* ZInsO 2010, 8, 18 ff.;

Überweisung, wäre demnach auf die Unkenntnis in dem Zeitpunkt abzustellen, von dem an der Leistende den Überweisungsvertrag nicht mehr rückgängig machen kann.[156] Bei Leistungen im Wege des Einziehungsermächtigungsverfahrens käme es auf den Zeitpunkt des Erlöschens der Widerrufsmöglichkeit an.[157]

Insbesondere vor dem Hintergrund, dass der BGH in einer früheren Entscheidung ausführte, der durch § 8 KO gewährte Gutglaubensschutz – und damit § 82 InsO – entspreche der Regelung des § 407 Abs. 1 BGB,[158] verwundert diese Auslegung jedoch. Denn hier ist anerkannt, dass der gutgläubig an den Zedenten leistende Drittschuldner nach § 407 Abs. 1 BGB bereits dann geschützt ist, wenn er zum Zeitpunkt der Leistungshandlung keine Kenntnis von der Abtretung hatte.[159] Vor allem aber soll der Leistende nicht dazu verpflichtet sein, den Eintritt des Leistungserfolgs noch zu verhindern, wenn er nach der Leistungshandlung Kenntnis von der Abtretung erlangt.[160] Der Vergleich zu § 407 Abs. 1 BGB würde also eher dafür sprechen, entgegen der herrschenden Meinung auf den Zeitpunkt der Leistungshandlung als maßgeblichen Zeitpunkt abzustellen.

Allerdings verneint der BGH im Hinblick auf den für die Gutgläubigkeit des Drittschuldners maßgeblichen Zeitpunkt eine Vergleichbarkeit beider Vorschriften. § 82 InsO gebiete anders als der Gutglaubensschutz nach § 407 Abs. 1 BGB keinen umfassenden Schutz des Drittschuldners. Vielmehr stelle der dem Drittschuldner in § 82 InsO lediglich aus Billigkeitserwägungen eingeräumte Gutglaubensschutz eine besondere Vergünstigung dar, die zugleich dem öffentlichen Interesse an einem effektiven Insolvenzverfahren diene.[161] Daher könnten dem Drittschuldner weitergehende Obliegenheiten als nach § 407 Abs. 1 BGB auferlegt werden.

Zur Begründung führt der BGH an, die Risikolagen bei § 407 Abs. 1 BGB und § 82 InsO seien insofern verschieden, als das Regressrisiko des Drittschuldners im Insolvenzfall geringer sei als das des Drittschuldners im Abtretungsfall. Denn im Abtretungsfall würden dem Zessionar besondere Gefahren drohen, weil er die Insolvenz des Zedenten sowie die Konkurrenz mit anderen Gläubigern des Zedenten und eine anspruchsvereitelnde Verfügung des Zedenten im ordentlichen Geschäftsverkehr befürchten müsse. Daher werde der Zessionar die Auseinandersetzung mit dem Zedenten oftmals scheuen und den Drittschuldner erneut in Anspruch nehmen. Dieses Risiko sei bei § 82 InsO nicht vergleichbar ausgeprägt. Insbesondere

---

Uhlenbruck/*Mock*, § 82 Rn. 16; kritisch *Siegmann*, WuB VI A. § 82 InsO 1.10, 49, 51 ff.; *Thole*, JZ 2010, 50 ff.

156 K/P/B/*Lüke*, § 82 Rn. 24; MünchKomm-InsO/*Ott/Vuia*, § 82 Rn. 13; *Obermüller*, ZInsO 2010, 8, 19 f.

157 MünchKomm-InsO/*Ott/Vuia*, § 82 Rn. 13.

158 BGHZ 140, 54, 56 = NZI 1999, 23.

159 Statt aller s. BGHZ 105, 358, 360 = NJW 1989, 905; BGH NJW-RR 2004, 1145, 1147 f.; MünchKomm-InsO/*Roth*, § 407 Rn. 21; Palandt/*Grüneberg*, § 407 Rn. 6.

160 BGHZ 105, 358, 360 = NJW 1989, 905, mit Anm. *Brehm*, JZ 1989, 300; Jauernig/*Stürner*, § 407 Rn. 5; MünchKomm-BGB/*Roth/Kieninger*, § 407 Rn. 21.

161 BGHZ 182, 85, 89 f. = NZI 2009, 680.

habe der Insolvenzverwalter einfacheren Zugriff auf den geleisteten Gegenstand, weil er sich nicht auf die Vorschriften der ungerechtfertigten Bereicherung stützen müsse. Insofern sei das Bedürfnis des Drittschuldners nach Gutglaubensschutz im Insolvenzfall geringer, sodass von ihm – anders als im Rahmen des § 407 Abs. 1 BGB – Bemühungen zur Verhinderung des Leistungserfolgs erwartet werden könnten.[162]

Dieses Ergebnis werde durch eine Parallele zu §§ 2366, 2367 BGB bestätigt. Denn im Falle, dass ein gutgläubiger Schuldner nicht an den wirklichen Erben, sondern an den Erbscheinserben als Gläubiger geleistet habe, sei für die Kenntnis des Schuldners von der Unrichtigkeit des Erbscheins bei Leistung an den Erbscheinserben – abweichend von § 407 Abs. 1 BGB – ebenfalls der Zeitpunkt entscheidend, an dem sich der Leistungserfolg vollende.[163]

Ob sich eine Beschränkung des Gutglaubensschutzes nach § 82 InsO im Gegensatz zu dem durch § 407 Abs. 1 BGB gewährten Gutglaubensschutz aufgrund der genannten Kriterien tatsächlich rechtfertigen lässt, ist allerdings zweifelhaft. Sofern argumentiert wird, der in § 82 InsO gewährte Gutglaubensschutz diene (zugleich) dem öffentlichen Interesse an einem effektiven Insolvenzverfahren, sodass dem Drittschuldner im Insolvenzfall weitergehende Obliegenheiten als nach § 407 Abs. 1 BGB auferlegt werden könnten, ist dem entgegenzuhalten, dass der Schutz der Masse durch die §§ 80, 81 InsO verwirklicht wird. Die Regelung des § 82 InsO stellt eine Ausnahme von diesem Grundsatz dar, die dem Schutz des Drittschuldners, nicht hingegen demjenigen der Masse dient.[164] Ebenso wie § 407 Abs. 1 BGB den Drittschuldner vor Rechtsnachteilen aus der Abtretung schützen will,[165] muss einem Schuldner des Insolvenzschuldners umfassender Schutz vor Nachteilen, die aus der Insolvenz seines Gläubigers resultieren, eingeräumt werden. Denn in beiden Fällen sieht der Drittschuldner sich einem Wechsel in der Person des empfangszuständigen Gläubigers gegenüber, der jeweils aus Umständen – der Abtretung bzw. der Verfahrenseröffnung – folgt, die allein aus der Sphäre seines Gläubigers stammen und somit ohne das Zutun des Drittschuldners eintreten. In beiden Fällen hat es zudem der Gläubiger – im einen Fall der Insolvenzverwalter, im anderen der Zessionar – in der Hand, das Risiko einer Fehlleitung der Leistung durch eine Information des Drittschuldners über den Wechsel des Empfangszuständigen auszuschließen.

Wenig nachvollziehbar ist ferner das vom BGH herangezogene Argument, im Insolvenzfall bestehe ein geringeres Bedürfnis des Drittschuldners nach Gutglaubensschutz. Zwar trifft es zu, dass das Geleistete im Insolvenzfall nicht der Zwangsvollstreckung durch Gläubiger des Insolvenzschuldners unterliegt (§ 89 Abs. 1 InsO) und Dritte keine Rechte daran erwerben können (§ 91 Abs. 1 InsO), doch besteht gerade in der Insolvenzsituation das Risiko des ungetreuen Schuldners, der den

162 BGHZ 182, 85, 90 f. = NZI 2009, 680.
163 BGHZ 182, 85, 90 f. = NZI 2009, 680.
164 Dazu oben unter § 1 B.III.1.a), S. 26.
165 S. statt vieler BGHZ 105, 358, 360 = NJW 1989, 905; BGH NJW-RR 2004, 1145, 1148; MünchKomm-BGB/*Roth/Kieninger*, § 407 Rn. 1; Palandt/*Grüneberg*, § 407 Rn. 1.

geleisteten Betrag für sich verwendet und ihn dem Zugriff des Insolvenzverwalters auf diese Weise entzieht.[166] Für den Insolvenzverwalter wird es trotz der rechtlichen Massezugehörigkeit der Leistung daher oftmals nicht möglich sein, die Leistung auch tatsächlich zur Masse zu ziehen. Vor diesem Hintergrund ist anzunehmen, dass es gerade in der Insolvenzsituation häufig zu einer nochmaligen Inanspruchnahme des Drittschuldners kommen wird.

Hinzu kommt, dass der Drittschuldner – anders als der Drittschuldner im Zessionsfall – mit seinem Bereicherungsanspruch gegen den Schuldner ausschließlich auf dessen insolvenzfreies Vermögen beschränkt ist, sodass der Anspruch in der Regel wertlos sein wird. Der Anspruch kann nicht zur Insolvenztabelle angemeldet werden, weil er erst nach Eröffnung des Verfahrens entstanden ist.[167] Entgegen der Auffassung des BGH erweist sich der Drittschuldner in der Insolvenzsituation damit als besonders schutzwürdig.

Dass der Drittschuldner in der Insolvenzsituation nicht weniger schutzwürdig ist als der Drittschuldner im Abtretungsfall, zeigt sich außerdem daran, dass der Abtretungsschuldner – anders als ein Drittschuldner des Insolvenzschuldners – zumindest die Möglichkeit hat, ein Abtretungsverbot zu vereinbaren und sich so vor einer eventuellen Forderungsabtretung zu schützen. Dem Drittschuldner im Insolvenzfall steht demgegenüber keine Möglichkeit zur Verfügung, „Vorsorge" gegen eine Insolvenz seines Gläubigers zu treffen.[168]

Im Übrigen hat der BGH auch für den Fall der Pfändung und Überweisung einer Forderung (§§ 829 ff., 835 f. ZPO) entschieden, dass der Drittschuldner in analoger Anwendung des § 407 Abs. 1 BGB von seiner Leistungspflicht befreit wird, wenn er in Unkenntnis des Pfändungs- und Überweisungsbeschlusses an seinen Schuldner leistet.[169] Hier sei der Zeitpunkt der Leistungshandlung maßgeblich. Der Drittschuldner sei nicht gezwungen, Anstrengungen zur Verhinderung des Leistungserfolgs vorzunehmen.[170] Die Einzelzwangsvollstreckung und das Insolvenzverfahren erweisen sich aber insofern als vergleichbar, als die dem Schuldner gegen den Dritten zustehende Forderung im einen Fall dem Vollstreckungsgläubiger, im anderen der Gläubigergemeinschaft haftungsrechtlich zugewiesen wird.[171] Bei der Forderungspfändung leitet der Überweisungsbeschluss den Anspruch des Vollstreckungsschuldners zur Einziehung auf den Gläubiger über, § 836 Abs. 1 ZPO, im Insolvenzverfahren wird die Forderung der Gläubigergemeinschaft durch den Insolvenzeröffnungsbeschluss zugewiesen.

Auch die vom BGH gezogene Parallele zu den §§ 2366, 2367 BGB trägt nur bedingt. Zwar ist hier der Eintritt des Leistungserfolgs der maßgebliche Zeitpunkt

---

166 So auch *Thole*, JZ 2010, 50, 51.
167 Oben Fn. 116.
168 *Thole*, JZ 2010, 50, 51.
169 RGZ 87, 412, 416 f.; BGHZ 86, 337, 339 = NJW 1983, 886; BGHZ 105, 358, 359 f. = NJW 1989, 905.
170 BGHZ 105, 358, 360 = NJW 1989, 905.
171 *Häsemeyer*, Insolvenzrecht, Rn. 9.04.

für die Kenntnis von der Unrichtigkeit des Erbscheins.[172] Dies betrifft jedoch zum einen nur die Auslegung des § 2366 BGB, nicht hingegen die Frage der Leistung an den Erbscheinserben nach § 2367 BGB. Zum anderen geht es bei §§ 2366, 2367 BGB um den öffentlichen Glauben des Erbscheins als amtliche Urkunde. Ebenso wie bei §§ 892, 893 BGB geht es also um Fälle, in denen ein Vorgang unrichtig öffentlich beurkundet ist. Bei § 82 InsO sowie § 407 Abs. 1 BGB geht es demgegenüber um die schlichte Nichtkenntnis einer Tatsache.[173]

Des Weiteren dürfte es im Einzelfall schwierig sein zu bestimmen, bis zu welchem Zeitpunkt der Leistungserfolg noch zu verhindern ist. Zu denken ist etwa an Fälle, in denen der Drittschuldner den geschuldeten Betrag nicht per Überweisung oder im Wege des Einziehungsermächtigungsverfahrens begleicht, sondern den Leistungsgegenstand in bar per Post versendet.[174] In diesen Fällen wird es nicht leicht fallen, den nach Ansicht der herrschenden Meinung maßgeblichen Zeitpunkt im Einzelfall zu bestimmen.

Die besseren Argumente sprechen also dafür, nicht zwischen § 407 Abs. 1 BGB und § 82 InsO zu differenzieren und auf den Zeitpunkt der Vornahme der Leistungshandlung als maßgeblichen Zeitpunkt abzustellen. Besitzt der Drittschuldner zu diesem Zeitpunkt keine Kenntnis von der Verfahrenseröffnung, wird er von seiner Verbindlichkeit gegenüber der Insolvenzmasse befreit.

2. Leistung zur Insolvenzmasse

Unabhängig vom guten Glauben des Drittschuldners trat unter der Geltung der KO Erfüllungswirkung auch dann ein, wenn das Geleistete faktisch in die Masse gelangte, vgl. § 8 Abs. 1 KO. Zwar hat § 8 Abs. 1 KO keine Übernahme in § 82 InsO gefunden, allerdings sollte § 8 KO nach der Begründung zum Regierungsentwurf lediglich redaktionell verkürzt, inhaltlich aber unverändert übernommen werden.[175] Aufgrund dessen ist auch unter der Geltung der Insolvenzordnung anerkannt, dass einer Leistung Erfüllungswirkung zukommt, wenn sie zwar in Kenntnis der Verfahrenseröffnung an den Insolvenzschuldner erbracht worden ist, nachträglich jedoch in die Masse gelangt, dem Insolvenzverwalter also tatsächlich zur Verfügung steht.[176]

Um den Eintritt der Erfüllungswirkung dogmatisch zu begründen, wird der Insolvenzschuldner von Teilen des Schrifttums bei Weitergabe des Geleisteten als

---

172 MünchKomm-BGB/*Mayer,* § 2366 Rn. 17; Staudinger/*Herzog,* § 2366 Rn. 15; *Wiegand,* JuS 1975, 283, 285.

173 *Thole,* JZ 2010, 50, 52.

174 *Thole,* JZ 2010, 50, 52.

175 Begr. zu § 93 RegEInsO, BT-Drucks. 12/2443, S. 136.

176 BK-InsO/*v. Olshausen,* § 82 Rn. 2; *Foerste,* Insolvenzrecht, Rn. 192; Gottwald/*Eickmann,* § 31 Rn. 93; HambKomm/*Kuleisa,* § 82 Rn. 31; *Häsemeyer,* Insolvenzrecht, Rn. 10.14; Jaeger/*Windel,* § 82 Rn. 3; Karsten Schmidt-InsO/*Sternal,* § 82 Rn. 7; *Landfermann,* Kölner Schrift², Rn. 15; L/S/Z/*Smid,* § 82 Rn. 1; N/R/*Wittkowski/Kruth,* § 82 Rn. 4; Uhlenbruck/*Mock,* § 82 Rn. 12.

Drittleistender i.S.d. § 267 BGB eingeordnet[177] oder es wird in der Entgegennahme der Leistung durch den Insolvenzverwalter eine Genehmigung der Leistung an den Insolvenzschuldner gesehen, §§ 362 Abs. 2, 185 Abs. 2 S. 1 Alt. 1 BGB.[178] Folgt man allerdings der herrschenden Theorie der realen Leistungsbewirkung,[179] so tritt Erfüllung bereits nach den allgemeinen Grundsätzen des Zivilrechts ein, wenn der Leistungsgegenstand tatsächlich zur Insolvenzmasse gelangt.[180] Ein Rückgriff auf § 267 oder § 185 Abs. 2 BGB ist daher nicht notwendig. Darüber hinaus sind die genannten Ansätze wegen ihrer für die Masse ungünstigen Rechtsfolgen sogar abzulehnen. Der Deutung des Herausgabeverlangens seitens des Insolvenzverwalters als Genehmigung der Leistung an den Insolvenzschuldner folgt der erhebliche Nachteil, dass die Genehmigung stets auf den Zeitpunkt der Vornahme des Rechtsgeschäfts zurückwirkt, § 184 Abs. 1 BGB. Erfüllungswirkung würde damit zu dem Zeitpunkt eintreten, zu dem die Leistung erbracht wurde, sodass der Verlust von Nebenrechten, wie beispielsweise Zinsen, Vertragsstrafen oder Schadensersatzansprüchen wegen Verzögerung der Leistung, mit der Genehmigung einherginge.[181] Im Hinblick auf die Annahme, der Insolvenzschuldner sei Drittleistender i.S.d. § 267 BGB, ist zweifelhaft, warum der Drittschuldner das Recht haben sollte, der Leistung zu widersprechen, und warum der Insolvenzverwalter die Leistung ablehnen sollte, ist er doch nach § 148 Abs. 1 InsO verpflichtet, die Masse in Besitz zu nehmen.[182] Überdies erbringt der Insolvenzschuldner keine eigene Leistung, sondern leitet die an ihn erbrachte Leistung lediglich weiter. Mithin wäre der Insolvenzschuldner eher als Hilfsperson i.S.d. § 278 BGB einzuordnen und somit nicht „Dritter" i.S.d. § 267 BGB.[183]

Damit bleibt festzuhalten, dass die Rechtslage trotz der redaktionellen Streichung des § 8 Abs. 1 KO keine inhaltliche Änderung erfahren hat. Gelangt das Geleistete tatsächlich in die Insolvenzmasse, tritt ebenso wie unter der Geltung der KO Erfüllungswirkung i.S.d. § 362 BGB ein. Um Missverständnissen vorzubeugen, sei angemerkt, dass dies aus den allgemeinen Grundsätzen des Zivilrechts folgt und nicht aus der Tatsache, dass der InsO ein erweiterter Massebegriff zugrunde gelegt

---

177 *Bork,* Einführung in das Insolvenzrecht, Rn. 173; HK/*Kayser,* § 82 Rn. 11; MünchKomm-InsO/*Ott/Vuia,* § 82 Rn. 6.

178 *Bork,* Einführung in das Insolvenzrecht, Rn. 173; K/P/B/*Lüke,* § 82 Rn. 6; MünchKomm-InsO/*Ott/Vuia,* § 82 Rn. 6.

179 S. oben Fn. 75 und 76.

180 Jaeger/*Windel,* § 82 Rn. 3; Karsten Schmidt-InsO/*Sternal,* § 82 Rn. 11; ohne Begründung auch HambKomm/*Kuleisa,* § 82 Rn. 31; s. ferner BK-InsO/*v. Olshausen,* § 82 Rn. 2, der damit argumentiert, dass die Rechtslage gegenüber der KO nicht verändert werden sollte.

181 BK-InsO/*v. Olshausen* § 82 Rn. 2; Jaeger/*Windel,* § 82 Rn. 3.

182 Jaeger/*Windel,* § 82 Rn. 3.

183 „Dritter" i.S.d. § 267 BGB ist nicht, wer als Hilfsperson des Schuldners leistet, s. nur Jauernig/*Stadler,* § 267 Rn. 6.

wird, § 35 Abs. 1 Alt. 2 InsO.[184] Denn wie dargelegt bewirkt § 35 Abs. 1 InsO nur die rechtliche Zugehörigkeit der Leistung zur Insolvenzmasse, die für den Eintritt der Erfüllungswirkung gerade nicht ausreicht.[185]

3. Genehmigung der Leistung, §§ 362 Abs. 2, 185 Abs. 2 BGB

Hiervon unberührt bleibt die Möglichkeit des Insolvenzverwalters, die an den Schuldner erbrachte Leistung gemäß §§ 362 Abs. 2, 185 Abs. 2 S. 1 Alt. 1 BGB zu genehmigen, bevor der Leistungsgegenstand auch faktisch in die Masse gelangt ist.[186] Die Genehmigung wirkt gemäß § 184 Abs. 1 BGB auf den Zeitpunkt der Leistungsbewirkung an den Schuldner zurück, sodass der Leistende ex tunc von seiner Leistungspflicht befreit wird.[187] Nach den allgemeinen Regeln kann die Genehmigung sowohl ausdrücklich als auch konkludent erfolgen.[188]

Da jedoch nicht anzunehmen ist, dass der Insolvenzverwalter das Beitreibungsrisiko für die Masse übernehmen will, stellt die bloße Einziehung der Leistung beim Insolvenzschuldner oder ein an diesen gerichtetes Herausgabeverlangen noch keine Genehmigung seitens des Insolvenzverwalters dar.[189] Zum Teil findet sich daher die Auffassung, ein solches Herausgabeverlangen seitens des Insolvenzverwalters könne allenfalls als konkludente Genehmigung ausgelegt werden, die jedoch unter der aufschiebenden Bedingung stehe, dass das Geleistete auch tatsächlich in die Insolvenzmasse gelange.[190] Da Erfüllung in diesem Fall aber schon nach § 362 Abs. 1 BGB eintritt, besteht für die Unterstellung einer aufschiebend bedingten Genehmigung keine Notwendigkeit. Im Übrigen hätte eine Genehmigung, wie dargelegt, infolge ihrer Rückwirkung einen Verlust von Nebenrechten wie Verzugszinsen, Vertragsstrafen etc. zur Folge.[191]

---

184 So aber Hess/*Hess*, § 82 Rn. 4.

185 S. oben Fn. 80.

186 HambKomm/*Kuleisa*, § 82 Rn. 32; HK/*Kayser*, § 82 Rn. 11; Jaeger/*Windel*, § 82 Rn. 39; Karsten Schmidt-InsO/*Sternal*, § 82 Rn. 11; K/P/B/*Lüke*, § 82 Rn. 5; MünchKomm-InsO/*Ott/Vuia*, § 82 Rn. 6; N/R/*Wittkowski/Kruth*, § 82 Rn. 3; Uhlenbruck/*Mock*, § 82 Rn. 23.

187 HK/*Kayser*, § 82 Rn. 11; Jaeger/*Windel*, § 82 Rn. 39; Uhlenbruck/*Mock*, § 82 Rn. 23.

188 HK/*Kayser*, § 82 Rn. 11; Karsten Schmidt-InsO/*Sternal*, § 82 Rn. 11.

189 So aber Gottwald/*Eickmann*, § 31 Rn. 102; HambKomm/*Kuleisa*, § 82 Rn. 31; K/P/B/*Lüke*, § 82 Rn. 6; abl. hingegen HK/*Kayser*, § 82 Rn. 11; Jaeger/*Windel*, § 82 Rn. 40; Karsten Schmidt-InsO/*Sternal*, § 82 Rn. 11; L/S/Z/*Smid*, § 82 Rn. 6; MünchKomm-InsO/*Ott/Vuia*, § 82 Rn. 6; N/R/*Wittkowski/Kruth*, § 82 Rn. 4.

190 FK-InsO/*Wimmer-Amend*, § 82 Rn. 8; HK/*Kayser*, § 82 Rn. 11; MünchKomm-InsO/*Ott/Vuia*, § 82 Rn. 6.

191 Jaeger/*Windel*, § 82 Rn. 40; zustimmend Karsten Schmidt-InsO/*Sternal*, § 82 Rn. 11.

4. *Freigabe*

Erfüllungswirkung tritt analog §§ 362 Abs. 2, 185 Abs. 2 S. 1 Alt. 2 BGB auch dann ein, wenn der Insolvenzverwalter den der Masse gegenüber nicht erfüllten Anspruch freigibt.[192] Der Leistungsgegenstand verbleibt in diesem Fall beim Schuldner.

C. Zusammenfassung

Der Insolvenzverwalter hat die Pflicht, unbelastete Außenstände des Schuldners geltend zu machen. Hierzu zählt notfalls auch die gerichtliche Forderungsdurchsetzung. Da die Durchsetzung offener Außenstände eine insolvenzspezifische Pflicht i.S.d. § 60 Abs. 1 InsO darstellt, begründet die schuldhafte Nichtgeltendmachung einer werthaltigen Forderung eine Schadensersatzpflicht nach § 60 Abs. 1 InsO. Dies gilt jedenfalls dann, wenn die Prozessführung hinreichenden Erfolg verspricht, von nennenswertem wirtschaftlichem Interesse ist und die Vollstreckung darüber hinaus nicht ausgeschlossen erscheint.

Sowohl die materiell-rechtliche Verwertungsbefugnis als auch die Prozessführungsbefugnis des Insolvenzverwalters folgen aus § 80 Abs. 1 InsO. Forderungen macht er als gesetzlicher Prozessstandschafter – als Partei kraft Amtes – für die Masse geltend. Für die zum Zeitpunkt der Verfahrenseröffnung bereits rechtshängigen Prozesse tritt ein gesetzlicher Parteiwechsel ein. Um dem Rechnung zu tragen, ordnet § 240 S. 1 ZPO die Unterbrechung rechtshängiger Verfahren an. Mit der Verfahrensunterbrechung geht das Recht des Insolvenzverwalters zur Aufnahme des Rechtsstreits nach § 85 Abs. 1 S. 1 InsO einher. Entscheidet er sich gegen die Prozessaufnahme, können sowohl der Schuldner als auch der Prozessgegner den Rechtsstreit aufnehmen, § 85 Abs. 2 InsO

Der Schuldner verliert durch die Eröffnung des Verfahrens die Verwaltungs- und Verfügungsbefugnis über das zur Insolvenzmasse gehörende Vermögen und damit sein Recht zur Forderungseinziehung. Neben dem Verlust der Einziehungsbefugnis bedeutet die Verfahrenseröffnung für den Schuldner zugleich den Verlust seiner Empfangszuständigkeit. Infolgedessen kommt einer Leistung, die zur Erfüllung einer bestehenden schuldrechtlichen Verbindlichkeit an den Insolvenzschuldner erbracht wird, grundsätzlich keine Erfüllungswirkung zu. Dies gilt unabhängig davon, ob die Verbindlichkeit gegen den Drittschuldner vor oder nach der Verfahrenseröffnung begründet wurde. Für den Drittschuldner bedeutet dies, dass er die Leistung auf Verlangen des Insolvenzverwalters noch einmal zu erbringen hat. Eine Verpflichtung des Insolvenzverwalters, das Erlangte vom Insolvenzschuldner heraus zu verlangen, bevor er den Drittschuldner erneut in Anspruch nimmt, besteht nicht.

192 So die ganz überwiegende Ansicht, s. BK-InsO/*v. Olshausen,* § 82 Rn. 1; HambKomm/*Kuleisa,* § 82 Rn. 32; HK/*Kayser,* § 82 Rn. 11; Jaeger/*Windel,* § 82 Rn. 6, 39; K/P/B/*Lüke,* § 82 Rn. 5 (Fn. 10); MünchKomm-InsO/*Ott/Vuia,* § 82 Rn. 7; N/R/*Wittkowski/Kruth,* § 82 Rn. 3; a.A. (ohne Begründung) Uhlenbruck/*Mock,* § 82 Rn. 24.

Zwar steht dem Drittschuldner ein Anspruch gemäß § 812 Abs. 1 S. 1 Alt. 1 BGB gegen den Insolvenzschuldner zu, dieser kann allerdings nur gegen das insolvenzfreie Vermögen des Schuldners geltend gemacht werden.

§ 82 InsO schränkt den Grundsatz der fehlenden Erfüllungswirkung zugunsten des Drittschuldners ein. Die Regelung befreit den Drittschuldner auch bei einer Leistung an den nicht mehr empfangszuständigen Schuldner, wenn er die Eröffnung des Verfahrens zur Zeit der Leistung nicht kannte. Der Gutglaubensschutz nach § 82 InsO findet unabhängig davon Anwendung, ob es sich um eine Leistung auf eine Alt- oder eine Neuforderung handelt. Für das Merkmal „zur Zeit der Leistung" ist entgegen der herrschenden Meinung auf den Zeitpunkt der Leistungshandlung abzustellen. In Bezug auf die Beweislast hinsichtlich der Gutgläubigkeit des Drittschuldners differenziert das Gesetz danach, ob die Leistung vor oder nach der öffentlichen Bekanntmachung des Eröffnungsbeschlusses erbracht worden ist: Erfolgt die Leistung vor der öffentlichen Bekanntmachung, so wird gem. § 82 S. 2 InsO widerlegbar vermutet, dass der Leistende die Verfahrenseröffnung nicht kannte. Leistet der Drittschuldner hingegen nach der öffentlichen Bekanntmachung, muss er nach den allgemeinen Regeln der Beweislast als für ihn günstigen Umstand darlegen, dass er die Eröffnung des Insolvenzverfahrens nicht kannte. Schädlich ist grundsätzlich nur positive Kenntnis, fahrlässige Unkenntnis schadet hingegen nicht. Der Gutglaubensschutz ist nach Treu und Glauben jedoch dort zu beschränken, wo sich der Drittschuldner der Kenntniserlangung bewusst und rechtsmissbräuchlich verschließt. Das bedeutet allerdings nicht, dass dem Drittschuldner die Berufung auf seine Unkenntnis schon deshalb verwehrt ist, weil er Insolvenzbekanntmachungen im Internet nicht abgefragt hat und die zur Verfügung stehenden Informationsquellen somit nicht ausgeschöpft wurden.

Unabhängig vom guten Glauben des Leistenden kommt einer zunächst an den Insolvenzschuldner erbrachten Leistung auch dann Erfüllungswirkung i.S.d. § 362 Abs. 1 BGB zu, wenn sie nachträglich in die Masse gelangt. Überdies besteht die Möglichkeit, dass der Insolvenzverwalter die Leistung an den Insolvenzschuldner genehmigt. Schließlich tritt Erfüllung auch dann ein, wenn der Insolvenzverwalter den Anspruch freigibt.

§ 2 Die Einziehung sicherungsabgetretener Außenstände nach § 166 Abs. 2 InsO

Im Falle der Insolvenzeröffnung wird der Insolvenzverwalter regelmäßig damit konfrontiert, dass der Schuldner einen Großteil seiner Forderungen zur Sicherheit an Waren- und Geldkreditgeber abgetreten hat. Diese Forderungen sind gemäß §§ 51 Nr. 1 Alt. 2, 50 Abs. 1 InsO mit einem Absonderungsrecht belastet. Für ihre Verwertung gilt die Sonderregelung des § 166 Abs. 2 InsO, die die Befugnis, zur Sicherheit abgetretene Forderungen einzuziehen oder auf andere Weise zu verwerten, auf den Insolvenzverwalter überträgt. Die Verwertungskompetenzen scheinen daher auf den ersten Blick klar geregelt: Hat der Schuldner eine Forderung vor der Eröffnung des Insolvenzverfahrens zur Sicherheit abgetreten, liegt die Verwertungsbefugnis ab dem Zeitpunkt der Verfahrenseröffnung beim Insolvenzverwalter. Die knappe Bestimmung lässt wesentliche Fragen jedoch offen, die sich alleine aus dem Wortlaut des Gesetzes nicht beantworten lassen. In der Praxis bereitet der Umgang mit sicherungszedierten Forderungen daher besondere Schwierigkeiten.

Durch das Gesetz unzureichend geregelt ist vor allem die Kompetenzabgrenzung zwischen dem absonderungsberechtigten Gläubiger und dem Insolvenzverwalter. Denn aus dem Wortlaut des § 166 Abs. 2 InsO ergibt sich nicht, ob ausschließlich der Insolvenzverwalter zur Verwertung sicherungsabgetretener Forderungen berechtigt ist oder ob neben dem Insolvenzverwalter auch der Sicherungszessionar verwertungsbefugt ist.

Für den absonderungsberechtigten Gläubiger ist darüber hinaus die Frage nach der Rechtslage am eingezogenen Erlös von wesentlicher Bedeutung. Zwar bestimmt die Vorschrift des § 170 Abs. 1 S. 2 InsO, dass der Absonderungsberechtigte aus dem Verwertungserlös unverzüglich zu befriedigen ist, das Gesetz lässt jedoch offen, welche Rechtsstellung ihm am Verwertungserlös zusteht. Gesetzlich ebenfalls nicht geregelt ist die Frage, welche Konsequenzen ein Verstoß des Insolvenzverwalters gegen die Verfahrensvorschriften der §§ 167 ff. InsO zur Folge hat.

Nachfolgend wird zunächst ein Überblick zu den teleologischen Grundlagen des § 166 Abs. 2 InsO gegeben. Anschließend widmet sich die Arbeit dem Anwendungsbereich und den Rechtsfolgen des § 166 Abs. 2 InsO, bevor die im Rahmen der Durchführung der Verwertung auftretenden Rechtsfragen behandelt werden.

A. Teleologische Grundlagen

I. Verwertungsbefugnis unter der Konkursordnung

Unter der Geltung der KO erfolgte die abgesonderte Befriedigung unabhängig vom Konkursverfahren, § 4 Abs. 2 KO. Die Verwertungsbefugnis für zur Sicherung abgetretene Forderungen richtete sich nach § 127 KO.[193] Zwar bildete der erste Absatz, der den Verwalter zur Verwertung von Absonderungsgut berechtigte, ursprünglich den Regelfall, die Regelung des zweiten Absatzes, der ein Selbstverwertungsrecht des Absonderungsberechtigten vorsah, die Ausnahme. Da aber § 127 Abs. 2 S. 1 KO Vereinbarungen zuließ, die es dem gesicherten Gläubiger ermöglichten, sich aus dem Gegenstand ohne gerichtliches Verfahren zu befriedigen, machte die Praxis von dieser Möglichkeit Gebrauch und vereinbarte regelmäßig ein Selbstverwertungsrecht des Gläubigers. So wurde die Verwertung durch den absonderungsberechtigten Gläubiger nach § 127 Abs. 2 S. 1 KO zur Regel, die Verwertung durch den

193 Jaeger-KO/*Weber*, § 127 Anm. 8 y); *Kuhn/Uhlenbruck*-KO, § 127 Rn. 2; *Marotzke*, ZZP (109) 1996, 429, 441.

Insolvenzverwalter zur Ausnahme.[194] Grundsätzlich konnte der gesicherte Gläubiger die Zession damit ohne Weiteres offenlegen und die Forderung geltend machen.[195]

Im Falle der Sicherungsabtretung entsprachen indessen Verwertungsvereinbarungen zwischen Konkursverwaltern und Sicherungszessionaren der gängigen Praxis.[196] Der Konkursverwalter machte die Forderungen dann aufgrund einer ihm rechtsgeschäftlich erteilten Einziehungsermächtigung beim Drittschuldner geltend und kehrte den eingezogenen Erlös abzüglich eines vereinbarten Betrags für die Verwertung an den Sicherungszessionar aus.

II. Reform dinglicher Mobiliarsicherheiten

Seit 1900 stieg der Anteil mangels Masse abgewiesener Konkursverfahren kontinuierlich an und belief sich Mitte der siebziger Jahre des 20. Jahrhunderts auf beinahe 80 %.[197] Da Rechte aus Kreditsicherheiten „ohne jede Rücksicht auf die Bedürfnisse einer wirtschaftlich sinnvollen Verfahrensabwicklung ausgeübt werden konnten"[198] und rund vier Fünftel des Schuldnervermögens mit Aus- und Absonderungsrechten belastet waren,[199] wurde in der Reformdiskussion gefordert, die Ausübung von Absonderungsrechten insoweit einzuschränken, als sie den Zwecken des Insolvenzverfahrens zuwiderlief.[200] Daher sollte zum einen die Zerschlagungsautomatik der Konkursmasse durch Einzelzugriffe der Gläubiger vermieden werden. Zum anderen wurde die Belastung der Insolvenzmasse mit Kosten, die im Zuge der Feststellung und der Verwertung von Absonderungsrechten entstanden, als unbillig empfunden. Denn Aufwendungen, die der Insolvenzverwalter im Interesse der Sicherungsgläubiger zum Zwecke der Feststellung und der Verwertung von Absonderungsrechten machte, verursachten erhebliche Bearbeitungskosten, ohne dass die Masse entsprechend angereichert wurde. Diesem Missstand sollte abgeholfen werden.[201]

Noch im ersten Bericht der Kommission für Insolvenzrecht wurde deshalb vorgeschlagen, Gläubigern besitzloser Mobiliarsicherheiten weder ein Recht zur Aussonderung noch ein Recht zur Absonderung zu zubilligen – sie sollten lediglich als

194 Begr. zu § 191 RegEInsO, BT-Drucks. 12/2443, S. 178; *Berger*, FS Fischer, S. 1; *Gerhardt*, GS für Arens, S. 127, 128; Jaeger-KO/*Weber*, § 127 Anm. 6 α); *Kilger/Schmidt* § 127 Anm. 1; *Marotzke*, ZZP (109) 1996, 429, 441; Uhlenbruck/*Brinkmann*, § 166 Rn. 4.

195 *Berger*, FS Fischer, S. 1 f.

196 Begr. zu § 191 RegEInsO, BT-Drucks. 12/2443, S. 178; *Berger*, FS Fischer, S. 1, 2; *Lwowski/Tetzlaff*, FS Fischer, S. 365, 367; MünchKomm-InsO/*Tetzlaff*, § 170 Rn. 8.

197 Erster Bericht der Kommission für Insolvenzrecht, 1985, Anlage 1 (S. 457 ff.).

198 Allgemeine Begr. RegEInsO, BT-Drucks. 12/2443, S. 87.

199 Allgemeine Begr. RegEInsO, BT-Drucks. 12/2443, S. 86.

200 Begr. zu § 191 RegEInsO, BT-Drucks. 12/2443, S. 178.

201 Hierzu Allgemeine Begr. RegEInsO, BT-Drucks. 12/2443, S. 87.

Insolvenzgläubiger am Verfahren teilhaben.[202] Dieser Vorschlag wurde allerdings nicht Gesetz. Die Einbeziehung dinglicher Sicherheiten in das Insolvenzverfahren, sollte – unter Wahrung der Rechtspositionen der dinglich gesicherten Gläubiger – vielmehr durch eine Verlagerung von Verwertungsrechten erreicht werden.[203]

Seit Einführung der Insolvenzordnung ist daher das Recht zur Einziehung und Verwertung besitzloser Mobiliarsicherheiten dem Insolvenzverwalter vorbehalten, § 166 InsO. In Bezug auf die Einziehung sicherungszedierter Forderungen hat der Gesetzgeber damit die gängige Praxis zum gesetzlichen Regelfall erklärt. Dass dingliche Sicherheiten in der Insolvenz zur abgesonderten Befriedigung dienen, hat durch die Einführung der InsO keine Änderung erfahren.

Um die Insolvenzmasse zu entlasten, ordnete der Gesetzgeber neben dem Verwertungsrecht des Insolvenzverwalters eine unmittelbare Beteiligung der Insolvenzmasse am erzielten Verwertungserlös an. So ist der Insolvenzverwalter gemäß § 170 Abs. 1 S. 1 InsO berechtigt, vor der Befriedigung des gesicherten Gläubigers sowohl die Kosten der Feststellung als auch die Kosten der Verwertung aus dem Verwertungserlös zu entnehmen. Die Höhe der zu entnehmenden Beträge bestimmt sich nach den Pauschalbeträgen des § 171 InsO. Um den absonderungsberechtigten Gläubiger nicht schutzlos zu stellen, ist das Verwertungsrecht des Insolvenzverwalters zudem in eine Reihe von Bestimmungen eingebunden, die dem Schutz des Absonderungsberechtigten dienen.[204]

III. Sinn und Zweck des § 166 Abs. 2 InsO

1. Zweckmäßigkeit der Forderungsdurchsetzung

Die Gesetzbegründung zu § 166 Abs. 2 InsO fiel wesentlich knapper aus als die Begründung zu § 166 Abs. 1 InsO. Den Gesetzesmaterialien lässt sich lediglich entnehmen, dass bei der Übertragung des Verwertungsrechts für sicherungsabgetretene Forderungen – anders als bei der Verwertung sicherungsübereigneter Sachen nach § 166 Abs. 1 InsO – nicht die Wahrung der Fortführungschancen des schuldnerischen Unternehmens oder die Erhöhung von Veräußerungschancen im Vordergrund stand. Die gesetzgeberische Zielsetzung beruhte vielmehr auf Zweckmäßigkeitserwägungen.[205] Nur der Verwalter verfüge über die zur Geltendmachung des Anspruchs notwendigen Unterlagen des Schuldners, dem Sicherungszessionar stünden diese hingegen nicht zur Verfügung. Für den gesicherten Gläubiger sei es ohne die Unterstützung durch den Insolvenzverwalter daher oftmals nicht möglich,

202 S. Erster Bericht der Kommission für Insolvenzrecht, 1985, Leitsatz 3.3.1 (S. 311), Leitsatz 2.4.4.1 (S. 251) i.V.m. Leitsatz 1.1.5. Abs. 2 (S. 28), Leitsatz 1.2.10 Abs. 3 (S. 31).

203 Allgemeine Begr. RegEInsO, BT-Drucks. 12/2443, S. 86 ff.

204 Dazu unten § 2 E., S. 117 ff.

205 S. Begr. zu § 191 RegEInsO, BT-Drucks. 12/2443, S. 178; BGHZ NZI 2002, 599, 600; K/P/B/*Flöther*, § 166 Rn. 2; *Lüke*, FS Fischer, S. 353, 354; *Schlegel*, NZI 2003, 17.

die Forderung durchsetzen. Nur für Letzteren bestehe sowohl die Möglichkeit, die Forderung festzustellen als auch die Möglichkeit, Einwendungen des Drittschuldners entgegenzuwirken.[206] Neben den praktischen Schwierigkeiten der Forderungsdurchsetzung könne zudem der mögliche Einwand des Drittschuldners, der Sicherungszessionar sei nicht klagebefugt, weil die Sicherungszession unwirksam sei, ausgeschaltet werden.[207] Im Wesentlichen sollte sich die Forderungsdurchsetzung durch die Vorschrift des § 166 Abs. 2 InsO damit weniger aufwendig gestalten.

2. *Kostenbeteiligung und Erlösüberschuss*

Der mit der Regelung des § 166 Abs. 2 InsO verfolgte Zweck erschöpft sich aber nicht darin, die Durchsetzung sicherungsabgetretener Forderungen zu vereinfachen. Das Verwertungsverbot und die Verlagerung von Verwertungsbefugnissen auf den Insolvenzverwalter sind insbesondere auch die Mittel, die im Zuge der Insolvenzrechtsreform eingeführte Kostenbeteiligung[208] gesicherter Gläubiger durchzusetzen.[209] Denn der Insolvenzverwalter hat die Möglichkeit, die entstandenen Verwertungs- sowie Feststellungskosten aus dem eingezogenen Erlös zu entnehmen, bevor er den verbleibenden Betrag an den Absonderungsberechtigten auszahlt. Dies erhöht letztlich die Befriedigungschancen der ungesicherten Gläubiger, sodass § 166 Abs. 2 InsO im Grunde den Interessen der ungesicherten Gläubiger dient, die als Inhaber von Forderungsrechten eine durch Art. 14 GG geschützte Rechtsstellung innehaben.[210]

Das Verwertungsrecht des Insolvenzverwalters nach § 166 Abs. 2 InsO ist ferner ein Hilfsmittel, um der Masse einen ggf. erzielten Erlösüberschuss zuzuführen. Denn dem absonderungsberechtigten Gläubiger gebührt Befriedigung aus der zur Sicherheit abgetretenen Forderung nur in Höhe der gesicherten Forderung, im Übrigen steht ein erzielter Verwertungsüberschuss der Insolvenzmasse zu.[211] Verwertet der Insolvenzverwalter die sicherungszedierte Forderung selbst, so kann er den erzielten Erlösüberschuss vor der Befriedigung des absonderungsberechtigten Gläubigers zugunsten der Insolvenzmasse aus dem Verwertungserlös entnehmen.

---

206 Begr. zu § 191 RegEInsO, BT-Drucks. 12/2443, S. 178; s. auch BGH NZI 2002, 599, 600.

207 Begr. zu § 191 RegEInsO, BT-Drucks. 12/2443, S. 178; s. auch BGH NZI 2002, 599, 600.

208 Um eine Verminderung der Masse durch Aufwendungen für die Verwertung auszugleichen, sollen die gesicherten Gläubiger im Insolvenzverfahren an den durch sie veranlassten Kosten der Prüfung und Feststellung der Rechtsverhältnisse sowie den Kosten der Verwertung beteiligt werden, s. Allgemeine Begr. RegEInsO, BT-Drucks. 12/2443, S. 89.

209 HK/*Landfermann*, § 166 Rn. 7; MünchKomm-InsO/*Tetzlaff*, § 166 Rn. 3.

210 Vgl. BVerfGE 92, 262, 271; Maunz/Dürig/*Papier*, Art. 14 Rn. 201; s. auch HK/*Landfermann*, § 166 Rn. 38.

211 BK-InsO/*Undritz/Knof*, § 166 Rn. 61; HK/*Landfermann*, § 170 Rn. 12; MünchKomm-BGB/*Roth/Kieninger*, § 398 Rn. 109.

3. *Liquiditätsgewinn*

Obwohl § 166 Abs. 2 InsO im Kontext zunehmender Massearmut eingeführt worden ist, ist nicht anzunehmen, dass die Regelung darüber hinaus dem Gewinn zusätzlicher Masseliquidität dient. Die Verwertungsbefugnis des Insolvenzverwalters nach § 166 InsO und die im selben Zuge eingeführte Kostenbeteiligung gesicherter Gläubiger sollen nämlich nicht der Verlagerung von Vermögenswerten gesicherter Gläubiger auf ungesicherte Gläubiger dienen.[212] Eine Beteiligung absonderungsberechtigter Gläubiger an den allgemeinen Kosten des Verfahrens, wie sie Insolvenzrechtskommission vorschlug,[213] wurde daher nicht Gesetz. Gemäß § 170 Abs. 2 S. 1 InsO ist der Insolvenzverwalter heute vielmehr dazu verpflichtet, den eingezogenen Betrag unverzüglich an den Absonderungsberechtigten abzuführen.[214] Die Kostenbeiträge wurden auf 4 % für die Feststellung des Sicherungsrechtes bzw. 5 % für die Verwertung des Sicherungsgutes reduziert, § 171 InsO. Ihrem Zweck nach dienen sie lediglich der Kompensation von Kosten, die durch die Feststellung und Verwertung von Sicherungsgut im Interesse absonderungsberechtigter Gläubiger entstehen.[215]

4. *Drittschuldnerschutz*

Schließlich ist denkbar, dass der Schutz des Drittschuldners ein mit der Regelung des § 166 Abs. 2 InsO verfolgtes Anliegen des Gesetzgebers war.[216] Denn aus der Gesetzesbegründung zu § 191 Abs. 2 RegE, der in § 166 Abs. 2 InsO seine abschließende Fassung fand, ergibt sich, dass verpfändete Forderungen aus der Verwertungszuständigkeit des Insolvenzverwalters ausgenommen sind, weil der Drittschuldner den gesicherten Gläubiger aufgrund der notwendigen Anzeige nach § 1280 BGB kenne und daher damit rechnen müsse, von diesem in Anspruch genommen zu werden.[217] Zudem nahm § 191 Abs. 2 RegE ursprünglich auch diejenigen zur Sicherheit abgetretenen Forderungen aus dem Anwendungsbereich der Norm aus, deren Abtretung dem Drittschuldner angezeigt worden war.[218]

---

212 Allgemeine Begr. RegEInsO, BT-Drucks. 12/2443, S. 86; s. auch BGH NZI 2015, 817, 818 (Rn. 15); BGH NZI 2002, 599, 600; BGH NZI 2004, 137, 138.

213 S. Erster Bericht der Kommission für Insolvenzrecht, 1985, Leitsatz 3.3.2 (S. 312 ff.), der einen pauschalierten Verfahrensbeitrag i.H.v. 25 % des Verwertungserlöses vorsah. Zur Kritik an den Vorschlägen der Kommission *Landfermann,* KTS 1987, 381, 395 ff.

214 Ausführlich dazu unten § 2 D.II., S. 110 ff.

215 *Adolphsen,* Kölner Schrift, 41. Kapitel Rn. 128; ebenso *Smid,* Kreditsicherheiten in der Insolvenz, § 22 Rn. 1; *Mönning,* FS Uhlenbruck, S. 239, 249; zum Kompensationsgedanken der Kostenbeitragspflicht s. ferner Allgemeine Begr. RegEInsO, BT-Drucks. 12/2443, S. 89; BGH NZI 2004, 137, 138; BGH NZI 2006, 178, 179 (Rn. 11); K/P/B/*Flöther,* § 170 Rn. 2; Uhlenbruck/*Brinkmann,* § 170 Rn. 1. Ausführlich dazu unten § 2 D.I., S. 104 ff.

216 So wohl *Lüke,* FS Fischer, S. 353, 354 f.

217 So die Begr. zu § 191 RegEInsO, BT-Drucks. 12/2443, S. 178 f.

218 S. Begr. zu § 191 RegEInsO, BT-Drucks. 12/2443, S. 178.

Diesem Ansatz widerspricht indessen, dass die in § 191 Abs. 2 RegE getroffene Differenzierung zwischen offengelegten und nicht offengelegten Sicherungsabtretungen nicht Gesetz wurde. Abgelehnt wurde sie mit dem Argument, dass die Unterscheidung zu praktischen Schwierigkeiten führe, weil sie offen lasse, bis zu welchem Zeitpunkt die Anzeige nachgeholt werden könne.[219] Auf Aspekte des Schuldnerschutzes ging der Gesetzgeber dagegen nicht ein. Dies lässt den Schluss zu, dass § 166 Abs. 2 InsO keinen Drittschuldnerschutz bezweckt.

B. Anwendungsbereich des § 166 Abs. 2 InsO: „Zur Sicherung abgetretene Forderung“

Forderungen unterliegen der Einziehungs- und Verwertungsbefugnis des Insolvenzverwalters, wenn sie mit Sicherungsabtretungen belastet sind.[220]

I. Konstruktion der Sicherungszession

Die Sicherungsabtretung ist die temporäre Übertragung von Forderungen – oder sonstigen Rechten – gegen Dritte durch den Sicherungsgeber (Sicherungszedent) auf den Sicherungsnehmer (Sicherungszessionar).[221] Im heutigen Geschäftsverkehr stellt sie weitgehende Praxis dar.

Die Zession vollzieht sich nach den Regeln der Vollrechtsübertragung, sodass der Sicherungsnehmer durch die Sicherungsübertragung schuldrechtlich beschränkter Vollrechtsinhaber der zedierten Forderung wird.[222] Der Sicherungsgeber verliert hingegen die Vollrechtsinhaberschaft. Dem Zweck nach soll die Forderung jedoch nicht endgültig in das Vermögen des Zessionars wechseln, sondern ihr Vermögenswert soll lediglich zur Sicherung von Ansprüchen gegen den Zedenten dienen.[223]

Die Bestellung einer Sicherungszession setzt die Abtretung der Forderung nach § 398 BGB als dingliches Rechtsgeschäft und den Sicherungsvertrag als Rechtsgrund der Sicherheitenbestellung voraus. Letzterer enthält üblicherweise einen schuldrechtlichen Anspruch auf Rückabtretung der Forderung (unbedingte Sicherungszession). Die Sicherungsabtretung kann aber auch auflösend bedingt vereinbart werden, sodass die Forderung im Falle des Fortfalls des Sicherungszwecks

219 Beschlussempfehlung und Bericht des Rechtsausschusses § 191 Abs. 2 RegEInsO, BT-Drucks. 12/7302, S. 176.

220 Zum Anwendungsbereich des § 166 Abs. 2 InsO s. auch HK/*Landfermann,* § 166 Rn. 25 ff.; Uhlenbruck/*Brinkmann,* § 166 Rn. 29 f.

221 Zur Entwicklung und Dogmatik der Sicherungsabtretung *Brinkmann,* Kreditsicherheiten an beweglichen Sachen und Forderungen, S. 151 ff. Ausführlich zur Sicherungsabtretung auch *Bülow,* Recht der Kreditsicherheiten, Rn. 1366 ff.; Schimansky/Bunte/Lwowski/*Ganter,* § 96 Rn. 1 ff.

222 Schimansky/Bunte/Lwowski/*Ganter,* § 96 Rn. 16.

223 MünchKomm-BGB/*Roth/Kieninger,* § 398 Rn. 99; Schimansky/Bunte/Lwowski/*Ganter,* § 96 Rn. 16.

automatisch an den Zedenten zurück fällt, §§ 398, 158 Abs. 2 BGB (bedingte Sicherungszession). Verfügt der Sicherungsnehmer – im Falle der regelmäßig vereinbarten unbedingten Sicherungszession – vor Eintritt des Sicherungsfalls über die Forderung, ist die getroffene Verfügung wirksam, § 137 S. 1 BGB. Die Verfügung begründet jedoch eine Pflichtverletzung im Verhältnis zum Sicherungsgeber.[224] Im Falle der bedingten Sicherungszession ist die Regelung des § 161 Abs. 2 BGB zu beachten, wonach Verfügungen des Sicherungsnehmers unwirksam sind, wenn sie den Rechtserwerb des Sicherungsgebers vereiteln oder beeinträchtigen.

Zwischen den Parteien kann sowohl eine „stille" als auch eine „offene" Sicherungszession vereinbart werden, wobei letztere dem Drittschuldner angezeigt wird. Um die Kreditwürdigkeit des Sicherungsgebers nicht zu gefährden, erfolgt eine Anzeige der Abtretung i.d.R. aber nicht.

Insbesondere bei Vereinbarung einer „stillen" Sicherungszession enthält der Sicherungsvertrag regelmäßig eine aus §§ 185, 362 Abs. 2 BGB hergeleitete Ermächtigung des Sicherungsgebers zur Einziehung der abgetretenen Forderung im eigenen Namen.[225] Darüber hinaus werden Verwertungsvereinbarungen, d.h. Regelungen, die bestimmen, unter welchen Voraussetzungen der Sicherungsnehmer die Forderung zu realisieren berechtigt ist, zwischen Sicherungsgeber und Sicherungsnehmer getroffen. Grundsätzlich ist der Sicherungsnehmer allerdings verpflichtet, sich nur sekundär aus der abgetretenen Forderung zu befriedigen. Primär muss er versuchen, die gesicherte Forderung zu realisieren.[226]

II. Erscheinungsformen

Sicherungszessionen finden sich in verschiedenen Konstellationen und Erscheinungsformen. Die Vorausabtretung von Forderungen als Mittel der Kreditsicherheit erfolgt insbesondere im Bereich der Darlehensfinanzierung in Form von Globalzessionen zur Sicherung des den Schuldner finanzierenden Kreditinstituts sowie zur Sicherung von Warenkrediten bei Vereinbarung eines sogenannten verlängerten Eigentumsvorbehalts zwischen dem Schuldner und einem Warenlieferanten.

1. Verlängerter Eigentumsvorbehalt

So kauft der Schuldner regelmäßig Waren unter Eigentumsvorbehalt bei Dritten, die ihn zur Weiterveräußerung der Waren im Rahmen seines Geschäftsbetriebs sowie zur Einziehung der entstehenden Kaufpreisforderungen ermächtigen, § 185 BGB. Im Gegenzug tritt der Schuldner alle im Wege der Weiterveräußerung entstehenden

224 *Baur/Stürner,* Sachenrecht, § 58 Rn. 2; *Bülow,* Recht der Kreditsicherheiten, Rn. 1182.

225 MünchKomm-BGB/*Roth/Kieninger,* § 398 Rn. 105; Schimansky/Bunte/Lwowski/*Ganter,* § 96 Rn. 6.

226 MünchKomm-InsO/*Ganter,* § 51 Rn. 137; Schimansky/Bunte/Lwowski/*ders.,* § 96 Rn. 2; MünchKomm-BGB/*Roth/Kieninger,* § 398 Rn. 100.

Kaufpreisforderungen im Voraus an den Verkäufer ab.[227] Die im Zuge des verlängerten Eigentumsvorbehalts vorgenommene Abtretung ist als Sicherungsabtretung zu qualifizieren, weil sie zur Sicherung des Vorbehaltsverkäufers erfolgt, der sein Eigentum durch die Weiterveräußerung verliert.[228] Dass die Forderung gegen den Drittschuldner bei Abschluss des Kaufvertrags oftmals noch nicht besteht, hindert die Abtretung nicht. Denn die Vorausabtretung künftiger Forderungen ist allgemein anerkannt, vorausgesetzt, dass nachträglich bestimmt werden kann, welche Forderungen von der Abtretung erfasst werden sollen.[229]

2. *Globalzession*

Werden nicht nur einzelne Forderungen, sondern alle oder eine Vielzahl der im Geschäftsbetrieb des Schuldners begründeten, gegenwärtigen und künftigen Forderungen in einem umfassend angelegten Verfügungsgeschäft auf den Sicherungsnehmer übertragen, so spricht man von einer Globalzession.[230] Sie erfolgt überwiegend zugunsten von Banken zur Sicherung von Geldkrediten, aber auch Lieferanten bedienen sich ihrer zur Sicherung von Warenkrediten.[231] Als bedeutendes Sicherungsmittel ist die Globalzession beinahe in jedem Verfahren zu finden.[232]

Als Sonderform der Sicherungszession bezieht sich die Globalzession, ebenso wie die Singular- und die Mantelzession, auf den Umfang der Abtretung. Sie stellt ein sogenanntes revolvierendes Sicherungsgeschäft dar, denn sie erfasst die Außenstände des Schuldners mit ihrem jeweiligen wechselnden Bestand.[233] Sie kann daher gewissermaßen als „Weiterentwicklung" der Singularzession angesehen werden, ausgehend von den Flexibilitätsanforderungen, die die Sicherung einer laufenden Geschäftsbeziehung stellt.

Bei der Globalzession wird dem Sicherungsgeber typischerweise eine Einziehungsermächtigung erteilt und gestattet, über die eingezogenen Forderungserlöse im Rahmen des ordnungsgemäßen Geschäftsbetriebs zu verfügen. Er braucht die Beträge somit nicht an den Sicherungszessionar abzuführen, da gewährleistet ist, dass ständig neue Forderungen von der Globalzession erfasst werden.[234]

---

227 Ausführlich zum verlängerten Eigentumsvorbehalt *Bülow*, Recht der Kreditsicherheiten, Rn. 1459a ff.

228 *Bülow*, Recht der Kreditsicherheiten, Rn. 1461.

229 Vgl. u. a. BGHZ 7, 365, 367 f. = NJW 1953, 21; BGHZ 88, 205, 207 = NJW 1984, 492; BGHZ 108, 98, 104 = NJW 1989, 2383.

230 *Rombach*, Die anfängliche und nachträgliche Übersicherung bei revolvierenden Globalsicherheiten, S. 40; Schimansky/Bunte/Lwowski/*Ganter*, § 96 Rn. 93; *Stoll*, Die Globalzession, S. 118 f.

231 MünchKomm-BGB/*Roth/Kieninger*, § 398 Rn. 138.

232 Zur Bedeutung der Globalzession *Stoll*, Die Globalzession, S. 119.

233 Zum Begriff der revolvierenden Globalsicherheit *Rombach*, Die anfängliche und nachträgliche Übersicherung bei revolvierenden Globalsicherheiten, S. 45.

234 S. nur BGHZ 138, 291, 303 = NJW 1998, 2592; MünchKomm-InsO/*Ganter*, § 51 Rn. 173; Schimansky/Bunte/Lwowski/*ders.* § 96 Rn. 96.

3. *Factoring*

Strittig ist, ob auch im Rahmen eines unechten Factoring-Geschäfts Sicherungszessionen vereinbart werden, sodass sich die Einziehungsbefugnis ab dem Zeitpunkt der Verfahrenseröffnung nach § 166 Abs. 2 InsO richtet. Dies wird in der Literatur zum Teil verneint. Dem Factor stehe in der Insolvenz des Anschlusskunden ein Recht zur Aussonderung zu.[235] Die überwiegende Ansicht ordnet die im Zuge eines unechten Fatoring-Geschäfts vereinbarte Zession hingegen als Sicherungsabtretung ein, die lediglich zu einem Absonderungsrecht des Factors führe und somit der Verwertungskompetenz des Insolvenzverwalters unterliege.[236]

Beim Factoring schließt ein Finanzierungsinstitut (Factor) – zumeist eine Bank – einen Globalvertrag mit seinem Kunden (Anschlusskunde), in dem die Vereinbarungen getroffen werden, dass der Kunde die ihm zustehenden gegenwärtigen und künftigen Außenstände gegen seinen Kunden (Debitor) an den Factor abtritt und dieser die Forderungen sodann im eigenen Namen einzieht. Im Gegenzug schreibt der Factor dem Anschlusskunden den Wert der Forderungen abzüglich Gebühren und Zinsen gut und stellt den Betrag sofort zur Verfügung. Wirtschaftlich handelt es sich daher um eine Methode zur Schaffung von Liquidität, da der Wert der Forderungen dem Anschlusskunden bereits vor Fälligkeit zur Verfügung steht („Kapitalfreisetzungseffekt" des Factorings).[237] Beim unechten Factoring kann der Factor – im Gegensatz zum echten Factoring – im Falle der Uneinbringlichkeit der Forderung auf den Anschlusskunden zurückgreifen und die Rückzahlung des Barvorschusses verlangen.[238] Das Forderungsausfallrisiko (Delkredererisiko) trägt damit allein der Anschlusskunde. Überwiegend wird das unechte Factoring daher als (atypische) darlehensweise Kapitalüberlassung eingeordnet.[239]

Im Vergleich zur „klassischen" Sicherungsabtretung bestehen jedoch wesentliche Unterschiede, auf die sich die Ansicht begründet, der Factor sei kein Sicherungszessionar, sondern habe ein Aussonderungsrecht. So bereitet die Konstruktion einer Sicherungszession Schwierigkeiten, da im Falle des unechten Factorings keine der Sicherungszession vergleichbare treuhänderische Bindung des Factors besteht: Zum

235 So *Huth*, Kreditsicherungsrecht im Lichte der neuen Insolvenzordnung, S. 261; *Sinz*, Kölner Schrift, 14. Kapitel Rn. 109.

236 BGHZ 58, 364, 367 = NJW 1972, 1715; *Baur/Stürner*, Sachenrecht, § 58 Rn. 13; Gottwald/*Adolphsen*, § 40 Rn. 65; *Häsemeyer*, Insolvenzrecht, Rn. 18.48; HK/*Lohmann*, § 47 Rn. 15; Jaeger/*Henckel*, § 47 Rn. 127; K/P/B/*Prütting*, § 47 Rn. 58; MünchKomm-InsO/*Ganter*, § 47 Rn. 266; N/R/*Andres*, § 47 Rn. 30; *Stoll*, Die Globalzession, S. 117; Uhlenbruck/*Brinkmann*, § 47 Rn. 52.

237 *Sinz*, Kölner Schrift, 14. Kapitel Rn. 98.

238 S. nur *Baur/Stürner*, Sachenrecht, § 58 Rn. 11; Uhlenbruck/*Brinkmann*, § 47 Rn. 50.

239 BGHZ 58, 364, 367 = NJW 1972, 1715; BGHZ 61, 317, 324 f. = NJW 1974, 50; BGHZ 69, 254, 257 = NJW 1977, 2207; BGHZ 82, 50, 61 = NJW 1982, 164; BGHZ 100, 353, 358 = NJW 1987, 1878; Gottwald/*Adolphsen*, § 40 Rn. 59; Jaeger/*Henckel*, § 47 Rn. 127; MünchKomm-InsO/*Ganter*, § 47 Rn. 259; MünchKomm-BGB/*Roth/Kieninger*, § 398 Rn. 156.

einen steht dem Anschlusskunden kein durch den Wegfall des Sicherungszwecks bedingter Rückübertragungsanspruch zu, weil dieser im Gegensatz zur Sicherungszession nicht durch den Wegfall des Sicherungszwecks bedingt ist, sondern durch das Scheitern des Erfüllungszwecks. Zum anderen hat der Anschlusskunde im Falle der Verwertung keinen Anspruch auf Auskehrung eines eventuellen Mehrerlöses, sodass der Masse von vornherein keine Vermögenswerte entzogen werden.[240] Überdies besteht eine Verpflichtung des Factors, sich aus der abgetretenen Forderung zu befriedigen; den Anschlusskunden darf er nur rückbelasten, wenn die abgetretene Forderung wertlos ist.[241] Demgegenüber darf sich der Zessionar einer Sicherungszession regelmäßig erst sekundär aus der Sicherheit befriedigen.[242] Die Abtretung an den Factor soll – im Gegensatz zur Sicherungszession – daher grundsätzlich endgültig sein.

Allerdings wird die Ansicht, die das unechte Factoring ebenso wie das echte Factoring behandeln möchte, der wirtschaftlichen Bedeutung des unechten Factorings nicht hinreichend gerecht.[243] Denn wirtschaftlich betrachtet, stellt die Zession im Rahmen des unechten Factorings – anders als beim echten Factoring – keine Gegenleistung für die angekaufte Forderung dar, sondern dient der Sicherung des vom Factor gewährten Kredits.[244] Zwar sichert die abgetretene Forderung nicht den Anspruch des Factors gegen den Anschlusskunden, weil dieser nur dann besteht, wenn die Forderung wertlos ist. Jedoch liegt in Parallele zur Sicherungszession das wirtschaftliche Risiko beim Zedenten. Hierin ist der wesentliche Unterschied zum echten Factoring zu sehen. Die Abtretung an den Factor hat folglich einen nicht zu verkennenden Sicherungscharakter.

Charakteristikum der Sicherungszession ist darüber hinaus, dass die Forderung auch nach der Zession haftungsrechtlich weiterhin zum Vermögen des Zedenten gehört. Diese Zuordnung ist das wesentliche Entscheidungskriterium für die Annahme der Sicherungsfunktion. Da im Rahmen des unechten Factorings die Möglichkeit der Rückbelastung besteht, bis die Forderung beigetrieben wurde, ist die zedierte Forderung noch nicht endgültig in das Vermögen des Factors übergegangen, sondern zählt haftungsrechtlich weiterhin zum Vermögen des Anschlusskunden.[245] Die Verteilung des Delkredererisikos spricht somit ebenfalls für den Sicherungscharakter der Zession.

Im Ergebnis lassen sich die Unterschiede zwischen der im Rahmen des unechten Factorings vorgenommenen Zession und der „herkömmlichen“ Sicherungsabtretung damit zwar nicht leugnen, sie lassen aber auch nicht den Schluss zu, dass sich das unechte und das echte Factoring in ihrer rechtlichen Behandlung entsprechen.

---

240 *Sinz,* Kölner Schrift, 14. Kapitel Rn. 108.
241 *Sinz,* Kölner Schrift, 14. Kapitel Rn. 109.
242 S. oben Fn. 226.
243 So Jaeger/*Henckel,* § 47 Rn. 127.
244 *Baur/Stürner,* Sachenrecht, § 58 Rn. 13; Jaeger/*Henckel,* § 47 Rn. 127.
245 Gottwald/*Adolphsen,* § 40 Rn. 65; *Häsemeyer,* Insolvenzrecht, Rn. 18.50; MünchKomm-InsO/*Ganter,* § 47 Rn. 266.

Vielmehr streitet die Ähnlichkeit zur Mobiliarsicherheit dafür, die Zession im Rahmen des unechten Factorings als Sicherungszession einzustufen, mit der Folge, dass dem Factor in der Insolvenz des Anschlusskunden (lediglich) ein Absonderungsrecht zusteht. Die Verwertungsbefugnis richtet sich ab dem Zeitpunkt der Verfahrenseröffnung daher nach § 166 Abs. 2 InsO.

III. Kein Ausschluss der offenen Sicherungszession

Das Verwertungsrecht des Insolvenzverwalters besteht dem Wortlaut des § 166 Abs. 2 InsO nach unabhängig davon, ob die Abtretung vor der Eröffnung des Insolvenzverfahrens gegenüber dem Drittschuldner offen gelegt worden war. Dementsprechend billigt die ganz überwiegende Auffassung dem Insolvenzverwalter das Verwertungsrecht ohne Rücksicht auf die Offenlegung der Zession zu.[246]

In der Literatur wird allerdings die Ansicht vertreten, dass die offengelegte Sicherungszession nicht in den Anwendungsbereich des § 166 Abs. 2 InsO falle.[247] Sofern die Abtretung gegenüber dem Drittschuldner offengelegt worden sei, führe dies zu einer Einziehung durch den Gläubiger und nicht durch den Verwalter. Überdies könne der Gläubiger die Verwertungszuständigkeit durch Offenlegen der Zession auch noch nach der Verfahrenseröffnung auf sich überleiten, solange die Forderung nicht durch Erfüllung erloschen sei.[248]

Gegen eine Differenzierung zwischen der offenen bzw. der offengelegten und der verdeckten Sicherungszession spricht jedoch, dass § 191 Abs. 2 letzter Halbs. des ursprünglichen Regierungsentwurfs,[249] der das Verwertungsrecht des Insolvenzverwalters bei offengelegter Zession noch ausdrücklich ausschloss, im

246 S. BGH NZI 2002, 599 f., mit kritischer Anmerkung *Becker,* DZWIR 2002, 467; BGHZ 154, 72, 77 = NZI 2003, 259; BGH NZI 2005, 384, 385; BGH NZI 2009, 425 (Rn. 13); BGH NZI 2009, 428 (Rn. 11); KG NZI 1999, 500, 501; *Bork,* Einführung in das Insolvenzrecht, Rn. 305; Braun/*Dithmar,* § 166 Rn. 17; FK-InsO/*Wegener,* § 166 Rn. 9; Gottwald/*Adolphsen,* § 42 Rn. 156; *Gundlach/Frenzel/Schmidt,* NZI 2002, 530, 532; Hess/*Hess,* § 166 Rn. 36; K/P/B/*Flöther,* § 166 Rn. 14; MünchKomm-InsO/*Tetzlaff,* § 166 Rn. 62; *Obermüller,* Insolvenzrecht in der Bankpraxis, Rn. 6.715; *Oerther,* Verwertung des mit Absonderungsrechten belasteten Schuldnervermögens, S. 220; *Pape,* NZI 2000, 301, 302; Schimansky/Bunte/Lwowski/*Ganter,* § 90 Rn. 582; Uhlenbruck/*Brinkmann,* § 166 Rn. 26.

247 N/R/*Becker,* § 166 Rn. 39 ff.; *ders.,* DZWIR 2010, 133, 134; ebenfalls kritisch HK/*Landfermann,* § 166 Rn. 30, der im Falle der angezeigten Sicherungsabtretung die Möglichkeit der Umdeutung in eine Forderungsverpfändung prüfen möchte, da die Rechtsfolgen der Verpfändung dem Willen der Parteien im Falle der Insolvenzeröffnung eher entsprächen als die der Sicherungszession. Insbesondere bei Kreditinstituten wird man jedoch annehmen müssen, dass das verwendete Rechtsinstitut in Kenntnis der Rechtsfolgen gewählt ist, sodass für eine Umdeutung meist kein Raum sein wird, BGH NZI 2002, 599, 601.

248 N/R/*Becker,* § 166 Rn. 40.

249 § 191 RegEInsO, BT-Drucks. 12/2443, S. 39.

Gesetzgebungsverfahren ersatzlos gestrichen wurde.[250] Darüber hinaus streitet die Teleologie von § 166 Abs. 2 InsO dafür, das Verwertungsrecht des Insolvenzverwalters auch auf die offene bzw. offengelegte Zession zu erstrecken. Denn zum einen ist der Sicherungszessionar im Falle der offenen Zession zur Durchsetzung der Forderung nicht weniger auf die Unterstützung des Insolvenzverwalters angewiesen als im Falle der stillen Sicherungsabtretung, sodass die § 166 Abs. 2 InsO zugrundeliegenden Zweckmäßigkeitserwägungen in gleichem Maße zutreffen.[251] Zum anderen fordert die von der Insolvenzordnung angestrebte Kostenbeteiligung gesicherter Gläubiger eine umfassende Verwertungsbefugnis des Insolvenzverwalters. Dieser hat die Wirksamkeit der Sicherungszession nämlich unabhängig davon festzustellen, ob die Abtretung gegenüber dem Drittschuldner offengelegt wurde.[252] Insofern besteht die gesetzliche Verwertungsermächtigung nach § 166 Abs. 2 InsO losgelöst von der Publizität der Zession.

IV. Verwertungsbefugnis nach Eintritt der Verwertungsreife

In der Literatur wird ferner die Auffassung vertreten, die Forderung werde nicht von der Verwertungsbefugnis des Insolvenzverwalters erfasst, wenn die Verwertungsreife der Forderung – die regelmäßig mit ihrer Offenlegung verbunden ist – vor der Eröffnung des Insolvenzverfahrens eingetreten sei. Denn die Forderung könne nach Eintritt der Verwertungsvoraussetzungen nicht mehr dem Vermögen des Schuldners zugerechnet werden. Der Masse stehe lediglich ein Übererlösanspruch aus dem Sicherungsvertrag zu. Der Insolvenzverwalter könne keine weitergehenden Rechte geltend machen als dem Schuldner zugestanden hätten. Daher soll allein der Gläubiger zur Verwertung berechtigt sein, § 173 InsO.[253]

Diese Ansicht verkennt jedoch, dass die Forderung nach Eintritt der Verwertungsreife nicht in das Vermögen des Zessionars „übergeht", sondern diesem lediglich haftet.[254] Zweck der Sicherungsübertragung ist es nicht, das Vollrecht zu übertragen. Ihr Vermögenswert soll vielmehr (nur) zur Sicherung von Ansprüchen gegen den Zedenten dienen.[255] Der Eintritt der Verwertungsreife hat damit nur zur Folge, dass der Verwertungserlös dem Gläubiger gebührt. Er hat aber keinen Einfluss darauf, dass es sich um eine „zur Sicherheit abgetretene Forderung" handelt, die als solche in den Anwendungsbereich des § 166 Abs. 2 InsO fällt. Hinzu kommt, dass

---

250 S. Beschlussempfehlung und Bericht des Rechtsausschusses zu § 191 Abs. 2 RegEInsO, BT-Drucks. 12/7302, S. 176.

251 S. BGH NZI 2002, 599, 600; BGH NZI 2009, 425, 426 (Rn. 13 f.); s. ferner *Gundlach/Frenzel/Schmidt,* NZI 2002, 530, 531 f.

252 BGHZ 154, 72, 77 = NZI 2003, 259.

253 *Mitlehner,* Mobiliarsicherheiten im Insolvenzverfahren, Rn. 734 f.; *ders.,* ZIP 2001, 677, 679 f.; a.A. *Häsemeyer,* Insolvenzrecht, Rn. 13.50; Hess/*Hess,* § 166 Rn. 37; HK/*Landfermann,* § 166 Rn. 31; Karsten Schmidt-InsO/*Sinz,* § 166 Rn. 20.

254 Vgl. HK/*Kirchhof,* § 21 Rn. 30.

255 S. oben Fn. 223.

die Einziehungsbefugnis nach § 166 Abs. 2 InsO keine vom Schuldner abgeleitete Ermächtigung ist, sondern eine eigene gesetzliche Kompetenz des Insolvenzverwalters darstellt.[256]

Der Gläubiger ist daher trotz Verwertungsreife nicht dazu berechtigt, die Forderung selbst zu verwerten, sodass § 166 Abs. 2 InsO im Ergebnis alle sicherungsabgetretenen Forderungen erfasst, die zum Zeitpunkt der Verfahrenseröffnung noch Bestand haben.

V. Ausschluss der Forderungsverpfändung

Demgegenüber steht dem Insolvenzverwalter dem Wortlaut des § 166 Abs. 2 InsO zufolge bei verpfändeten Forderungen kein Verwertungsrecht zu.[257] In Anbetracht des Normzwecks von § 166 Abs. 2 InsO erscheint dies allerdings wenig folgerichtig.[258] Denn wie dargelegt soll die Verwertungsbefugnis des Insolvenzverwalters dem Umstand Rechnung tragen, dass dieser über die zur Geltendmachung der Forderung erforderlichen Unterlagen verfügt. Diese Erwägung trifft auf verpfändete Forderungen aber ebenso zu wie auf sicherungsabgetretene Forderungen. Die zur Forderungsdurchsetzung notwendigen Unterlagen bleiben bei der Verpfändung nämlich gewöhnlich ebenfalls beim Verpfänder. Der Gläubiger ist daher zur Geltendmachung der Forderung in gleichem Maße auf die Unterstützung durch den Insolvenzverwalter angewiesen wie bei der Sicherungsabtretung.[259]

Darüber hinaus unterscheidet sich auch die Kostenträchtigkeit der Feststellung des jeweiligen Absonderungsrechts nicht.[260] In beiden Fällen hat der

---

256 OLG Rostock NZI 2008, 431, 433; *Gundlach/Frenzel/Schmidt,* NZI 2001, 119, 120; *Häcker,* NZI 2002, 409; *Häsemeyer,* Insolvenzrecht, Rn. 13.50; HK/*Landfermann,* § 166 Rn. 4; Jaeger/*Gerhardt,* § 22 Rn. 99; Karsten Schmidt-InsO/*Sinz,* § 166 Rn. 20; *Mitlehner,* Mobiliarsicherheiten im Insolvenzverfahren, Rn. 708; *Pape,* NZI 2000, 301, 302; *Szalai,* ZInsO 2009, 1177, 1188; anders *Berger,* FS Fischer, S. 1, 5; *ders.,* KTS 2007, 433, 437 f., der das Verwertungsrecht nach § 166 InsO – ohne nähere Begründung – als „eine aus der Rechtsstellung des Absonderungsgläubigers abgeleitete gesetzliche Ermächtigung“ ansieht.

257 Begr. zu § 191 RegEInsO, BT-Drucks. 12/2443, S. 178 f.; st. Rspr., s. etwa BGH NZI 2002, 599, 600; BGH NZI 2003, 496; BGH NZI 2005, 384; BGH NZI 2013, 596 (Rn. 15); *Berger,* FS Fischer, S. 1, 4; FK-InsO/*Wegener,* § 166 Rn. 9; HambKomm/*Büchler,* § 166 Rn. 16; HK/*Landfermann,* § 166 Rn. 28; Jaeger/*Henckel,* § 50 Rn. 83; K/P/B/*Flöther,* § 166 Rn. 21; MünchKomm-InsO/*Tetzlaff,* § 166 Rn. 63; N/R/*Becker,* § 166 Rn. 38; *Szalai,* ZInsO 2009, 1177, 1184; Uhlenbruck/*Brinkmann,* § 166 Rn. 30; anders *Marotzke,* ZZP (109) 1996, 429, 447 f., der für eine analoge Anwendung des § 166 Abs. 2 InsO plädiert.

258 Daher zu Recht kritisch *Berger,* FS Fischer, S. 1, 4 f.; FK-InsO/*Wegener,* § 166 Rn. 9; K/P/B/*Flöther,* § 166 Rn. 21.

259 Zutreffend *Berger,* FS Fischer, S. 1, 4; N/R/*Becker,* § 166 Rn. 38.

260 Ebenfalls auf die Kostenträchtigkeit der Feststellung hinweisend *Berger,* FS Fischer, S. 1, 5; N/R/*Becker,* § 166 Rn. 39.

Insolvenzverwalter die Wirksamkeit des geltend gemachten Absonderungsrechts zu prüfen. Berücksichtigt man, dass die Kostenbeiträge eingeführt wurden, um die Masse von Kosten, die im Zuge der Feststellung und der Verwertung von Absonderungsrechten entstehen, zu entlasten, ist es wenig einsichtig, warum der Insolvenzverwalter die Wirksamkeit der Verpfändung prüfen muss, ohne einen Ausgleich dafür zu erhalten.

Auch das in den Materialen zu § 191 RegEInsO vorgebrachte Argument gegen die Anwendbarkeit des § 166 Abs. 2 InsO auf verpfändete Forderungen, der Drittschuldner müsse von vornherein mit einer Inanspruchnahme durch den Pfandgläubiger rechnen, weil die Verpfändung einer Forderung nach § 1280 BGB die Anzeige an den Gläubiger voraussetze,[261] ist vor dem Hintergrund, dass offene bzw. offengelegte Sicherungszessionen in den Anwendungsbereich des § 166 Abs. 2 InsO fallen,[262] wenig nachvollziehbar.

Eine tragfähige Begründung für die Differenzierung zwischen verpfändeten Forderungen und zur Sicherheit abgetretenen Forderungen ist daher nicht ersichtlich. Die angestellten Zweckmäßigkeitserwägungen rechtfertigen bzw. erfordern ein Verwertungsrecht des Insolvenzverwalters vielmehr auch bei verpfändeten Forderungen. Dennoch verbietet sich eine analoge Anwendung des § 166 Abs. 2 InsO aufgrund der Gesetzesmaterialien zu § 166 Abs. 2 InsO, aus denen ausdrücklich hervorgeht, dass verpfändete Forderungen aus dem Anwendungsbereich der Vorschrift ausgenommen sind.[263] Aufgrund der eindeutigen Ausführungen mangelt es an einer für die Analogiebildung erforderlichen Regelungslücke. Damit ist grundsätzlich der Pfandgläubiger verwertungsbefugt.

Verwertet der Pfandgläubiger die Forderung nicht, kann das Insolvenzgericht dem Gläubiger aber auf Antrag des Insolvenzverwalters eine Frist setzen, innerhalb derer er die Forderung zu verwerten hat, § 173 Abs. 2 InsO. Läuft die vom Insolvenzgericht gesetzte Frist ab, ohne dass der Gläubiger die Forderung verwertet hat oder zumindest mit der Verwertung begonnen hat, geht das Verwertungsrecht gemäß § 173 Abs. 2 S. 2 InsO auf den Insolvenzverwalter über.

In diesem Fall finden die Vorschriften über den Kostenbeitrag und die Erlösverteilung, §§ 170, 171 InsO, entsprechend Anwendung.[264] Denn auch wenn der Insolvenzverwalter eine Forderung nach § 173 Abs. 2 S. 2 InsO verwertet, bedarf

261 Begr. zu § 191 RegEInsO, BT-Drucks. 12/2443, S. 178 f.

262 Dazu oben § 2 B.III., S. 52 f.

263 Ebenso *Berger*, FS Fischer, S. 1, 4; BK-InsO/*Undritz/Knof*, § 166 Rn. 33; FK-InsO/*Wegener*, § 166 Rn. 9; K/P/B/*Flöther*, § 166 Rn. 21; *Szalai*, ZInsO 2009, 1177, 1183; im Ergebnis auch HK/*Landfermann*, § 166 Rn. 28.

264 So die ganz überwiegende Auffassung, s. Gottwald/*Adolphsen*, § 42 Rn. 198; HambKomm/*Büchler*, § 173 Rn. 6; HK/*Landfermann*, § 173 Rn. 6; Karsten Schmidt-InsO/*Sinz*, § 173 Rn. 20; K/P/B/*Flöther*, § 173 Rn. 16; *Mitlehner*, Mobiliarsicherheiten im Insolvenzverfahren, Rn. 1062; N/R/*Becker*, § 173 Rn. 33; *Pallas*, Die Rechtsstellung der Sicherungsgeber, Rn. 407; Uhlenbruck/*Brinkmann*, § 173 Rn. 16; anders MünchKomm-InsO/*Tetzlaff*, § 173 Rn. 28: keine Feststellungskosten.

das Absonderungsrecht einer Feststellung. Darüber hinaus entstehen regelmäßig Verwertungskosten. § 171 InsO knüpft an die Verwertungsbefugnis des Insolvenzverwalters an. Insofern macht es keinen Unterschied, ob die Verwertungsbefugnis bereits nach § 166 Abs. 2 InsO besteht oder nach § 173 Abs. 2 S. 2 InsO auf den Insolvenzverwalter übergegangen ist.[265] Andernfalls würde der untätige Gläubiger unzulässig privilegiert.[266]

Die Schutzvorschriften der §§ 167 ff. InsO finden hingegen keine Anwendung.[267] Denn der Gläubiger, der die ihm zustehende Verwertungsbefugnis innerhalb der gesetzten Frist nicht ausübt, ist nicht schutzwürdig.[268]

VI. Abrechnungssysteme und Finanzsicherheiten (Abs. 3)

Von dem Verwertungsrecht des Insolvenzverwalters nicht erfasst werden nach § 166 Abs. 3 InsO zudem bestimmte Sicherungszessionen im Finanzgewerbe. So wird denjenigen Gläubigern ein uneingeschränktes Verwertungsrecht zugebilligt, die ihre persönlichen Forderungen in ein System von Zahlungs- und Übertragungsverträgen eingebracht haben und dazu die Sicherheit empfingen, § 166 Abs. 3 Nr. 1 InsO. Ferner werden Zentralbanken sowie Inhaber von Finanzsicherheiten begünstigt, § 166 Abs. 3 Nr. 2 und 3 InsO.

C. Rechtsfolgen des § 166 Abs. 2 InsO

Nachfolgend werden die Rechtsfolgen der Norm analysiert. In erster Linie wird es um die Frage der Abgrenzung zwischen den Verwertungsbefugnissen des Insolvenzverwalters einerseits und den Befugnissen des absonderungsberechtigten Gläubigers andererseits gehen. Im Zuge der Ausführungen wird zunächst die Forderungsverwertung durch den Insolvenzverwalter dargestellt. Im Anschluss daran werden die Rechtsfolgen für den Sicherungszessionar betrachtet. Materiellrechtlich stellt sich die Frage, welche Wirkung eine Leistung des Drittschuldners an den Sicherungszessionar hat und ob entgegen § 166 Abs. 2 InsO vorgenommene Verfügungen mit dem Ziel der Verwertung wirksam sind. Prozessrechtlich wird zu untersuchen sein, wie diejenigen Fälle zu behandeln sind, in denen entweder der Schuldner oder der Sicherungszessionar bereits vor der Verfahrenseröffnung gerichtliche Schritte zur Durchsetzung der Forderung eingeleitet haben.

---

265 Zutreffend Karsten Schmidt-InsO/*Sinz,* § 173 Rn. 20; N/R/*Becker,* § 173 Rn. 33.

266 So auch Gottwald/*Adolphsen,* § 42 Rn. 198.

267 HambKomm/*Büchler,* § 173 Rn. 6; HK/*Landfermann,* § 173 Rn. 6; Karsten Schmidt-InsO/*Sinz,* § 173 Rn. 19; N/R/*Becker,* § 173 Rn. 34; Uhlenbruck/*Brinkmann,* § 173 Rn. 16; a.A. Gottwald/*Adolphsen,* § 42 Rn. 198; L/S/Z/*Smid,* § 173 Rn. 8; Münch-Komm-InsO/*Tetzlaff,* § 173 Rn. 27; differenzierend BK-InsO/*Breutigam,* § 173 Rn. 14.

268 Ebenso N/R/*Becker,* § 173 Rn. 34.

I. Verwertung durch den Insolvenzverwalter

§ 166 Abs. 2 InsO ermächtigt den Insolvenzverwalter, Forderungen, die der Schuldner zur Sicherung eines Anspruchs abgetreten hat, einzuziehen oder in anderer Weise zu verwerten. Die Verwertungsbefugnis nach § 166 Abs. 2 InsO umfasst im Wesentlichen drei Komponenten. Materiell-rechtlich enthält sie neben der Einziehungsermächtigung zugleich eine gesetzliche Verfügungsermächtigung.[269] Die Vorschrift vermittelt dem Insolvenzverwalter folglich die Rechtsmacht, wirksame Verfügungsgeschäfte vorzunehmen. Zudem hat § 166 Abs. 2 InsO auch die Prozessführungsbefugnis des Insolvenzverwalters zum Inhalt.[270]

1. Forderungseinziehung, § 166 Abs. 2 Alt. 1 InsO

Das Gesetz nennt an erster Stelle die Ermächtigung zur Einziehung einer sicherungsabgetretenen Forderung. Diese Befugnis des Insolvenzverwalters bezeichnet in Anlehnung an die ZPO das Recht, die Forderung beim Drittschuldner geltend zu machen, und bewirkt insbesondere, dass der an den Insolvenzverwalter erbrachten Leistung Erfüllungswirkung i.S.d. § 362 Abs. 1 BGB zukommt.[271]

Dogmatisch betrachtet stellt die Einziehungsbefugnis nach § 166 Abs. 2 InsO eine gesetzliche Ermächtigung des Insolvenzverwalters dar.[272] Die Verwertungsermächtigung ist originär, also weder aus dem Recht des Sicherungszessionars noch aus der Rechtsmacht des Schuldners abgeleitet.[273] Das bedeutet, dass ein Widerruf der zuvor dem Schuldner erteilten Einziehungsermächtigung durch den Zessionar keine

---

269 S. u. a. BGH NZI 2003, 496; *Berger*, FS Fischer, S. 1, 5, 13; Gottwald/*Adolphsen*, § 42 Rn. 159; *Gundlach/Frenzel/Schmidt*, NZI 2001, 119, 120; K/P/B/*Flöther*, § 166 Rn. 24; *Mitlehner*, Mobiliarsicherheiten im Insolvenzverfahren, Rn. 708; *ders.*, ZIP 2015, 60, 62; *Schlegel*, NZI 2003, 17, 18; vgl. ferner *Häcker*, NZI 2002, 409 „Verfügungsermächtigung i.S.d. § 185 BGB".

270 BGH NZI 2003, 496; OLG Dresden ZInsO 2006, 1168; *Berger*, FS Fischer, S. 1, 10; *Ganter*, ZIP 2014, 53; *Häcker*, NZI 2002, 409, 410; HK/*Landfermann*, § 166 Rn. 33; K/P/B/*Flöther*, § 166 Rn. 20; MünchKomm-InsO/*Tetzlaff*, § 166 Rn. 67; N/R/*Becker*, § 166 Rn. 51; *Schlegel*, NZI 2003, 17, 18; *Smid*, Kreditsicherheiten in der Insolvenz, § 18 Rn. 70; Uhlenbruck/*Brinkmann*, § 166 Rn. 27.

271 *Berger*, FS Fischer, S. 1, 6; Stein/Jonas/*Brehm*, § 835 Rn. 8. Zur rechtsgeschäftlich erteilten Einziehungsermächtigung s. MünchKomm-BGB/*Bayreuther*, § 185 Rn. 34 ff.

272 BGH ZIP 2013, 35, 36 (Rn. 2); OLG Rostock NZI 2008, 431, 433; *Berger*, FS Fischer, S. 1, 5; *ders.*, KTS 2007, 433, 437 f.; *Häsemeyer*, Insolvenzrecht, Rn. 13.50; HK/*Landfermann*, § 166 Rn. 4; K/P/B/*Flöther*, § 166 Rn. 23; MünchKomm-InsO/*Tetzlaff*, § 166 Rn. 1; *Schlegel*, NZI 2003, 17, 18; *Szalai*, ZInsO 2009, 1177, 1188; s. ferner *Häcker*, NZI 2002, 409, der zwar annimmt, dass es sich um eine gesetzliche Ermächtigung handelt, jedoch auf § 185 BGB verweist.

273 S. oben Fn. 256.

Auswirkung auf die Einziehungsbefugnis des Insolvenzverwalters hat.[274] Ebenso bedarf es keiner gesonderten Ermächtigung des Insolvenzverwalters zur Einziehung der zedierten Forderung in entsprechender Anwendung des § 185 Abs. 1 BGB durch den Sicherungszessionar.[275] Als gesetzliche Ermächtigung ist die Regelung des § 166 Abs. 2 InsO überdies zwingend, sodass das Verwertungsrecht des Insolvenzverwalters nicht durch eine Vereinbarung zwischen Schuldner und Gläubiger abbedungen werden kann.[276]

Auch auf die Frage, ob der Sicherungsfall bereits eingetreten ist, kommt es nicht an.[277] Denn andernfalls wäre der Insolvenzverwalter dazu gezwungen, mit dem Einzug einer fälligen Forderung abzuwarten, bis die Verwertungsreife im Verhältnis zum Sicherungsnehmer eingetreten ist. Zwar ist dies regelmäßig insofern unproblematisch, als die Insolvenzeröffnung und der Eintritt des Sicherungsfalls zeitlich zusammenfallen, § 41 Abs. 1 InsO.[278] Relevanz erlangt das Ausgeführte aber dann, wenn dem Sicherungszessionar lediglich ein isoliertes Absonderungsrecht zusteht, ohne dass der Insolvenzschuldner zugleich auch für die persönliche Forderung haftet und die Sicherheit ohne die Insolvenz nicht verwertungsreif gewesen wäre. Denn die Vorschrift des § 41 Abs. 1 InsO findet auf das Absonderungsrecht ohne persönliche Haftung des Insolvenzschuldners keine Anwendung, weil unter Umständen noch nicht feststeht, ob es infolge von Nichterfüllung der persönlichen Forderung durch den Hauptschuldner überhaupt zum Sicherungsfall kommt.[279]

Lag zum Zeitpunkt der Einziehung der zur Sicherheit abgetretenen Forderung durch den Insolvenzverwalter noch keine Verwertungsreife im Verhältnis zum Sicherungsnehmer vor, hat der Verwalter aber entsprechende Rücklagen zu bilden, mit denen er bei Fälligkeit den Sicherungszessionar nach § 170 Abs. 1 S. 2 InsO befriedigen kann.[280]

---

274 *Gundlach/Frenzel/Schmidt,* NZI 2001, 119, 120; *Häsemeyer,* Insolvenzrecht, Rn. 13.50.

275 N/R/*Becker,* § 166 Rn. 51.

276 BGH NZI 2009, 312, 313 (Rn. 3), dazu *Keller,* WuB VI A. § 166 InsO 1.09, 567 f.; OLG Rostock NZI 2008, 431, 432 f., zustimmend *Freudenberg,* EWiR 2008, 727; *Mitlehner,* Mobiliarsicherheiten im Insolvenzverfahren, Rn. 706; *Szalai,* ZInsO 2009, 1177, 1188; Uhlenbruck/*Brinkmann,* § 166 Rn. 2.

277 BGH NZI 2009, 425 (Rn. 10); HambKomm/*Lüdtke,* § 41 Rn. 12; Jaeger/*Henckel,* § 41 Rn. 10; *Leithaus/Riewe,* DStR 2010, 2194, 2195.

278 Allgemeine Auffassung, s. nur BGHZ 31, 337, 339 = NJW 1960, 675; HambKomm/*Lüdtke,* § 41 Rn. 10; MünchKomm-InsO/*Bitter,* § 41 Rn. 13; Schimansky/Bunte/Lwowski/*Ganter,* § 90 Rn. 541.

279 BGH NZI 2009, 165, 166 f. (Rn. 21); HambKomm/*Lüdtke,* § 41 Rn. 11; Jaeger/*Henckel,* § 41 Rn. 13; MünchKomm-InsO/*Bitter,* § 41 Rn. 14.

280 BGH NZI 2009, 165, 166 f. (Rn. 21); BGH NZI 2009, 425 (Rn. 10); HambKomm/*Lüdtke,* § 41 Rn. 11; HK/*Landfermann,* § 170 Rn. 8; *Leithaus/Riewe,* DStR 2010, 2194, 2195.

2. *Verwertung in anderer Weise, § 166 Abs. 2 Alt. 2 InsO*

Der Insolvenzverwalter ist nicht auf die Einziehung der Forderung beschränkt. Als zweite Alternative nennt § 166 Abs. 2 InsO die Möglichkeit, die zur Sicherheit abgetretene Forderung „in anderer Weise" als durch Einziehung zu verwerten. § 166 Abs. 2 InsO verleiht dem Insolvenzverwalter die notwendige Verfügungsmacht über die zur Sicherheit abgetretene Forderung.[281]

Über die Wahl der Verwertungsart entscheidet der Insolvenzverwalter nach pflichtgemäßem Ermessen, wobei er stets die Verwertungsart zu wählen hat, die die besten Befriedigungsaussichten in realistischer Zeit verspricht.[282] Bei der Auswahl der Verwertungsmöglichkeit hat er zudem sowohl den Aspekt der Kosteneinsparung[283] als auch die Interessen des Sicherungszessionars und der Gesamtgläubigerschaft zu berücksichtigen.[284]

a) Forderungsverkauf

Ebenso wie im Rahmen der Verwertung unbelasteter Außenstände hat der Insolvenzverwalter die Möglichkeit, die sicherungszedierte Forderung zu verkaufen.[285] In Frage kommt beispielsweise der Verkauf an ein Factoring-Unternehmen.[286] Allerdings stellt nur der Verkauf an ein echtes Factoring-Unternehmen eine Form der Verwertung dar, weil nur dieser endgültig ist.

Dass der Insolvenzverwalter dazu berechtigt ist, die Forderung zu veräußern, folgt aus der Vorschrift des § 168 Abs. 1 InsO, unter die nicht nur körperliche Gegenstände i.S.d. § 90 BGB fallen, sondern auch Forderungen. Da der Begriff des „Gegenstands" als Oberbegriff zu verstehen ist, bezieht sich die Norm auf die Vorschrift des § 166 InsO im Ganzen.[287]

Jedoch hat die Veräußerung von Forderungen als Verwertungsform in der Praxis eher geringe Bedeutung und stellt vor allem bei nicht fälligen und in ihrem Bestand oder ihrer Beweisbarkeit zweifelhaften Forderungen eine Alternative zum Forderungseinzug dar.[288]

---

281 S. oben Fn. 269.

282 K/P/B/*Flöther,* § 166 Rn. 23.

283 BGH ZIP 2013, 35, 36 (Rn. 2).

284 K/P/B/*Flöther,* § 166 Rn. 23.

285 BGHZ 154, 72, 78 = NZI 2003, 259; BGH ZIP 2013, 35, 36 (Rn. 2); *Foerste,* Insolvenzrecht, Rn. 388; HK/*Landfermann,* § 166 Rn. 33; MünchKomm-InsO/*Tetzlaff,* § 166 Rn. 66.

286 *Bork,* Einführung in das Insolvenzrecht, Rn. 305; Gottwald/*Adolphsen,* § 42 Rn. 159; K/P/B/*Flöther,* § 166 Rn. 23; MünchKomm-InsO/*Tetzlaff,* § 166 Rn. 66; *Oerther,* Verwertung des mit Absonderungsrechten belasteten Schuldnervermögens, S. 252; Uhlenbruck/*Brinkmann,* § 166 Rn. 31.

287 BGH ZIP 2013, 35, 36 (Rn. 2); K/P/B/*Flöther,* § 168 Rn. 3; MünchKomm-InsO/*Tetzlaff,* § 168 Rn. 8.

288 So *Berger,* FS Fischer, S. 1, 13.

b) Zahlungsvergleiche mit Drittschuldnern

aa) Vergleichsbefugnis des Insolvenzverwalters

Bestreitet der Drittschuldner Bestand oder Höhe der Forderung, erhebt er Einwendungen und beurteilt der Insolvenzverwalter die Aussichten des Prozesses deshalb wenig erfolgsversprechend, so stellt sich die Frage, ob der Insolvenzverwalter zur Vermeidung gerichtlicher Auseinandersetzungen oder im streitigen Verfahren dazu berechtigt ist, sich mit dem Drittschuldner zu vergleichen und in diesem Zuge sachlich gerechtfertigte Abschläge zu machen. Dieselbe Problematik besteht auch dann, wenn der Insolvenzverwalter die Forderung verkauft und der erlangte Kaufpreis nicht zur Befriedigung des Sicherungszessionars ausreicht. Denn ein Verkauf zum Nennwert wird rein tatsächlich kaum möglich sein. Höchstrichterlich entschieden ist diese Frage bislang nicht.

Der Wortlaut des § 166 Abs. 2 InsO spricht jedenfalls eher gegen die Befugnis des Insolvenzverwalters zum Abschluss (außer-)gerichtlicher Vergleiche. Denn durch die Einziehung einer Forderung wird stets der volle Forderungsbetrag realisiert. Sofern durch den Vergleichsschluss die Verpflichtung zur Zahlung eines bestimmten Betrags begründet wird, könnte zwar die 2. Alternative des § 166 Abs. 2 InsO, die dem Insolvenzverwalter auch die Verwertung in anderer Weise gestattet, als Legitimation des Insolvenzverwalters zum Abschluss eines wirksamen Vergleichs gesehen werden. Im Regelfall wird der Insolvenzverwalter jedoch so weit auf die Forderung verzichten, dass der erzielte Erlös zur vollen Befriedigung der gesicherten Forderung nicht genügt. Die Forderung wird somit zum Teil gerade nicht „verwertet". Gegen die Vergleichsbefugnis könnte zudem argumentiert werden, dass der Insolvenzverwalter grundsätzlich nur zu Eingriffen in die Rechte des Schuldners berechtigt ist, nicht hingegen zu Eingriffen in Rechte Dritter, weil § 80 Abs. 1 InsO dem Insolvenzverwalter nur die Verfügungsbefugnis über „das zur Insolvenzmasse gehörende Vermögen", nicht jedoch über Vermögenswerte Dritter überträgt.

Allerdings folgt die Legitimation des Insolvenzverwalters zu Eingriffen in die Rechtsposition des Sicherungszessionars bereits aus § 166 Abs. 2 InsO, sodass es auf die allgemeine Verwalterkompetenz nach § 80 Abs. 1 InsO nicht ankommt.[289] § 166 Abs. 2 InsO vermittelt dem Insolvenzverwalter die materielle Verfügungsbefugnis über die zur Sicherheit abgetretene Forderung,[290] wie ihm § 80 Abs. 1 InsO die Verfügungsbefugnis über massezugehörige Gegenstände überträgt. Darüber hinaus überträgt § 166 Abs. 2 InsO dem Insolvenzverwalter auch die Prozessführungsbefugnis über die sicherungsabgetretene Forderung. Da die Wirksamkeit eines Prozessvergleichs erfordert, dass die Voraussetzungen einer wirksamen Prozesshandlung

---

289 Vgl. *Ganter*, ZIP 2014, 53, 55, der anführt, die Legitimation des Insolvenzverwalters, beim Forderungseinzug dem Drittschuldner sachlich begründete Konzessionen machen zu dürfen, könnte „mit einiger Mühe" aus den Worten „oder in anderer Weise" entnommen werden.

290 S. oben Fn. 269.

sowie eines materiellen Rechtsgeschäftes vorliegen,[291] wird man den Insolvenzverwalter im Rahmen seiner Verwertungsbefugnis daher für berechtigt halten müssen, (außer-)gerichtliche Vergleiche mit Drittschuldnern zu schließen, die Wirksamkeit gegenüber dem Sicherungszessionar entfalten.[292] Dies entspricht dem Sinn von § 166 Abs. 2 InsO, die Verwertungsbefugnis umfassend auf den Insolvenzverwalter zu übertragen. Da der Insolvenzverwalter die Verfügungsmacht über die Forderung innehat, ist hierin auch kein Vertrag zu Lasten Dritten zu sehen.

In der Literatur wird die Auffassung vertreten, die Nähe der Sicherungsübertragung zur Verpfändung spreche dann aber dafür, den Rechtsgedanken des § 1276 BGB, der die Verfügungsbefugnis des Verpfänders zum Schutze des Pfandgläubigers einschränkt,[293] entsprechend heranzuziehen, und die Wirksamkeit des Vergleichsschlusses von der Zustimmung des Sicherungszessionars abhängig zu machen.[294] Gegen eine entsprechende Heranziehung der Norm streitet jedoch die Tatsache, dass die Schutzrechte des absonderungsberechtigten Gläubigers in den §§ 167 ff. InsO geregelt sind. § 168 Abs. 1 InsO statuiert die Pflicht des Insolvenzverwalters, dem Absonderungsberechtigten vor der Verwertung mitzuteilen, auf welche Weise die Forderung verwertet werden soll. Dem gesicherten Gläubiger ist Gelegenheit zu geben, auf eine günstigere Verwertungsmöglichkeit hinzuweisen.[295] Hinzu kommt, dass sich § 166 Abs. 2 InsO von § 1276 BGB insofern unterscheidet, als der Insolvenzverwalter nach § 166 Abs. 2 InsO anstelle des Sicherungszessionars handelt, nicht hingegen für den Schuldner aufgrund seiner allgemeinen Verwaltungs- und Verfügungsbefugnis nach § 80 Abs. 1 InsO.

Damit ist anzunehmen, dass der Insolvenzverwalter kraft der ihm durch § 166 Abs. 2 InsO verliehenen Ermächtigung dazu befugt ist, einen (außer-)gerichtlichen Vergleich über die sicherungsabgetretene Forderung abzuschließen und in diesem Zuge auf einen Teil der Forderung zu verzichten. Der Zustimmung durch den gesicherten Gläubiger bedarf er nicht.

---

291 *Klinck*, WM 2006, 417, 419; *Rosenberg/Schwab/Gottwald*, Zivilprozessrecht, § 130 Rn. 33. Es wird der herrschenden „Lehre von der Doppelnatur" des Prozessvergleichs gefolgt, nach welcher der Prozessvergleich ein einheitliches Rechtsgeschäft mit doppelter Wirkung ist, vgl. hierzu m.w.N. MünchKomm-BGB/*Habersack*, § 779 Rn. 71.

292 Im Ergebnis ebenso, allerdings jeweils ohne nähere Begründung *Gessner*, ZIP 2012, 455 ff.; HambKomm/*Büchler*, § 168 Rn. 2; HK/*Landfermann*, § 166 Rn. 33; MünchKomm-InsO/*Tetzlaff*, § 166 Rn. 67, § 168 Rn. 9; Uhlenbruck/*Brinkmann*, § 168 Rn. 5; s. auch *Ganter*, ZIP 2014, 53 ff., der die Wirksamkeit des Vergleichs jedoch an die Zustimmung des absonderungsberechtigten Gläubigers bindet. Allgemein zur Rechtskraftbindung eines im Rahmen des Streitgegenstands liegenden Prozessvergleichs s. Zöller/*Vollkommer*, ZPO, Vor § 50 Rn. 33.

293 Zum Normzweck des § 1276 BGB s. nur MünchKomm-BGB/*Damrau*, § 1276 Rn. 1.

294 *Ganter*, ZIP 2014, 53, 55.

295 Ausführlich dazu unten § 2 E.II., S. 119 ff.

bb) Grenzen der Vergleichsbefugnis

Die Ermächtigung zum Abschluss (außer-)gerichtlicher Vergleiche findet ihre Grenze dann, wenn der Insolvenzverwalter seine Befugnis in missbräuchlicher Weise ausübt. Zwar ist die Rechtsmacht des Insolvenzverwalters nach § 166 Abs. 2 InsO im Außenverhältnis ebenso wie die Verwaltungs- und Verfügungsbefugnis nach § 80 Abs. 1 InsO grundsätzlich unbeschränkt.[296] Jedoch ist der Insolvenzverwalter dem absonderungsberechtigten Gläubiger gegenüber zur bestmöglichen Verwertung der sicherungsabgetretenen Forderung verpflichtet, sodass dessen Rechtsmacht dort zu begrenzen ist, wo er Vergleichsschlüsse trifft, die dem Verwertungszweck offensichtlich zuwider laufen. Allerdings ist davon auszugehen, dass die Missbräuchlichkeit bereits dann zu verneinen ist, wenn der Drittschuldner die Forderung mit Einwänden bestreitet, die nicht schon auf den ersten Blick unsinnig sind, oder der Insolvenzverwalter Anreiz für eine Zahlung schafft und so das Risiko vermindert, nach Durchführung eines – mit weiteren Kosten verbundenen – Prozesses mit der Forderung gänzlich auszufallen.[297]

Verwertet der Insolvenzverwalter die Forderung unter Wert, läuft er zudem Gefahr, sich dem Absonderungsberechtigten gegenüber schadensersatzpflichtig zu machen. Zwar hat der Insolvenzverwalter grundsätzlich keine Einzelinteressen, sondern nur das Gesamtinteresse der Insolvenzgläubiger wahrzunehmen, jedoch obliegt ihm in bestimmten Ausnahmefällen auch die Geltendmachung von Rechten, die nicht zur Masse gehören, sondern den Gläubigern zustehen.[298] Dies betrifft zum einen die Geltendmachung eines Gesamtschadens der Gläubiger, den diese durch eine Verminderung des zur Insolvenzmasse gehörenden Vermögens vor oder nach der Eröffnung des Insolvenzverfahrens erlitten haben, § 92 InsO. Zum anderen die Geltendmachung der persönlichen Haftung der Gesellschafter nach Maßgabe des § 93 InsO. Wie in diesen Fällen ist der Insolvenzverwalter nach § 166 Abs. 2 InsO dem Sicherungszessionar gegenüber verpflichtet, die zur Sicherheit abgetretene Forderung zu verwerten. Verletzt er seine Pflicht schuldhaft, haftet er dem Absonderungsberechtigten nach § 60 Abs. 1 InsO.

Darüber hinaus obliegt dem Insolvenzverwalter die Pflicht zur bestmöglichen Verwertung der Insolvenzmasse. Diese verpflichtet ihn auch gegenüber Absonderungsberechtigten.[299] Verstößt der Insolvenzverwalter hiergegen schuldhaft, besteht ebenfalls die Gefahr einer Schadensersatzpflicht.[300]

---

296 Zur allgemeinen Verwaltungs- und Verfügungsbefugnis nach § 80 Abs. 1 InsO Jaeger/*Windel*, § 80 Rn. 252; MünchKomm-InsO/*Haarmeyer*, § 80 Rn. 60; *Preuß*, NZI 2003, 625 ff.

297 Vgl. *Ganter*, ZIP 2014, 53, 56.

298 S. nur MünchKomm-InsO/*Ott/Vuia*,§ 80 Rn. 45; Uhlenbruck/*Mock*, § 80 Rn. 90.

299 BGH NZI 2006, 350 (Rn. 9); Uhlenbruck/*Sinz*, § 60 Rn. 39.

300 S. dazu nur BGHZ 100, 346, 350 = NJW 1987, 3133; BGH NZI 2006, 350 (Rn. 9); BGH NZI 2011, 2960, 2963 (Rn. 29); Hess/*Hess*, § 166 Rn. 14; MünchKomm-InsO/*Brandes/Schoppmeyer*, § 60 Rn. 54.

cc) Behandlung der Vergleichssumme

Die Vergleichssumme dient zur Befriedigung des absonderungsberechtigten Gläubigers.[301] Dies ergibt sich aus der Vorschrift des § 170 Abs. 1 S. 2 InsO, die die unverzügliche Befriedigung des Gläubigers aus dem Verwertungserlös anordnet, nachdem eine sicherungszedierte Forderung durch den Insolvenzverwalter nach § 166 Abs. 2 InsO verwertet wurde.

In der Literatur wird dagegen die Ansicht vertreten, die Vergleichssumme unterfalle nicht der Globalzession, weil sie nicht aufgrund des ursprünglichen Schuldverhältnisses, sondern auf Grundlage des Vergleichs erbracht werde.[302] Dieser Annahme ist jedoch zu widersprechen, da sie mit der Regelung des § 170 Abs. 1 S. 2 InsO, wonach der Forderungserlös nach Abzug der Kostenbeiträge unverzüglich an den Absonderungsberechtigten auszukehren ist, unvereinbar wäre.[303] Auch wenn der Insolvenzverwalter nach dem Dargelegten dazu berechtigt ist, (außer-)gerichtliche Vergleiche über sicherungsabgetretene Forderungen zu schließen, so ändert dies nichts daran, dass es sich bei dem Vergleichsabschluss lediglich um eine Form der Verwertung handelt. Die erzielte Vergleichssumme ist daher nicht anders zu behandeln als der im Wege sonstiger Verwertungsmöglichkeiten erzielte Erlös.

Zudem haben Vergleiche grundsätzlichen keinen novellierenden Charakter, sondern verändern das Schuldverhältnis nur insoweit, als streitige oder ungewisse Punkte geregelt werden.[304] Schuldumschaffende Wirkung hat der Vergleich hingegen nur bei entsprechendem Parteiwillen.[305] Im Übrigen könnte der Insolvenzverwalter die Rechte des Sicherungszessionars ohne Weiteres vereiteln, indem er den Drittschuldner im Wege minimalen Nachgebens zum Abschluss eines Vergleichs bewegt.[306]

Damit bleibt festzuhalten, dass die Vergleichssumme nicht anders zu behandeln ist als der durch eine andersartige Verwertung erzielte Erlös.[307] Sie ist nach Abzug der Kostenbeiträge zugunsten der Insolvenzmasse gemäß § 170 Abs. 1 S. 2 InsO unverzüglich an den absonderungsberechtigten Gläubiger auszukehren.

---

301 Ebenso *Ganter*, ZIP 2014, 53, 56 ff.; MünchKomm-InsO/*Tetzlaff*, § 166 Rn. 67.

302 So *Gessner*, ZIP 2012, 455 ff.

303 *Ganter*, ZIP 2014, 53, 57.

304 BGHZ 52, 39, 46 = NJW 1969, 1165; BGH NJW 2002, 1503; BGH NZI 2003, 537, 538 (= in BGHZ 155, 199 nicht abgedr.); BGH NJW 2010, 2652, 2653 (Rn. 15); *Ganter*, ZIP 2014, 53, 57; Jauernig/*Stadler*, § 779 Rn. 11; Palandt/*Sprau*, § 779 Rn. 11.

305 BGH NJW 2002, 1503.

306 *Ganter*, ZIP 2014, 53, 56.

307 Zur Rechtslage am Erlös s. unten § 2 D.II.1., S. 111 ff.

c) Einschaltung Dritter in den Verwertungsvorgang

aa) Inkassozession und Einziehungsermächtigung

Die gesetzliche Verwertungsermächtigung des Insolvenzverwalters nach § 166 Abs. 2 InsO schließt ferner das Recht ein, Dritten eine Einziehungsermächtigung zu erteilen.[308]

Anstatt die Forderung selbst zu verwerten, kann der Insolvenzverwalter sie außerdem an ein Inkassounternehmen abtreten, das die Forderung dann als Rechtsinhaber im eigenen Namen für den Insolvenzverwalter einzieht, sich aber dazu verpflichtet, den eingezogenen Erlös abzüglich einer Provision an die Insolvenzmasse abzuführen.[309]

bb) Verwertung durch den Gläubiger, § 170 Abs. 2 InsO

Der Insolvenzverwalter hat ferner die Möglichkeit, die Forderung dem gesicherten Gläubiger zur Verwertung zu überlassen, § 170 Abs. 2 InsO. Dies kann sich als sinnvoll erweisen, wenn letzterer in der Lage ist, die Forderung einzuziehen, während die Einziehung für den Insolvenzverwalter mit unverhältnismäßig hohem Aufwand verbunden wäre. Die Beurteilung liegt im pflichtgemäßen Ermessen des Insolvenzverwalters.[310] Es besteht also weder ein Anspruch des gesicherten Gläubigers auf Überlassung der Verwertungsbefugnis noch ist der Gläubiger zur Übernahme verpflichtet.[311]

Überlässt der Insolvenzverwalter die Forderung dem Gläubiger zur Verwertung, stellt dies keine „echte" Freigabe der Forderung dar, denn die Forderung wird nicht in die Verwaltungs- und Verfügungsbefugnis des Gläubigers überführt. Vielmehr wird nur die Verwertungsbefugnis auf den Gläubiger (zurück)übertragen. Es handelt sich also lediglich um einen Verzicht auf die eigene Verwertungsbefugnis seitens des Insolvenzverwalters. Der Insolvenzbeschlag der Forderung wird jedoch nicht beendet.[312] Die Übertragung der Verwertungsbefugnis bewirkt, dass der

308 BGH ZIP 2013, 35, 36 (Rn. 2); *Bork*, Einführung in das Insolvenzrecht, Rn. 305; Karsten Schmidt-InsO/*Sinz*, § 166 Rn. 21.

309 Gottwald/*Adolphsen*, § 42 Rn. 159; *Obermüller*, Insolvenzrecht in der Bankpraxis, Rn. 6.753.

310 LG Gera ZInsO 2009, 2206; HK/*Landfermann*, § 170 Rn. 15; L/S/Z/*Smid*, § 170 Rn. 8.

311 BGHZ 165, 28, 33 f. = NZI 2006, 32; HK/*Landfermann*, § 170 Rn. 16; Karsten Schmidt-InsO/*Sinz*, § 170 Rn. 12; MünchKomm-InsO/*Tetzlaff*, § 170 Rn. 22; Uhlenbruck/*Brinkmann*, § 170 Rn. 21; a.A. BK-InsO/*Breutigam*, § 170 Rn. 12 f., wonach der Verwalter den Gläubiger zur Übernahme zwingen kann, dieses Recht aber nicht missbräuchlich ausüben darf.

312 Braun/*Dithmar/Schneider*, § 170 Rn. 8; Karsten Schmidt-InsO/*Sinz*, § 170 Rn. 13; K/P/B/*Flöther*, § 170 Rn. 10; MünchKomm-InsO/*Ott/Vuia*, § 80 Rn. 66; N/R/*Becker*, § 170 Rn. 21; Uhlenbruck/*Brinkmann*, § 170 Rn. 20.

Sicherungszessionar die Forderung im eigenen Namen geltend macht.[313] Dies gilt sowohl in materiell-rechtlicher als auch in prozessualer Hinsicht.

Der Forderungserlös gebührt in Höhe der gesicherten Forderung dem Gläubiger, wobei die Kosten der Feststellung des Sicherungsrechts aus dem Verwertungserlös zu entnehmen und an die Masse abzuführen sind, § 170 Abs. 2 InsO. Verwertungskosten sind dagegen nicht abzuziehen, weil sie nicht der Insolvenzmasse, sondern dem gesicherten Gläubiger zur Last fallen.[314] Sollte durch die Verwertung ein Erlösüberschuss erzielt werden, steht dieser der Insolvenzmasse zu.

Die Übertragung der Verwertungsbefugnis auf den Gläubiger ist abzugrenzen von § 168 Abs. 3 S. 1 InsO, wonach der Gläubiger den Gegenstand auf Mitteilung des Verwalters hin auch selbst übernehmen kann. Der letztgenannte Fall stellt eine Verwertung durch den Insolvenzverwalter dar, mit der Folge, dass die Kostenbeteiligungsregeln gelten. Der Masse stehen also gemäß § 170 Abs. 1 S. 1 InsO sowohl Feststellungs- als auch Verwertungskosten zu.[315]

Wieder anders gelagert ist der Fall der Verwertung durch den Gläubiger nach § 173 InsO. Sowohl im Falle des § 170 Abs. 2 InsO als auch bei § 168 Abs. 3 S. 1 InsO steht dem Insolvenzverwalter im Ausgangspunkt gemäß § 166 Abs. 2 InsO das Verwertungsrecht zu. Im einen Fall überträgt er die Verwertungsbefugnis auf den Gläubiger (§ 170 Abs. 2 InsO), im anderen Fall verwertet er die Forderung, indem der Gläubiger sie übernimmt (§ 168 Abs. 3 S. 1 InsO). § 173 InsO betrifft dagegen Fälle, in denen kein Verwertungsrecht des Insolvenzverwalters nach § 166 Abs. 2 InsO besteht, sondern der absonderungsberechtigte Gläubiger selbst zur Verwertung berechtigt ist.

d) Freigabe

Des Weiteren besteht die Möglichkeit, die zur Sicherheit abgetretene Forderung im Wege der Freigabe aus dem Insolvenzbeschlag zu entlassen. Die Freigabe hat zur Folge, dass der gesicherte Gläubiger die Forderung verwerten kann, ohne Kostenbeiträge an die Masse abführen zu müssen.[316] Auch ein eventuell erzielter Erlösüberschuss muss in diesem Fall nicht an die Masse herausgegeben werden, sondern fällt in das insolvenzfreie Vermögen des Schuldners.[317]

---

313 N/R/*Becker,* § 170 Rn. 21; s. auch HambKomm/*Büchler,* § 170 Rn. 9.

314 S. nur HK/*Landfermann,* § 170 Rn. 19; Karsten Schmidt-InsO/*Sinz,* § 170 Rn. 27; *Mönning,* FS Uhlenbruck, S. 239, 252.

315 BGHZ 165, 28, 31 f. = NZI 2006, 32; Gottwald/*Adolphsen,* § 42 Rn. 168; *Haas/Scholl,* NZI 2002, 642, 644; HambKomm/*Büchler,* § 170 Rn. 10; HK/*Landfermann,* § 170 Rn. 17; MünchKomm-InsO/*Tetzlaff,* § 168 Rn. 41, § 170 Rn. 24; Uhlenbruck/*Brinkmann,* § 170 Rn. 19.

316 HK/*Landfermann,* § 170 Rn. 18; MünchKomm-InsO/*Tetzlaff,* § 170 Rn. 25.

317 MünchKomm-InsO/*Tetzlaff,* § 170 Rn. 25.

II. *Rechtsfolgen für den Sicherungszessionar*

Nachdem die Verwertungsbefugnisse des Insolvenzverwalters dargelegt wurden, stellt sich die Frage, welche Rechtsfolgen § 166 Abs. 2 InsO für den Sicherungszessionar besitzt. Die knappe Bestimmung lässt offen, ob das Verwertungsrecht des Absonderungsberechtigten mit Verfahrenseröffnung durch die Verwertungsbefugnis des Verwalters verdrängt wird.

Materiell-rechtlich zu betrachten ist zum einen die Einziehungsbefugnis des gesicherten Gläubigers, d.h. die Befugnis zur aktiven Geltendmachung der Forderung. Neben der Einziehungsbefugnis wird ferner die Empfangszuständigkeit gesondert zu untersuchen sein. Es stellt sich die Frage, ob der Drittschuldner auch nach Verfahrenseröffnung mit befreiender Wirkung an den Sicherungszessionar leisten kann. Schließlich gibt es auch in Bezug auf die Wirksamkeit sonstiger Verwertungshandlungen seitens des Sicherungsnehmers keine ausdrückliche Regelung. Fraglich ist, ob dieser weiterhin die Befugnis zur Verfügung über die Forderung besitzt oder ob die Verfügungsmacht ab dem Zeitpunkt der Verfahrenseröffnung ausschließlich dem Insolvenzverwalter vorbehalten ist. Überdies werden die prozessualen Folgen für den Sicherungszessionar zu untersuchen sein.

1. *Suspendierung der Einziehungs- und Verwertungsbefugnis*

Einigkeit besteht in Bezug auf die Einziehungs- und Verwertungsbefugnis des Sicherungszessionars: Der Sicherungszessionar verliert mit der Verfahrenseröffnung sein Einziehungs- und Verwertungsrecht. Dieses Recht geht umfassend auf den Insolvenzverwalter über.[318] Der Sicherungszessionar darf den Drittschuldner daher nach der Eröffnung des Insolvenzverfahrens über das Vermögen des Schuldners und Sicherungsgebers nicht mehr auffordern, die Leistung an ihn als Forderungsinhaber zu erbringen. § 166 Abs. 2 InsO hat damit eine Sperr- und Ermächtigungswirkung dahin gehend, dass nur der Insolvenzverwalter sicherungsabgetretene Forderungen verwerten darf.

Der Ausschluss der Einziehungs- und Verwertungsbefugnis des Sicherungsnehmers ergibt sich zwar nicht unmittelbar aus dem Wortlaut der Norm, folgt jedoch aus einem Umkehrschluss zu § 173 Abs. 1 InsO.[319] Nach § 173 Abs. 1 InsO bleibt das Recht des Gläubigers zur Verwertung unberührt, soweit nicht der Insolvenzverwalter

318 Einhellige Meinung, s. BGHZ 154, 72, 77 f. = NZI 2003, 259; BGHZ 166, 215, 218 = NZI 2006, 342; BGH NZI 2009, 425 (Rn. 12); BGH NZI 2009, 428 (Rn. 15); OLG Dresden ZInsO 2006, 1168; OLG Celle NZI 2008, 434; *Berger,* FS Fischer, S. 1, 6; *Häcker,* Abgesonderte Befriedigung aus Rechten, Rn. 1002; *ders.,* NZI 2002, 409; HambKomm/*Büchler,* § 166 Rn. 14; HK/*Landfermann,* § 166 Rn. 35; Jaeger/*Henckel,* Vor §§ 49–52 Rn. 37; K/P/B/*Flöther,* § 166 Rn. 14; *Lüke,* FS Fischer, S. 353, 357; *Pape,* NZI 2000, 301, 302; *Marotzke,* ZZP (109) 1996, 429, 447; MünchKomm-InsO/*Tetzlaff,* § 166 Rn. 66; N/R/*Becker,* § 166 Rn. 5; Uhlenbruck/*Brinkmann,* § 166 Rn. 27, 32.

319 OLG Celle NZI 2008, 434; BK-InsO/*Undritz/Knof,* § 166 Rn. 5; Uhlenbruck/*Brinkmann,* § 166 Rn. 32.

zur Verwertung berechtigt ist. Aus dieser Vorschrift kann also der Schluss gezogen werden, dass der absonderungsberechtigte Gläubiger grundsätzlich nicht zur Verwertung berechtigt ist, es sei denn, es besteht kein Verwertungsrecht des Insolvenzverwalters nach § 166 InsO. Diese Auslegung wird durch die Gesetzesmaterialien zu § 191 Abs. 1 RegE, der in § 166 Abs. 2 InsO seine abschließende Fassung fand, bestätigt: Zur Sicherung abgetretene Forderungen sollen mit Verfahrenseröffnung einem Verwertungsstopp unterliegen.[320] Dieser soll rechtstechnisch durch das Einziehungsrecht des Insolvenzverwalters gewährleistet werden.[321]

2. *Auswirkungen auf die Empfangszuständigkeit*

Schließt die Verfahrenseröffnung das Einziehungs- und Verwertungsrecht des Sicherungszessionars aus, stellt sich die Frage, ob die Eröffnung des Verfahrens auch Auswirkung auf die Empfangszuständigkeit des Sicherungsnehmers hat. Es geht also um die Frage, ob Drittschuldner noch nach Verfahrenseröffnung mit befreiender Wirkung an den Sicherungszessionar leisten können, wenn sie Kenntnis von der Verfahrenseröffnung besitzen.

Ebenso wie der Schuldner die Empfangszuständigkeit für massezugehörige Forderungen durch die Eröffnung des Insolvenzverfahrens verliert, könnte die Verfahrenseröffnung auch den Ausschluss der Empfangszuständigkeit des Sicherungszessionars zur Folge haben. Das würde bedeuten, dass einer nach Verfahrenseröffnung an den Sicherungszessionar erbrachten Leistung keine Erfüllungswirkung i.S.d. § 362 Abs. 1 BGB mehr zukäme und der Insolvenzverwalter erneute Leistung an sich selbst verlangen könnte. Die Verfahrenseröffnung könnte die Empfangszuständigkeit des absonderungsberechtigten Gläubigers aber auch unberührt lassen. So ist denkbar, dass durch die Eröffnung des Insolvenzverfahrens eine doppelte Empfangszuständigkeit von Sicherungszessionar und Insolvenzverwalter begründet wird. Der Drittschuldner wäre in der Insolvenz des Sicherungsgebers also dazu berechtigt, seine Leistung entweder an den Insolvenzverwalter oder den Sicherungszessionar zu erbringen. Die Konstellation einer doppelten Empfangszuständigkeit ist dem Gesetz jedenfalls nicht unbekannt, wie § 428 S. 1 Halbs. 2 BGB (Gläubigermehrheit) und § 354a Abs. 1 S. 2 HGB (mehrfache Empfangszuständigkeit) zeigen.

a) Meinungsstand

Nach überwiegender Ansicht in der Literatur ist eine schuldbefreiende Leistung an den Sicherungszessionar ab dem Zeitpunkt der Verfahrenseröffnung nicht mehr möglich.[322] Obwohl die Frage der Empfangszuständigkeit heute meist unabhängig

---

320 Allgemeine Begr. RegEInsO, BT-Drucks. 12/2443, S. 87; Begr. zu § 191 RegEInsO, BT-Drucks. 12/2443, S. 179.

321 S. nur Allgemeine Begr. RegEInsO, BT-Drucks. 12/2443, S. 87.

322 *Adolphsen,* Kölner Schrift, 41. Kapitel Rn. 108; *Berger,* FS Fischer, S. 1, 6; FK-InsO/*Wegener,* § 166 Rn. 11; *Gehrlein,* ZIP 2011, 5, 12; Gottwald/*Adolphsen,* § 42 Rn. 155; *Gundlach/Frenzel/Schmidt,* NZI 2001, 119, 120; HambKomm/*Büchler,* § 166 Rn. 14;

von der Frage der Einziehungsbefugnis betrachtet wird, wird dies in der Regel jedoch ohne eine nähere Begründung angenommen. Demgegenüber wird in der Literatur zum Teil die Auffassung vertreten, der Sicherungszessionar behalte seine Empfangszuständigkeit auch nach Verfahrenseröffnung.[323]

Der BGH konnte die Frage der Empfangszuständigkeit zunächst offen lassen, da lediglich über Ansprüche des Insolvenzverwalters gegen den Sicherungszessionar zu entscheiden war.[324] In einer Entscheidung aus dem Jahre 2009[325] stellte er allerdings fest, dass die §§ 407 Abs. 1, 408, 412 BGB, § 82 S. 1 InsO analoge Anwendung fänden und führte aus, unter welchen Voraussetzungen eine schuldbefreiende Leistung an den Sicherungszessionar möglich sei. Diese Entscheidung brachte zum Ausdruck, dass der BGH von der alleinigen Empfangszuständigkeit des Insolvenzverwalters ausgeht. Eine eingehende Begründung zum Verlust der Empfangszuständigkeit kann der Entscheidung allerdings nicht entnommen werden.

b) Das Verhältnis von Einziehungsbefugnis und Empfangszuständigkeit

Die Einziehungsbefugnis bezeichnet das Recht, die Forderung beim Drittschuldner geltend zu machen, und bewirkt, dass dieser Leistung Erfüllungswirkung i.S.d. § 362 Abs. 1 BGB zukommt.[326] Im Gegensatz hierzu wird die bloße Befugnis zur Entgegennahme von Leistungen als Empfangszuständigkeit bezeichnet.[327] Auf Grundlage der Empfangszuständigkeit können jedoch keine Handlungen zur Rechtsausübung vorgenommen werden, da eine entsprechende Befugnis durch sie nicht vermittelt wird. Die Empfangszuständigkeit ist nicht mehr als die Annahmebefugnis, als die passive Seite der Befugnisse des Rechtszuständigen.[328] Originär steht sie – wie auch die Einziehungsbefugnis – dem Forderungsinhaber zu, denn sie ist wesentlicher

HK/*Landfermann,* § 166 Rn. 35; Karsten Schmidt-InsO/*Sinz,* § 166 Rn. 21; K/P/B/*Flöther,* § 166 Rn. 17; *Lüke,* FS Fischer, S. 353, 357; MünchKomm-InsO/*Tetzlaff,* § 166 Rn. 66; N/R/*Becker,* § 166 Rn. 10; *Obermüller,* Insolvenzrecht in der Bankpraxis, Rn. 6.718; *Pape,* NZI 2000, 301, 302; *Smid,* Kreditsicherheiten in der Insolvenz, § 2 Rn. 54; *Szalai,* ZInsO 2009, 1177, 1186; Uhlenbruck/*Brinkmann,* § 166 Rn. 34.

323 So insbesondere *Häcker,* Abgesonderte Befriedigung aus Rechten, Rn. 1009 ff.; *ders.,* NZI 2002, 409, 410 ff.; diesem folgend *Oerther,* Verwertung des mit Absonderungsrechten belasteten Schuldnervermögens, S. 264; *Obermüller,* NZI 2003, 416, 417; *Schlegel,* NZI 2003, 17, 19; *Wegmann,* ZInsO 2008, 1014 ff.; ohne nähere Begründung auch Hess/*Hess,* § 166 Rn. 4.

324 BGHZ 154, 72 ff. = NZI 2003, 259; BGH NZI 2004, 137 ff.

325 BGH NZI 2009, 425 ff., mit kritischer Anm. *Schönfelder,* WuB VI A. § 166 InsO 2.09, 643 ff.; ebenso OLG Celle NZI 2008, 434, dazu *Köster,* EWiR 2008, 631.

326 S. oben Fn. 271.

327 S. nur *Larenz,* Schuldrecht, § 18 I, S. 240, § 18 II, S. 244, der den Ausdruck „Empfangszuständigkeit“ geprägt hat.

328 So *Müller-Laube,* Empfangszuständigkeit, S. 85 ff.

Bestandteil der umfassenden Rechtszuständigkeit des Rechtsträgers.[329] Die Einziehungsbefugnis und die Empfangszuständigkeit sind wesensmäßig verschieden und voneinander trennbar. Sie lassen sich daher auf verschiedene Träger verteilen.[330]

Die Vorschrift des § 354a HGB beweist, dass das Gesetz eine vom Einziehungsrecht unabhängige Empfangszuständigkeit kennt. Nach dieser Regelung bleibt der bisherige Gläubiger durch ausdrückliche gesetzliche Anordnung neben dem neuen Gläubiger empfangsberechtigt. Der Schuldner kann daher auch nach dem Übergang der Rechtsinhaberschaft auf den Zessionar mit befreiender Wirkung an den Zedenten leisten. Diesem steht allerdings kein Recht zu, die Leistung zu verlangen.[331] In der Einzelzwangsvollstreckung kommt die von der Empfangszuständigkeit zu trennende Wirkung der Einziehungsbefugnis in § 829 Abs. 1 ZPO zum Ausdruck. Denn dass der Drittschuldner nur noch ausnahmsweise mit befreiender Wirkung an den Schuldner leisten kann, ergibt sich nicht aus dem Einziehungsverbot nach § 829 Abs. 1 S. 2 ZPO, sondern aus dem Arrestatorium nach § 829 Abs. 1 S. 1 ZPO.[332]

Die Einziehungsbefugnis und die Empfangszuständigkeit sind damit als eigenständige Institute einer getrennten Betrachtung zu unterziehen. Das bedeutet, dass der Verlust der Einziehungsbefugnis nicht zugleich die Annahme begründet, der Sicherungszessionar verliere durch die Verfahrenseröffnung auch die Empfangszuständigkeit. Vielmehr ist die Frage nach der Empfangszuständigkeit unabhängig vom Verlust der Einziehungsbefugnis des Sicherungszessionars zu beantworten.[333]

c) Ausgangspunkt: Die grundsätzliche Empfangszuständigkeit des Sicherungszessionars

Die Eröffnung des Insolvenzverfahrens hat keine Auswirkung auf die Forderungsinhaberschaft des Sicherungszessionars, sodass dieser im Ausgangspunkt sowohl einziehungsbefugt als auch empfangszuständig ist. § 166 Abs. 2 InsO ermächtigt den Insolvenzverwalter lediglich, die Forderung „einzuziehen" oder „in anderer Weise zu verwerten". Eine ausdrückliche Regelung der Empfangszuständigkeit kann der Vorschrift nicht entnommen werden. Dass der Sicherungszessionar durch die Verfahrenseröffnung neben der Einziehungsbefugnis auch die Empfangszuständigkeit verliert, ist daher nur dann anzunehmen, wenn der Begriff der „Einziehung" in § 166 Abs. 2 InsO so auszulegen ist, dass die Vorschrift die Einziehungsbefugnis einschließlich der Empfangszuständigkeit umfasst.

---

329 Die Empfangszuständigkeit deckt sich mit der Verfügungsbefugnis, s. nur MünchKomm-BGB/*Fetzer*, § 362 Rn. 12; *Müller-Laube*, Empfangszuständigkeit, S. 71; Palandt/*Grüneberg*, § 362 Rn. 4.

330 *Müller-Laube*, Empfangszuständigkeit, S. 71 f. Daher besteht die Möglichkeit, einen Dritten zur Entgegennahme der Leistung zu ermächtigen, § 362 Abs. 2 BGB i.V.m. § 185 BGB.

331 Dazu BGHZ 178, 315, 318 = NJW 2009, 438; Baumbach/Hopt/*Hopt*, § 354a Rn. 2; MünchKomm-HGB/*Schmidt*, § 354a Rn. 19.

332 S. nur MünchKomm-ZPO/*Smid*, § 829 Rn. 31; Musielak/*Becker*, § 829 Rn. 20.

333 Vgl. BGH NZI 2009, 425, 426 (Rn. 15).

aa) Der Wortsinn

Da der Begriff der „Einziehungsbefugnis", wie ausgeführt, grundsätzlich nicht mit demjenigen der „Empfangszuständigkeit" gleichzusetzen ist, scheint die Auslegung des Wortsinns auf den ersten Blick eindeutig: § 166 Abs. 2 InsO bewirkt nur den Übergang der Einziehungsbefugnis, die Empfangszuständigkeit des Sicherungszessionars wird hingegen nicht berührt.

Fraglich ist allerdings, ob der Gesetzgeber dem Begriff der „Einziehung" im Kontext des § 166 Abs. 2 InsO einen anderen Wortsinn als gemeinhin beigemessen hat. Dies wäre anzunehmen, wenn den Gesetzesmaterialien zu §§ 166 Abs. 2, 173 InsO entsprechende Anhaltspunkte entnommen werden könnten. Hinweise dafür, dass der Gesetzgeber von der gängigen Bedeutung des Begriffs der „Einziehung" hätte abweichen wollen, finden sich allerdings weder in den Materialien zu § 166 Abs. 2 InsO noch in denjenigen zu § 173 InsO.[334]

Jedoch darf nicht verkannt werden, dass die Gesetzesmaterialien auch nicht zwischen der Einziehungsbefugnis und der Empfangszuständigkeit differenzieren. Die Empfangszuständigkeit des Sicherungszessionars wird in den Materialien nicht erwähnt. Zwar bietet allein diese Tatsache keinen hinreichenden Anhaltspunkt dafür, dass der Gesetzgeber den Begriff der „Einziehung" im Rahmen des § 166 Abs. 2 InsO inhaltlich anders verstanden hätte als dieser im Übrigen gebraucht wird – dass er etwa davon ausgegangen wäre, der Begriff der „Einziehung" umfasse im Kontext des § 166 Abs. 2 InsO auch die Empfangszuständigkeit. Jedoch kann den Gesetzesmaterialien auch nicht positiv entnommen werden, dass der Gesetzgeber vom allgemeinen Sprachgebrauch ausging und damit eine doppelte Empfangszuständigkeit von Insolvenzverwalter und Sicherungszessionar begründen wollte. Denn in der Regel ordnet das Gesetz Fälle doppelter Empfangszuständigkeit ausdrücklich an, was neben § 354a HGB auch § 428 S. 1 BGB zeigt.[335] Um Zweifel auszuräumen, wäre eine ausdrückliche Regelung der Empfangszuständigkeit daher erforderlich gewesen.

Vermag die verbale Auslegung damit kein eindeutiges Ergebnis zu liefern, stellt sich die Frage, ob andere Gründe, insbesondere teleologische Erwägungen, dafür sprechen, dass § 166 Abs. 2 InsO neben dem Verlust der Einziehungsbefugnis auch den Verlust der Empfangszuständigkeit des Sicherungszessionars bewirkt.

bb) Teleologie des § 166 Abs. 2 InsO

(1) Zweckmäßigkeit der Forderungsdurchsetzung

Wie ausgeführt soll das Verwertungsrecht des Insolvenzverwalters im Wesentlichen dazu dienen, die Durchsetzung von Forderungen, die der Schuldner vor der Eröffnung des Insolvenzverfahrens zur Sicherung eines Anspruchs abgetreten hat, im eröffneten Verfahren zweckmäßiger zu gestalten.[336] Nur der Insolvenzverwalter,

334 Hierauf verweisend *Häcker,* NZI 2002, 409, 410.

335 Ebenso *Szalai,* ZInsO 2009, 1177, 1186 (Fn. 133).

336 Zu Sinn und Zweck des § 166 Abs. 2 InsO s. oben § 2 A.III., S. 44 ff.

so die Gesetzesbegründung, verfüge über die zur Geltendmachung des Anspruchs notwendigen Unterlagen des Schuldners. Ohne die Hilfe des Insolvenzverwalters sei es für den Sicherungszessionar daher kaum möglich, die Forderung festzustellen und mögliche Einwendungen des Drittschuldners auszuräumen.[337]

In der Literatur wird die Auffassung vertreten, diese gesetzgeberische Erwägung komme nicht zum Tragen, wenn der Drittschuldner nach Verfahrenseröffnung unmittelbar an den Sicherungszessionar leiste. Vielmehr habe die Zahlung des Drittschuldners an den Sicherungszessionar bereits zur Erreichung des Ziels der Vorschrift, den Forderungseinzug möglichst einfach zu gestalten, geführt. Die Tatsache, dass die Leistung ohne Schwierigkeiten erbracht werden konnte, zeige, dass der Verlust der Empfangszuständigkeit des Sicherungszessionars nicht erforderlich sei.[338]

Darüber hinaus biete die Annahme, der gesicherte Gläubiger verliere seine Empfangszuständigkeit, keine Vorteile. Im Gegenteil: Der Verlust der Empfangszuständigkeit habe einen überflüssigen „Kreisverkehr" zur Folge, der das Verfahren letztendlich nur komplizierter mache.[339] Denn verneine man die schuldbefreiende Wirkung der unmittelbar an den Sicherungszessionar erbrachten Leistung, sei der Drittschuldner verpflichtet ein zweites Mal, diesmal an den Insolvenzverwalter, zu leisten. Der erzielte Erlös müsse jedoch gemäß § 170 Abs. 1 S. 2 InsO ohnehin wieder an den Absonderungsberechtigten ausgezahlt werden, der den zuvor erhaltenen Betrag wiederum an den Drittschuldner zurückzahlen müsse.[340]

Diese Argumentation geht jedoch fehl, denn sie verkennt sowohl die Regelungsabsicht, die der Gesetzgeber mit der Vorschrift des § 166 Abs. 2 InsO verfolgt, als auch die Leistung des Insolvenzverwalters im Rahmen der Verwertung zur Sicherheit abgetretener Forderungen. § 166 Abs. 2 InsO konzentriert sämtliche Verwertungsbefugnisse an sicherungszedierten Forderungen beim Insolvenzverwalter. Dieser prüft die Absonderungsberechtigung und zahlt dem Sicherungszessionar den ihm zustehenden Betrag aus.[341] Diese Vorgehensweise ist erforderlich, weil auch bei einer unmittelbaren Leistung des Drittschuldners an den Sicherungszessionar die oft zeitraubende Prüfung der Absonderungsberechtigung des Sicherungszessionars dem Insolvenzverwalter obliegt.[342] Die Prüfung der Wirksamkeit von Absonderungsrechten und die damit verbundene Prüfung von Sicherungsverträgen gehören

337 S. oben Fn. 206.

338 *Häcker,* Abgesonderte Befriedigung aus Rechten, Rn. 1018; *ders.,* NZI 2002, 409, 411 f.; *Wegmann,* ZInsO 2008, 1014, 1015.

339 *Häcker,* Abgesonderte Befriedigung aus Rechten, Rn. 1022; *ders.,* NZI 2002, 409, 412 f.; *Wegmann,* ZInsO 2008, 1014, 1015.

340 Dem Drittschuldner stünde ein Anspruch gegen den Sicherungszessionar auf Rückzahlung des Geleisteten nach bereicherungsrechtlichen Grundsätzen zu, s. *Häcker,* NZI 2002, 409, 413.

341 OLG Celle NZI 2008, 434.

342 BGHZ 154, 72, 77 = NZI 2003, 259; BGH NZI 2004, 137, 138; vgl. auch *Schlegel,* NZI 2003, 17, 19.

zu den schwierigsten Aufgaben des Insolvenzverwalters. Es geht um die Fragen der Bestimmtheit und Bestimmbarkeit, um mögliche Verstöße gegen die §§ 307 ff. BGB oder die Nichtigkeit der Sicherheitenbestellung nach § 138 BGB. Ferner ist stets die Möglichkeit der Insolvenzanfechtung nach §§ 129 ff. InsO zu prüfen.[343]

Bestreitet der Insolvenzverwalter die Wirksamkeit des Absonderungsrechts und damit die materielle Berechtigung des Sicherungszessionars auf Inanspruchnahme der Sicherheit, etwa weil er die Abtretung als unwirksam erachtet, so muss der Streit über die Absonderungsberechtigung zwischen dem Insolvenzverwalter und dem absonderungsberechtigten Gläubiger ausgetragen werden. Um eine Behinderung des Insolvenzverfahrens zu vermeiden, darf der Insolvenzverwalter nicht dazu gezwungen sein, sich mit dem Drittschuldner auseinanderzusetzen.[344] Insofern hat die alleinige Empfangszuständigkeit des Insolvenzverwalters keinen bloßen „Kreisverkehr" von Leistungen zur Folge. Sie ist vielmehr erforderlich, weil die Prüfung und Abgrenzung von Sicherungsrechten stets vom Insolvenzverwalter zu leisten ist.

Darüber hinaus fördert eine klare Kompetenzabgrenzung zwischen Insolvenzverwalter und Sicherungszessionar die Zweckmäßigkeit der Forderungsdurchsetzung. Denn die Bündelung sämtlicher Verwertungsrechte auf den Insolvenzverwalter und dessen ausschließliche Empfangszuständigkeit ab dem Zeitpunkt der Verfahrenseröffnung schaffen die zur zweckmäßigen Forderungsdurchsetzung erforderliche Rechtsklarheit.[345]

Infolge dessen wird auch die Möglichkeit, dass der Drittschuldner – wird er sowohl vom Insolvenzverwalter als auch vom Sicherungszessionar in Anspruch genommen – verunsichert ist, die Leistung vorerst verweigert und sodann hinterlegt, wirksam vermieden.[346] Letztendlich begünstigt die Konzentration sämtlicher Verwertungsbefugnisse beim Insolvenzverwalter – einschließlich seiner ausschließlichen Empfangszuständigkeit – damit die Zielsetzung des Gesetzgebers, die Forderungsdurchsetzung im Insolvenzverfahren zu vereinfachen.

(2) Die Kostenbeitragspflicht nach §§ 170 Abs. 1 S. 1, 171 InsO

Neben diesen Aspekten spricht auch die Kostenbeitragspflicht nach §§ 170 Abs. 1 S. 1, 171 InsO gegen die Annahme, der Drittschuldner könne noch nach Verfahrenseröffnung mit befreiender Wirkung an den absonderungsberechtigten Gläubiger leisten.[347] Denn die Kostenbeteiligung ist nur dann gewährleistet, wenn die Erfüllungswirkung einer Zahlung an den Sicherungszessionar verneint wird, sodass der Insolvenzverwalter die Möglichkeit hat, die Leistung in voller Höhe zu

343 MünchKomm-InsO/*Tetzlaff*, Vor §§ 166–173 Rn. 58, § 171 Rn. 11 ff.
344 OLG Celle NZI 2008, 434.
345 OLG Celle NZI 2008, 434; FK-InsO/*Wegener*, § 166 Rn. 11; s. auch *Schlegel*, NZI 2003, 17, 19.
346 *Schlegel*, NZI 2003, 17, 19.
347 Vgl. OLG Celle NZI 2008, 434. Ausführlich zur Kostenbeitragspflicht gesicherter Gläubiger unten § 2 D.I., S. 104 ff.

beanspruchen und die entstandenen Feststellungs- und Verwertungskosten vor der Befriedigung des Sicherungszessionars aus dem Verwertungserlös zu entnehmen, so wie die Bestimmung des § 170 Abs. 1 S. 1 InsO es vorsieht.

In der Literatur wird dem entgegengehalten, dass die Übertragung der Verwertungsbefugnis auf den Insolvenzverwalter nicht dazu dienen soll, Kostenbeiträge nach § 170 Abs. 1 S. 1 InsO zu verursachen.[348] Die Kostenbeiträge seien lediglich als Gegenleistung und damit als Folge des Verwertungsrechts zu qualifizieren. Daher könne die Kostenbeitragspflicht gesicherter Gläubiger nicht als Argument für die ausschließliche Empfangszuständigkeit des Insolvenzverwalters herangezogen werden. Nur wenn der Insolvenzverwalter die Verwertung selbst durchführe, entstünden tatsächlich Verwertungskosten zulasten der Insolvenzmasse. Werde die Leistung hingegen unmittelbar an den Sicherungszessionar erbracht, fielen keine Verwertungskosten an, die zugunsten der Insolvenzmasse vor der Befriedigung des gesicherten Gläubigers aus dem Verwertungserlös entnommen werden müssten. Aufgrund dessen bestehe kein Bedürfnis, die Empfangszuständigkeit des Sicherungszessionars zu verneinen.

Zwar ist dieser Einwand im Ansatz zustimmungswürdig. Denn die Zielsetzung der Kostenbeitragspflicht nach §§ 170 Abs. 1 S. 1, 171 InsO besteht darin, die Kosten, die zum Zwecke der Feststellung und der Verwertung zur Sicherheit abgetretener Forderungen entstanden sind, zu kompensieren.[349] Um eine Verminderung der Masse durch Aufwendungen für die Verwertung auszugleichen, sollen die gesicherten Gläubiger an den in ihrem Interesse entstandenen Kosten der Prüfung und Feststellung der Rechtsverhältnisse sowie den Kosten der Verwertung beteiligt werden.[350] Die Kostenbeiträge sollen demgegenüber nicht der Liquiditätsbeschaffung dienen.[351] Die Ansicht verkennt jedoch, dass auch bei einer direkten Leistung des Drittschuldners an den Sicherungszessionar, unabhängig von einer Verwertungshandlung des Insolvenzverwalters, Feststellungskosten anfallen, die der Masse nach §§ 170 Abs. 1, 171 Abs. 1 InsO gebühren.[352] Der Anspruch auf die Feststellungskosten setzt damit nicht die Verwertung durch den Insolvenzverwalter voraus. Denn

---

348 *Häcker*, Abgesonderte Befriedigung aus Rechten, Rn. 1024; *ders.*, NZI 2002, 409, 411.

349 S. oben Fn. 215.

350 Allgemeine Begr. RegEInsO, BT-Drucks. 12/2443, S. 89.

351 Die Verwertungsbefugnis des Insolvenzverwalters nach § 166 InsO sollte – anders als es entsprechende Vorschläge der Kommission für Insolvenzrecht vorsahen – gerade nicht der Verlagerung von Vermögenswerten gesicherter Gläubiger auf ungesicherte Gläubiger dienen, s. oben unter § 2 A.III.3., S. 46 f.

352 So die allg. Auffassung, s. BGHZ 154, 72, 76 f. = NZI 2003, 259, dazu *Schumacher*, EWiR 2003, 425; BGH NZI 2004, 137 f., mit Anm. *Leithaus*; Braun/*Dithmar*, § 166 Rn. 25; *Dahl*, NZI 2004, 615; Gottwald/*Adolphsen*, § 42 Rn. 155; *Häcker*, Abgesonderte Befriedigung aus Rechten, Rn. 1025; *Heinze*, ZInsO 2013, 2401, 2409; HK/*Landfermann*, § 170 Rn. 20; L/S/Z/*Smid*, § 166 Rn. 50; *ders.*, Kreditsicherheiten in der Insolvenz, § 2 Rn. 53, § 22 Rn. 58; *Lüke*, FS Fischer, S. 353, 357; N/R/*Becker*, § 166 Rn. 8; *Obermüller*, NZI 2003, 416, 417; Uhlenbruck/*Brinkmann*, § 171 Rn. 7.

der Insolvenzverwalter hat die Wirksamkeit des Absonderungsrechts auch dann festzustellen, wenn der Schuldner nach Verfahrenseröffnung unmittelbar an den Sicherungszessionar leistet.[353] Die Feststellungskosten werden vom Absonderungsberechtigten veranlasst und sind nach dem „Kostenverursachungsprinzip" auch von diesem zu tragen. Überdies hat der absonderungsberechtigte Gläubiger die Kosten der Feststellung sogar in dem Fall abzuführen, in dem er die Forderung nach § 170 Abs. 2 InsO berechtigter Weise selbst verwertet. Bei einer entgegen § 166 Abs. 2 InsO unmittelbar an den Sicherungszessionar erbrachten Leistung kann nichts anderes gelten.[354]

Darüber hinaus besteht stets die Möglichkeit, dass der Masse durch eine bereits vor der Leistung an den Sicherungszessionar begonnenen Einleitung von Verwertungsmaßnahmen seitens des Insolvenzverwalters – beispielsweise die Erhebung einer Klage – Verwertungskosten entstanden sind. Auch diese Kosten schuldet der absonderungsberechtigte Gläubiger zur Masse, weil sie in seinem Interesse entstanden sind.[355] Die exklusive Empfangszuständigkeit des Insolvenzverwalters ist damit notwendig, um zu vermeiden, dass die Kostenbeteiligung gesicherter Gläubiger durch eine unmittelbar an den Sicherungszessionar erbrachte Leistung leerläuft.

Dem kann auch nicht entgegengehalten werden, der Insolvenzverwalter hätte im Falle einer schuldbefreienden Leistung an den Sicherungszessionar einen Anspruch auf Ersatz der entstandenen Kosten gegen den Sicherungszessionar gemäß §§ 170, 171 InsO, sodass die Masse bei Annahme der Empfangszuständigkeit des Sicherungszessionars nicht schlechter stehe als bei ausschließlicher Empfangszuständigkeit des Insolvenzverwalters.[356] Denn dies würde bedeuten, dass die Masse das Insolvenzrisiko des Absonderungsberechtigten zu tragen hätte.[357] Im Falle der

---

Ausführlich zur Feststellungskostenpauschale nach §§ 170 Abs. 1 S. 1 Alt. 1, 171 Abs. 1 InsO unten § 2 D.I.1., S. 105.

353 BGHZ 154, 72, 77 = NZI 2003, 259 unter Verweis auf *Häcker,* Abgesonderte Befriedigung aus Rechten, Rn. 1025; BGH NZI 2004, 137, 138; vgl. auch Allgemeine Begr. RegEInsO, BT-Drucks. 12/2443, S. 89.

354 BGHZ 154, 72, 78 = NZI 2003, 259.

355 Für den Fall, dass der Insolvenzverwalter in Unkenntnis der Zahlung des Drittschuldners eigene Verwertungsmaßnahmen eingeleitet hat, steht der Masse ein Anspruch auf die Verwertungskostenpauschale gem. § 170 Abs. 1 InsO zu, s. *Häcker,* Abgesonderte Befriedigung aus Rechten, Rn. 1026; *Smid,* Kreditsicherheiten in der Insolvenz, § 2 Rn. 53, § 22 Rn. 58; vgl. auch HK/*Landfermann,* § 170 Rn. 20 „Verwertungskosten sind nicht zu erstatten, wenn solche nicht entstanden sind"; a.A. Uhlenbruck/*Brinkmann,* § 171 Rn. 11. Ausführlich dazu unten § 2 D.I.2., S. 106 f.

356 So aber *Häcker,* NZI 2002, 409, 412. Sofern die Empfangszuständigkeit des Sicherungszessionars bejaht wird, käme auch ein Anspruch nach § 816 Abs. 2 BGB nicht in Betracht, weil der Sicherungszessionar dann nicht „Nichtberechtigter" i.S.d. § 816 Abs. 2 BGB ist.

357 S. dazu bereits BGHZ 154, 72, 78 = NZI 2003, 259. Auf das Risiko der Insolvenz des Sicherungszessionars hinweisend auch *Szalai,* ZInsO 2009, 1177, 1186. Dass das

gleichzeitigen Insolvenz des gesicherten Gläubigers, könnte der Insolvenzverwalter den Anspruch auf den Kostenbeitrag nämlich nur als Insolvenzgläubiger geltend machen, was lediglich zu einer quotalen Befriedigung der Masse führen würde. Um sicher zu stellen, dass der Kostenbeitragsanspruch gegen den absonderungsberechtigten Gläubiger auch bei dessen gleichzeitiger Insolvenz gewährleistet ist, ist der Ausschluss der Empfangszuständigkeit daher im Ergebnis zwingend erforderlich.

Zusammenfassend ist somit festzustellen, dass die Kostenbeteiligung des Sicherungszessionars nur bei ausschließlicher Empfangszuständigkeit des Insolvenzverwalters gewährleistet ist. Auch bei einer unmittelbaren Leistung an den Sicherungszessionar obliegt dem Insolvenzverwalter die Prüfung der Absonderungsberechtigung des Sicherungszessionars, wodurch stets Feststellungskosten zu Lasten der Insolvenzmasse entstehen. Darüber hinaus besteht ferner die Möglichkeit, dass durch bereits begonnene Verwertungshandlungen Kosten angefallen sind. Bei der Durchsetzung dieser Kosten darf der Masse nicht das Insolvenzrisiko des Sicherungszessionars aufgebürdet werden.

cc) Zusätzliche Argumente für den Verlust der Empfangszuständigkeit

Dennoch wird zum Teil angeführt, das Insolvenzrisiko des Sicherungszessionars stelle keinen hinreichenden Grund dar, dessen Empfangszuständigkeit zu beschneiden. Denn absonderungsberechtigte Gläubiger seien überwiegend Kreditinstitute, die in der Regel wirtschaftlich dazu in der Lage seien, die Feststellungskostenpauschale zu zahlen.[358] Hiergegen ist allerdings einzuwenden, dass neben dem Risiko einer Insolvenz des Sicherungsnehmers auch die Möglichkeit besteht, dass dieser sich weigert, die Kosten der Feststellung bzw. die Kosten einer gegebenenfalls zuvor eingeleiteten Verwertung zu erstatten. Der Insolvenzverwalter wäre in diesem Fall gezwungen, einen zusätzlichen Prozess zu führen, um die Kostenbeiträge zu erlangen. Die Insolvenzmasse wäre daher nicht nur mit dem Insolvenzrisiko des Sicherungszessionars belastet, sondern auch mit dem zusätzlichen Risiko, die Kostenbeiträge zu erlangen.[359]

Dem absonderungsberechtigten Gläubiger würde damit die Möglichkeit eröffnet, weiterhin Einfluss auf das Verfahren zu nehmen. Verweigert er die Kostenerstattung, wird das Verfahren unnötig – und unter Verursachung weiterer Kosten – in die Länge gezogen, was der Zielsetzung des § 166 Abs. 2 InsO, die Forderungsdurchsetzung in der Insolvenz zweckmäßiger zu gestalten, zuwider liefe. Da die Verwertungsbefugnis an der zur Sicherheit abgetretenen Forderung durch § 166 Abs. 2 InsO ausdrücklich dem Insolvenzverwalter zugewiesen ist, muss jedoch jegliche Einwirkungsmöglichkeit des absonderungsberechtigten Gläubigers auf die Masse ab dem Zeitpunkt der Verfahrenseröffnung ausgeschlossen sein. Die Zielsetzung

---

Risiko einer gleichzeitigen Insolvenz des Sicherungszessionars besteht, erkennt auch *Häcker*, NZI 2002, 409, 413.

358 So *Wegmann*, ZInsO 2008, 1014, 1015.

359 OLG Celle NZI 2008, 434 f.; K/P/B/*Flöther*, § 166 Rn. 17.

des § 166 Abs. 2 InsO erfordert es, dass absonderungsberechtigte Gläubiger sich ab dem Zeitpunkt der Verfahrenseröffnung ausschließlich mit dem Insolvenzverwalter auseinandersetzen.

Die alleinige Empfangszuständigkeit des Insolvenzverwalters ist darüber hinaus erforderlich, um zu gewährleisten, dass ein möglicherweise erzielter Erlösüberschuss in die Masse gelangt.[360] Denn dem absonderungsberechtigten Gläubiger gebührt Befriedigung aus der zur Sicherheit abgetretenen Forderung nur in Höhe der gesicherten Forderung, im Übrigen steht ein erzielter Verwertungsüberschuss der Insolvenzmasse zu.[361] Der Insolvenzverwalter muss daher die Möglichkeit haben, diesen Betrag vor der Befriedigung des Sicherungszessionars aus dem verbleibenden Verwertungserlös zugunsten der Insolvenzmasse zu entnehmen.

Zwar könnte auch hiergegen angeführt werden, der Ausschluss der Empfangszuständigkeit sei nicht zwingend geboten, weil der Masse im Falle einer unmittelbaren Leistung an den Sicherungszessionar ein Anspruch auf den erzielten Verwertungsüberschuss aus dem Sicherungsvertrag zustehe. Allerdings ist, wie ausgeführt, zu beachten, dass die Masse zum einen das Insolvenzrisiko des Sicherungsnehmers zu tragen hätte. Zum anderen wäre der Insolvenzverwalter gezwungen, gerichtliche Schritte gegen den Sicherungszessionar einzuleiten, sollte dieser die Herausgabe des erzielten Betrags verweigern, was wiederum der Zielsetzung des § 166 Abs. 2 InsO zuwider liefe.

Der Annahme der ausschließlichen Empfangszuständigkeit des Insolvenzverwalters wird ferner entgegengehalten, dass heftiger Widerstand seitens des Drittschuldners zu erwarten sei, wenn der Insolvenzverwalter diesen in Anspruch nehme, obwohl er bereits an den Sicherungszessionar gezahlt habe.[362] Diese Auffassung verkennt allerdings, dass der Insolvenzverwalter alternativ zur erneuten Inanspruchnahme des Drittschuldners auch dazu berechtigt ist, die Leistung an den Sicherungszessionar zu genehmigen und die entstandenen Feststellungskosten sowie einen gegebenenfalls erzielten Erlösüberschuss zu verlangen.[363] Auf diesem Wege werden langfristige Auseinandersetzungen mit dem absonderungsberechtigten Gläubiger vermieden.

Die Möglichkeit der Genehmigung wird der Insolvenzverwalter ohnehin stets wahrnehmen, wenn er die Absonderungsberechtigung des Sicherungszessionars geprüft hat, diese nicht bestreitet und zudem kein Widerstand des Sicherungszessionars zu erwarten ist. Denn hierin liegt der einfachste Weg der Forderungsverwertung.

---

360 Vgl. Jaeger/*Henckel*, § 51 Rn. 13, der in der Tatsache, dass ein Sicherungsnehmer der Masse einen Erlösüberschuss vorenthalten könnte, den Grund dafür sieht, dem absonderungsberechtigten Gläubiger in der Insolvenz die Einziehungs- und Verwertungsbefugnis zu versagen.

361 S. nur HK/*Landfermann*, § 170 Rn. 12; BK-InsO/*Undritz/Knof*, § 166 Rn. 61.

362 *Häcker*, Abgesonderte Befriedigung aus Rechten, Rn. 1022; *ders.*, NZI 2002, 409, 412; *Wegmann*, ZInsO 2008, 1014, 1015.

363 Gottwald/*Adolphsen*, § 42 Rn. 202; N/R/*Becker*, § 166 Rn. 10; vgl. ferner *Lüke*, FS Fischer, S. 353, 361.

Auseinandersetzungen mit dem Drittschuldner um eine erneute Leistung werden vermieden. Entscheidet sich der Insolvenzverwalter demgegenüber aufgrund der tatsächlichen Gegebenheiten, etwa weil Streit mit dem Sicherungsnehmer über dessen Absonderungsberechtigung besteht, für die nochmalige Inanspruchnahme des Drittschuldners, muss ihm diese Möglichkeit auch zur Verfügung stehen. Bejaht man aber die Empfangszuständigkeit des Sicherungszessionars, ist die nochmalige Inanspruchnahme des Drittschuldners von vornherein ausgeschlossen.

Hinzu kommt, dass eine Trennung zwischen der reinen Einziehungsbefugnis und der Empfangszuständigkeit in der Regel nicht den tatsächlichen Gegebenheiten entsprechen wird.[364] Denn in der Praxis wird kaum eine Zahlung an den Sicherungszessionar erfolgen, ohne dass eine Zahlungsaufforderung seitens des Sicherungszessionars vorausging, zu der dieser unstreitig nicht mehr berechtigt ist.[365] In der rechtlichen Behandlung kann es aber keinen Unterschied machen, ob es sich um eine Leistung des Drittschuldners ohne vorherige Aufforderung durch den Sicherungszessionar handelt oder ob ein Leistungsbegehren des Sicherungszessionars vorausging.

Schließlich wird gegen die ausschließliche Empfangszuständigkeit des Insolvenzverwalters eingewendet, der damit verbundene Verlust der Empfangszuständigkeit des Sicherungszessionars gehe in nicht legitimer Weise zu Lasten des Drittschuldners. Leiste er ohne schuldbefreiende Wirkung an den Sicherungszessionar, stehe ihm zwar ein bereicherungsrechtlicher Anspruch zu, dies habe jedoch zur Folge, dass ihm das Insolvenzrisiko des Sicherungszessionars aufgebürdet werde, obwohl er ursprünglich an den Sicherungszessionar als Rechtsinhaber gezahlt habe.[366] Inwieweit dem Drittschuldner das Risiko auferlegt werden kann, ohne schuldbefreiende Wirkung an den Sicherungszessionar zu leisten, ist jedoch eine Frage der Anwendbarkeit schuldnerschützender Normen und muss daher im Rahmen der Auslegung des § 166 Abs. 2 InsO außer Acht bleiben.[367]

dd) Ergebnis

Der Gesetzgeber hat es versäumt, im Rahmen des § 166 Abs. 2 InsO eine ausdrückliche Regelung der Empfangszuständigkeit zu treffen. Da die Eröffnung des Insolvenzverfahrens über das Vermögen des Sicherungsgebers die materiell-rechtliche Forderungsinhaberschaft des Sicherungszessionars nicht berührt, ist dieser im Grundsatz empfangszuständig. Insbesondere teleologische Gründe, aber auch eine Reihe weiterer Argumente sprechen jedoch dafür, dass die Empfangszuständigkeit ab dem Moment der Verfahrenseröffnung ausschließlich dem Insolvenzverwalter vorbehalten ist.

---

364 OLG Celle NZI 2008, 434; *Köster*, EWiR 2008, 631, 632.
365 Zur Einziehungsbefugnis des Schuldners oben § 2 C.II.1., S. 66 f.
366 So *Häcker*, NZI 2002, 409, 413.
367 Dazu sogleich unter § 2 C.II.2.d), S. 78 ff.

d) Leistungen an den Sicherungszessionar in Unkenntnis der Verfahrenseröffnung

aa) Gesamtanalogie zu §§ 407 Abs. 1, 408, 412 BGB, § 82 InsO

Für den Drittschuldner bedeutet die ausschließliche Empfangszuständigkeit des Insolvenzverwalters, dass er bei einer Leistung an den Schuldner nicht von seiner Verbindlichkeit frei wird und die Leistung auf Verlangen des Insolvenzverwalters noch einmal erbringen muss. Insofern stellt sich die Frage, ob zugunsten des Drittschuldners schuldnerschützende Normen Anwendung finden, wenn er in Unkenntnis der Verfahrenseröffnung an den Sicherungszessionar leistet. Da die Vorschriften der §§ 165 ff. InsO solche nicht enthalten, kommt als Grundlage einer schuldbefreienden Leistung an den absonderungsberechtigten Gläubiger nur eine Analogie zu § 82 InsO und §§ 407 ff. BGB in Betracht.[368]

Die Analogie folgt dem Grundgedanken, dass gleichartige Interessenskonstellationen nach denselben Rechtsgrundsätzen behandelt und entschieden werden sollen.[369] Kann mehreren gesetzlichen Bestimmungen, die an verschiedene Tatbestände die gleiche Rechtsfolge knüpfen, ein allgemeiner Rechtsgrundsatz entnommen werden, der auf einen im Gesetz nicht geregelten Tatbestand wertungsmäßig ebenso zutrifft wie auf die geregelten Tatbestände, spricht man von einer Gesamtanalogie.[370] Voraussetzung ist sowohl bei der Einzelanalogie als auch bei der Gesamtanalogie, dass das Gesetz eine planwidrige Regelungslücke enthält. Die Gesamtanalogie setzt zudem einen gemeinsamen Grundgedanken der einschlägigen Normen sowie deren Verallgemeinerung voraus.[371]

---

368 So die ganz überwiegende Auffassung, s. BGH NZI 2009, 425, 426 (Rn. 20 ff.), dazu *Neußer*, EWiR 2009, 515, 516; bekräftigt durch BGH NZI 2009, 428, 429 (Rn. 18); FK-InsO/*Wegener*, § 166 Rn. 11; HK/*Landfermann*, § 166 Rn. 35; Karsten Schmidt-InsO/*Sinz*, § 166 Rn. 21; *Mitlehner*, Mobiliarsicherheiten im Insolvenzverfahren, Rn. 711; N/R/*Becker*, § 166 Rn. 10, 42; *ders.*, DZWIR 2010, 133, 135; ausschließlich auf § 82 InsO abstellend *Berger*, FS Fischer, S. 1, 7; *Gehrlein*, ZIP 2011, 5, 12; HambKomm/*Büchler*, § 166 Rn. 14; K/P/B/*Flöther*, § 166 Rn. 17; *Szalai*, ZInsO 2009, 1177, 1186; Uhlenbruck/*Brinkmann*, § 166 Rn. 34; für die Anwendung des § 407 BGB Andres/Leithaus/*Leithaus*, § 166 Rn. 18; Braun/*Dithmar*, § 166 Rn. 25; L/S/Z/*Smid*, § 166 Rn. 51; *ders.*, Kreditsicherheiten in der Insolvenz, § 2 Rn. 60; *Lüke*, FS Fischer, S. 353, 357; *Schlegel*, NZI 2003, 17, 19; gegen die Anwendbarkeit von Schuldnerschutzvorschriften *Pape*, NZI 2000, 301, 302; diesem folgend *Gundlach/Frenzel/Schmidt*, NZI 2001, 119, 120.

369 *Rüthers/Fischer/Birk*, Rechtstheorie, Rn. 889.

370 Die „Gesamtanalogie" wird herkömmlicherweise auch als „Rechtsanalogie" bezeichnet. Dazu *Larenz/Canaris*, Methodenlehre, S. 204; *Rüthers/Fischer/Birk*, Rechtstheorie, Rn. 891.

371 *Larenz/Canaris*, Methodenlehre, S. 205; *Rüthers/Fischer/Birk*, Rechtstheorie, Rn. 891.

(1) Regelungslücke

Eine Gesetzeslücke liegt stets vor, wenn das Gesetz für eine bestimmte Fallgruppe keine Regelung enthält, die Anwendung findet, obgleich es nach seiner eigenen Teleologie eine solche Bestimmung enthalten sollte – also bei einer planwidrigen Unvollständigkeit des Gesetzes.[372] Da das Gesetz in den §§ 165 ff. InsO keine Regelung zum Schuldnerschutz enthält, folglich unvollständig ist, gilt es damit festzustellen, ob eine entsprechende Regelung absichtlich nicht getroffen wurde und somit von einer bewussten Entscheidung des Gesetzgebers gegen den Schutz des Drittschuldners auszugehen ist oder ob es sich um eine planwidrige Regelungslücke handelt.

Die Tatsache, dass der Drittschuldnerschutz in den Gesetzesmaterialien zu §§ 165 ff. InsO keine ausdrückliche Erwähnung gefunden hat, begründet jedenfalls noch nicht die Annahme, der Gesetzgeber habe sich bewusst gegen den Schuldnerschutz entschieden. Vielmehr zeigt das Gesetz an anderer Stelle, dass es den Schuldner, der keine Kenntnis vom Wechsel des empfangszuständigen Gläubigers hat, im Grundsatz als schutzwürdig erachtet. Gesetzlich geregelt ist die Befreiung des gutgläubig leistenden Drittschuldners zum einen in § 82 InsO auf insolvenzrechtlicher Ebene, zum anderen in §§ 407 ff. BGB auf bürgerlich-rechtlicher Ebene.

Nach § 82 InsO wird ein Drittschuldner des Insolvenzschuldners von seiner Leistungspflicht befreit, wenn er nach der Eröffnung des Insolvenzverfahrens an den Insolvenzschuldner leistet und die Verfahrenseröffnung zur Zeit der Leistung nicht kannte. Die Befreiung des gutgläubig Leistenden ist geboten, weil die Verwaltungs- und Verfügungsbefugnis über die Insolvenzmasse durch die Eröffnung des Insolvenzverfahrens auf den Insolvenzverwalter übergeht und der Insolvenzschuldner infolgedessen die Empfangszuständigkeit für massezugehörige Forderungen verliert.[373]

Die Vorschrift des § 407 Abs. 1 BGB schützt den Drittschuldner einer zedierten Forderung im Vertrauen auf den Fortbestand der vor der Zession bestehenden Rechtslage, bis er Kenntnis von der Zession erhalten hat.[374] In diesem Fall verliert der bisherige Gläubiger seine Empfangszuständigkeit, weil die Forderungsinhaberschaft auf einen Dritten übertragen wird. Eine Anzeige an den Drittschuldner ist für die Wirksamkeit der Abtretung nicht erforderlich.[375] Auch hier ist der Schutz des Drittschuldners, der keine Kenntnis vom Wechsel des empfangszuständigen Gläubigers besitzt, geboten.

Beide Vorschriften schützen also das Vertrauen des Drittschuldners, dass sein bisheriger Gläubiger auch weiterhin empfangsberechtigt ist, sodass mit schuldbefreiender Wirkung an ihn geleistet werden kann. Zwar unterscheiden sich die genannten Fälle insofern, als der Verlust der Empfangszuständigkeit im einen Fall aus dem

---

372 *Larenz/Canaris*, Methodenlehre, S. 198.

373 Zum Gutglaubensschutz nach § 82 InsO s. oben § 1 B.III.1., S. 26 ff.

374 Zum Normzweck des § 407 Abs. 1 BGB s. MünchKomm-BGB/*Roth/Kieninger*, § 407 Rn. 1; Staudinger/*Busche*, § 407 Rn. 1.

375 S. nur MünchKomm-BGB/*Roth/Kieninger*, § 407 Rn. 1.

bloßen Verlust der Verfügungsbefugnis resultiert, im anderen Fall die Konsequenz des Übergangs der Forderungsinhaberschaft ist. Das Gesetz zeigt jedoch, dass es im Hinblick auf den Drittschuldnerschutz unerheblich ist, durch welchen Umstand der zunächst Empfangszuständige seine Empfangsberechtigung verloren hat. Die gesetzlichen Bestimmungen folgen damit einer gemeinsamen ratio legis, sodass den Vorschriften der Schuldnerschutz als allgemeiner Rechtsgrundsatz entnommen werden kann. Insofern ist anzunehmen, dass der Gesetzgeber den Drittschuldnerschutz im Rahmen des § 166 Abs. 2 InsO schlichtweg übersehen hat. Im Ergebnis liegt daher eine planwidrige Unvollständigkeit des Gesetzes vor, die grundsätzlich im Wege einer Analogie geschlossen werden kann.

(2) Vergleichbare Interessenlage

Neben dem Vorliegen einer planwidrigen Regelungslücke setzt die Gesamtanalogie voraus, dass der den zum Zwecke der Analogiebildung herangezogenen Einzelbestimmungen zugrunde liegende Rechtsgrundsatz auf den im Gesetz nicht geregelten Tatbestand wertungsmäßig in gleichem Maße zutrifft wie auf die geregelten Tatbestände.[376]

Dass der Rechtsgrundsatz des Schuldnerschutzes auch in der Konstellation des § 166 Abs. 2 InsO Anwendung finden muss, folgt aus dem Umstand, dass der in Unkenntnis der Verfahrenseröffnung an den Sicherungszessionar leistende Drittschuldner nicht weniger schutzbedürftig ist als der in Unkenntnis der Insolvenzeröffnung an den Schuldner Leistende oder der in Unkenntnis der Abtretung an den Zedenten Leistende. Sinn und Zweck der gesetzlichen Bestimmungen – den Drittschuldner vor Rechtsnachteilen aus dem Gläubigerwechsel zu schützen – kommen nicht nur in den gesetzlich geregelten Fälle zum Tragen, sondern auch in der Konstellation des § 166 Abs. 2 InsO. Denn auch hier verliert der bisherige Gläubiger seine Empfangszuständigkeit ohne das Zutun des Drittschuldners.

Die entsprechende Anwendung der schuldnerschützenden Normen auf die Konstellation des § 166 Abs. 2 InsO ist zudem geboten, weil es für den Drittschuldner unzumutbar ist, trotz seiner Gutgläubigkeit in Bezug auf die Empfangszuständigkeit des Sicherungszessionars, bei einer Leistung an diesen nicht von seiner Leistungspflicht befreit zu werden. Das Risiko, ohne schuldbefreiende Wirkung an den Sicherungszessionar zu leisten, und die damit verbundene Gefahr, ein zweites Mal leisten zu müssen, kann dem Drittschuldner nur auferlegt werden, wenn er Kenntnis von der fehlenden Empfangszuständigkeit des Sicherungszessionars hat.[377] Ein anderes Ergebnis widerspräche dem Gutglaubensschutz als allgemeinem Rechtsgrundsatz.

Schließlich sind keine Besonderheiten ersichtlich, die im Falle des Verlusts der Empfangszuständigkeit nach § 166 Abs. 2 InsO eine abweichende Bewertung rechtfertigen oder es erfordern, in der einschlägigen Situation eine Ausnahme vom Prinzip des Schuldnerschutzes zu machen. Damit ist der Schuldnerschutz als allgemeiner

---

376 *Larenz/Canaris*, Methodenlehre, S. 204.
377 BGH NZI 2009, 425, 426 (Rn. 20).

Rechtsgrundsatz auf die Konstellation des § 166 Abs. 2 InsO ebenso anzuwenden wie auf die gesetzlich geregelten Fälle.

(3) Zwischenergebnis

Die Voraussetzungen einer Analogie zu §§ 407 Abs. 1, 408, 412 BGB, § 82 InsO sind gegeben: Das Gesetz enthält in Bezug auf den Drittschuldnerschutz im Falle des Verlusts der Empfangszuständigkeit des Sicherungszessionars nach § 166 Abs. 2 InsO eine planwidrige Regelungslücke. Außerdem kann dem Gesetz der Drittschuldnerschutz als allgemeiner Rechtsgrundsatz entnommen werden. Dieser trifft wertungsmäßig auch auf den gesetzlich angeordneten Verlust der Empfangszuständigkeit nach § 166 Abs. 2 InsO zu.

bb) Kriterien für schuldbefreiende Wirkung

Nachdem die Voraussetzungen einer Gesamtanalogie zu §§ 407 Abs. 1, 408, 412 BGB, § 82 InsO bejaht wurden, ist zu prüfen, unter welchen Umständen einer Leistung an den Sicherungszessionar nach Verfahrenseröffnung schuldbefreiende Wirkung zukommt. Hier sind zum einen die Tatsachen von Bedeutung, auf die sich die Unkenntnis des Drittschuldners beziehen muss, zum anderen stellt sich die Frage der Beweislastverteilung.

(1) Unkenntnis des leistenden Drittschuldners

In den gesetzlich geregelten Fällen resultiert die Schutzbedürftigkeit des Drittschuldners stets daraus, dass ein Gläubigerwechsel ohne das Wissen oder das Zutun des Drittschuldners stattfindet. So schützt § 407 Abs. 1 BGB den Schuldner einer zedierten Forderung im Vertrauen auf die vor der Zession bestehende Rechtslage, bis er Kenntnis von der Zession und damit von der fehlenden Empfangsberechtigung des ursprünglichen Gläubigers erlangt hat. § 82 InsO schützt das Vertrauen des Drittschuldners in den Fortbestand der Empfangszuständigkeit des Schuldners. Geschützt wird also jeweils das Vertrauen des Schuldners an den Fortbestand der Empfangszuständigkeit seines bisherigen Gläubigers.

Nichts anderes kann für den Verlust der Empfangszuständigkeit nach § 166 Abs. 2 InsO gelten. Auch hier ist der Drittschuldner schutzwürdig, wenn er keine Kenntnis von den Tatsachen besitzt, die den Verlust der Empfangszuständigkeit seines bisherigen Gläubigers – und folglich die Begründung der alleinigen Empfangsberechtigung des Insolvenzverwalters – zur Folge haben.[378] Das sind zum einen der Sicherungscharakter der Abtretung und zum anderen die Eröffnung des Insolvenzverfahrens über das Vermögen des Schuldners.[379]

---

378 BGH NZI 2009, 425, 426 (Rn. 20); *Becker*, DZWIR 2010, 133, 136.

379 BGH NZI 2009, 425, 426 (Rn. 21); BGH NZI 2009, 428, 429 (Rn. 18); *Becker*, DZWIR 2010, 133, 136 (wohl in Widerspruch zu N/R/*Becker*, § 166 Rn. 10, wo ausschließlich auf die Unkenntnis in Bezug auf die Verfahrenseröffnung abgestellt wird);

Der gute Glaube des Drittschuldners an die Empfangszuständigkeit des Sicherungszessionars wird daher nicht schon dann zerstört, wenn der Drittschuldner entweder bloße Kenntnis von der Eröffnung des Insolvenzverfahrens hat oder Kenntnis vom Sicherungscharakter der Abtretung besitzt.[380] Denn die alleinige Empfangszuständigkeit des Insolvenzverwalters setzt beide Tatsachen voraus. Dass der Drittschuldner dann das Insolvenzrisiko des Sicherungszessionars trägt, ist nach den entsprechend zur Anwendung gebrachten Grundsätzen über den Gutglaubensschutz angemessen.[381]

(2) Beweislast

Hinsichtlich der Beweislastverteilung gilt es, zwischen der Darlegungs- und Beweislast bezüglich der Unkenntnis der Verfahrenseröffnung und der Unkenntnis von dem Sicherungscharakter der Abtretung zu unterscheiden.

Hier kann auf die gesetzlichen Regelungen zurückgegriffen werden und die Beweislast jeweils nach der Tatsache verteilt werden, die der Drittschuldner verkannt hat. Im Rahmen der Gesamtanalogie zu §§ 407 Abs. 1, 408, 412 BGB, § 82 InsO ist daher jeweils diejenige Norm heranzuziehen, die in ihrem Tatbestand dem verkannten Umstand am nächsten steht. Geht es also um die Kenntnis von der Verfahrenseröffnung, findet die Beweislastregelung des § 82 InsO Anwendung. Ist jedoch die Kenntnis über den Sicherungscharakter der Abtretung zu beweisen, steht dies der Unkenntnis von der Forderungsabtretung näher, sodass sich die Darlegungs- und Beweislast verteilt, wie es das Abtretungsrecht nach § 407 BGB vorsieht.[382]

Das bedeutet, dass der leistende Drittschuldner nach der öffentlichen Bekanntmachung der Verfahrenseröffnung entsprechend § 82 InsO[383] darlegungs- und beweislastpflichtig dafür ist, dass ihm die Verfahrenseröffnung nicht bekannt war. Hat er vor der öffentlichen Bekanntmachung der Verfahrenseröffnung geleistet, wird

FK-InsO/*Wegener,* § 166 Rn. 11; *Gehrlein,* ZIP 2011, 5, 12; HambKomm/*Büchler,* § 166 Rn. 14; HK/*Landfermann,* § 166 Rn. 35; wohl auch Braun/*Dithmar,* § 166 Rn. 25; L/S/Z/*Smid,* § 166 Rn. 51.

380 Jedoch in Analogie zu § 82 InsO ausschließlich auf die Unkenntnis von der Verfahrenseröffnung abstellend *Berger,* FS Fischer, S. 1, 7; K/P/B/*Flöther,* § 166 Rn. 17; Uhlenbruck/*Brinkmann,* § 166 Rn. 34, jeweils jedoch ohne näherer Begründung. Ebenfalls auf die Unkenntnis von der Verfahrenseröffnung abstellend *Lüke,* FS Fischer, S. 353, 357; *Schlegel,* NZI 2003, 17, 19, die jedoch § 407 BGB anwenden.

381 BGH NZI 2009, 425, 426 (Rn. 25).

382 BGH NZI 2009, 425, 426 (Rn. 22); *Becker,* DZWIR 2010, 133, 136; FK-InsO/*Wegener,* § 166 Rn. 11; *Gehrlein,* ZIP 2011, 5, 12; HK/*Landfermann,* § 35 Rn. 35; *Obermüller,* Insolvenzrecht in der Bankpraxis, Rn. 6.718; kritisch hingegen *Gundlach/Frenzel,* NJW 2009, 2306; *Jahn,* NZI 2009, 427, die es als nicht gerechtfertigt ansehen, dass der Insolvenzverwalter darlegungs- und beweislastpflichtig dafür sein soll, dass der Sicherungszweck der Abtretung dem Drittschuldner bekannt war.

383 Zur Beweislastverteilung im Rahmen des § 82 InsO s. oben § 1 B.III.1.c)bb)(2), S. 29.

in entsprechender Anwendung des § 82 S. 2 InsO vermutet, dass er die Eröffnung nicht kannte.

Demgegenüber obliegt dem Zessionar bei einer direkten Anwendung der §§ 407 Abs. 1, 408, 412 BGB die Beweislast für die Kenntnis des Drittschuldners von der Abtretung.[384] In entsprechender Anwendung dieser Regelung trägt der Insolvenzverwalter die Beweispflicht dafür, dass dem Drittschuldner der Sicherungszweck der Zession bekannt war. Er muss die Kenntnis des Leistenden nachweisen, um der Leistung die Erfüllungswirkung nach § 362 Abs. 1 BGB zu nehmen. Die Beweislastverteilung ist angemessen, weil der Insolvenzverwalter die Möglichkeit hat, die Drittschuldner nach seiner Bestellung auf sein Einziehungs- und Verwertungsrecht nach § 166 Abs. 2 InsO hinzuweisen.[385]

cc) Rechtsfolgen gutgläubig erbrachter Leistungen

Leistet der Drittschuldner in Unkenntnis der Verfahrenseröffnung oder in Unkenntnis des Sicherungscharakters der Abtretung an den Sicherungszessionar, hat die Leistung in einer Gesamtanalogie zu §§ 407 Abs. 1, 408, 412 BGB, § 82 InsO schuldtilgende Wirkung i.S.d. § 362 Abs. 1 BGB. Die Forderung erlischt mit der Zahlung an den Sicherungszessionar, sodass der Insolvenzverwalter die Leistung nicht erneut vom Absonderungsberechtigten beanspruchen kann.

Da der Insolvenzverwalter die Absonderungsberechtigung des Sicherungszessionars dennoch zu prüfen hat, steht der Masse ein auf §§ 170, 171 InsO gestützter Zahlungsanspruch gegen den absonderungsberechtigten Gläubiger auf Zahlung der Feststellungskostenpauschale nach §§ 170 Abs. 1 S. 1 Alt. 1, 170 Abs. 1 InsO, also auf 4 % des Verwertungserlöses zu.[386] Diesen Anspruch kann der Insolvenzverwalter alternativ nach § 816 Abs. 2 BGB geltend machen. In diesem Fall besteht der Anspruch jedoch ebenfalls nur in Höhe von 4 % des Verwertungserlöses. Einem Anspruch auf den gesamten Einziehungsbetrag steht der dolo-agit-Einwand aus § 242 BGB entgegen, weil der Verwalter einen den Kostenbeitrag übersteigenden Betrag nach § 170 Abs. 1 S. 2 InsO unverzüglich wieder an den Sicherungszessionar auszukehren hätte.[387] Falls der geleistete Betrag die gesicherte Forderung übersteigt, kann der Insolvenzverwalter den erzielten Erlösüberschuss ebenfalls nach § 816 Abs. 2 BGB geltend machen.[388] Ferner kommt ein Anspruch auf Erstattung bereits entstandener Verwertungskosten in Betracht, soweit solche durch zuvor eingeleitete

384 S. nur BGH NJW-RR 1998, 1744; MünchKomm-BGB/*Roth/Kieninger*, § 407 Rn. 22.
385 Ebenso BGH NZI 2009, 425, 426 (Rn. 22); HK/*Landfermann*, § 166 Rn. 35.
386 S. oben Fn. 352.
387 Vgl. *Häcker*, Abgesonderte Befriedigung aus Rechten, Rn. 1013; *Lüke*, FS Fischer, S. 353, 357.
388 *Lüke*, FS Fischer, S. 353, 357; vgl. auch *Berger*, KTS 2007, 433, 441.

Verwertungshandlungen entstanden sind.[389] Denn andernfalls fielen diese Kosten, entgegen der gesetzgeberischen Konzeption, der Insolvenzmasse zur Last.

dd) Ergebnis

Der Drittschuldner wird bei einer Leistung an den Sicherungszessionar in entsprechender Anwendung der §§ 407 Abs. 1, 408, 412 BGB, § 82 InsO geschützt. Er ist schutzbedürftig, wenn er keine Kenntnis von den Tatsachen hat, welche die ausschließliche Empfangszuständigkeit des Insolvenzverwalters begründen. Der Drittschuldner wird daher von seiner Leistungspflicht befreit, wenn ihm entweder die Eröffnung des Insolvenzverfahrens unbekannt war oder er zum Zeitpunkt der Leistung zwar Kenntnis von der Verfahrenseröffnung hatte, ihm jedoch nicht bekannt war, dass die Abtretung zur Sicherheit erfolgte. Die Beweislast richtet sich je nach dem Umstand, den der Drittschuldner verkannte – sie richtet sich also je nach der Beweislastverteilung, der analog herangezogenen Regelung. Besaß der Sicherungszessionar hingegen Kenntnis von den Umständen, welche die ausschließliche Empfangszuständigkeit des Insolvenzverwalters begründen, wird ihm das Risiko auferlegt, ohne schuldbefreiende Wirkung an den Sicherungszessionar gezahlt zu haben und erneut vom Insolvenzverwalter in Anspruch genommen zu werden.

3. Die Wirksamkeit sonstiger Verwertungshandlungen des Sicherungszessionars

Hiervon zu unterscheiden ist die Problematik der Wirksamkeit von Verwertungshandlungen, die der absonderungsberechtigte Gläubiger der Verwertungskompetenz des Insolvenzverwalters zuwider vornimmt. Verkauft der Sicherungszessionar die Forderung etwa unter Verstoß gegen die Vorschrift des § 166 Abs. 2 InsO an ein Factoring-Unternehmen, so ist fraglich, ob er trotz der Verfahrenseröffnung imstande ist, die eingegangene Verpflichtung zu erfüllen. Denn die bloße Tatsache, dass der Sicherungszessionar die Forderung nach Verfahrenseröffnung nicht mehr verwerten darf, sagt jedenfalls noch nichts darüber aus, ob er entgegen § 166 Abs. 2 InsO wirksam über die Forderung verfügen kann.

Des Weiteren stellt sich Frage, welche Auswirkung eine Abtretung auf die Verwertungsbefugnis des Insolvenzverwalters besitzt. Es gilt daher zu untersuchen, ob § 166 Abs. 2 InsO als rein verwertungsrechtliche Vorschrift einzuordnen ist, die ähnlich den Bestimmungen der Sicherungsabrede wirkt, indem ein Verstoß gegen § 166 Abs. 2 InsO nur zu Schadensersatzansprüchen gegen den Sicherungszessionar führt, der Erwerber jedoch Inhaber einer Forderung wird, die nicht mit dem Verwertungsrecht des Insolvenzverwalters nach § 166 Abs. 2 InsO „belastet“ ist, oder ob die Vorschrift dingliche Wirkung besitzt, sodass der Sicherungszessionar nicht unter Ausschluss der Verwertungsbefugnis des Insolvenzverwalters nach § 166 Abs. 2 InsO über die Forderung verfügen kann.

---

389 S. oben Fn. 355. Ausführlich zur Verwertungskostenpauschale nach §§ 170 Abs. 1 S. 1 Alt. 2, 171 Abs. 2 InsO unten § 2 D.I.2., S. 106 f.

Für den Drittschuldner ist dies insofern von entscheidender Bedeutung, als sich bestimmt, an wen er mit befreiender Wirkung leisten kann. Denn angenommen, der Sicherungszessionar könnte die Forderung entgegen § 166 Abs. 2 InsO unter Ausschluss des Verwertungsrechts des Insolvenzverwalters an einen Dritten übertragen, hätte nach der Abtretung nur noch eine Leistung an den (neuen) Zessionar schuldbefreiende Wirkung. Einer Leistung an den Insolvenzverwalter könnte hingegen nur noch unter dem Gesichtspunkt des Gutglaubensschutzes schuldtilgende Wirkung zukommen.

Im Gesetz findet sich keine gesonderte Regelung zu den Rechtsfolgen von Verfügungen des Sicherungszessionars nach Verfahrenseröffnung, sodass auch hier allein die Vorschrift des § 166 Abs. 2 InsO maßgeblich sein kann.

a) Hinweise in Literatur und Rechtsprechung

In der Rechtsprechung fand diese Frage bis heute keine große Beachtung. Der BGH machte lediglich in einer im Jahre 2009 ergangenen Entscheidung nähere Ausführungen zu dieser Problematik.[390] In seiner Entscheidung stellte er fest, dass der Absonderungsberechtigte mit der Verfahrenseröffnung zwar sein Einziehungs- und Verwertungsrecht nach § 166 Abs. 2 InsO verliere, sodass er dieses nicht mehr übertragen könne. Das Einziehungs- und Verwertungsrecht des Insolvenzverwalters stehe einer weiteren Abtretung der Forderung durch den Sicherungszessionar jedoch nicht entgegen, weil dieser nur über die ihm verbliebene Rechtsposition verfüge.[391] Der BGH konstatierte jedoch, dass sich weder aus § 166 Abs. 2 InsO noch aus § 134 BGB ein Abtretungsverbot für den Sicherungszessionar ergebe.[392] Die Entscheidung lässt eine tiefer gehende Auseinandersetzung mit der Thematik allerdings vermissen.

Auch in der Literatur wurde die Frage bislang nur wenig diskutiert. Überwiegend findet sich die Auffassung, der gesicherte Gläubiger verliere die Verfügungsbefugnis, ohne dies jedoch näher zu begründen.[393] Nur vereinzelt wurde die Problematik der Wirksamkeit von Verfügungen, die der Sicherungszessionar entgegen § 166 Abs. 2 InsO vornimmt, besonders herausgestellt.[394]

---

390 BGH NZI 2009, 428 ff.

391 BGH NZI 2009, 428 (Rn. 15 f.).

392 BGH NZI 2009, 428 (Rn. 14).

393 S. etwa FK-InsO/*Wegener*, § 166 Rn. 8; *Gehrlein*, ZIP 2011, 5, 12; Gottwald/*Adolphsen*, § 42 Rn. 202; *Gundlach/Frenzel/Schmidt*, NZI 2001, 119, 120; HK/*Landfermann*, § 166 Rn. 36; *Looff*, EWiR 2009, 551, 552; L/S/Z/*Smid*, § 166 Rn. 7; *ders.*, Kreditsicherheiten in der Insolvenz, § 2 Rn. 51; *Pape*, NZI 2000, 301, 302; *Szalai*, ZInsO 2009, 1177, 1188; s. auch *Berger*, KTS 2007, 433, 440 (zu § 166 Abs. 1 InsO).

394 S. *Lüke*, FS Fischer, S. 353 ff.

b) Die Wirksamkeit von Verfügungen

aa) Dingliches Verständnis des § 166 Abs. 2 InsO

Verfügt der absonderungsberechtigte Gläubiger unter Missachtung der Vorschrift des § 166 Abs. 2 InsO über die Forderung, könnte die Verfügung ebenso wie eine Verfügung des Schuldners über massezugehörige Gegenstände unwirksam sein. Das würde bedeuten, dass § 166 Abs. 2 InsO insofern dingliche Wirkung besitzt, als die Verfügungsbefugnis des absonderungsberechtigten Gläubigers durch den Übergang des Verfügungsrechts auf den Insolvenzverwalter nach § 166 Abs. 2 InsO im selben Umfang ausgeschlossen wird.[395] Der Sicherungszessionar könnte damit ab dem Zeitpunkt der Verfahrenseröffnung nur noch als Nichtberechtigter über die Forderung verfügen. § 166 Abs. 2 InsO wäre demnach als „Verlängerung" der Verwertungs- und Verfügungsbefugnis des Insolvenzverwalters nach § 80 Abs. 1 InsO auf sicherungsabgetretene Forderungen zu verstehen.[396]

Der Insolvenzverwalter könnte die Verfügung des absonderungsberechtigten Gläubigers in entsprechender Anwendung des § 185 Abs. 2 S. 1 BGB genehmigen.[397] Durch eine erteilte Genehmigung würde sowohl ein Anspruch auf die Feststellungskostenpauschale als auch auf eventuell entstandene Verwertungskosten gegen den gesicherten Gläubiger begründet. Sollte der Verwertungserlös die gesicherte Forderung übersteigen, könnte der Insolvenzverwalter diesen Betrag ebenfalls auf Grundlage des Sicherungsvertrags vom Sicherungszessionar herausverlangen. Daneben bestünde ein Anspruch nach § 816 Abs. 1 S. 1 BGB.[398]

bb) Absolutes Verfügungsverbot i.S.d. § 134 BGB

§ 166 Abs. 2 InsO könnte aber auch als absolutes Verfügungsverbot i.S.d. § 134 BGB einzuordnen sein, mit der Folge, dass eine Verfügung des Sicherungsnehmers nach Verfahrenseröffnung nichtig wäre.[399] Als durch die Bestimmung des § 166 Abs. 2

395 Für ein „dingliches" Verständnis des § 166 Abs. 2 InsO *Lüke,* FS Fischer, S. 353, 360 ff.

396 S. bereits *Pape,* NZI 2000, 301, 302; *Szalai,* ZInsO 2009, 1177, 1187.

397 HK/*Landfermann,* § 166 Rn. 36; *Lüke,* FS Fischer, S. 353, 361; s. ferner *Berger,* KTS 2007, 433, 441 (zu § 166 Abs. 1 InsO).

398 Vgl. *Berger,* KTS 2007, 433, 441; N/R/*Becker,* § 166 Rn. 10, jeweils zu § 166 Abs. 1 InsO. § 816 Abs. 1 S. 1 BGB ist in diesem Fall spezieller als § 816 Abs. 2 BGB, weil es nicht um die unberechtigte Forderungseinziehung durch den Sicherungszessionar geht, sondern um eine Verfügung über die Forderung.

399 Für ein gesetzliches Verfügungsverbot plädiert N/R/*Becker,* § 166 Rn. 8; ebenso Andres/Leithaus/*Leithaus,* § 166 Rn. 18; zu § 166 Abs. 1 InsO s. auch BK-InsO/*Undritz/Knof,* § 166 Rn. 64; a.A. der BGH, s. BGH NZI 2009, 428 f. (Rn. 16) „aus § 166 Abs. 2 InsO ergibt sich [...] kein gesetzliches Veräußerungsverbot i.S.d. § 134 BGB"; ebenfalls a.A. K/P/B/*Flöther,* § 166 Rn. 3; *Lüke,* FS Fischer, S. 353, 361 (Fn. 41); zu § 166 Abs. 1 InsO s. auch *Berger,* KTS 2007, 433, 440 f.

InsO geschütztes Interesse kommt das Allgemeininteresse an einer geordneten Abwicklung von Insolvenzen in Betracht.[400]

§ 166 Abs. 2 InsO würde damit keine Einschränkung der Verfügungsmacht des Sicherungsnehmers darstellen, sondern ein Verbot, von dieser Gebrauch zu machen. Ein Verfügungsverbot kann nämlich nur die Handlungsfreiheit desjenigen einschränken, der an sich Verfügungsmacht besitzt. Besteht trotz Forderungsinhaberschaft keine Verfügungsbefugnis oder schließt die Rechtsordnung die Zuordnung auf eine Person aus, ist kein Platz für ein Verfügungsverbot.[401] Ein wesentlicher Unterschied zur vorherigen Ansicht bestünde darin, dass die Unwirksamkeit einer Verwertungshandlung des Sicherungszessionars unheilbar wäre. Der Insolvenzverwalter hätte daher nicht die Möglichkeit, die Verfügung des Absonderungsberechtigten zu genehmigen.

cc) Rein verfahrensrechtliche Vorschrift

Schließlich ist denkbar, dass § 166 Abs. 2 InsO keine Auswirkung auf die Verfügungsmacht des Absonderungsberechtigten hat, sondern eine rein verfahrensrechtliche Vorschrift darstellt.[402] Durch die Verfahrenseröffnung ginge zwar das Einziehungs- und Verwertungsrecht auf den Insolvenzverwalter über, sodass der absonderungsberechtigte Gläubiger ab dem Zeitpunkt der Verfahrenseröffnung nicht mehr über die Forderung verfügen dürfte. Die Verfügungsmacht des Sicherungszessionars bliebe jedoch unangetastet. Als rein verfahrensrechtliche Vorschrift würde § 166 Abs. 2 InsO insofern den Bestimmungen der Sicherungsabrede vergleichbar wirken: Für den Insolvenzverwalter bestünde zwar die Möglichkeit, einen Schadensersatzanspruch gegen den rechtswidrig verwertenden Sicherungszessionar geltend zu machen, sofern er im Rahmen einer eigenen Verwertung einen höheren Verwertungserlös erzielt hätte.[403] Der Erwerber würde jedoch Inhaber einer Forderung, die der insolvenzrechtlichen Beschränkung des § 166 Abs. 2 InsO nicht unterworfen wäre, sodass die Verwertungsbefugnis des Insolvenzverwalters in Folge der Abtretung leer liefe.

Da die Kosten der Feststellung des Absonderungsrechts nach § 170 Abs. 1 S. 1 Alt. 1 InsO auch bei Annahme einer wirksamen Verwertungshandlung des Sicherungsnehmers anfielen, stünde der Masse ein Anspruch auf Erstattung dieser Kosten gegen den Sicherungszessionar zu.[404] Diesen Kosten könnte sich der

---

400 N/R/*Becker*, § 166 Rn. 8.

401 *Bülow*, JuS 1994, 1; MünchKomm-BGB/*Armbrüster*, § 134 Rn. 5.

402 K/P/B/*Flöther*, § 166 Rn. 3; unter Verweis auf den Vorgenannten auch *Keller*, WuB VI A. § 166 InsO 3.09, 733, 736; vgl. zudem BGH NZI 2004, 137 (Hier scheint das Gericht eine unter Verstoß gegen § 166 Abs. 2 InsO erfolgte Verwertung als unwirksam zu erachten.)

403 BGH NZI 2004, 137, 138, kritisch dazu *Smid*, DZWIR 2004, 265, 270; BK-InsO/*Undritz/Knof*, § 166 Rn. 68; K/P/B/*Flöther*, § 166 Rn. 23.

404 S. oben Fn. 352.

Sicherungszessionar also trotz Wirksamkeit der Verfügung nicht entziehen. Zudem bestünde ein Anspruch auf Erstattung von Verwertungskosten nach § 171 Abs. 1 S. 1 Alt. 2 InsO, falls der Masse durch bereits zuvor begonnene Verwertungshandlungen des Insolvenzverwalters Kosten entstanden sind.[405] Auch ein eventuell erzielter Erlösüberschuss stünde der Insolvenzmasse zu.

dd) Stellungnahme

Da die Verfahrenseröffnung keine Auswirkung auf die Forderungsinhaberschaft des absonderungsberechtigten Gläubigers besitzt, ist im Grundsatz anzunehmen, dass dieser auch nach Verfahrenseröffnung als Berechtigter über die Forderung verfügen kann. Dies entspricht dem Wortlaut des § 166 Abs. 2 InsO, der lediglich die Befugnis zur Forderungsverwertung auf den Insolvenzverwalter überträgt.

Auch die Gesetzessystematik spricht eher für die Annahme, dass § 166 Abs. 2 InsO keine Auswirkung auf die Verfügungsbefugnis des Sicherungszessionars hat. Denn das Gesetz scheint die Folgen von Verfügungsbeschränkungen stets explizit anzuordnen. So ist etwa die Unwirksamkeit von Verfügungen des Schuldners über massezugehörige Gegenstände nach Verfahrenseröffnung in § 81 InsO ausdrücklich festlegt. Der Ausschluss der Verfügungsmacht der Erben wird in § 2211 Abs. 1 BGB eigens angeordnet. Auch der Verlust der Verfügungsmacht der Erben bei Anordnung der Nachlassverwaltung ist in § 1984 Abs. 1 S. 1 BGB als Folge der Anordnung gesondert festgeschrieben. Die §§ 165 ff. InsO enthalten demgegenüber keine Regelung der Rechtsfolgen einer Verfügung des Sicherungszessionars unter Verstoß gegen § 166 Abs. 2 InsO. Dass es im Fall des Übergangs der Verfügungsbefugnis auf den Insolvenzverwalter nach § 166 Abs. 2 InsO an einer entsprechenden Regelung fehlt, spricht folglich dafür, § 166 Abs. 2 InsO als bloße Verfahrensregelung einzuordnen, die die Verfügungsmacht des Sicherungszessionars nicht beschränkt.

Die Annahme der Wirksamkeit einer Verfügung des absonderungsberechtigten Gläubigers über die Forderung, steht jedoch in eindeutigem Gegensatz zu den dargelegten Erkenntnissen über die Forderungseinziehung einerseits und die Empfangszuständigkeit des Sicherungsnehmers andererseits.[406] Die Verfahrenseröffnung wird hier wie eine dingliche Rechtsänderung verstanden, denn dem Sicherungszessionar, dem als Forderungsinhaber grundsätzlich sowohl die Einziehungsbefugnis als auch die Empfangszuständigkeit zustehen, ist es nach Verfahrenseröffnung weder gestattet, die Forderung einzuziehen, noch bleibt er empfangszuständig. Drittschuldner können nicht mehr mit befreiender Wirkung an den Sicherungszessionar leisten, es sei denn, es greifen die Vorschriften über den Schuldnerschutz. Um Widersprüche zu vermeiden, ist daher anzunehmen, dass der absonderungsberechtigte Gläubiger

---

405 Ebenso ist der Sicherungszessionar zur Zahlung der Verwertungskostenpauschale verpflichtet, wenn der Verwalter in Unkenntnis der Zahlung des Drittschuldners an den Sicherungszessionar eigene Verwertungsmaßnahmen eingeleitet hat, s. oben Fn. 355.

406 So auch *Lüke*, FS Fischer, S. 353, 360.

durch die Verfahrenseröffnung auch die Verfügungsmacht über die zur Sicherheit abgetretene Forderung verliert.

Die Einschränkung der Verfügungsmacht des absonderungsberechtigten Gläubigers ist zudem teleologisch geboten. Denn es entspricht dem Sinn der Regelung, dass der Sicherungszessionar ab dem Zeitpunkt der Verfahrenseröffnung nicht mehr berechtigt ist, die Forderung unter Ausschluss der Verwertungsbefugnis des Insolvenzverwalters auf einen Dritten zu übertragen und die Verwertungszuständigkeit auf diesem Wege auf sich überzuleiten. Regelungsabsicht des Gesetzgebers war es, gesicherte Gläubiger in das Insolvenzverfahren einzubeziehen, indem sicherungszedierte Forderungen mit der Verfahrenseröffnung einem Verwertungsstopp unterliegen und das Einziehungsrecht dem Insolvenzverwalter eingeräumt wird.[407] Anders als bei der Verwertung von Immobilien nach § 165 InsO soll der gesicherte Gläubiger nur in denjenigen Fällen zur Verwertung berechtigt sein, in denen die Voraussetzungen des § 166 Abs. 2 InsO nicht gegeben sind, § 173 InsO. Diese Intention erfordert es, dass sämtliche Verwertungsbefugnisse ausschließlich dem Insolvenzverwalter vorbehalten und nicht einfach durch eine Verfügung des Sicherungszessionars abstreifbar sind. Könnte der Sicherungszessionar auch nach Verfahrenseröffnung wirksam über die Forderung verfügen, würde die Zielsetzung des § 166 Abs. 2 InsO in einem wesentlichen Punkt verfehlt.

Für eine Einschränkung der Verfügungsbefugnis des Sicherungszessionars kann ferner die unmittelbar an die Verwertungsbefugnis nach § 166 Abs. 2 InsO angebundene Kostenbeteiligung des Sicherungszessionars angeführt werden. Da die Prüfung und Abgrenzung von Absonderungsrechten dem Insolvenzverwalter obliegt, entstehen auch bei einer wirksamen Verwertungshandlung des Sicherungszessionars stets Feststellungskosten zu Lasten der Insolvenzmasse, die nach der Zielsetzung der Kostenbeitragspflicht vom absonderungsberechtigten Gläubiger zu tragen sind.[408] Des Weiteren besteht die Möglichkeit, dass durch bereits eingeleitete Verwertungshandlungen des Insolvenzverwalters Kosten entstanden sind, die der Masse gebühren.[409] Der Insolvenzverwalter muss die Möglichkeit haben, diese Kosten aus dem Verwertungserlös zu entnehmen, bevor er den übrigen Betrag an den absonderungsberechtigten Gläubiger auszahlt. Denn ließe man eigenmächtigen Verwertungshandlungen des Sicherungszessionars die Wirksamkeit, wäre die Masse mit dem zusätzlichen Risiko belastet, die Kosten vom Absonderungsberechtigten zu erlangen. Sie hätte sowohl das Insolvenzrisiko des Sicherungszessionars zu tragen als auch das Risiko, dass der Sicherungszessionar die Kostenerstattung verweigert. In diesem Fall wäre der Insolvenzverwalter gezwungen, einen zusätzlichen Prozess gegen den Sicherungszessionar zu führen.

---

407 S. hierzu Allgemeine Begr. RegEInsO, BT-Drucks. 12/2443, S. 86 ff.

408 S. oben Fn. 352. Ausführlich zum Anspruch der Masse auf die Feststellungskostenpauschale nach §§ 170 Abs. 1 S. 1 Alt. 1, 171 Abs. 1 InsO unten § 2 D.I.1., S. 105.

409 S. oben Fn. 355. Ausführlich zum Anspruch der Masse auf bereits entstandene Verwertungskosten unten § 2 D.I.2., S. 106 f.

Gleiche Erwägungen gelten für den Fall, dass der Sicherungszessionar im Rahmen seiner Verwertung einen Erlösüberschuss erwirtschaftet. Denn sofern ein solcher erzielt wird, steht er der Insolvenzmasse zu. Der Insolvenzverwalter muss daher über die Möglichkeit verfügen, diesen Betrag vor der Befriedigung des absonderungsberechtigten Gläubigers aus dem Verwertungserlös zu entnehmen. Ein rein schuldrechtlicher, auf der Sicherungsabrede beruhender Anspruch würde ihm wiederum das Insolvenzrisiko sowie das Risiko der Zahlungsunwilligkeit des Sicherungszessionars aufbürden. Abschließend bleibt daher festzuhalten, dass wirksamer Masseschutz nur dann gewährleistet ist, wenn sämtliche Verwertungsbefugnisse ausschließlich dem Insolvenzverwalter vorbehalten sind.[410]

ee) Zwischenergebnis

Die Ausführungen zeigen, dass die Verwertungsbefugnisse des Insolvenzverwalters nicht einfach durch eine Verfügung des Sicherungszessionars abstreifbar sein können. Um wirksamen Masseschutz zu gewährleisten, müssen die Einwirkungsmöglichkeiten des Sicherungszessionars auf die zur Sicherheit übertragene Forderung ab dem Moment der Verfahrenseröffnung ausgeschlossen werden. Dies spricht dafür, dass unter Missachtung von § 166 Abs. 2 InsO vorgenommene Verfügungen seitens des Absonderungsberechtigten unwirksam sind.

ff) Entbehrlichkeit eines Rückgriffs auf § 134 BGB

Anders als zum Teil vertreten,[411] bedarf es zur Begründung der Unwirksamkeit keines Rückgriffs auf ein gesetzliches Verfügungsverbot i.S.d. § 134 BGB.[412] Vielmehr ist anzunehmen, dass der Verlust der Verfügungsbefugnis des Sicherungszessionars – ebenso wie der Verlust der Einziehungsbefugnis und der Empfangszuständigkeit – unmittelbar aus § 166 Abs. 2 InsO folgt. Nur so besteht die Möglichkeit des Insolvenzverwalters, die Verfügung entsprechend § 185 Abs. 2 BGB zu genehmigen. Die Möglichkeit der Genehmigung bestünde nicht, wenn die Verfügung des Sicherungszessionars nach § 134 BGB nichtig wäre.

Dieses Ergebnis wird durch einen Vergleich zu den Rechtsfolgen der Bestimmung des § 81 Abs. 1 S. 1 InsO bestätigt, wonach Verfügungen des Schuldners über Gegenstände der Insolvenzmasse unwirksam sind. Die in § 81 Abs. 1 S. 1 InsO angeordnete Unwirksamkeit bedeutet keine Nichtigkeit, sondern ist mit der Unwirksamkeit einer Verfügung eines Nichtberechtigten nach § 185 BGB gleichzusetzen, sodass die Möglichkeit der Genehmigung durch den Insolvenzverwalter besteht.[413] Die Eröffnung des Insolvenzverfahrens legt dem Schuldner folglich kein Veräußerungsverbot auf,

---

410 Vgl. *Lüke*, FS Fischer, S. 353, 360.

411 Oben Fn. 399.

412 Ebenso *Berger*, KTS 2007, 433, 440 f. (für § 166 Abs. 1 InsO).

413 So die allgemeine Auffassung, s. statt vieler HK/*Kayser*, § 81 Rn. 3, 27; Jaeger/*Windel*, § 81 Rn. 27 m.w.N.; N/R/*Wittkowski/Kruth*, § 81 Rn. 15.

sondern nimmt ihm die Verfügungsmacht im Ganzen.[414] Gleiches muss auch für den Übergang der Verfügungsbefugnis auf den Insolvenzverwalter nach § 166 Abs. 2 InsO gelten. Eine Verfügung des Sicherungszessionars über die Forderung ist daher im Ergebnis mangels Verfügungsbefugnis unwirksam, wenn auch heilbar.

gg) Grenzen der Unwirksamkeit

Wie ausgeführt erfordern es Sinn und Zweck des § 166 Abs. 2 InsO, Beeinträchtigungen der Masse durch Verfügungen des Sicherungszessionars auszuschließen. Ausreichend ist allerdings, zu verhindern, dass der Sicherungszessionar die Verwertungsbefugnis des Insolvenzverwalters durch eine Verfügung über die Forderung vereitelt. Das bedeutet, dass der absonderungsberechtigte Gläubiger auch nach Verfahrenseröffnung als berechtigt anzusehen ist, die Forderungsinhaberschaft unter Fortbestand der Verwertungsbefugnis des Insolvenzverwalters wirksam auf einen Dritten zu übertragen.[415] Eine solche Übertragung ist mit der Zielsetzung von § 166 Abs. 2 InsO vereinbar. Denn durch eine Übertragung der Forderung einschließlich der Verwertungsbefugnis des Insolvenzverwalters werden die Rechte des Insolvenzverwalters nicht beeinträchtigt.[416] Tritt der Absonderungsberechtigte die Forderung ab, kann der neue Zessionar die Forderung ebenso wenig wie der gesicherte Gläubiger entgegen § 166 Abs. 2 InsO verwerten. Zieht der Insolvenzverwalter die Forderung entsprechend seinem Einziehungsrecht ein oder verwertet er die Forderung in sonstiger Weise, kann er die Kosten der Feststellung und der Verwertung vor der Befriedigung des neuen Gläubigers für die Insolvenzmasse entnehmen, wie § 170 Abs. 1 InsO es vorsieht. Die Position der Masse verschlechtert sich daher nicht, sodass ein weitergehender Eingriff in die Forderungsinhaberschaft des Sicherungszessionars von den Zwecken des Insolvenzverfahrens zum einen nicht geboten ist und sich zum anderen verfassungsrechtlich zu rechtfertigen hätte.

Ohne Bedeutung für die Insolvenzmasse ist zudem, wer Gläubiger des Anspruchs auf den verbleibenden Verwertungserlös nach § 170 Abs. 1 S. 2 InsO ist. Aufgrund dessen kann der Sicherungszessionar auch nicht darauf beschränkt werden, nur den ihm zustehenden Befriedigungsanspruch aus § 170 Abs. 1 S. 2 InsO abzutreten. Diese Einschränkung würde dem neuen Gläubiger die sich aus den §§ 167 ff. InsO ergebenden Schutzrechte entziehen, ohne dass dies aus insolvenzrechtlicher Perspektive notwendig ist.[417]

---

414 Jaeger/*Windel*, § 81 Rn. 17.

415 So auch der BGH, der jedoch zugleich annimmt, aus § 166 Abs. 2 InsO ergebe sich weder eine Verfügungsbeschränkung noch stelle die Vorschrift ein „Veräußerungsverbot i.S.d. § 134 BGB“ dar, s. BGH NZI 2009, 428 f. (Rn. 16 ff.). Ohne nähere Begründung auch *Gehrlein*, ZIP 2011, 5, 12; HambKomm/*Büchler*, § 166 Rn. 14a; HK/*Landfermann*, § 166 Rn. 36; N/R/*Becker*, § 166 Rn. 11; Uhlenbruck/*Brinkmann*, § 166 Rn. 32.

416 BGH NZI 2009, 428 (Rn. 16).

417 BGH NZI 2009, 428 (Rn. 16).

Im Ergebnis ist der Sicherungszessionar damit dazu berechtigt, die Forderung unter Fortbestand des Einziehungs- und Verwertungsrechts des Insolvenzverwalters nach § 166 Abs. 2 InsO auf einen Dritten zu übertragen. Denn zum einen dürfen die Rechte des absonderungsberechtigten Gläubigers in der Insolvenz durch § 166 Abs. 2 InsO nur so weit beschnitten werden, wie die Zwecke der Bestimmung es erfordern. Zum anderen werden die Rechte des Insolvenzverwalters durch eine solche Verfügung nicht beeinträchtigt, sodass eine weitergehende Beschränkung der Befugnisse des Sicherungszessionars nicht erforderlich ist.

4. Verfassungskonformatiät des bisherigen Auslegungsergebnisses

Als Mobiliarsicherheit vermittelt die Sicherungszession ihrem Inhaber eine grundrechtlich geschützte Eigentumsposition i.S.d. Art. 14 GG, weil dieser durch die Vollrechtsübertragung materiell-rechtlicher Forderungsinhaber wird.[418] Nach der bisherigen Auslegung würde § 166 Abs. 2 InsO die Rechtsmacht des Sicherungszessionars, der als Forderungsinhaber grundsätzlich verfügungs- und damit verwertungsbefugt ist, allerdings mit dinglicher Wirkung einschränken. Wie ausgeführt sprechen insbesondere teleologische Aspekte dafür, den gesicherten Gläubiger von der Verwertung auszuschließen. Damit wäre der Gläubiger letztlich auf die Auskehr eines Anteils am Erlös nach Maßgabe der §§ 170, 171 InsO beschränkt. Zwar hätte die Verfahrenseröffnung keine Auswirkung auf die Forderungsinhaberschaft des gesicherten Gläubigers, der Verlust der an die materiell-rechtliche Rechtsinhaberschaft anknüpfenden Verwertungsbefugnis würde jedoch einen Eingriff in die durch Art. 14 GG geschützte Rechtsposition des Absonderungsberechtigten bedeuten. Zum Eigentum i.S.d. Art. 14 GG zählt nämlich nicht nur die Rechtsinhaberschaft an sich, sondern insbesondere auch die Verfügungsbefugnis und damit das Recht zur Selbstverwertung.[419]

Es stellt sich daher die Frage, ob das bisherige Auslegungsergebnis mit der Eigentumsgarantie des Art. 14 GG, die als elementares Grundrecht verstanden wird,[420] vereinbar ist. Denn nur für den Fall, dass das Verwertungsverbot des § 166 Abs. 2 InsO als Inhalts- und Schrankenbestimmung i.S.d. Art. 14 Abs. 1 S. 2 GG einer Überprüfung am Maßstab des Verhältnismäßigkeitsgrundsatzes standhält, handelt es sich um eine verfassungsrechtlich nicht zu beanstandende Regelung. Da eine Rechtsnorm, die mit der Verfassung in Widerspruch steht, ungültig ist, müsste die

---

418 Zum Schutz der Mobiliarsicherheiten durch Art. 14 GG *Stern*, FS Helmrich, S. 737, 743 f.

419 Statt aller BVerfGE 42, 263, 294; BVerfGE 52, 1, 30; BVerfGE 79, 292, 303; *Lepa*, Insolvenzordnung und Verfassungsrecht, S. 236; *Stern*, FS Helmrich, S. 737, 740; Maunz/Dürig/*Papier*, Art. 14 Rn. 14.

420 BVerfGE, 24, 367, 389; BVerfGE 50, 290, 339.

Norm andernfalls so ausgelegt werden, dass sie mit der Verfassung konform bliebe (verfassungskonforme Auslegung).[421]

Grundsätzlich kann die Reichweite der Eigentumsgarantie durch den Gesetzgeber bestimmt werden, Art. 14 Abs. 1 S. 2 GG. Hierbei ist der Gesetzgeber jedoch nicht gänzlich frei.[422] So müssen Gesetze, die Inhalt und Schranken des Eigentums bestimmen, den im Grundgesetz angelegten Elementen, der geschützten Privatnützigkeit des Eigentums (Art. 14 Abs. 1 S. 1 GG) und der Sozialpflichtigkeit (Art. 14 Abs. 2 GG), Rechnung tragen.[423] Das Wohl der Allgemeinheit ist daher nicht nur Grund, sondern zugleich Grenze einer Eigentumsbeschränkung. Aber auch wenn das Eigentum Beschränkungen unterworfen werden kann, fordert die Bestandsgarantie des Art. 14 Abs. 1 S. 1 GG „in jedem Fall die Erhaltung des Zuordnungsverhältnisses und der Substanz des Eigentums."[424] Insofern müssen Beschränkungen des Eigentums bzw. der Eigentümerbefugnisse von dem geregelten Sachbereich her geboten sein, um vor der Verfassung Bestand zu haben; sie dürfen daher nicht weiter gehen, als der Schutzzweck reicht, dem die Regelung dient.[425]

Aufgrund dessen wurde die Frage der Verfassungsmäßigkeit eines Verwertungsverbots für gesicherte Gläubiger nach § 166 Abs. 2 InsO in der Literatur in Zweifel gezogen. Die Gesetzesbegründung verweise – anders als die Begründung zu § 166 Abs. 1 InsO – lediglich auf die Zweckmäßigkeit der Regelung, schützenswerte Belange Dritter, die einen Eingriff in die Rechtsposition des Sicherungszessionars rechtfertigen könnten, würden jedoch nicht genannt. Der von § 166 Abs. 2 InsO geregelte Sachbereich lasse eine Beschränkung des Eigentums daher nicht zu.[426]

Allerdings darf nicht verkannt werden, dass die Verwertungsbefugnis des Insolvenzverwalters nicht ausschließlich auf Zweckmäßigkeitserwägungen beruht, sondern insbesondere die Durchsetzung der Kostenbeteiligung absonderungsberechtigter Gläubiger mit dem Ziel des Erhalts vorhandener Werte wesentlich erleichtert.[427] Dies erhöht letztlich die Befriedigungschancen der ungesicherten Gläubiger,[428] sodass § 166 Abs. 2 InsO den Interessen der ungesicherten Gläubiger dient, die als Inhaber von Forderungsrechten ebenfalls eine durch Art. 14 GG

---

421 Zum Gebot verfassungskonformer Auslegung *Larenz/Canaris,* Methodenlehre, S. 159 ff.

422 BVerfGE 50, 290, 340.

423 Statt aller BVerfGE 50, 290, 340, *Seuffert,* ZIP 1986, 1157, 1158.

424 BVerfGE 42, 263, 295; BVerfGE 50, 290, 341; vgl. auch BVerfGE 24, 367, 389.

425 BVerfGE 21, 73, 86; BVerfGE 50, 290, 341; BVerfGE 52, 1, 30; BVerfGE 100, 226, 241.

426 Bedenken gegen die Verfassungsmäßigkeit haben daher *Gundlach/Frenzel/Schmidt,* NZI 2001, 119, 121 f.; vgl. auch *Stern,* FS Helmrich, S. 737 ff., der darüber hinaus auch das Verwertungsverbot nach § 166 Abs. 1 InsO als verfassungsrechtlich bedenklich erachtet; a.A. KG Berlin NZI 1999, 500, 501; HK/*Landfermann,* § 166 Rn. 38; *Lepa,* Insolvenzordnung und Verfassungsrecht, S. 235 ff.

427 HK/*Landfermann,* § 166 Rn. 7; MünchKomm-InsO/*Tetzlaff,* § 166 Rn. 3.

428 K/P/B/*Flöther,* § 170 Rn. 2, § 171 Rn. 2.

geschützte Rechtsstellung innehaben.[429] Der Erhalt dieser Rechtsposition stellt einen im Interesse Dritter gelegenen Schutzzweck – und damit ein dem Eigentum gegenüberzustellendes Interesse Dritter – dar, der einen Eingriff in das Eigentumsrecht rechtfertigen kann, sofern er sich als verhältnismäßig erweist.

In Bezug auf die Erforderlichkeit sowie die Geeignetheit des Verwertungsverbots nach § 166 Abs. 2 InsO bestehen keine Zweifel: Die Übertragung der Verwertungsbefugnis für sicherungszedierte Forderungen auf den Insolvenzverwalter ist geeignet, das vom Gesetzgeber angestrebte Ziel zu erreichen. Hier ist insbesondere zu beachten, dass der Gesetzgeber eine weite Einschätzungsprärogative innehat und ihm insoweit erheblicher Ermessensspielraum zusteht.[430] Zudem ist kein gleich wirksames, für den absonderungsberechtigten Gläubiger jedoch weniger belastendes Mittel erkennbar, sodass die Vorschrift des § 166 Abs. 2 InsO zur Erreichung des beabsichtigten Zwecks auch erforderlich ist. Schließlich muss der Eingriff in die Rechtsposition des Sicherungszessionars angemessen sein. Da der Gesetzgeber das Eigentumsrecht begrenzen darf, wo schützenswerte Belange anderer diesem entgegenstehen, gilt es, die Interessen der ungesicherten Gläubiger gegen die Eigentumsinteressen des Absonderungsberechtigten abzuwägen.

Nun könnte argumentiert werden, die Übertragung der Verwertungsbefugnis nach § 166 Abs. 2 InsO bedeute einen verfassungsmäßig bedenklichen Eingriff in die Rechtsposition des Sicherungszessionars als Forderungsinhaber, denn die Verfügungsbefugnis und damit das Recht zur Selbstverwertung stelle den maßgeblichen Inhalt des Sicherungsrechts, seinen Kerngehalt, dar.[431] Zweck der Sicherungsübertragung ist es jedoch nicht, das Vollrecht zu übertragen. Denn die Sicherungszession hat, wie auch die Sicherungsübereignung oder besitzlose Pfandrechte, von vornherein nicht zum Inhalt, dass die Forderung endgültig in das Vermögen des Zessionars wechselt, sodass der Sicherungsnehmer frei darüber verfügen kann. Ihr Vermögenswert soll vielmehr (nur) zur Sicherung von Ansprüchen gegen den Zedenten dienen. Wesentlicher Inhalt der Sicherungsübertragung ist daher die Übertragung des Rechts auf vorrangige Befriedigung aus dem Verwertungserlös.[432] Dieses Vorzugsrecht wird dem Sicherungszessionar trotz der Übertragung des Verwertungsrechts nach § 166 Abs. 2 InsO nicht genommen. Denn § 170 Abs. 1 S. 2 InsO ordnet die sofortige Befriedigung des absonderungsberechtigten Gläubigers nach der Verwertung durch den Insolvenzverwalter an.[433] Der wirtschaftliche Wert der Sicherheit bleibt somit trotz des Verlusts der Verwertungsbefugnis erhalten.[434]

---

429 BVerfGE 92, 262, 271; HK/*Landfermann*, § 166 Rn. 38; Maunz/Dürig/*Papier*, Art. 14 Rn. 201.

430 BVerfGE 30, 250, 262 f.; BVerfGE 37, 1, 20; BVerfGE 39, 210, 225; BVerfGE 50, 290, 332 f.

431 So *Gundlach/Frenzel/Schmidt*, NZI 2001, 119, 121; *Stern*, FS Helmrich, S. 737, 746.

432 Statt vieler *Bülow*, Recht der Kreditsicherheiten, Rn. 1147, 1182; HK/*Landfermann*, § 166 Rn. 38; MünchKomm-BGB/*Roth/Kieninger*, § 398 Rn. 99.

433 Zur Rechtslage am Erlös unten § 2 D.II.1., S. 111 ff.

434 Dies erkennt auch *Stern*, FS Helmrich, S. 737, 746.

Die Kostenbeteiligung gesicherter Gläubiger ist zudem, wie ausgeführt, nur durch einen automatischen Verwertungstopp wirksam umzusetzen. Verwertet der Verwalter die zur Sicherheit abgetretene Forderung selbst, so kann er die entstandenen Kosten aus dem Erlös entnehmen, bevor er den verbleibenden Betrag an den absonderungsberechtigten Gläubiger aushändigt. Ferner besteht für den Insolvenzverwalter die Möglichkeit, einen etwaigen Erlösüberschuss vor der Befriedigung des Absonderungsberechtigten zugunsten der Masse aus dem Verwertungserlös zu entnehmen. Damit werden zeit- sowie kostenintensive Prozesse vermieden.[435]

Schließlich ist der absonderungsberechtigte Gläubiger den Verwertungsentscheidungen des Insolvenzverwalters nicht schutzlos ausgeliefert.[436] Denn der Insolvenzverwalter hat bei der Durchführung der Verwertung stets die Verfahrensregelungen der §§ 167 ff. InsO zu beachten.[437] Der Gesetzgeber hat die Interessen der absonderungsberechtigten Gläubiger also berücksichtigt und sie in einen gerechten Ausgleich zu den Interessen der ungesicherten Gläubiger gebracht. Insofern kann nicht argumentiert werden, das generelle Verwertungsverbot sei dem absonderungsberechtigten Gläubiger nicht zumutbar.

Zu bezweifeln wäre die Verfassungsmäßigkeit der Regelung allenfalls dann, wenn der Gesetzgeber dem Absonderungsberechtigten ein Sonderopfer zugunsten der Insolvenzmasse abverlangte. Anders aber als entsprechende Vorschläge der Kommission für Insolvenzrecht, beabsichtigt die Regelung nicht die Verlagerung von Vermögenswerten gesicherter Gläubiger auf ungesicherte, da die Übertragung der Verwertungsbefugnis gerade keinen Eingriff in die Wertsubstanz der Sicherheit zur Folge haben soll.[438]

Legt man § 166 Abs. 2 InsO damit so aus, dass sich das Verfügungsrecht des Verwalters gegen das Verfügungsrecht des gesicherten Gläubigers durchsetzt, indem dieser von der Verwertung ausgeschlossen wird, erweist sich § 166 Abs. 2 InsO dennoch als eine verfassungsmäßige Inhalts- und Schrankenbestimmung, die die Grenzen des Eigentums in verhältnismäßiger und zumutbarer Weise inhaltlich bestimmt.

III. Prozessuale Wirkungen

1. Prozessstandschaft des Insolvenzverwalters

Neben den materiell-rechtlichen Befugnissen des Insolvenzverwalters enthält § 166 Abs. 2 InsO auch die gesetzliche Ermächtigung zur prozessualen Geltendmachung der Forderung gegenüber dem Drittschuldner.[439] Ab dem Zeitpunkt der Verfahreneröffnung tritt der Insolvenzverwalter als gesetzlicher Prozessstandschafter – als Partei

435 Vgl. Jaeger/*Henckel*, § 51 Rn. 13.
436 So auch *Lepa*, Insolvenzordnung und Verfassungsrecht, S. 239.
437 Dazu unten § 2 E., S. 117 ff.
438 S. oben Fn. 212.
439 S. oben Fn. 270.

kraft Amtes – für die Masse auf, die die Forderung wiederum für den gesicherten Gläubiger geltend macht.[440] Insofern kann von einer „doppelten Prozessstandschaft" gesprochen werden.

Der Insolvenzverwalter kann damit im eigenen Namen klagen und verklagt werden. Eine Klage des Insolvenzverwalters gegen den Drittschuldner auf Grundlage von § 166 Abs. 2 InsO hat zudem die für die gesetzliche Prozessstandschaft geltenden Rechtsfolgen. So entfaltet ein rechtskräftiges Urteil auf Basis der Prozessstandschaft nach § 166 Abs. 2 InsO Rechtskraft gegenüber dem Sicherungszessionar.[441]

Die Prozessführungsbefugnis des Sicherungszessionars als Forderungsinhaber wird durch diejenige des Insolvenzverwalters verdrängt.[442] Der absonderungsberechtigte Gläubiger ist folglich ab dem Moment der Verfahrenseröffnung nicht mehr berechtigt, die Forderung klageweise geltend zu machen. Dies gilt uneingeschränkt, sodass auch eine Klage des Sicherungszessionars auf Leistung an den Insolvenzverwalter ab Verfahrenseröffnung unzulässig ist.[443]

2. *Das Schicksal rechtshängiger Prozesse*

Der gesetzlich angeordnete Übergang der Parteistellung auf den Insolvenzverwalter führt zu der Frage, wie Fälle behandelt werden müssen, in denen entweder der Schuldner oder der Sicherungszessionar bereits vor der Verfahrenseröffnung gerichtliche Schritte zur Durchsetzung der Forderung eingeleitet haben.

a) Klageerhebung des Schuldners vor Insolvenzeröffnung

Hat der Schuldner schon vor der Eröffnung des Insolvenzverfahrens Klage gegen den Drittschuldner erhoben, so ist fraglich, ob der begonnene Prozess der Vorschrift des § 240 S. 1 ZPO entsprechend unterbrochen wird. § 240 S. 1 ZPO ordnet die Unterbrechung eines rechtshängigen[444] Verfahrens für den Fall an, dass über das Vermögen einer Partei des Rechtsstreits das Insolvenzverfahren eröffnet wird, vorausgesetzt, das Verfahren betrifft die Insolvenzmasse. Die Vorschrift trägt dem Übergang der materiell-rechtlichen Verfügungsbefugnis sowie der Prozessführungsbefugnis nach § 80 Abs. 1 InsO auf den Insolvenzverwalter und dem damit

440 Vgl. *Smid*, Kreditsicherheiten in der Insolvenz, § 18 Rn. 70, der ausführt, sicherungszedierte Forderungen seien Teil der Insolvenzmasse, sodass der Insolvenzverwalter als gesetzlicher Prozessstandschafter – Partei kraft Amtes – für die Masse auftrete.

441 *Berger*, FS Fischer, S. 1, 10; *Ganter*, ZIP 2014, 53, 54; zur Rechtskraftbindung bei der gesetzlichen Prozessstandschaft s. MünchKomm-ZPO/*Gottwald*, § 325 Rn. 48 ff.; Musielak/*Musielak*, § 325 Rn. 21; Musielak/*Weth*, § 51 Rn. 36; Stein/Jonas/*Leipold*, § 325 Rn. 56.

442 *Berger*, FS Fischer, S. 1, 10; *Ganter*, ZIP 2014, 53 f.; *Häcker*, NZI 2002, 409, 410; *Smid*, Kreditsicherheiten in der Insolvenz, § 18 Rn. 70.

443 So *Berger*, FS Fischer, S. 1, 10.

444 S. oben § 1 Fn. 53.

verbundenen Parteiwechsel Rechnung. Denn der Wechsel in der Prozessführungsbefugnis erweckt das Bedürfnis der Parteien, sich auf die durch die Insolvenz rechtlich und wirtschaftlich veränderte Situation einzustellen.[445] Insofern bedarf der Eintritt des Insolvenzverwalters in das Prozessrechtsverhältnis einer verfahrensrechtlichen Absicherung, um den Verfahrensbeteiligten Zeit zu geben, über die Fortführung des Prozesses zu entscheiden.

Die Unterbrechungswirkung setzt eine unmittelbare oder eine mittelbare Betroffenheit der Insolvenzmasse voraus.[446] Maßgeblich ist, ob das streitbefangene Recht der Kompetenz des Insolvenzverwalters untersteht.[447] Sind die Voraussetzungen der Verfahrensunterbrechung nach § 240 S. 1 ZPO gegeben, so erklärt die Norm die einschlägigen Vorschriften der §§ 85–87 InsO für maßgeblich. Für den Insolvenzverwalter besteht daher die Möglichkeit, den unterbrochenen Prozess entweder nach § 85 Abs. 1 S. 1 InsO aufzunehmen oder die Aufnahme des Rechtsstreits abzulehnen.

Im Falle der Klageerhebung durch den Schuldner ist das erste Erfordernis der Verfahrensunterbrechung, nach dem das Insolvenzverfahren über das Vermögen einer „Partei" eröffnet werden muss, jedenfalls erfüllt, da der Schuldner als gewillkürter Prozessstandschafter formell Partei des Prozesses ist.[448] Die erforderliche Prozessführungsbefugnis des Schuldners beruhte zuvor auf einer vom Sicherungszessionar in der Sicherungsabrede erteilten Prozessführungsermächtigung.[449] Zweifelhaft ist dagegen das Vorliegen der zweiten Voraussetzung des § 240 S. 1 ZPO, wonach das Verfahren die Insolvenzmasse betreffen muss. Rein materiell-rechtlich ist die Massebetroffenheit nämlich zu verneinen. Der Schuldner hat die Forderung an den Sicherungszessionar abgetreten und somit die Forderungsinhaberschaft verloren. Als gewillkürter Prozessstandschafter macht er ein fremdes Recht, das grundsätzlich nicht in die Masse fällt, im eigenen Namen geltend. Die Verfahrensunterbrechung bedarf daher einer besonderen Begründung.

Berücksichtigt man allerdings, dass die Forderung trotz der Sicherungsübertragung haftungsrechtlich weiterhin zum Schuldnervermögen zählt,[450] wird zumindest

---

445 S. oben § 1 Fn. 51.

446 BGH NJW 2010, 2213, 2214; BFH NJW 1998, 63 f.; BAG NJW 1984, 998; OLG Köln NJW-RR 2003, 47; *Baumbach/Lauterbach/Albers/Hartmann*, ZPO, § 240 Rn. 10; *Damerius*, Das Schicksal schwebender Verfahren des Insolvenzschuldners, S. 72; Gottwald/*Eckardt*, § 32 Rn. 105; K/P/B/*Lüke*, § 85 Rn. 12; MünchKomm-ZPO/*Gehrlein*, § 240 Rn. 16; Musielak/*Stadler*, § 240 Rn. 5; Stein/Jonas/*Roth*, § 240 Rn. 11.

447 HK/*Kayser*, § 85 Rn. 22; Jaeger/*Windel*, § 85 Rn. 20.

448 So auch *Berger*, FS Fischer, S. 1, 11 f.; *Rückert*, Einwirkung des Insolvenzverfahrens auf schwebende Prozesse, S. 67; Stein/Jonas/*Roth*, § 240 Rn. 7; *Vollkommer*, MDR 1998, 1269, 1270.

449 *Berger*, FS Fischer, S. 1, 11.

450 S. BGHZ 147, 233, 239 = NZI 2001, 357; ebenso Jaeger/*Henckel*, § 35 Rn. 81; s. auch *Berger*, FS Fischer, S. 1, 12; HK/*Ries*, § 35 Rn. 5; eingehend zur Vermögenszuordnung bei der Sicherungsübertragung Jaeger/*Henckel*, § 51 Rn. 3 ff.

eine mittelbare Massebetroffenheit anzunehmen sein müssen.[451] Dem Sicherungszessionar steht in der Insolvenz des Sicherungsgebers lediglich ein Absonderungsrecht zu, ein Recht zur Aussonderung wird ihm hingegen nicht zugebilligt. Sowohl die gerichtliche Geltendmachung der Forderung als auch die materiell-rechtlichen Befugnisse fallen ab dem Zeitpunkt der Verfahrenseröffnung nach § 166 Abs. 2 InsO in die Kompetenz des Insolvenzverwalters. Darüber hinaus gebührt ein eventueller Erlösüberschuss der Insolvenzmasse. Auf die materiell-rechtliche Rechtsinhaberschaft allein kann es daher nicht ankommen. Vielmehr widerspricht eine bloß materiell-rechtliche, von der insolvenzrechtlichen Situation losgelöste Betrachtung, der von der Insolvenzordnung vorgenommenen wirtschaftlichen Betrachtung der Sicherungszession.[452] Insofern ist anzunehmen, dass ein vom Schuldner vor der Eröffnung des Insolvenzverfahrens begonnener Prozess der Vorschrift des § 240 S. 1 ZPO entsprechend unterbrochen wird.[453]

Mit der Verfahrensunterbrechung geht regelmäßig das Recht des Insolvenzverwalters einher, den unterbrochenen Prozess nach den insolvenzrechtlichen Vorschriften aufzunehmen. Fraglich ist jedoch, ob dies auch dann gilt, wenn der Insolvenzschuldner den unterbrochenen Rechtsstreit als (gewillkürter) Prozessstandschafter geführt hat. Denn es könnte argumentiert werden, dass der Insolvenzverwalter sich nicht ohne Weiteres auf die dem Insolvenzschuldner erteilte Ermächtigung stützen könne, da der Insolvenzschuldner nur aufgrund einer ihm vom Forderungsinhaber persönlich erteilten Ermächtigung zur Prozessführung befugt sei und die bisherige Prozessführung gerade nicht auf der eigenen Rechtsmacht des Insolvenzschuldners beruhe.[454] Überdies falle die dem Insolvenzschuldner erteilte Prozessführungsbefugnis nicht in die Insolvenzmasse und damit nicht in den Zuständigkeitsbereich des Insolvenzverwalters.[455]

Diesem Einwand kann allerdings nicht gefolgt werden. Denn die Prozessführungsbefugnis des Insolvenzverwalters folgt aus seinem Einziehungs- und

---

451 *Berger*, FS Fischer, S. 1, 12; *Damerius*, Das Schicksal schwebender Verfahren des Insolvenzschuldners, S. 64; *Rückert*, Einwirkung des Insolvenzverfahrens auf schwebende Prozesse, S. 67 f.; Stein/Jonas/*Roth*, § 240 Rn. 7; *Vollkommer*, MDR 1998, 1269, 1270; Zöller/*Greger*, ZPO, § 240 Rn. 7.

452 *Vollkommer*, MDR 1998, 1269, 1270.

453 So auch BGH NZI 2003, 666, 667; OLG München MDR 2000, 602; *Berger*, FS Fischer, S. 1, 11 f.; *Damerius*, Das Schicksal schwebender Verfahren des Insolvenzschuldners, S. 64; Gottwald/*Eckardt*, § 32 Rn. 105; Jaeger/*Windel*, § 85 Rn. 12; K/P/B/*Lüke*, § 85 Rn. 26; MünchKomm-ZPO/*Schumacher*, Vor §§ 85–87 Rn. 35; Musielak/*Stadler*, § 240 Rn. 5; *Naraschewski*, EWiR 2005, 191, 192; *Rückert*, Einwirkung des Insolvenzverfahrens auf schwebende Prozesse, S. 67; Saenger/*Wöstmann*, § 240 Rn. 6; Stein/Jonas/*Roth*, § 240 Rn. 7; *Vollkommer*, MDR 1998, 1269, 1270; Zöller/*Greger*, ZPO, § 240 Rn. 7; a.A. MünchKomm-ZPO/*Gehrlein*, § 240 Rn. 15: keine Verfahrensunterbrechung mangels Massebetroffenheit.

454 *Vollkommer*, MDR 1998, 1269, 1271.

455 *Vollkommer*, MDR 1998, 1269, 1271.

Verwertungsrecht nach §166 Abs. 2 InsO und stellt daher eine eigene, nicht aus dem Recht des Insolvenzschuldners abgeleitete Befugnis des Insolvenzverwalters dar. Die Tatsache, dass der Insolvenzschuldner als gewillkürter Prozessstandschafter aufgetreten ist, ist insofern ohne Belang.[456] Die Aufnahmeberechtigung folgt im Übrigen unmittelbar aus § 240 S. 1 ZPO, § 85 Abs. 1 S. 1 InsO.[457] Hinzu kommt, dass der Sicherungszessionar durch die Prozessaufnahme seitens des Insolvenzverwalters nicht unangemessen belastet ist, weil er die Ausübung des Verwertungsrechts dem Insolvenzschuldner bereits bindend[458] übertragen hatte.[459] Der Insolvenzverwalter kann den Prozess daher im Interesse der Insolvenzmasse aufnehmen.[460] Entscheidet er sich für die Aufnahme, so endet die Unterbrechung, § 240 S. 1 InsO.

b) Klageerhebung des Sicherungszessionars vor Insolvenzeröffnung

Hat nicht der Schuldner, sondern der Sicherungszessionar bereits vor Verfahrenseröffnung gerichtliche Schritte gegen den Drittschuldner eingeleitet, so stellt sich die Frage, ob der Insolvenzverwalter ebenfalls mit der Folge der Prozessunterbrechung in das Prozessrechtsverhältnis eintritt oder ob der Sicherungszessionar trotz der Eröffnung des Insolvenzverfahrens zur Fortsetzung des Prozesses berechtigt bleibt.

In der Literatur wird die Ansicht vertreten, in dieser Konstellation fänden die prozessualen Bestimmungen über die Rechtsnachfolge entsprechend Anwendung.[461] Dies hätte zur Folge, dass der Sicherungszessionar analog § 265 Abs. 2 ZPO Partei des Prozesses bliebe und somit als gesetzlicher Prozessstandschafter für die Insolvenzmasse prozessieren würde.[462] Der Klageantrag wäre ab dem Zeitpunkt der

---

456 *Rückert,* Einwirkung des Insolvenzverfahrens auf schwebende Prozesse, S. 69.

457 *Rückert,* Einwirkung des Insolvenzverfahrens auf schwebende Prozesse, S. 69; *Vollkommer,* MDR 1998, 1269, 1271.

458 Ein Widerruf der Einziehungsermächtigung durch den Sicherungszessionar lässt die Prozessführungsbefugnis unberührt, Stein/Jonas/*Bork,* Vor § 50 Rn. 62; Zöller/*Vollkommer,* ZPO, Vor § 50 Rn. 45.

459 *Vollkommer,* MDR 1998, 1269, 1271.

460 *Vollkommer,* MDR 1998, 1269, 1271; ebenso *Rückert,* Einwirkung des Insolvenzverfahrens auf schwebende Prozesse, S. 69; ohne nähere Begründung auch *Berger,* FS Fischer, S. 1, 12; MünchKomm-ZPO/*Schumacher,* Vor §§ 85–87 Rn. 35; Stein/Jonas/*Roth,* § 240 Rn. 7.

461 So *Lüke,* FS Fischer, S. 353, 358; *Mitlehner,* ZIP 2001, 677, 681; s. ferner L/S/Z/*Smid,* § 166 Rn. 49; *ders.,* Kreditsicherheiten in der Insolvenz, § 2 Rn. 60, der annimmt, der Sicherungszessionar behalte die Aktivlegitimation, schulde jedoch die Feststellungskosten und ggf. entstandene Verwertungskosten zur Masse; a.A. *Berger,* FS Fischer, S. 1, 12; *Häcker,* Abgesonderte Befriedigung aus Rechten, Rn. 1031; *ders.,* NZI 2002, 409, 410; HK/*Landfermann,* § 166 Rn. 33.

462 BGH NJW 2011, 2193, 2194 (Rn. 12); *Althammer,* NJW 2011, 2172, 2174; MünchKomm-ZPO/*Becker/Eberhard,* § 265 Rn. 69; *Rosenberg/Schwab/Gottwald,* Zivilprozessrecht, § 100 Rn. 22; *Schreiber,* Jura 2010, 750, 751; Stein/Jonas/*Roth,* § 265 Rn. 18.

Verfahrenseröffnung nach der sogenannten Relevanztheorie auf Leistung an die Masse umzustellen.[463]

Für die Fortführung des Prozesses durch den Sicherungszessionar analog § 265 Abs. 2 ZPO könnte der Normzweck des § 166 Abs. 2 InsO angeführt werden.[464] Der Gesetzesbegründung lässt sich entnehmen, dass das Verwertungsrecht des Insolvenzverwalters als zweckmäßig erachtete werde, weil der gesicherte Gläubiger ohne die Unterstützung durch den Insolvenzverwalter häufig nicht in der Lage sei, die Forderung festzustellen und Einwendungen auszuräumen. Nur der Insolvenzverwalter verfüge über die zur Einziehung der Forderung notwendigen Unterlagen des Schuldners.[465] Es könnte daher argumentiert werden, die erfolgreiche Klageerhebung des Sicherungszessionars zeige, dass dieser die zur Geltendmachung der Forderung notwendigen Unterlagen zur Verfügung hatte und daher zur Klageerhebung nicht auf die Unterstützung des Insolvenzverwalters angewiesen war. Ohne die Verfahrenseröffnung hätte er den Prozess durchgeführt, sodass der Eintritt des Insolvenzverwalters in den Prozess als nicht erforderlich betrachtet werden könnte.

Für die Übernahme des Prozesses durch den Insolvenzverwalter spricht aber entscheidend, dass ein durch die Vorschrift des § 265 ZPO geschütztes Interesse des Prozessgegners (des Drittschuldners) nicht gegeben ist.[466] Der Schutz der Interessen des Prozessgegners ist jedoch in erster Linie Normzweck dieser Vorschrift. Dem Prozessgegner soll bei einem materiellen Forderungsübergang durch die Vermeidung einer Parteiänderung die bisherige Prozesspartei erhalten bleiben, sodass ihm keine zahlungsunfähige oder insolvente Partei aufgedrängt werden kann.[467] Zu diesem Zweck schließt § 265 Abs. 2 InsO den Parteiwechsel aus, sodass der Schutz des Gegners das wesentliche Abgrenzungskriterium von § 265 ZPO zu § 240 S. 1 ZPO ist.[468] Da ein solches Risiko in der betreffenden Konstellation nicht besteht, ist ein schützenswertes Interesse des Drittschuldners an der Einhaltung der Parteirolle, das für die Fortführung des Prozesses durch den Sicherungszessionar spräche, nicht erkennbar.

Zudem tritt der Insolvenzverwalter ebenfalls mit der Folge, dass der Prozess unterbrochen wird, in das Verfahren ein, wenn – wie es regelmäßig der Fall ist – nicht der Sicherungszessionar selbst die Forderung eingeklagt hat, sondern der Schuldner

463 *Häcker,* Abgesonderte Befriedigung aus Rechten, Rn. 1031 (Fn. 482); *Lüke,* FS Fischer, S. 353, 358; zur Relevanztheorie s. auch MünchKomm-ZPO/*Becker/Eberhard,* § 265 Rn. 83 ff.

464 Vgl. *Berger,* FS Fischer, S. 1, 12.

465 S. oben Fn. 206.

466 Zutreffend *Berger,* FS Fischer, S. 1, 13.

467 BGHZ 61, 140, 142 f. = NJW 1973, 1700; MünchKomm-ZPO/*Becker/Eberhard,* 265 Rn. 2; *Schilken,* FS Gerhardt, S. 879, 882; Stein/Jonas/*Roth,* § 265 Rn. 1; zum Normzweck des § 265 ZPO siehe auch *Dinstühler,* ZZP (112) 1999, 61, 62 f.; *Oberhammer,* FS Leipold, S. 101, 103 f.

468 MünchKomm-ZPO/*Becker/Eberhard,* 265 Rn. 7; s. auch Stein/Jonas/*Roth,* § 265 Rn. 3.

aufgrund einer durch den Sicherungszessionar in der Sicherheitsabrede erteilten Prozessführungsermächtigung.[469] Es sind keine Gründe ersichtlich, die Situation, in der ausnahmsweise der gesicherte Gläubiger anstelle des Insolvenzschuldners geklagt hat, anders zu behandeln. Der Drittschuldner wird durch den Eintritt des Insolvenzverwalters in das Prozessrechtsverhältnis jedenfalls nicht unbillig behandelt.[470] Darüber hinaus kann der Insolvenzverwalter eine aussichtsreichere Prozessführung gewährleisten als der Sicherungszessionar, weil nur er über die Unterlagen des Schuldners verfügt. Aufgrund dessen ist er eher in der Lage, Einreden des Drittschuldners aus dessen Rechtsbeziehung zum Schuldner zu entgegnen.

Insofern ist anzunehmen, dass der Insolvenzverwalter in das Prozessrechtsverhältnis eintritt. Dann besteht aber sowohl für den Insolvenzverwalter als auch für den Prozessgegner das Bedürfnis nach einer Verfahrensunterbrechung. Problematisch ist jedoch, dass die Verfahrensunterbrechung nach § 240 S. 1 ZPO voraussetzt, dass die Insolvenz über das Vermögen einer Partei des rechtshängigen Rechtsstreits eröffnet wird.[471] Infolgedessen scheidet eine direkte Anwendung des § 240 S. 1 ZPO aus, weil die Verfahrenseröffnung nicht das Vermögen des Sicherungszessionars als formelle Prozesspartei betrifft.

Allerdings erscheint es vor dem Grundgedanken des § 240 S. 1 ZPO nicht interessengerecht, den Prozess übergangslos mit dem Insolvenzverwalter als neue Partei fortzusetzen. Denn der Insolvenzverwalter wäre gezwungen, den Prozess aufzunehmen, auch wenn er aus rechtlichen oder tatsächlichen Gründen, wegen des Prozessrisikos oder mangelnder Finanzierbarkeit des Prozesses von geringen Erfolgsaussichten der Klage ausgeht. Vor allem aber zählt die Forderung haftungsrechtlich zur Insolvenzmasse,[472] sodass das für die Verfahrensunterbrechung erforderliche Merkmal der Massebetroffenheit erfüllt ist. Um dem Insolvenzverwalter die Möglichkeit einzuräumen, einen Eindruck über die Erfolgschancen des Prozesses zu gewinnen und sich entweder für die Aufnahme des Rechtsstreits zu entscheiden oder die Aufnahme des Prozesses abzulehnen, wird in der Literatur daher für eine analoge Anwendung des § 240 ZPO plädiert.[473]

---

469 Dazu oben § 2 C.III.2.a), S. 96 ff.

470 *Berger,* FS Fischer, S. 1, 12.

471 Daher soll eine Prozessunterbrechung nur in denjenigen Fällen in Betracht kommen, in denen das Insolvenzverfahren über das Vermögen einer am Rechtsstreit formell beteiligten Partei eröffnet wird, s. BGH NJW 1998, 156, 157; K/P/B/*Lüke,* § 85 Rn. 25; MünchKomm-ZPO/*Gehrlein,* § 240 Rn. 15; Saenger/*Wöstmann,* § 240 Rn. 6; Zöller/*Greger,* ZPO, § 240 Rn. 7; a.A. Gottwald/*Eckardt,* § 32 Rn. 83 (Unterbrechung analog § 17 AnfG); MünchKomm-InsO/*Schumacher,* §§ Vor 85–87 Rn. 15; Stein/Jonas/*Roth,* § 240 Rn. 7.

472 S. oben Fn. 450.

473 *Berger,* FS Fischer, S. 1, 12 f.; Gottwald/*Eckardt,* § 32 Rn. 105 (Fn. 176); *Häcker,* Abgesonderte Befriedigung aus Rechten, Rn. 1030 ff.; *ders.,* NZI 2002, 409, 410; unter Verweis auf den zuvor genannten auch *Oerther,* Verwertung des mit

Dieses Ergebnis – die Unterbrechung des Rechtsstreits – soll hier nicht in Frage gestellt werden; der eindeutige Wortlaut des § 240 ZPO und die Tatsache, dass die der Norm zugrundeliegende Ausgangskonstellation nicht vorliegt, streiten aber eher dafür, die Vorschrift des § 17 Abs. 1 AnfG zur Analogiebildung heranzuziehen. Denn die Regelung ordnet die Verfahrensunterbrechung ungeachtet der Tatsache an, dass der Insolvenzschuldner nicht formell Partei des Prozesses war. Insofern bietet der Eintritt des Insolvenzverwalters in das Prozessrechtsverhältnis verbunden mit einer analogen Heranziehung des § 17 Abs. 1 AnfG eine überzeugendere Lösung für die Frage, wie Fälle zu behandeln sind, in denen der Sicherungszessionar die Forderung bereits vor der Eröffnung des Insolvenzverfahrens gegen den Drittschuldner eingeklagt hat. Der begonnene Prozess wird der Vorschrift des § 17 Abs. 1 AnfG entsprechend unterbrochen; für den Verwalter besteht die Möglichkeit, den Rechtsstreit aufzunehmen. Zur Entscheidungsfindung kann er auf die Unterlagen des Schuldners zurückgreifen. Erstreitet der Insolvenzverwalter in einem von ihm aufgenommenen Prozess ein Urteil, erwächst dieses in Rechtskraft für und gegen den Sicherungszessionar, da ein vom Prozessstandschafter erstrittenes Urteil für und gegen den Rechtsinhaber wirkt.[474] Lehnt der Verwalter die Aufnahme dagegen ab, haben sowohl der Sicherungszessionar als auch der Drittschuldner die Möglichkeit, den Prozess aufzunehmen.

c) Kostenbeitragspflicht

Unabhängig davon, ob der Insolvenzverwalter den Prozess aufnimmt oder die Aufnahme des Prozesses ablehnt, kann er die entstandenen Feststellungskosten beim Sicherungszessionar geltend machen.[475] Feststellungskosten entstehen in beiden Fällen gleichermaßen, weil der Insolvenzverwalter die Unterlagen des Schuldners prüfen muss und die Absonderungsberechtigung des Sicherungszessionars festzustellen hat.

Nimmt der Verwalter den Prozess auf, ist der Sicherungszessionar darüber hinaus zum Ersatz von Verwertungskosten nach § 170 Abs. 1 S. 1 InsO verpflichtet.[476]

Aber auch wenn der Insolvenzverwalter sich für die Ablehnung der Verfahrensaufnahme entscheidet und den Prozess dem gesicherten Gläubiger überlässt, wird zur erfolgreichen Prozessführung regelmäßig eine Mitwirkung des Insolvenzverwalters notwendig sein. Unterstützt der Insolvenzverwalter den Sicherungszessionar im Prozess, kann er neben den Kosten der Feststellung auch die zu diesem Zwecke entstandenen Kosten nach Maßgabe des § 170 Abs. 1 S. 1 InsO beim Sicherungszessionar geltend machen.[477]

Absonderungsrechten belasteten Schuldnervermögens, S. 264 f.; HK/*Landfermann*, § 166 Rn. 33.

474 S. oben Fn. 441.

475 *Häcker*, Abgesonderte Befriedigung aus Rechten, Rn. 1037; vgl. auch L/S/Z/*Smid*, § 166 Rn. 49.

476 *Häcker*, Abgesonderte Befriedigung aus Rechten, Rn. 1038.

477 *Häcker*, Abgesonderte Befriedigung aus Rechten, Rn. 1039.

Des Weiteren steht der Masse die Verwertungskostenpauschale zu, wenn der Insolvenzverwalter zuvor Verwertungsmaßnahmen eingeleitet hat, weil er keine Kenntnis von der Geltendmachung seitens des Sicherungszessionars besaß.[478]

IV. Erkenntnisse zu den Rechtsfolgen des § 166 Abs. 2 InsO

Bis zur Insolvenzeröffnung hat der Sicherungszessionar als Rechtsinhaber die Verfügungsbefugnis und mit dieser einhergehend das Verwertungsrecht an der ihm zur Sicherheit übertragenen Forderung inne. Durch die Eröffnung des Insolvenzverfahrens verliert er jedoch von Gesetzes wegen die an die materiell-rechtliche Forderungsinhaberschaft anknüpfenden Rechte. Das bedeutet, dass der Sicherungszessionar ab dem Zeitpunkt der Verfahrenseröffnung weder dazu befugt ist, die Forderung einzuziehen noch diese in sonstiger Weise zu verwerten. Die Vorschrift beschränkt die Rechtsposition des Sicherungszessionars als Forderungsinhaber – anders als die rein schuldrechtlich wirkende Sicherungsabrede – insoweit, als dieser nur unter Fortbestand der Verwertungsbefugnis des Insolvenzverwalters über die Forderung verfügen kann.

Neben der Einziehungsbefugnis verliert der Sicherungszessionar auch seine Empfangszuständigkeit. Leistet ein Drittschuldner gleichwohl an den Sicherungszessionar, wird er von seiner Verbindlichkeit nicht befreit, es sei denn, es greifen die besonderen Vorschriften über den Schuldnerschutz. Anderenfalls muss der Drittschuldner seine Leistung auf Verlangen des Insolvenzverwalters erneut erbringen. Die Rechtsinhaberschaft des Sicherungszessionars bleibt jedoch unangetastet.

Prozessrechtlich geht der Verlust der Einziehungs- und Verwertungsbefugnis des Sicherungszessionars mit dem Verlust seiner Prozessführungsbefugnis einher. Hat der gesicherte Gläubiger bereits vor der Eröffnung des Insolvenzverfahrens Klage gegen den Drittschuldner erhoben, wird der Prozess der Vorschrift des § 17 Abs. 1 AnfG entsprechend unterbrochen, sodass der Insolvenzverwalter den Rechtsstreit nach den insolvenzrechtlichen Regelungen aufnehmen kann.

Die Insolvenzeröffnung führt damit zu einer Überlagerung der materiellen Rechtslage. Dies folgt nicht schon aus der allgemeinen Verwalterkompetenz nach § 80 Abs. 1 InsO, weil durch den Übergang der Verwaltungs- und Verfügungsbefugnis auf den Insolvenzverwalter keine Erweiterung der Rechte des Insolvenzverwalters gegenüber denjenigen des Schuldners eintritt.[479] Die Verwertungsbefugnis des Insolvenzverwalters nach § 166 Abs. 2 InsO muss vielmehr als „Verlängerung“ des § 80 InsO verstanden werden: Die Vorschrift erweitert den Anwendungsbereich der Verfügungs- und Verwaltungsbefugnis des Insolvenzverwalters auf Forderungen, die der Schuldner bereits vor der Eröffnung des Insolvenzverfahrens zur Sicherheit

---

478 *Häcker,* Abgesonderte Befriedigung aus Rechten, Rn. 1040; L/S/Z/*Smid,* § 166 Rn. 49.

479 *Pape,* NZI 2000, 301, 302.

abgetreten hat. Gleichzeitig beinhaltet die Vorschrift ein §§ 80, 81 InsO entsprechendes Verfügungsverbot für den Sicherungszessionar.

D. Verteilung des Erlöses

I. Kostenbeteiligung, § 170 Abs. 1 S. 1 InsO

Verwertet der Insolvenzverwalter eine zur Sicherheit abgetretene Forderung nach § 166 Abs. 2 InsO, so ordnet § 170 Abs. 1 S. 1 InsO an, dass die im Zuge der Feststellung und der Verwertung des Absonderungsrechts entstandenen Kosten vorab aus dem Verwertungserlös zu entnehmen sind. Die Regelung dient der Entlastung der Insolvenzmasse von Aufwendungen, die einzig im Interesse der gesicherten Gläubiger entstehen. Denn der Umstand, dass bestimmte Aufwendungen des Insolvenzverwalters unter der Geltung der KO allein den gesicherten Gläubigern zugute kamen, aber zu Lasten der ungesicherten Gläubiger aus der Insolvenzmasse finanziert wurden, wurde als Missstand des alten Rechts angesehen.[480] Grundgedanke der Regelung ist daher die gesetzliche Verankerung des sogenannten „Kostenverursachungsprinzips“, nach dem derjenige die durch die Verwertung verursachten Kosten tragen soll, zu dessen Gunsten sie entstanden sind.[481] Diese gesetzgeberische Konzeption kommt zum einen in der Vorschrift des § 171 Abs. 2 S. 2 InsO zum Ausdruck, nach der für die Berechnung der Kostenbeiträge die tatsächlich entstandenen Kosten anzusetzen sind, ungeachtet der in § 171 Abs. 2 S. 1 InsO festgelegten Pauschale.[482] Zum anderen kann die Vorschrift des § 170 Abs. 2 InsO zur Begründung herangezogen werden, laut derer der Masse nur ein Anspruch auf Abführung von Feststellungskosten zusteht, wenn der absonderungsberechtigte Gläubiger nach dieser Vorschrift selbst verwertet.[483]

Die Kostenbeitragspflicht dient also der Kompensation, nicht hingegen der Umverteilung von Vermögenswerten gesicherter Gläubiger auf ungesicherte Gläubiger oder auf den Schuldner.[484] Eine Beteiligung der gesicherten Gläubiger an den allgemeinen Verfahrenskosten, wie sie in § 196 Abs. 1 S. 1 Halbs. 2 RegEInsO[485] zum Ausdruck kam, ließ man entfallen. Auch der Vorschlag der Kommission für Insolvenzrecht, einen Verfahrensbeitrag i.H.v. 25 % des Verwertungserlöses einzuführen,[486] wurde nicht Gesetz.

480 Begr. zu § 195 RegEInsO, BT-Drucks. 12/2443, S. 180. Zur Reform dinglicher Mobiliarsicherheiten s. oben unter § 2 A.II., S. 43 f.

481 S. oben Fn. 215.

482 BGH NZI 2004, 137, 138; *Adolphsen,* Kölner Schrift, 41. Kapitel Rn. 133.

483 BGH NZI 2004, 137, 138.

484 S. oben Fn. 212.

485 BT-Drucks. 12/2443, S. 40.

486 S. oben Fn. 213.

Die Kostenbeteiligung hat damit anders als nach der Verabschiedung der Insolvenzrechtsreform zum Teil geltend gemacht[487] keine Entwertung des Sicherungsrechts zur Folge.[488] Zwar konnten dem absonderungsberechtigten Gläubiger die entstandenen Kosten unter der Geltung der KO grundsätzlich nur dann auferlegt werden, wenn der Sicherungsvertrag dies vorsah.[489] Ein Aufwendungsersatzanspruch des Verwalters gegen den absonderungsberechtigten Gläubiger bestand nach herrschender Meinung nicht.[490] Jedoch gab es auch unter der Geltung der KO regelmäßig Verwertungsvereinbarungen zwischen Sicherungsgläubigern und Verwaltern, die den Einbehalt von Kostenbeiträgen aus dem Verwertungserlös vorsahen.[491] Darüber hinaus besteht für den Sicherungsnehmer heute die Möglichkeit der Übersicherung in Höhe der Pauschale des § 171 InsO, sodass der Kostenbeitrag durch eine ausreichende Bemessung der Sicherung abgefangen werden kann.[492]

1. *Die Kosten der Feststellung, § 171 Abs. 1 InsO*

Nach dem Gesetzeswortlaut umfassen die Feststellungskosten die Kosten der tatsächlichen Feststellung des Gegenstands sowie der Feststellung der Rechte an diesem. Hierunter fallen die Feststellung und die Zuordnung von Sicherheiten zu einzelnen Gläubigern auf Grundlage der Sicherungsverträge sowie die Prüfung der zugrunde liegenden Rechtsverhältnisse.[493] Die Kosten entstehen im Wesentlichen durch Zeit und Arbeitsaufwand des Insolvenzverwalters.[494] Die Höhe ist nach § 171 Abs. 1 S. 2 InsO pauschal mit 4 % des Verwertungserlöses anzusetzen.

Der Anspruch auf die Feststellungskosten setzt keine eigene Verwertungshandlung des Insolvenzverwalters voraus. Überlässt der Insolvenzverwalter dem Gläubiger die Forderung zur Verwertung, ist dieser nach § 170 Abs. 2 InsO dazu verpflichtet, die Feststellungskosten aus dem von ihm erzielten Verwertungserlös an die Masse abzuführen. Darüber hinaus ist der Absonderungsberechtigte auch dann zur Abführung von Feststellungskosten verpflichtet, wenn er die Forderung ohne Ermächtigung durch den Insolvenzverwalter entgegen § 166 Abs. 2 InsO selbst

---

487 So etwa *Uhlenbruck,* FS Vieregge, S. 883, 897; *Zimmermann,* NZI 1998, 57, 61.

488 Ebenso *Schlegel,* NZI 2003, 17, 19; dazu auch *Lwowski/Tetzlaff,* FS Fischer, S. 365, 366 f.

489 Im Übrigen hatte der Absonderungsberechtigte Anspruch auf Auskehr des gesamten Verwertungserlöses, dazu BGHZ 58, 292, 295 = NJW 1972, 1321; BGHZ 77, 139, 144 = NJW 1980, 2473; s. auch *Adolphsen,* Kölner Schrift, 41. Kapitel Rn. 127; *Mönning,* FS Uhlenbruck, S. 239, 240.

490 S. nur *Kuhn/Uhlenbruck*-KO, § 127 Rn. 16b m.w.N.

491 Zur Verwertungsbefugnis unter der Geltung der KO s. oben § 2 A.I., S. 42 f.

492 Begr. zu § 195 RegEInsO, BT-Drucks. 12/2443, S. 181; *Dahl,* NZI 2004, 615, 616; *Landfermann,* KTS 1987, 381, 405; *Schlegel,* NZI 2003, 17, 19; Uhlenbruck/*Brinkmann,* § 170 Rn. 2.

493 K/P/B/*Flöther,* § 171 Rn. 3.

494 Allgemeine Begr. RegEInsO, BT-Drucks. 12/2443, S. 89; K/P/B/*Flöther,* § 171 Rn. 3; *Mönning,* FS Uhlenbruck, S. 239, 250.

verwertet.[495] Dies folgt zum einen aus dem „Kostenverursachungsprinzip“, auf dem die Kostenbeitragsregelung basiert. Denn der Insolvenzverwalter hat die Wirksamkeit des Absonderungsrechts auch dann festzustellen, wenn der Schuldner nach Verfahrenseröffnung unmittelbar an den Sicherungszessionar leistet.[496] Zum anderen kann für den Fall der unberechtigten Verwertung durch den Gläubiger nichts anders gelten als für den Fall der berechtigten Verwertung i.S.d. § 170 Abs. 2 InsO.[497]

2. *Die Kosten der Verwertung, § 171 Abs. 2 InsO*

Verwertungskosten sind dagegen diejenigen Kosten, die im Rahmen der Durchführung sowie der Vorbereitung der Verwertung entstehen.[498] Für die Ermittlung des Umfangs der entstandenen Kosten ist ein kaufmännischer Berechnungssatz anzuwenden, sodass zu den Verwertungskosten grundsätzlich alle Kosten gerechnet werden können, die nach kaufmännischen Gesichtspunkten notwendig sind, um das bestmögliche Verwertungsergebnis zu erzielen.[499] Die Höhe der Verwertungskosten ist gemäß § 171 Abs. 2 S. 1 InsO pauschal mit 5 % des Brutto-Verwertungserlöses anzusetzen.

Aus dem Kostenverursachungsprinzip folgt jedoch, dass der Insolvenzverwalter berechtigt ist, anstelle der Pauschale die tatsächlich entstandenen Kosten zu berechnen, wenn diese erheblich höher oder erheblich niedriger lagen als der gesetzliche Pauschalbetrag in Höhe von 5 %, was in § 171 Abs. 2 S. 2 InsO gesetzlich festgeschrieben ist. Die Möglichkeit zur konkreten Berechnung von Verwertungskosten hat entscheidende Bedeutung, weil die Höhe des Anspruchs den Anteil der Masse am Erlös bestimmt.[500] Nach der Begründung zum Regierungsentwurf ist eine erhebliche Abweichung dann gegeben, wenn die tatsächlich entstandenen und erforderlichen Verwertungskosten statt 5 % die Hälfte oder das Doppelte hiervon ausmachen.[501] Der Insolvenzverwalter erhält somit keine über die Pauschale hinausgehende Kostenerstattung, wenn die tatsächlichen Kosten der Verwertung unter 10 % des Bruttoerlöses liegen. Aufgrund dessen wird in der Literatur zum Teil für eine konkrete Kostenberechnung plädiert.[502] Die Einhaltung der im Regierungsentwurf vorgegebenen Leitlinie ist jedoch erforderlich, weil eine Berücksichtigung geringerer Abweichungen die von der Pauschalierung angestrebte Verfahrensvereinfachung

495 S. oben Fn. 352.
496 S. oben Fn. 353.
497 S. oben Fn. 354.
498 HK/*Landfermann*, § 171 Rn. 4; K/P/B/*Flöther*, § 171 Rn. 5.
499 HK/*Landfermann*, § 171 Rn. 4; *Mönning*, FS Uhlenbruck, S. 329, 251.
500 *Grau*, Realisierung von Absonderungsrechten an Forderungen aus nichterfüllten Verträgen, S. 75.
501 Begr. zu § 196 RegEInsO, BT-Drucks. 12/2443, S. 181.
502 Für eine konkrete Kostenberechnung *Mönning*, FS Uhlenbruck, S. 239, 252; N/R/*Becker*, § 171 Rn. 13 ff.; vgl. auch MünchKomm-InsO/*Tetzlaff*, § 171 Rn. 34.

zunichte machen würde.[503] Durch die Pauschalierung können zeitraubende und kostenintensive Rechtsstreitigkeiten um geringfügige Beträge vermieden werden.

Die Initiative für die Ermittlung der tatsächlich entstandenen Verwertungskosten darf ergreifen, wer sich davon einen Vorteil verspricht, wobei der Insolvenzverwalter stets die Pflicht hat, die tatsächlich entstandenen Kosten geltend zu machen, wenn diese 10 % des Bruttoerlöses überschreiten.[504] Die Beweislast für eine Abweichung trägt jeweils diejenige Partei, die von der Pauschale abweichen will.[505]

Der Anspruch auf die Verwertungskostenpauschale setzt – anders als der Anspruch auf die Feststellungskostenpauschale – grundsätzlich die Verwertung der sicherungszedierten Forderung durch den Insolvenzverwalter voraus. Überlässt der Insolvenzverwalter die Verwertung dem Gläubiger, entfällt die Erstattung der Verwertungskosten an die Masse, weil die Verwertungskosten beim Gläubiger selbst entstehen, § 170 Abs. 2 InsO.

Dies gilt in der Regel auch dann, wenn der Absonderungsberechtigte die Verwertung entgegen § 166 Abs. 2 InsO eigenmächtig vornimmt, weil auch in diesem Fall keine Verwertungskosten zu Lasten der Insolvenzmasse entstehen.[506] Hat der Insolvenzverwalter in Unkenntnis der Rechtsverfolgung seitens des Sicherungszessionars bzw. der Zahlung des Drittschuldners an den Sicherungszessionar aber bereits eigene Verwertungsmaßnahmen veranlasst, so schuldet der absonderungsberechtigte Gläubiger auch die Verwertungskostenpauschale.[507] Die Kosten sind im Interesse des Absonderungsberechtigten entstanden und daher nach dem „Kostenverursachungsprinzip" von diesem zu tragen. Der Anspruch gegen den Absonderungsberechtigten folgt unmittelbar aus § 170 Abs. 1 InsO, sodass ein Rückgriff auf § 280 Abs. 1 BGB nicht notwendig ist.[508] Dem steht auch nicht entgegen, dass Verwertungskosten gemäß § 170 Abs. 2 InsO nicht abzuführen sind, wenn der Insolvenzverwalter dem Gläubiger die Forderung zur Verwertung überlässt.[509] Denn das Gesetz geht in diesem Fall offensichtlich davon aus, dass überhaupt keine Kosten zu Lasten der Insolvenzmasse entstehen. Zwar hat der BGH für den Fall, dass der Sicherungszessionar die Forderung unter Verstoß gegen § 166 Abs. 2 InsO einzieht, entschieden, dass der Sicherungszessionar der Masse neben der Feststellungskostenpauschale nicht

---

503 Ebenso HK/*Landfermann,* § 171 Rn. 7. Dies erkennt auch N/R/*Becker,* § 171 Rn. 15.

504 N/R/*Becker,* § 171 Rn. 11.

505 HK/*Landfermann,* § 171 Rn. 8; *Mönning,* FS Uhlenbruck, S. 329, 252; MünchKomm-InsO/*Tetzlaff,* § 171 Rn. 36; N/R/*Becker,* § 171 Rn. 22.

506 BGH NZI 2004, 137; *Dahl,* NZI 2004, 615; Gottwald/*Adolphsen,* § 42 Rn. 155; N/R/*Becker,* § 166 Rn. 8; Uhlenbruck/*Brinkmann,* § 171 Rn. 10.

507 S. oben Fn. 355.

508 A.A. N/R/*Becker,* § 166 Rn. 8, der ausschließlich einen Schadensersatzanspruch nach § 280 Abs. 1 BGB in Betracht zieht. Aus dem Sicherungsvertrag treffe den absonderungsberechtigten Gläubiger die Pflicht, keine unnützen Kosten zu Lasten der Insolvenzmasse zu verursachen.

509 So aber N/R/*Becker,* § 166 Rn. 8.

auch die Verwertungskostenpauschale schulde.[510] Allerdings waren in diesem Fall noch keine konkreten Kosten entstanden. Im Übrigen wäre eine andere Sichtweise mit der Zielsetzung der Kostenbeteiligung nicht vereinbar.

3. *Umsatzsteuer*

Führt die Verwertung darüber hinaus zu einer Belastung der Masse mit Umsatzsteuer, ist gemäß § 171 Abs. 2 S. 3 InsO zusätzlich zu den Feststellungs- und Verwertungskosten auch der Umsatzsteuerbetrag vor der Befriedigung des gesicherten Gläubigers aus dem Verwertungserlös zu entnehmen. Da in der Einziehung einer zur Sicherheit abgetretenen Forderung in der Regel jedoch kein steuerbarer Umsatz liegt, spielt dies bei der Verwertung sicherungsabgetretener Forderungen meist keine Rolle.[511]

4. *Verfassungsmäßigkeit der gesetzlichen Kostenbeiträge*

In der Literatur wurden verfassungsrechtliche Bedenken gegen die Übernahme der Verwertungskosten durch den absonderungsberechtigten Gläubiger geäußert. Diese sei wegen der Pauschalierung bedenklich, weil nicht jede Verwertungshandlung Kosten entstehen lasse.[512] Ausgehend von der Prämisse, dass derjenige die Kosten tragen muss, der sie verursacht hat, bestehen allerdings keine Bedenken gegen die Verfassungsmäßigkeit der Kostenbeiträge.[513] Der Absonderungsberechtigte trägt nur diejenigen Kosten, die tatsächlich in seinem Interesse entstanden sind. Verfassungsrechtliche Bedenken könnten lediglich geäußert werden, wenn der absonderungsberechtigte Gläubiger zur Anreicherung der Insolvenzmasse an den allgemeinen Kosten des Verfahrens beteiligt würde, um die Stellung der ungesicherten Gläubiger zu verbessern.[514] Zwar war eine Beteiligung der gesicherten Gläubiger an den allgemeinen Verfahrenskosten zunächst vorgesehen,[515] entsprechende Vorschläge wurden allerdings, wie bereits ausgeführt, nicht Gesetz.

---

510 Nach Ansicht des BGH ist ein Anspruch der Masse auf Abführung der Verwertungspauschale nicht gerechtfertigt, wenn feststeht, dass die Gläubigergesamtheit durch die Verwertung nicht mit Aufwendungen belastet worden ist, s. BGH NZI 2004, 137 f.

511 Begr. zu § 196 RegEInsO, BT-Drucks. 12/2443, S. 182; HK/*Landfermann*, § 171 Rn. 11; K/P/B/*Flöther*, § 171 Rn. 13.

512 So *Stern*, FS Helmrich, S. 737, 751, der nur die Feststellungskosten als verfassungsmäßig unbedenklich ansieht.

513 *Lepa*, Insolvenzordnung und Verfassungsrecht, S. 240 ff.; ebenso Gottwald/*Adolphsen*, § 42 Rn. 175.

514 Bedenken gegen die Verfassungsmäßigkeit einer Beteiligung absonderungsberechtigter Gläubiger an den allgemeinen Verfahrenskosten äußerten u. a. *Binz/Hess*, S. 24; *Seuffert*, ZIP 1986, 1157, 1163; *Stern*, FS Helmrich, S. 737, 751.

515 Dazu oben § 2 D.I., S. 104 f.

Sofern Einwände gegen die Pauschalierung der Verwertungskosten erhoben werden,[516] vermögen auch diese Bedenken nicht durchzugreifen. Denn zum einen gebietet die angestrebte Praktikabilität eine Pauschalierung.[517] Zum anderen sieht das Gesetz in § 171 Abs. 2 S. 2 InsO eine Anpassungsmöglichkeit vor, wenn die tatsächlich entstandenen Kosten erheblich höher oder erheblich niedriger lagen als die Pauschale des § 171 Abs. 2 S. 1 InsO. Diese Anpassungsmöglichkeit bietet hinreichenden Schutz des gesicherten Gläubigers.[518] Zudem kommt die Höhe der gesetzlichen Pauschale nach Angaben aus der Praxis dem Durchschnitt der tatsächlichen Verwertungskosten nahe.[519] Weil für den Sicherungsnehmer die Möglichkeit der Übersicherung in Höhe der Pauschale des § 171 InsO besteht,[520] kann sie außerdem von vornherein in die Kalkulation der Sicherheit aufgenommen werden.

Auch die Beschränkung auf die „erhebliche Abweichung" wird durch Praktikabilitätserwägungen getragen.[521] Denn sie vermeidet unergiebige Streitigkeiten um geringfügige Beträge.[522] Sofern jedoch argumentiert wird, die Pauschale sei unangemessen, da sie bereits in dem Bereich liege, in dem eine pauschale Abrechnung unangemessen sei,[523] kann dem entgegen gehalten werden, dass eine Berücksichtigung geringerer Abweichungen die mit der Pauschalierung angestrebte Vereinfachung zunichte machen würde.[524]

Im Hinblick auf die Feststellungskosten sieht das Gesetz eine Anpassung auf die tatsächlich entstandenen Kosten zwar nicht vor, da die Feststellungskosten jedoch im Wesentlichen durch Zeit und Arbeitsaufwand des Insolvenzverwalters entstehen[525] und folglich erst am Ende festgestellt werden können, stößt die Ermittlung der konkret entstandenen Kosten auf praktische Schwierigkeiten.[526] Soll eine Belastung der Insolvenzmasse vermieden werden, ist auch hier eine Pauschalierung erforderlich.[527]

Im Ergebnis handelt es sich bei der Kostenbeitragspflicht nach §§ 170 Abs. 1 S. 1, 171 InsO einschließlich der Pauschalierung der entstandenen Kosten damit um eine verfassungsrechtlich nicht zu beanstandende Inhalts- und Schrankenbestimmung i.S.d. Art. 14 Abs. 1 S. 2 GG.

---

516 So *Stern,* FS Helmrich, S. 737, 751.
517 Begr. zu § 196 RegEInsO, BT-Drucks. 12/2443, S. 181; ebenso auch *Lepa,* Insolvenzordnung und Verfassungsrecht, S. 241.
518 *Lepa,* Insolvenzordnung und Verfassungsrecht, S. 241.
519 Begr. zu § 196 RegEInsO, BT-Drucks. 12/2443, S. 181.
520 S. oben Fn. 492.
521 *Lepa,* Insolvenzordnung und Verfassungsrecht, S. 241.
522 So die Begr. zu § 196 RegEInsO, BT-Drucks. 12/2443, S. 181
523 N/R/*Becker,* § 171 Rn. 13.
524 HK/*Landfermann,* § 171 Rn. 7.
525 S. oben Fn. 494.
526 Begr. zu § 196 RegEInsO, BT-Drucks. 12/2443, S. 181.
527 So auch *Lepa,* Insolvenzordnung und Verfassungsrecht, S. 241.

II. Erlösauskehr, § 170 Abs. 1 S. 2 InsO

Nach Abzug der Kostenbeiträge ist der gesicherte Gläubiger aus dem verbleibenden Betrag zu befriedigen. Die Befriedigung hat kraft gesetzlicher Anordnung „unverzüglich" zu erfolgen, um eine Verzögerung in der Erlösauskehr zu vermeiden. „Unverzüglich" ist in der Legaldefinition des § 121 Abs. 1 S. 1 BGB, die für das gesamte Privatrecht einschließlich der InsO einschlägig ist,[528] als „ohne schuldhaftes Zögern" definiert. Der Insolvenzverwalter darf die Gelder daher nicht zurückhalten und zur Zwischenfinanzierung der Unternehmensfortführung nutzen.[529]

Der Anspruch des absonderungsberechtigten Gläubigers setzt allerdings voraus, dass die Verwertungsreife der Forderung im Verhältnis zum Sicherungszessionar eingetreten ist.[530] War die gesicherte Forderung bei der Einziehung durch den Insolvenzverwalter noch nicht verwertungsreif, so hat der Insolvenzverwalter Rücklagen zu bilden, um den Erlösanteil des Sicherungszessionars bei Fälligkeit an diesen auskehren zu können.[531] Dies kommt in Betracht, wenn der Insolvenzschuldner für die gesicherte Forderung nicht persönlich haftet. Denn die Vorschrift des § 41 Abs. 1 InsO findet auf das Absonderungsrecht ohne persönliche Haftung des Insolvenzschuldners keine Anwendung, weil unter Umständen noch nicht feststeht, ob es infolge von Nichterfüllung der persönlichen Forderung durch den Hauptschuldner überhaupt zum Sicherungsfall kommt.[532]

Der Anspruch des gesicherten Gläubigers ist ferner nach Maßgabe der Sicherungsabrede durch das Sicherungsinteresse begrenzt. Übersteigt der Verwertungserlös die Forderung des Sicherungsnehmers, verbleibt der Mehrerlös daher in der Masse.[533]

Verzögert der Insolvenzverwalter die Erlösauskehr, kann der Gläubiger ihn durch Mahnung in Gläubigerverzug bringen; Verzugszinsen auf den auszukehrenden Betrag oder ein etwaiger Verzugsschaden sind als Masseschulden nach § 55 Abs. 1 Nr. 1 InsO zu berichtigen.[534] Eine schuldhafte Verzögerung der Erlösauskehr kann ferner eine persönliche Haftung des Insolvenzverwalters nach § 60 InsO begründen.[535] Überdies ist der absonderungsberechtigte Gläubiger berechtigt, im Wege

---

528 Palandt/*Ellenberger,* § 121 Rn. 3.

529 *Gottwald,* FS Fischer, S. 183, 189; ebenso *Heinze,* ZInsO 2013, 2401, 2408; HK/*Landfermann,* § 170 Rn. 8; N/R/*Becker,* § 170 Rn. 16.

530 BGH NZI 2009, 165, 166 f. (Rn. 21); Uhlenbruck/*Brinkmann,* § 170 Rn. 10.

531 Oben Fn. 280.

532 Oben Fn. 279.

533 HK/*Landfermann,* § 170 Rn. 12.

534 *Gottwald,* FS Fischer, S. 183, 189; N/R/*Becker,* § 170 Rn. 19.

535 *Gundlach/Frenzel/Schmidt,* NZI 2001, 350, 355; HambKomm/*Büchler,* § 170 Rn. 6; K/P/B/*Flöther,* § 170 Rn. 8; *Lüke,* Persönliche Haftung des Verwalters in der Insolvenz, Rn. 155; N/R/*Becker,* § 170 Rn. 16.

der Leistungsklage gegen den Insolvenzverwalter vorzugehen, sollte sich dieser weigern, den eingezogenen Erlös herauszugeben.[536]

1. *Rechtslage am Erlös*

Uneinigkeit besteht in Bezug auf die Rechtslage am eingezogenen Erlös nach der Verwertung der zur Sicherheit abgetretenen Forderung durch den Insolvenzverwalter. Zwar wird diese Frage wegen der in § 170 Abs. 1 S. 2 InsO normierten und schadensersatzrechtlich abgesicherten Pflicht zur Erlösauskehr zumeist kaum an praktischer Bedeutung erlangen. Tritt jedoch nach der Eröffnung des Insolvenzverfahrens und vor der Befriedigung des gesicherten Gläubigers Massearmut ein, kommt es für den Absonderungsberechtigten wesentlich darauf an, welche Rechtsposition ihm am Erlös zusteht. Dies gilt vor allem dann, wenn ein finanzielles Unvermögen des Insolvenzverwalters hinzutritt.

a) Meinungsstand

Vereinzelt wird vertreten, das Absonderungsrecht erlösche durch die Verwertung vollständig und begründe nach Abschluss der Verwertung einen rein schuldrechtlichen Anspruch des Absonderungsberechtigten gegen die Masse, dessen Höhe nach §§ 170 Abs. 1 S. 1, 171 InsO zu errechnen sei und der nach § 170 Abs. 1 S. 2 InsO unverzüglich aus dem Erlös erfüllt werden müsse. Eine dingliche Rechtsposition stehe dem Absonderungsberechtigten nicht zu.[537] Ferner wird angenommen, dass dem gesicherten Gläubiger zwar keine dingliche Rechtsposition am Erlös zustehe, der schuldrechtliche Zahlungsanspruch jedoch im Rang vor den von § 209 InsO erfassten Masseverbindlichkeiten zu erfüllen sei.[538]

Demgegenüber räumt die ganz herrschende Meinung dem gesicherten Gläubiger auch nach der Verwertung durch den Insolvenzverwalter eine dingliche Rechtsstellung am Erlös ein, allerdings mit unterschiedlicher dogmatischer Begründung. So beruft sich die überwiegende Ansicht darauf, dass sich das Absonderungsrecht des gesicherten Gläubigers kraft Surrogation – die als dingliche Surrogation verstanden werden muss – am Verwertungserlös fortsetzt.[539] Der Erlös stelle ein Surrogat für die

536 *Gottwald,* FS Fischer, S. 183, 189 f.; *Riggert,* Die Rechtsverfolgung der Gläubiger dinglicher Kreditsicherheiten in der Unternehmensinsolvenz des Schuldners, S. 140.

537 *Gundlach/Frenzel/Schmidt,* ZInsO 2001, 537, 538; L/S/Z/*Smid,* § 170 Rn. 7.

538 *Mitlehner,* Mobiliarsicherheiten im Insolvenzverfahren, Rn. 714 ff.; *ders.*, ZIP 2015, 60, 63 f.

539 *Berger,* KTS 2007, 433, 443 f.; *Bork,* Einführung in das Insolvenzrecht, Rn. 303 (Fn. 37); BK-InsO/*Breutigam,* § 170 Rn. 8; *Eckardt,* FS Schilken, S. 645, 646 ff.; FK-InsO/*Imberger,* § 48 Rn. 27 f.; *Gottwald,* FS Fischer, S. 183, 191; HambKomm/*Büchler,* § 170 Rn. 6; *Harder,* Insolvenzrechtliche Surrogation, Rn. 371; *ders.*, KTS 2001, 97, 112 f.; *Heinze,* ZInsO 2013, 2401, 2409; HK/*Landfermann,* § 170 Rn. 9; Jaeger/*Henckel,* Vor §§ 49–52 Rn. 55; Karsten Schmidt-InsO/*Sinz,* § 170 Rn. 22; K/P/B/*Flöther,* § 170

ursprünglich mit dem Absonderungsrecht belastete Forderung dar. Andere Stimmen interpretieren § 170 Abs. 1 S. 2 InsO hingegen als „Spezialfall" der Ersatzabsonderung analog § 48 InsO. Dem gesicherten Gläubiger stehe nach der Verwertung durch den Insolvenzverwalter zunächst ein schuldrechtlicher Ersatzanspruch zu, der sich aus Vorschriften außerhalb der Insolvenzordnung ergebe (§§ 667, 681 S. 2 BGB). Dieser Anspruch werde durch ein Ersatzabsonderungsrecht insolvenzrechtlich „verstärkt".[540]

Der BGH hat sich bislang nicht klar positioniert. Zwar lässt sich den einschlägigen Entscheidungen entnehmen, dass der BGH die anfangs genannte Ansicht, nach der das Sicherungsrecht infolge der Verwertung ersatzlos erlöschen soll, ablehnt. Das Absonderungsrecht setze sich am Erlös fort, soweit sich dieser noch unterscheidbar in der Masse befinde.[541] Eine dogmatische Begründung findet sich jedoch nicht. So spricht der BGH teils von einem Ersatzabsonderungsrecht entsprechend § 170 Abs. 1 S. 2 InsO,[542] teils aber auch von dinglicher Surrogation gemäß § 1247 S. 2 BGB.[543]

b) Stellungnahme

Erhebliche Bedenken bestehen gegen die erstgenannte Ansicht, die dem gesicherten Gläubiger nach der Verwertung durch den Insolvenzverwalter lediglich einen schuldrechtlichen Anspruch auf Auskehr des Verwertungserlöses zubilligen will. Denn für den gesicherten Gläubiger hätte dies zur Folge, dass er die dingliche Sicherheit, die er zuvor innehatte, verliert. Zwar stünde dem vormals Absonderungsberechtigten ein Masseanspruch nach § 55 Abs. 1 Nr. 1, 3 InsO zu. Dies würde aber bedeuten, dass er im Falle der Verfahrenseinstellung mit seiner Forderung möglicherweise ausfiele, seine Forderung auf Auskehr des Erlöses bei Masseunzulänglichkeit jedenfalls nachrangig nach den Verfahrenskosten sowie den nach Anzeige der Masseunzulänglichkeit entstandenen Verbindlichkeiten berichtigt würde, § 209 Abs. 1 Nr. 3 InsO.[544] Eine solche Herabstufung liefe aber zum einen der gesetzgeberischen Konzeption zuwider, keine Eingriffe in die Wertsubstanz

---

Rn. 8; MünchKomm-InsO/*Tetzlaff*, § 170 Rn. 38; Uhlenbruck/*Brinkmann*, § 170 Rn. 10; *Weber*, Vermögensrechtlich und haftungsrechtlich veranlasste Surrogation im Insolvenzverfahren, S. 118. Zur KO bereits *Serick*, Eigentumsvorbehalt und Sicherungsübertragung, Band III, S. 271 f.

540 So insbesondere MünchKomm-InsO/*Ganter*, Vor §§ 49–52 Rn. 67a; *ders.*, NZI 2008, 583, 588 (insoweit jedoch noch anders *ders.*, NZI 2005, 1, 8); *Ganter/Bitter*, ZIP 2005, 93, 98 f.; s. auch *Häsemeyer*, Insolvenzrecht, Rn 18.70b; N/R/*Becker*, § 170 Rn. 15; *Schlegel*, NZI 2003, 17, 19.

541 BGHZ 170, 196, 205 = NZI 2007, 158; BGH NZI 2008, 558, 559 (Rn. 10); BGH NZI 2009, 165, 166 (Rn. 18); BGHZ 184, 101, 114 = NZI 2010, 339 (zum vorläufigen Insolvenzverwalter).

542 BGHZ 184, 101, 116 = NZI 2010, 339 unter Verweis auf *Ganter/Bitter*, ZIP 2005, 93.

543 BGHZ 189, 1, 5 = NZI 2011, 366.

544 *Berger*, KTS 2007, 433, 442; *Harder*, KTS 2001, 97, 105.

von Sicherungsrechten vorzunehmen.[545] Zum anderen würde der Verlust des dinglichen Sicherungsrechts infolge der Verfahrenseröffnung einen Eingriff in die durch Art. 14 GG geschützte Rechtsposition des Sicherungszessionars bedeuten, der verfassungsrechtlich kaum zu rechtfertigen wäre. Weil der absonderungsberechtigte Gläubiger zunächst eine dingliche Rechtsposition innehatte, muss ihm auch nach der Verwertung durch den Insolvenzverwalter Vorrang gegenüber Insolvenz- und Massegläubigern eingeräumt werden, sodass der Eintritt der Massearmut das Befriedigungsrecht des gesicherten Gläubigers nicht beeinträchtigen kann. Dies gilt insbesondere deshalb, weil der Forderungserlös – jedenfalls bis zur Höhe der gesicherten Forderung – kein Teil der Haftungsmasse ist. Damit bleibt festzuhalten, dass nach der Verwertung durch den Insolvenzverwalter eine dingliche Rechtsposition des Sicherungszessionars am Verwertungserlös bestehen muss. Der rein schuldrechtlichen Lösung ist also zu widersprechen.

Dann stellt sich aber die Frage, ob sich das Absonderungsrecht im Wege der dinglichen Surrogation am Verwertungserlös fortsetzt oder ob die Haftungspriorität aus einer analogen Anwendung von § 48 InsO folgt.[546] Der entscheidende Unterschied bestünde darin, dass die zur abgesonderten Befriedigung berechtigende Rechtsposition im ersten Fall rechtlich unmittelbar und mit dinglicher Wirkung auf den Verwertungserlös überginge,[547] wohingegen die Annahme der Ersatzabsonderung bedeuten würde, dass das ursprüngliche Absonderungsrecht – mangels dinglicher Surrogation – durch die Verwertung zunächst einmal erlischt. An seine Stelle würden schuldrechtliche (Ersatz-)Ansprüche gegen die Insolvenzmasse (§§ 667, 681 S. 2 BGB, § 816 Abs. 2 BGB) treten.[548] Um dem Gläubiger einen möglichst vollwertigen Ersatz für das untergegangene Sicherungsrecht zu bieten und um eine Anreicherung der Masse auf seine Kosten zu vermeiden, würde den schuldrechtlichen Ansprüchen des Gläubigers durch eine Analogie zu § 48 InsO Haftungspriorität verschafft. Zwar besteht bis heute keine Einigkeit über die genauen Rechtsfolgen der Ersatzabsonderung.[549] Jedoch ist dies für die hier zu beantwortende Frage, ob

---

545 Die Verwertungsbefugnis des Insolvenzverwalters soll gerade keine Verlagerung von Vermögenswerten gesicherter Gläubiger auf ungesicherte bewirken, s. Allgemeine Begr. RegEInsO, BT-Drucks. 12/2443, S. 86.

546 Die Anwendbarkeit des § 48 InsO auf Absonderungsrechte ist allgemein anerkannt, s. statt aller *Foerste,* Insolvenzrecht, Rn. 392; Jaeger/*Henckel,* § 48 Rn. 61 m.w.N.

547 *Harder,* Insolvenzrechtliche Surrogation, Rn. 3; *ders.,* KTS 2001, 97, 106; Jaeger/*Lent* KO, § 46 Rn. 4; MünchKomm-InsO/*Ganter,* § 48 Rn. 10; *ders.,* NZI 2008, 583; *ders.,* NZI 2005, 1, 2.

548 Inhaltlich beliefen sich diese Ansprüche (jedoch nur) auf Neubestellung eines entsprechenden Sicherungsrechts, s. *Harder,* KTS 2001, 97, 104; vgl. auch BGH NJW 1982, 761, 762 für den Fall der unentgeltlichen Sicherungsvereitelung.

549 Zumeist findet sich die pauschale Aussage, die Rechtsfolgen des § 48 InsO seien entsprechend anwendbar, s. etwa BGHZ 184, 101, 103 = NZI 2010, 339; FK-InsO/*Imberger,* § 48 Rn. 26; Gottwald/*Adolphsen,* § 42 Rn. 213; HambKomm/*Büchler,* § 48

sich die Haftungspriorität aus einer dinglichen Surrogation oder aus einer analogen Anwendung des § 48 InsO herleiten lässt, jedenfalls dann ohne Bedeutung, wenn die dingliche Vorzugsstellung des gesicherten Gläubigers über eine dingliche Surrogation begründet werden kann. Denn in Fällen dinglicher Surrogation ist für die Ersatzabsonderung kein Raum.[550]

Als Anhaltspunkt dient der Wortlaut von § 170 Abs. 1 S. 2 InsO. Die Vorschrift spricht auch in der Phase nach der Verwertung vom „absonderungsberechtigten Gläubiger", geht also davon aus, dass dem Gläubiger das Absonderungsrecht noch nach der Verwertung zusteht.[551] Dies setzt voraus, dass der Erlös rechtlich unmittelbar und mit dinglicher Wirkung an die Stelle des ursprünglichen Gegenstands tritt.

Neben dem Wortlaut des § 170 Abs. 1 S. 2 InsO streitet ein Vergleich zur rechtmäßigen Zwangsvollstreckung in Sicherungsgut durch Gläubiger des Sicherungsgebers entscheidend für die Annahme dinglicher Surrogation.[552] Hier setzt sich das Eigentum des Sicherungsnehmers kraft Surrogation am Veräußerungserlös fort.[553] Der Erlös steht damit demjenigen zu, der sein Eigentum durch die Veräußerung verliert. Gleiches muss im Falle einer rechtmäßigen Verfügung des Insolvenzverwalters über Sicherungsgut gelten. Denn der gesicherte Gläubiger ist gezwungen, die Verwertung durch den Insolvenzverwalter „zu dulden". In der Insolvenz besteht ein Selbstverwertungsrecht des Gläubigers heute – anders als unter der Geltung der KO – nicht mehr. Dies entspricht der Situation in der Einzelzwangsvollstreckung, denn auch dort ist die Selbstverwertung durch den Gläubiger ausgeschlossen. Aus dem alleinigen Verwertungsrecht des Insolvenzverwalters resultiert ein Schutzbedürfnis des von der Verwertung ausgeschlossenen Gläubigers. Zum einen steht ihm kein Interventionsrecht zu, zum anderen hat er keinen unmittelbaren Zugriff auf den Erlös. Dem kann durch die Annahme dinglicher Surrogation Rechnung getragen werden.

Rn. 30; Jaeger/*Henckel*, § 48 Rn. 61 ff.; K/P/B/*Prütting*, § 48 Rn. 26 f.; s. auch *Mitlehner*, Mobiliarsicherheiten im Insolvenzverfahren, Rn. 867, der die Rechtsfolge des § 48 InsO uneingeschränkt auf die Ersatzabsonderung überträgt; vgl. auch *Bork*, Einführung in das Insolvenzrecht, Rn. 307. Z.T. findet sich aber auch die Auffassung, der Berechtigte könne abgesonderte Befriedigung aus dem Gegenleistungsanspruch bzw. aus der Gegenleistung selbst verlangen, s. Braun/*Bäuerle*, § 48 Rn. 39; *Harder*, KTS 2001, 97, 104. S. ferner *Häsemeyer*, Insolvenzrecht, Rn. 18.69, der ausführt, es handle sich um eine haftungsrechtlich spezifizierte Surrogation mit dinglicher Wirkung.

550 *Ganter*, NZI 2005, 1, 8; *Gundlach/Frenzel/Schmidt*, DZWIR 2001, 441, 445; *Harder*, Insolvenzrechtliche Surrogation, Rn. 237.

551 *Berger*, KTS 2007, 433, 443.

552 S. bereits *Harder*, Insolvenzrechtliche Surrogation, Rn. 371; *ders.*, KTS 2001, 97, 109 ff.; ebenso *Berger*, KTS 2007, 433, 443; *Eckardt*, FS Schilken, S. 645, 656.

553 So die allgemeine Auffassung, s. nur RGZ 156, 395, 399; *Baur/Stürner/Bruns*, Zwangsvollstreckungsrecht, Rn. 36.25; *Brox/Walker*, Zwangsvollstreckungsrecht, Rn. 452; *Harder*, KTS 2001, 97, 110; *Lüke*, Zivilprozessrecht, Rn. 629.

Überdies entspricht die Annahme dinglicher Surrogation der in § 51 InsO getroffenen gesetzgeberischen Grundentscheidung, die Insolvenzfestigkeit von Sicherungsübertragungen anzuerkennen. Der Gesetzgeber hat in den §§ 49 ff. InsO bestimmt, welche Rechte zur abgesonderten Befriedigung berechtigen sollen. Die Vorschriften der §§ 165 ff. InsO stellen in Ergänzung hierzu bloße Ausführungsregelungen bezüglich der Verwertung solcher Gegenstände dar, die jedoch keinen Einfluss auf Umfang und Bestand des Absonderungsrechts besitzen.

Die Ersatzabsonderung analog § 48 InsO ist zudem auf rechtswidrige Vereitelungshandlungen beschränkt.[554] Sie kommt damit nur dann in Betracht, wenn eine unberechtigte Verwertung eines mit einem Absonderungsrecht belasteten Gegenstands durch den Insolvenzverwalter vorausging. Das bedeutet, dass die Annahme, dem gesicherten Gläubiger stehe nach der Verwertung durch den Insolvenzverwalter ein Ersatzabsonderungsrecht zu, von vornherein eine „doppelt-analoge" Anwendung des § 48 InsO erfordern würde, um die Rechtsfolgen der Norm auf die berechtigte Verwertung eines mit einem Absonderungsrecht belasteten Gegenstands zu erweiterten. Der Analogie stehen jedoch der eindeutige Wortlaut des § 48 InsO, wonach die Veräußerung unberechtigt erfolgen muss, und die Gesetzesbegründung zu § 60 RegEInsO entgegen. Aus der Begründung zu § 60 RegEInsO, der ursprünglich eine Regelung für die Ersatzabsonderung enthalten sollte, aus Gründen der redaktionellen Straffung jedoch gestrichen wurde,[555] ergibt sich, dass der Anwendungsbereich der Vorschrift auf unberechtigte Veräußerungen beschränkt sein sollte. Bei der Anwendung der Regelung sei zu beachten, dass der Verwalter zur Verwertung bestimmter Gegenstände mit Absonderungsrechten berechtigt sei. Die Vorschrift erfasse aber nur solche Fälle, in denen ein Verwertungsrecht des Insolvenzverwalters nicht bestehe.[556] Damit scheitert die Analogie zu § 48 InsO am Vorliegen einer planwidrigen Regelungslücke.

Sofern dennoch argumentiert wird, die Verwertungsberechtigung des Insolvenzverwalters stehe der Annahme eines Ersatzabsonderungsrechts nicht entgegen, weil § 166 Abs. 2 InsO den Insolvenzverwalter nicht zu einem materiell Berechtigten mache,[557] begegnen dem erhebliche Bedenken. Denn § 166 Abs. 2 InsO ist als gesetzliche Einziehungs- sowie Verfügungsermächtigung des Insolvenzverwalters

---

554 Einhellige Meinung, s. u. a. BGH NZI 2015, 817, 818 (Rn. 17); BGH NZI 2006, 403 (Rn. 18); BGH NZI 2006, 700, 702 (Rn. 22 f.); BGHZ 184, 101, 106 = NZI 2010, 339; FK-InsO/*Imberger*, § 48 Rn. 26; *Ganter*, NZI 2005, 1, 8; *Gundlach/Frenzel/Schmidt*, DZWIR 2001, 140, 143; HambKomm/*Büchler*, § 48 Rn. 34; Jaeger/*Henckel*, § 48 Rn. 61, 63; *Mitlehner*, Mobiliarsicherheiten im Insolvenzverfahren, Rn. 863; N/R/*Andres*, § 48 Rn. 17; Uhlenbruck/*Brinkmann*, § 48 Rn. 40; zu § 46 KO bereits *Gundlach*, KTS 1997, 553, 564.

555 Beschlussempfehlung und Bericht des Rechtsausschusses, BT-Drucks. 12/7302, S. 160. S. auch Jaeger/*Henckel*, § 48 Rn. 61; MünchKomm-InsO/*Ganter*, Vor §§ 49–52 Rn. 168.

556 Begr. zu § 60 RegEInsO, BT-Drucks. 12/2443, S. 125 f.

557 So *Ganter/Bitter*, ZIP 2005, 93, 98 f.

zu verstehen.[558] Das Verfügungsrecht liegt – obwohl die Forderungsinhaberschaft des Absonderungsberechtigten unangetastet bleibt – ab dem Zeitpunkt der Verfahrenseröffnung ausschließlich beim Insolvenzverwalter. Insofern ist nicht ersichtlich, mit welcher Begründung die Forderungseinziehung durch den Insolvenzverwalter auf Grundlage des § 166 Abs. 2 InsO als unberechtigter Eingriff in die Rechtsposition des gesicherten Gläubigers gewertet werden könnte.

Hinzu kommt, dass das auf Billigkeitsgesichtspunkten beruhende Ersatzabsonderungsrecht als Ausdruck „haftungsrechtlicher Surrogation" seinem Sinn und Zweck nach auf die Situation der berechtigten Verwertung nicht passt. Denn die Ersatzaus- und -absonderung sollen einen Ersatz dafür bieten, dass Aus- bzw. Absonderungsrechte gegen den Willen des Berechtigten unberechtigter Weise vereitelt werden.[559]

Die besseren Argumente streiten somit dafür, dass sich das Absonderungsrecht nach der Verwertung durch den Insolvenzverwalter unmittelbar am Forderungserlös fortsetzt. § 170 Abs. 1 S. 2 InsO ist damit als (ungeschriebener) Fall dinglicher Surrogation zu verstehen. Der Rückgriff auf ein auf Billigkeitsgesichtspunkten beruhendes Ersatzabsonderungsrecht ist nicht erforderlich bzw. sogar ausgeschlossen. Das bedeutet, dass sich der Inhalt des § 170 Abs. 1 S. 2 InsO darin erschöpft, den Zeitpunkt der Erlösauskehr zu bestimmen, indem klargestellt wird, dass der eingezogene Erlös „unverzüglich" an den absonderungsberechtigten Gläubiger auszukehren ist.[560] Grundlage des Rechts auf Erlösauskehr bildet jedoch weiterhin allein das Absonderungsrecht. Der gesicherte Gläubiger hat daher auch bei Massearmut einen Anspruch auf Auszahlung des vollen ihm zustehenden Betrags.

2. Separierung des Erlöses

Die Annahme, dass sich das Absonderungsrecht des gesicherten Gläubigers nach der Verwertung durch den Insolvenzverwalter am eingezogenen Erlös fortsetzt, hat zur Folge, dass der Insolvenzverwalter dazu verpflichtet ist, den eingezogenen Betrag bis zur Auskehr an den Gläubiger zu separieren.[561] Denn nur dann, wenn der eingezogene Erlös noch unterscheidbar vorhanden ist, ist die Voraussetzung für eine dingliche Surrogation gegeben.[562] Um Schadensersatzansprüche zu vermeiden,

---

558 Dazu oben § 2 C.I., S. 57 ff.

559 Zum Normzweck des § 48 InsO Jaeger/*Henckel*, § 48 Rn. 2; MünchKomm-InsO/*Ganter*, § 48 Rn. 3 f.; *ders.*, NZI 2005, 1.

560 Zutreffend *Berger*, KTS 2007, 433, 443 f.; vgl. auch *Harder*, KTS 2001, 97, 109.

561 BGHZ 184, 101, 113 = NZI 2010, 339; LG Berlin ZInsO 2008, 1027, 1031; FK-InsO/*Wegener*, §§ 170, 171 Rn. 14; HambKomm/*Büchler*, § 170 Rn. 6; HK/*Landfermann*, § 170 Rn. 9; Jaeger/*Henckel*, Vor §§ 49–52 Rn. 55; MünchKomm-InsO/*Brandes/Schoppmeyer*, § 60 Rn. 62; MünchKomm-InsO/*Tetzlaff*, § 170 Rn. 40; Uhlenbruck/*Brinkmann*, § 170 Rn. 10; vgl. auch Andres/Leithaus/*Leithaus*, §§ 170, 171 Rn. 2 (vom Insolvenzverwalter ist eine Sondermasse zu bilden); a.A. L/S/Z/*Smid*, § 170 Rn. 7.

562 S. nur *Ganter/Bitter*, NZI 2005, 93, 102; *Ganter*, NZI 2005, 1, 8; für die Aussonderung s. auch *Gerhardt*, KTS 1990, 1.

sollte der Insolvenzverwalter den eingezogenen Erlös daher auf einem Sonderkonto separieren, das er im Namen des gesicherten Gläubigers eröffnet, über das er jedoch selbst die Verfügungsbefugnis behält.[563] Aufgrund der Rechtsprechung zur Frage der Unterscheidbarkeit im Rahmen des § 48 InsO[564] ist allerdings anzunehmen, dass auch Beträge, die auf ein allgemeines Geschäftskonto des Insolvenzverwalters gelangen, noch unterscheidbar vorhanden sind, wenn das Geld aufgrund der Buchung und der dazugehörigen Belege von dem übrigen dort angesammelten Guthaben unterschieden werden kann und eine ausreichende Deckung des Kontos besteht.[565]

Wurde der Erlös untrennbar mit der übrigen Insolvenzmasse vermischt, entsteht lediglich eine Masseverbindlichkeit gemäß §§ 170 Abs. 1 S. 2 InsO, 55 Abs. 1 Nr. 1, 3 InsO.[566] Da dieser Anspruch im Falle der Massearmut regelmäßig wertlos sein wird, haftet der Insolvenzverwalter gemäß § 61 InsO persönlich auf Schadensersatz, wenn er den Erlös schuldhaft mit der sonstigen Masse vermischt hat.[567]

E. Kompensatorische Rechte der Absonderungsberechtigten

Zum Schutz des absonderungsberechtigten Gläubigers ist das Verwertungsrecht nach § 166 Abs. 2 InsO in eine Reihe von Vorschriften eingebunden, die dem Insolvenzverwalter während der Durchführung der Verwertung bestimmte Pflichten auferlegen, §§ 167 ff. InsO.

I. Auskunftsrecht, § 167 Abs. 2 InsO

Nach § 167 Abs. 2 S. 1 InsO hat der Insolvenzverwalter die Pflicht, dem absonderungsberechtigten Gläubiger auf dessen Verlangen Auskunft über die Forderung zu erteilen. Auf diese Weise wird dem schutzwürdigen Interesse des gesicherten Gläubigers Rechnung getragen, der ab dem Zeitpunkt der Verfahrenseröffnung

563 BGHZ 141, 116, 118 = NZI 1999, 265; s. zum vorläufigen Verwalter auch Jaeger/*Gerhardt*, § 22 Rn. 101; FK-InsO/*Schmerbach*, § 21 Rn. 311.

564 BGHZ 141, 116, 119 = NZI 1999, 265, dazu *Krull*, ZInsO 2000, 304 ff.; BGHZ 150, 326, 328 = NZI 2002, 485; BGH NZI 2006, 700, 701 (Rn. 18); BGH NZI 2008, 426.

565 FK-InsO/*Wegener*, §§ 170, 171 Rn. 14; *Ganter/Bitter*, ZIP 2005, 93, 99; *Gottwald*, FS Fischer, S. 183, 191; HK/*Landfermann*, § 170 Rn. 9; Uhlenbruck/*Brinkmann*, § 170 Rn. 10.

566 BGH NZI 2009, 165, 166 (Rn. 18); LG Berlin ZInsO 2008, 1027, 1031; FK-InsO/*Wegener*, §§ 170, 171 Rn. 14; HambKomm/*Büchler*, § 170 Rn. 6; Jaeger/*Henckel*, Vor §§ 49–52 Rn. 55; K/P/B/*Flöther*, § 170 Rn. 8; Uhlenbruck/*Brinkmann*, § 170 Rn. 10. Nur § 55 Abs. 1 Nr. 3 InsO nennt HK/*Landfermann*, § 170 Rn. 9.

567 LG Berlin ZInsO 2008, 1027, 1031; FK-InsO/*Wegener*, §§ 170, 171 Rn. 14; *Ganter*, FS Wellensiek, S. 399; HambKomm/*Büchler*, § 170 Rn. 6; HK/*Landfermann*, § 170 Rn. 9; K/P/B/*Flöther*, § 170 Rn. 8; MünchKomm-InsO/*Tetzlaff*, § 170 Rn. 40; Uhlenbruck/*Brinkmann*, § 170 Rn. 10.

keine Einwirkungsmöglichkeit auf das Sicherungsgut mehr hat.[568] Durch die Auskunftspflicht soll ihm die Wahrnehmung seiner Rechte aus §§ 168 ff. InsO ermöglicht und erleichtert werden.[569] Als spezielle gesetzliche Regelung tritt die Auskunftspflicht nach § 167 Abs. 2 InsO neben die allgemeine Auskunftspflicht des Insolvenzverwalters gegenüber absonderungsberechtigten Gläubigern.[570] Insofern stellt sie eine Ausnahme von dem Grundsatz dar, dass der Insolvenzverwalter außerhalb der Gläubigerversammlung nicht zu Einzelauskünften verpflichtet ist.[571]

Der Insolvenzverwalter hat Auskunft über Art und Umfang der zur Sicherheit abgetretenen Forderung zu erteilen.[572] Die Auskunftspflicht erstreckt sich insbesondere auf Höhe und Fälligkeit der Forderung, eventuelle Einwendungen des Drittschuldners oder dessen Zahlungsfähigkeit.[573] Der absonderungsberechtigte Gläubiger kann ferner Information darüber verlangen, ob und ggf. zu welchem Zeitpunkt die zur Sicherheit abgetretene Forderung bereits eingezogen wurde.[574]

Die erbetene Auskunft muss dem Insolvenzverwalter ihrem Umfang nach zumutbar sein.[575] Abzuwägen sind für den konkreten Einzelfall jeweils der Arbeits- und Zeitaufwand des Insolvenzverwalters gegen die schutzwürdigen Interessen des absonderungsberechtigten Gläubigers.[576] Würde die Auskunftserteilung die Durchführung des Verfahrens erheblich beeinträchtigen oder den Abschluss des Verfahrens unangemessen verzögern, stößt die Auskunftspflicht an ihre Grenzen. Der Insolvenzverwalter ist in diesen Fällen berechtigt, die Auskunft zu verweigern.[577]

Aus Vereinfachungsgründen sieht § 167 Abs. 2 S. 2 InsO vor, dass der Insolvenzverwalter dem absonderungsberechtigten Gläubiger anstelle der Auskunftserteilung gestatten kann, Einsicht in die Bücher und Geschäftspapiere des Schuldners zu nehmen.[578] Von dieser Möglichkeit kann der Insolvenzverwalter unabhängig davon

---

568 Hierzu Begr. zu § 192 RegEInsO, BT-Drucks. 12/2443, S. 179; K/P/B/*Flöther,* § 167 Rn. 2; MünchKomm-InsO/*Tetzlaff,* § 167 Rn. 1.

569 Begr. zu § 192 RegEInsO, BT-Drucks. 12/2443, S. 179; *Gundlach/Frenzel/Schmidt,* KTS 2001, 241, 242; MünchKomm-InsO/*Tetzlaff,* § 167 Rn. 1.

570 HK/*Landfermann,* § 167 Rn. 1; MünchKomm-InsO/*Tetzlaff,* § 167 Rn. 6.

571 MünchKomm-InsO/*Görg,* § 156 Rn. 26; *Sponagel,* DZWIR 2011, 270, 274.

572 K/P/B/*Flöther,* § 167 Rn. 5; Uhlenbruck/*Brinkmann,* § 167 Rn. 10.

573 *Gottwald,* FS Fischer, S. 183, 188 f.; HK/*Landfermann,* § 167 Rn. 3; MünchKomm-InsO/*Tetzlaff,* § 167 Rn. 25; Uhlenbruck/*Brinkmann,* § 167 Rn. 10.

574 *Gottwald,* FS Fischer, S. 183, 189; HK/*Landfermann,* § 167 Rn. 1.

575 *Adolphsen,* Kölner Schrift, 41. Kapitel Rn. 152; *Gundlach/Frenzel/Schmidt,* KTS 2001, 241, 245; HK/*Landfermann,* § 167 Rn. 4; MünchKomm-InsO/*Tetzlaff,* § 167 Rn. 17; Uhlenbruck/*Brinkmann,* § 167 Rn. 2.

576 BGH NZI 2000, 422, 425; *Adolphsen,* Kölner Schrift, 41. Kapitel Rn. 152; MünchKomm-InsO/*Tetzlaff,* § 167 Rn. 17; Uhlenbruck/*Brinkmann,* § 167 Rn. 3.

577 MünchKomm-InsO/*Lwowski/Tetzlaff,* § 167 Rn. 17; *Oerther,* Verwertung des mit Absonderungsrechten belasteten Schuldnervermögens, S. 266; *Pallas,* Die Rechtsstellung der Sicherungsgeber, Rn. 376; Uhlenbruck/*Brinkmann,* § 167 Rn. 2.

578 Begr. zu § 192 RegEInsO, BT-Drucks. 12/2443, S. 179; *Adolphsen,* Kölner Schrift, 41. Kapitel Rn. 150; *Gundlach/Frenzel/Schmidt,* ZInsO 2001, 537, 539.

Gebrauch machen, ob er die Auskunft mit vertretbarem Arbeits- und Zeitaufwand erteilen könnte.[579] Jedoch kann der Gläubiger die Einsicht nicht von sich aus verlangen, da es sich um eine Ersetzungsbefugnis des Insolvenzverwalters handelt.[580] Ist die Auskunftserteilung dem Insolvenzverwalter unzumutbar, wird die Gestattung der Besichtigung, trotz des missverständlichen Wortlauts, nach dem die Besichtigung „anstelle" der Auskunft gestattet werden kann, nicht ausgeschlossen.[581] Das Einsichtsrecht des gesicherten Gläubigers findet seine Grenze aber ebenfalls in der Zumutbarkeit.[582]

Der Insolvenzverwalter ist nicht dazu berechtigt, Aufwendungsersatz für die Erteilung von Auskünften zu verlangen, da die Kostenbeteiligung absonderungsberechtigter Gläubiger in §§ 170 Abs. 1 S. 1, 171 InsO abschließend geregelt ist.[583] Gesonderte Abreden über die Erstattung bestimmter Kosten zwischen dem absonderungsberechtigten Gläubiger und dem Insolvenzverwalter sind jedoch fraglos möglich.[584] Meinungsverschiedenheiten über die Rechte des Absonderungsberechtigten sind vor den ordentlichen Gerichten geltend zu machen.[585]

Der absonderungsberechtigte Gläubiger hat Anspruch auf Erteilung einer richtigen und vollständigen Auskunft. Für die Folgen einer schuldhaft unrichtig oder unvollständig erteilten Auskunft, hat der Insolvenzverwalter daher nach § 60 InsO einzustehen.[586] Dies gilt insbesondere dann, wenn der Absonderungsberechtigte infolge der fehlerhaften Information nicht dazu imstande ist, seine Rechte aus §§ 168 ff. InsO wahrzunehmen, und ihm dadurch ein vermeidbarer Schaden entsteht.

II. Mitteilung der Veräußerungsabsicht, § 168 InsO

Eine besondere Form der Auskunftspflicht ist in § 168 Abs. 1 S. 1 InsO zu finden. Danach ist der Insolvenzverwalter, der über die Art und Weise der Verwertung entscheidet, dazu verpflichtet, dem absonderungsberechtigten Gläubiger mitzuteilen, auf welche Weise die Forderung verwertet werden soll. Die Vorschrift dient der bestmöglichen Haftungsverwirklichung, indem spezielle Kenntnisse des Gläubigers,

---

579 *Gundlach/Frenzel/Schmidt,* KTS 2001, 241, 246; Uhlenbruck/*Brinkmann,* § 167 Rn. 11.

580 *Adolphsen,* Kölner Schrift, 41. Kapitel Rn. 150; Gottwald/*Adolphsen,* § 42 Rn. 169; *Gundlach/Frenzel/Schmidt,* KTS 2001, 241, 247; MünchKomm-InsO/*Tetzlaff,* § 167 Rn. 29; a.A. wohl HK/*Landfermann,* § 167 Rn. 5.

581 *Pallas,* Die Rechtsstellung der Sicherungsgeber, Rn. 377.

582 *Gundlach/Frenzel/Schmidt,* ZInsO 2001, 537, 539; Uhlenbruck/*Brinkmann,* § 167 Rn. 11.

583 *Gundlach/Frenzel/Schmidt,* KTS 2001, 241, 249; HK/*Landfermann,* § 167 Rn. 8; MünchKomm-InsO/*Tetzlaff,* § 167 Rn. 23; Uhlenbruck/*Brinkmann,* § 167 Rn. 12.

584 Gundlach/Frenzel/Schmidt, KTS 2001, 241, 249.

585 HK/*Landfermann,* § 167 Rn. 6; MünchKomm-InsO/*Tetzlaff,* § 167 Rn. 16; Uhlenbruck/*Brinkmann,* § 167 Rn. 13.

586 *Gundlach/Frenzel/Schmidt,* KTS 2001, 241, 247; *dies.,* NZI 2001, 350, 355; MünchKomm-InsO/*Tetzlaff,* § 167 Rn. 15; Uhlenbruck/*Brinkmann,* § 167 Rn. 13.

der nicht selten über bessere Verwertungsmöglichkeiten als der Insolvenzverwalter verfügt, bei der Verwertung genutzt werden können.[587] Die Angaben des Insolvenzverwalters müssen daher jeweils so detailliert sein, dass es dem Absonderungsberechtigten möglich ist, zu prüfen, ob ihm eine günstigere Art der Verwertung zur Verfügung steht.[588] Ausreichend ist es also nicht, den Sicherungszessionar lediglich darüber zu informieren, dass die Forderung verwertet werden soll.

Grundsätzlich bezieht sich § 168 Abs. 1 InsO auf § 166 InsO im Ganzen, d.h. sowohl auf sicherungsübereignete Sachen als auch auf zur Sicherheit abgetretene Forderungen.[589] Fraglich ist jedoch, ob im Rahmen der Verwertung sicherungszedierter Forderungen nur die Verwertung „in anderer Weise" – also etwa der Forderungsverkauf – eine Mitteilung an den absonderungsberechtigten Gläubiger erfordert oder dieser auch dann zu unterrichten ist, wenn der Insolvenzverwalter die Forderung im Wege der Einziehung verwertet. Die Problematik resultiert aus dem Wortlaut der Bestimmung, der die Mitteilungspflicht im Falle der „Veräußerung" eines Gegenstandes anordnet. Denn dies würde grundsätzlich bedeuten, dass die Forderungseinziehung auch ohne vorherige Mitteilung an den Sicherungszessionar möglich ist.

Relevant wird diese Frage indes nur, falls die Realisierung der Forderung zu ihrem vollen Nennwert nicht möglich ist, etwa aufgrund mangelnder Zahlungsfähigkeit des Drittschuldners oder der Geltendmachung von Gewährleistungsrechten oder Aufrechnungen durch den Drittschuldner.[590] Denn in diesen Fällen ist der Insolvenzverwalter häufig dazu gezwungen, eine vergleichsweise Einigung mit dem Drittschuldner zu treffen.[591] Im Übrigen stellt die Forderungseinziehung zum Nennwert die günstigste Verwertungsalternative dar, sodass die Mitteilung an den Gläubiger das Handeln des Insolvenzverwalters als reine Formalie lediglich verkomplizieren würde.[592]

In der Literatur wird eine entsprechende Anwendung der Vorschrift allerdings auch für diejenigen Fällen bestritten, in denen die Realisierung der Forderung zum

---

587 Begr. zu § 193 RegEInsO, BT-Drucks. 12/2443, S. 179; HK/*Landfermann*, § 168 Rn. 1; K/P/B/*Flöther*, § 168 Rn. 2; Mönning, FS Uhlenbruck, S. 239, 243; MünchKomm-InsO/*Tetzlaff*, § 168 Rn. 1.

588 Gottwald/*Adolphsen*, § 42 Rn. 163; *Gundlach/Frenzel/Schmidt*, ZInsO 2001, 537, 539; *Haas/Scholl*, NZI 2002, 642.

589 *Haas/Scholl*, NZI 2002, 642; K/P/B/*Flöther*, § 168 Rn. 3; MünchKomm-InsO/*Tetzlaff*, § 166 Rn. 8; Uhlenbruck/*Brinkmann*, § 168 Rn. 5.

590 Für die Anwendung des § 168 Abs. 1 InsO im Falle der „kostenpflichtigen" Einziehung *Adolphsen*, Kölner Schrift, 41. Kapitel Rn. 153; Gottwald/*Adolphsen*, § 42 Rn. 163; *Gundlach/Frenzel/Schmidt*, DZWIR 2001, 18, 19 f.; *Häcker*, Abgesonderte Befriedigung aus Rechten, Rn. 1044 f.

591 Zur Möglichkeit des Insolvenzverwalters, einen (außer-)gerichtlichen Vergleich mit dem Drittschuldner zu schließen, s. oben § 2 C.I.2.b), S. 60.

592 Gundlach/Frenzel/Schmidt, DZWIR 2001, 18, 20.

vollen Nennwert nicht möglich ist.[593] Begründet wird dies damit, dass der mit der Mitteilung verbundene Arbeitsaufwand andernfalls zu groß sei und das Handeln des Insolvenzverwalters somit blockiert werde.

Diese Auffassung vermag jedoch nicht zu überzeugen. Die besseren Argumente sprechen vielmehr dafür, die Mitteilungspflicht auf sämtliche Fälle zu erstrecken, in denen eine vollständige Realisierung der zur Sicherheit abgetretenen Forderung nicht möglich ist. Denn zum einen ist fraglich, ob der teilweise Verzicht im Rahmen der Einziehung überhaupt noch als solche verstanden werden kann oder ob bereits eine Verwertung „in anderer Weise" vorliegt.[594] In diesem Fall bestünde ohnehin eine Mitteilungspflicht. Zum anderen fordern Sinn und Zweck des § 168 Abs. 1 InsO die Mitteilung an den gesicherten Gläubiger.[595] Als kompensatorische Regelung dient § 168 InsO in erster Linie dem Schutz des absonderungsberechtigten Gläubigers, der infolge der Verfahrenseröffnung von der Verwertung ausgeschlossen ist. Kann die zur Sicherheit abgetretene Forderung nicht zu ihrem vollen Wert realisiert werden, ist der Absonderungsberechtigte aber ebenso schutzwürdig wie im Falle der Verwertung „in anderer Weise". Es ist möglich, dass ihm eine günstigere Verwertungsalternative zur Verfügung steht. Überdies lässt sich der Begründung zum Regierungsentwurf keine Differenzierung zwischen der Einziehung von Forderungen und der Verwertung „in anderer Weise" entnehmen.[596]

Bestätigt wird dieses Verständnis durch eine Parallele zu § 48 InsO.[597] Auch hier wird der Begriff der „Veräußerung" weit verstanden und umfasst alle Verfügungen, mit denen der Insolvenzverwalter den Vermögenswert des aussonderungsfähigen Rechts realisiert. Die Vorschrift erfasst daher neben der Übertragung von Forderungen auch die Forderungseinziehung.[598] Für die Annahme, der Gesetzgeber habe dem Begriff der „Veräußerung" im Kontext des § 168 Abs. 1 InsO ein engeres Verständnis zugrunde gelegt, sind keine Anhaltspunkte ersichtlich. Im Ergebnis ist der Insolvenzverwalter somit nach Maßgabe des § 168 Abs. 1 InsO stets zur Mitteilung an den absonderungsberechtigten Gläubiger verpflichtet, wenn die Forderung nicht zum vollen Nennwert realisiert werden kann.

---

593 FK-InsO/*Wegener,* § 168 Rn. 3; HK/*Landfermann,* § 168 Rn. 2; MünchKomm-InsO/*Tetzlaff,* § 168 Rn. 10; N/R/*Becker,* § 168 Rn. 2. S. ferner Uhlenbruck/*Brinkmann,* § 168 Rn. 5; HambKomm/*Büchler,* § 168 Rn. 2, wonach die Beteiligung des Zessionars nicht zwingend erforderlich sein soll, sich jedoch empfiehlt.

594 So *Häcker,* Abgesonderte Befriedigung aus Rechten, Rn. 1044 (Fn. 489).

595 *Gundlach/Frenzel/Schmidt,* DZWIR 2001, 18, 20; ebenso MünchKomm-InsO/*Tetzlaff,* § 168 Rn. 10.

596 S. Begr. zu § 193 RegEInsO, BT-Drucks. 12/2443, S. 179.

597 Vgl. *Gundlach/Frenzel/Schmidt,* DZWIR 2001, 18, 19.

598 So die allg. Auffassung, s. statt vieler BGHZ 184, 101, 103 = NZI 2003, 339; Jaeger/*Henckel,* § 48 Rn. 32; MünchKomm-InsO/*Ganter,* § 48 Rn. 17, 20; Uhlenbruck/*Brinkmann,* § 48 Rn. 7.

Die schuldhafte Verletzung der Mitteilungspflicht durch den Insolvenzverwalter kann die Verwalterhaftung nach § 60 InsO auslösen.[599] Ein Schaden ist gegeben, wenn der absonderungsberechtigte Gläubiger eine günstigere Verwertungsmöglichkeit zur Verfügung gehabt hätte.[600]

III. Hinweisrecht, § 168 Abs. 2 InsO

Um die bestmögliche Verwertung der Forderung zu gewährleisten, hat der Insolvenzverwalter dem Gläubiger vor der Verwertung nach § 168 Abs. 1 S. 2 InsO ferner die Möglichkeit zu geben, innerhalb einer Woche einen Gegenvorschlag zu unterbreiten und auf eine andere, für den Gläubiger günstigere Möglichkeit der Verwertung hinzuweisen. Die Frist ist nicht als Ausschlussfrist zu verstehen, sondern verdeutlicht lediglich, dass dem Insolvenzverwalter die Verwertung vor Ablauf der Frist nicht gestattet ist.[601] Die Möglichkeit des Absonderungsberechtigten, auch danach auf eine günstigere Verwertungsmöglichkeit hinzuweisen, wird daher nicht ausgeschlossen.[602]

Gemäß § 168 Abs. 3 S. 2 InsO ist die Verwertung bereits dann günstiger, wenn Kosten eingespart werden. Um Missbrauch vorzubeugen, muss allerdings eine konkrete Verwertungsalternative dargelegt werden.[603] Erfolgt kein Hinweis des absonderungsberechtigten Gläubigers oder hat er einen Vorschlag unterbreitet, der den Anforderungen an einen Hinweis nach § 168 InsO nicht gerecht wird, kann er sich nach der Verwertung durch den Insolvenzverwalter nicht auf eine Verletzung des § 168 Abs. 1 InsO berufen.[604]

Erfolgt dagegen innerhalb der Wochenfrist oder rechtzeitig vor der Verwertung ein Hinweis auf eine günstigere Verwertungsmöglichkeit durch den absonderungsberechtigten Gläubiger, hat der Insolvenzverwalter die genannte Verwertungsmöglichkeit wahrzunehmen oder den Gläubiger so zu stellen, wie wenn er sie wahrgenommen hätte, § 168 Abs. 2 InsO. § 168 Abs. 2 InsO zufolge hat der Insolvenzverwalter zwischen beiden Möglichkeiten ein Wahlrecht.[605]

Nimmt der Insolvenzverwalter die vorgeschlagene Verwertungsalternative nicht wahr, ist der Ausgleichsanspruch des Absonderungsberechtigten durch das

---

599 *Berger,* KTS 2007, 433, 445; Gottwald/*Adolphsen,* § 42 Rn. 163; *Haas/Scholl,* NZI 2002, 642, 647; K/P/B/*Flöther,* § 168 Rn. 3; MünchKomm-InsO/*Tetzlaff,* § 168 Rn. 1.

600 *Berger,* KTS 2007, 433, 445.

601 Gottwald/*Adolphsen,* § 42 Rn. 164; *Gundlach/Frenzel/Schmidt,* ZInsO 2001, 537, 539; *Haas/Scholl,* NZI 2002, 642, 644; N/R/*Becker,* § 168 Rn. 13; Uhlenbruck/*Brinkmann,* § 168 Rn. 20.

602 *Gundlach/Frenzel/Schmidt,* ZInsO 2001, 537, 539.

603 *Gundlach/Frenzel/Schmidt,* ZInsO 2001, 537, 540; *Mönning,* FS Uhlenbruck, S. 239, 244.

604 Gottwald/*Adolphsen,* § 42 Rn. 166; *Gundlach/Frenzel/Schmidt,* ZInsO 2001, 537, 540; *Haas/Scholl,* NZI 2002, 642, 647.

605 *Häcker,* Abgesonderte Befriedigung aus Rechten, Rn. 967.

Sicherungsinteresse begrenzt. Denn ein über das Sicherungsinteresse hinaus gehender Erlös, der realisierbar gewesen wäre, wenn die Verwertung dem Hinweis entsprechend erfolgt wäre, hätte der Insolvenzmasse zugestanden.[606] Die Beweislast dafür, dass die vorgeschlagene Verwertung tatsächlich zu einem höheren Verwertungserlös geführt hätte, trifft den Gläubiger.[607] Neben der gesetzlich angeordneten Gleichstellung des absonderungsberechtigten Gläubigers kann ferner eine Schadensersatzpflicht nach § 60 InsO wegen Nachlässigkeit bei der Wahl der Verwertungsalternativen begründet werden.[608]

Gemäß § 168 Abs. 3 S. 1 InsO kann der gesicherte Gläubiger auf die Mitteilung des Insolvenzverwalters hin als günstigere Verwertungsmöglichkeit auch auf die Übernahme der Forderung durch ihn selbst hinweisen. Dabei handelt es sich nicht – wie in der Gesetzesbegründung[609] vorgesehen – um ein tatsächliches „Eintrittsrecht", sondern lediglich um einen Eigenerwerb seitens des Gläubigers.[610] Der Insolvenzverwalter ist insofern nicht dazu verpflichtet, darauf einzugehen.

Sollte der Gläubiger die Forderung gemäß § 168 Abs. 3 S. 1 InsO übernehmen, stellt dies eine Verwertung durch den Insolvenzverwalter dar, sodass der Masse die Kostenbeiträge gemäß § 170 Abs. 1 S. 1 InsO zustehen.[611]

IV. Kompensation für Verzögerungsschäden, § 169 InsO

Die alleinige Verwertungsbefugnis des Insolvenzverwalters hat zur Folge, dass der gesicherte Gläubiger unter Umständen geraume Zeit auf den ihm zustehenden Verwertungserlös warten muss. Da der Ausschluss eigener Verwertungsbefugnisse dem Absonderungsberechtigten aber nicht zum Nachteil gereichen darf, ordnet § 169 InsO an, dass dem Gläubiger vom Berichtstermin an laufend die geschuldeten Zinsen aus der Insolvenzmasse zu zahlen sind, bis die Forderung verwertet ist.[612] Die Regelung dient der Kompensation des Gläubigers, der durch die Zinszahlungspflicht in die Lage versetzt werden soll, sich durch die Aufnahme von Darlehen zur Überbrückung anderweitig Liquidität zu verschaffen.[613] Die Zinszahlungspflicht

---

606 *Gundlach/Frenzel/Schmidt,* ZInsO 2001, 537, 540.

607 Begr. zu § 193 RegEInsO, BT-Drucks. 12/2443, S. 179; HK/*Landfermann,* § 168 Rn. 11; N/R/*Becker,* § 168 Rn. 39; Uhlenbruck/*Brinkmann,* § 168 Rn. 23.

608 *Ganter/Bitter,* ZIP 2005, 93, 102; Gottwald/*Adolphsen,* § 42 Rn. 166; N/R/*Becker,* § 168 Rn. 50; Uhlenbruck/*Brinkmann,* § 168 Rn. 24.

609 Begr. zu § 193 RegEInsO, BT-Drucks. 12/2443, S. 179.

610 *Adolphsen,* Kölner Schrift, 41. Kapitel Rn. 155; Gottwald/*Adolphsen,* § 42 Rn. 168; *Gundlach/Frenzel/Schmidt,* ZInsO 2001, 537, 540 f.

611 S. oben Fn. 315.

612 Begr. zu § 194 RegEInsO, BT-Drucks. 12/2443, S. 180; *Hellmich,* ZInsO 2005, 678; MünchKomm-InsO/*Tetzlaff,* § 169 Rn. 1; N/R/*Becker,* § 169 Rn. 2; Uhlenbruck/*Brinkmann,* § 169 Rn. 1.

613 *Mönning,* FS Uhlenbruck, S. 239, 264; MünchKomm-InsO/*Tetzlaff,* § 169 Rn. 1; N/R/*Becker,* § 169 Rn. 2; Uhlenbruck/*Brinkmann,* § 169 Rn. 1.

ist daher ausgeschlossen, soweit nach der Höhe der Forderung ohnehin nicht mit einer Befriedigung des Gläubigers aus dem Verwertungserlös zu rechnen ist, § 169 S. 3 InsO.

Für die Höhe der zu zahlenden Zinsen ist in erster Linie die Höhe derjenigen Zinsen maßgeblich, die der Schuldner dem Gläubiger bei Zahlungsverzögerungen zu erbringen hat.[614] Waren vertraglich keine Zinsen vereinbart, so ist in Anlehnung an den gesetzlichen Zinssatz des § 246 BGB eine Verzinsung von 4 % anzunehmen. Dieser Satz gilt als Mindestzinssatz auch für den Fall, dass ein niedrigerer Zinssatz vereinbart worden war.[615]

1. Beginn der Zinszahlungspflicht

Die Zinszahlungspflicht beginnt § 169 S. 1 InsO zufolge mit dem Berichtstermin, in dem die Gläubigerversammlung über das Verfahrensziel entscheidet. Ab diesem Zeitpunkt hat der Insolvenzverwalter gemäß § 159 InsO grundsätzlich das zur Insolvenzmasse gehörende Vermögen unverzüglich zu verwerten.

a) Ursächlichkeit des Verwalterhandelns als Voraussetzung der Zinszahlungspflicht

Auf ein Verschulden des Insolvenzverwalters kommt es nicht an.[616] Dies ergibt sich zum einen aus dem Wortlaut der Vorschrift, der lediglich an den Berichtstermin anknüpft, zum anderen sprechen Sinn und Zweck der Norm gegen die Annahme eines Verschuldenserfordernisses. Während die Schadensersatzpflicht nach § 60 InsO dem Ausgleich eines konkreten Vermögensverlusts durch eine schuldhafte Verzögerung der Verwertung dient, verfolgt die Verzinsungspflicht das Ziel, einen möglichen Schaden des absonderungsberechtigten Gläubigers durch den bloßen Zeitablauf infolge der verzögerten Verwertung zu verhindern.[617] Da der Nachteil des Gläubigers unabhängig von einem Verschulden des Insolvenzverwalters eintritt, müssen auch die Zinszahlungen verschuldensunabhängig gewährt werden.

---

614 BGHZ 166, 215, 227 = NZI 2006, 342; *Gundlach/Frenzel/Schmidt,* ZInsO 2001, 537, 542; *Hellmich,* ZInsO 2005, 678, 681; HK/*Landfermann,* § 169 Rn. 15; *Mönning,* FS Uhlenbruck, S. 239, 265; *Riggert,* Die Rechtsverfolgung der Gläubiger dinglicher Kreditsicherheiten in der Unternehmensinsolvenz des Schuldners, S. 105; Uhlenbruck/*Brinkmann,* § 169 Rn. 5.

615 BGHZ 166, 215, 227 = NZI 2006, 342; K/P/B/*Flöther,* § 169 Rn. 6; Uhlenbruck/*Brinkmann,* § 169 Rn. 5; anders MünchKomm-InsO/*Tetzlaff,* § 169 Rn. 32, der für eine Heranziehung der gesetzlichen Verzugszinsen i.H.v. 5 % plädiert.

616 BGHZ 154, 72, 86 = NZI 2003, 259; BGHZ 166, 215, 218 = NZI 2006, 342; *Gundlach/Frenzel/Schmidt,* ZInsO 2001, 537, 542; *Hellmich,* ZInsO 2005, 678, 679 f.; HK/*Landfermann,* § 169 Rn. 6; MünchKomm-InsO/*Tetzlaff,* § 169 Rn. 20; N/R/*Becker,* § 169 Rn. 12; Uhlenbruck/*Brinkmann,* § 169 Rn. 4.

617 So MünchKomm-InsO/*Tetzlaff,* § 169 Rn. 20; vgl. auch *Hellmich,* ZInsO 2005, 678, 679.

Die Annahme eines Verschuldenserfordernisses würde die Regelung des § 169 S. 1 InsO zudem überflüssig machen, weil sich ein Schadensersatzanspruch des gesicherten Gläubigers bereits aus §§ 159, 60 InsO ergibt, wenn der Insolvenzverwalter schuldhaft eine sich ihm bietende Verwertungsmöglichkeit ungenutzt lässt.[618] Damit erfordert die Zinszahlungspflicht lediglich eine Verzögerung der Verwertung über den Berichtstermin hinaus.

b) Beschränkung der Zinszahlungspflicht auf insolvenzspezifische Verzögerungen

Fraglich ist jedoch, ob die Zinszahlungspflicht entfällt, wenn sich die Verwertung aus Gründen verzögert, die nicht „insolvenzspezifischer Natur" sind, sondern allein aus der Sphäre des Drittschuldners stammen – wie etwa dessen Zahlungsunwilligkeit.[619] Zwar lässt sich dem Wortlaut der Vorschrift eine solche Beschränkung nicht entnehmen. Die Regelung knüpft ausdrücklich an den Berichtstermin als Beginn der Zinszahlungspflicht an.[620] Sinn und Zweck der Regelung streiten jedoch dafür, Zinszahlungen nur dann zu gewähren, wenn der Grund für die Verzögerung ausschließlich insolvenzrechtlicher Natur ist und damit nicht aus der Sphäre des Drittschuldners stammt. Sinn der Regelung ist es nämlich, einen Ausgleich des gesicherten Gläubigers für die aus § 166 Abs. 2 InsO resultierende insolvenzrechtliche Beschränkung seiner Verwertungsbefugnis zu gewährleisten. Die Schutzbedürftigkeit des absonderungsberechtigten Gläubigers entfällt aber, wenn der Gläubiger den gesicherten Anspruch auch im Falle der eigenen Verwertung nicht früher hätte realisieren können.[621]

Bestünde die Zinszahlungspflicht auch dann, wenn die zur Sicherheit abgetretene Forderung aus Gründen, die beim Drittschuldner liegen und damit nicht in Zusammenhang mit der Verwertungsbefugnis des Insolvenzverwalters stehen, nur mit Verzögerung beigetrieben werden kann, obwohl sich der Insolvenzverwalter um

618 *Hellmich,* ZInsO 2005, 678, 680.

619 Für eine Beschränkung der Zinszahlungspflicht BGHZ 166, 215, 219 = NZI 2006, 342 in Fortführung von BGHZ 154, 72, 86 = NZI 2003, 259; *Adolphsen,* Kölner Schrift, 41. Kapitel Rn. 124; Gottwald/*Adolphsen,* § 42 Rn. 160; *Mönning,* FS Uhlenbruck, S. 239, 264; N/R/*Becker,* § 169 Rn. 12; *Oerther,* Verwertung des mit Absonderungsrechten belasteten Schuldnervermögens, S. 274; *Riggert,* Die Rechtsverfolgung der Gläubiger dinglicher Kreditsicherheiten in der Unternehmensinsolvenz des Schuldners, S. 110; Uhlenbruck/*Brinkmann,* § 169 Rn. 4; vgl. auch *Becker,* DZWIR 2002, 294, 303; *Grub,* DZWIR 2002, 441, 442 f.; kritisch hingegen *Hellmich,* ZInsO 2005, 678, 681; HK/*Landfermann,* § 169 Rn. 9 f.

620 Vgl. HK/*Landfermann,* § 169 Rn. 9, der argumentiert, eine Einschränkung der Zinszahlungspflicht finde im Gesetzeswortlaut keine Stütze.

621 Ebenso BGHZ 154, 72, 86 = NZI 2003, 259; BGHZ 166, 215, 219 = NZI 2006, 342; *Adolphsen,* Kölner Schrift, 41. Kapitel Rn. 124; Gottwald/*Adolphsen,* § 42 Rn. 160; *Obermüller,* NZI 2003, 416, 418; *Riggert,* Die Rechtsverfolgung der Gläubiger dinglicher Kreditsicherheiten in der Unternehmensinsolvenz des Schuldners, S. 110.

ordnungsgemäße Einziehung der Forderung bemüht, hätte dies zur Folge, dass die Insolvenzmasse für die Werthaltigkeit der Forderung einstehen müsste. Allerdings ist nicht anzunehmen, dass der Gesetzgeber eine derart umfassende Kompensation des absonderungsberechtigten Gläubigers angestrebt hat. Hierfür streitet der Rechtsgedanke des § 169 S. 3 InsO, der die Zinszahlungspflicht ausschließt, wenn mangels ausreichender Werthaltigkeit des Sicherungsgegenstands nicht mit einer Befriedigung des Gläubigers aus dem Verwertungserlös zu rechnen ist.[622]

Dem kann auch nicht entgegengehalten werden, dass sich der Fall der geringwertigen Sicherheit, der in § 169 S. 3 InsO geregelt ist, klar vom Fall der verzögerten Verwertung unterscheide und dass der Gesetzgeber den Umstand, dass auch der gesicherte Gläubiger eine gewisse Zeit für die Verwertung benötige, pauschalierend in der Weise berücksichtigt habe, dass Zinsen erst vom Berichtstermin an zu zahlen seien.[623] Denn dieser Ansatz verkennt, dass die Zinszahlungspflicht systematisch an die Verwertungsbefugnis des Insolvenzverwalters nach § 166 Abs. 2 InsO anknüpft. Aufgrund dessen ist anzunehmen, dass Zinszahlungen nur dann gerechtfertigt sind, wenn die Verzögerung in der Erlösauskehr in Zusammenhang mit der Verwertungsbefugnis des Insolvenzverwalters steht. Im Übrigen würde man den Insolvenzgläubigern durch die Verkürzung der Masse zugunsten des Absonderungsberechtigten einen nicht zumutbaren Nachteil zufügen.[624]

Damit ist der Wortlaut von § 169 Abs. 1 InsO seinem Regelungszweck nach zu weit gefasst, sodass die Vorschrift im Ergebnis insofern teleologisch zu reduzieren ist, als die Zinszahlungspflicht entfällt, wenn auch der Gläubiger selbst die Forderung nicht hätte verwirklichen können. Risiken aus der Sphäre des Drittschuldners treffen demnach – wie auch außerhalb der Insolvenz – den absonderungsberechtigten Gläubiger als Sicherungsnehmer. Das bedeutet zugleich, dass der gesicherte Gläubiger keine Verzinsung erhält, solange die Verwertungsreife der Forderung im Verhältnis zum Schuldner noch nicht eingetreten ist.[625]

Die Beweislast dafür, dass die Gründe, die zu der Verzögerung der Verwertung geführt haben, nicht insolvenzspezifischer Natur sind, trägt der Insolvenzverwalter.[626] Denn nach den allgemeinen Grundsätzen trifft denjenigen für das Eingreifen eines Ausnahmetatbestands die Darlegungs- und Beweislast, der sich hierauf beruft.[627]

622 Ebenfalls auf den Rechtsgedanken des § 169 S. 3 InsO abstellend BGHZ 154, 72, 86 = NZI 2003, 259; BGHZ 166, 215, 219 = NZI 2006, 342; *Adolphsen,* Kölner Schrift, 41. Kapitel Rn. 124.

623 So aber HK/*Landfermann,* § 169 Rn. 9.

624 Zutreffend N/R/*Becker,* § 169 Rn. 12.

625 HK/*Landfermann,* § 169 Rn. 10; N/R/*Becker,* § 169 Rn. 12.

626 BGHZ 166, 215, 220 = NZI 2006, 342; *Adolphsen,* Kölner Schrift, 41. Kapitel Rn. 124; Gottwald/*Adolphsen,* § 42 Rn. 160; N/R/*Becker,* § 169 Rn. 14; *Riggert,* Die Rechtsverfolgung der Gläubiger dinglicher Kreditsicherheiten in der Unternehmensinsolvenz des Schuldners, S. 111.

627 S. dazu nur BGHZ 87, 393, 399 f. = NJW 1983, 2499; BGHZ 166, 215, 220 = NZI 2006, 342; Musielak/*Foerste,* § 286 Rn. 36.

2. *Verzinsungszeitraum*

Die Pflicht zur Zinszahlung besteht nach dem Gesetzeswortlaut vom Berichtstermin an und endet mit dem Abschluss der Verwertung. Dies führt insofern zu Auslegungsschwierigkeiten, als sich nicht ohne Weiteres ergibt, ob mit der „Verwertung" die Einziehung der Forderung, d.h. die Vereinnahmung des Verwertungserlöses durch den Insolvenzverwalter,[628] oder die Auszahlung des Verwertungserlöses an den absonderungsberechtigten Gläubiger gemeint ist.[629] Denkbar ist zudem, den Beginn der Zinszahlungspflicht weder an den Liquiditätszufluss beim Gläubiger oder beim Insolvenzverwalter zu knüpfen, sondern darauf abzustellen, ob der Verwalter handelt, um die sicherungsabgetretene Forderung zu verwerten.[630] Maßgeblich wäre damit die erste ernsthaft betriebene Verwertungshandlung des Insolvenzverwalters. Nach diesem Zeitpunkt wären Zinszahlungen nur noch dann denkbar, wenn der Insolvenzverwalter die Verwertung mit weniger Aufwand betreibt, als es der gesicherte Gläubiger tun würde.

Für die erstgenannte Ansicht, nach der die Zinszahlungspflicht mit der Vereinnahmung des Verwertungserlöses durch den Insolvenzverwalter endet, spricht der Wortsinn des § 169 InsO. Denn der Begriff der Verwertung bedeutet grundsätzlich die Einziehung einer Forderung. Dies folgt aus § 166 Abs. 2 InsO, der es dem Insolvenzverwalter gestattet, die Forderung „einzuziehen oder in anderer Weise zu verwerten". Die Einziehung erweist sich demnach als eine Form der Verwertung. Zudem unterscheidet auch die Vorschrift des § 170 Abs. 1 InsO deutlich zwischen der „Verwertung" der sicherungszedierten Forderung und der Befriedigung des absonderungsberechtigten Gläubigers, indem ausdrücklich bestimmt wird, dass der gesicherte Gläubiger nach der Verwertung durch den Insolvenzverwalter unverzüglich zu befriedigen ist.

Hiergegen und für die zuletzt genannte Ansicht, nach der die Zinszahlungspflicht schon durch ernsthafte Einziehungsbemühungen des Insolvenzverwalters endet, könnte demgegenüber argumentiert werden, dass die Zinszahlungspflicht den Insolvenzverwalter zu einer raschen Verwertung anhalten soll. Wird die Verwertung pflichtgemäß betrieben, ist der gesicherte Gläubiger nicht mehr schutzbedürftig und die Zinszahlungspflicht daher nicht mehr gerechtfertigt.[631]

---

628 LG Stendal DZWIR 2002, 294 ff.; zustimmend *Gundlach/Frenzel,* DStR 2002, 1776; *Runkel,* EWiR 2002, 587 f.

629 So die h.M., s. BGHZ 154, 72, 88 = NZI 2003, 259; LG Hechingen DZWIR 2002, 480, 482; *Hellmich,* ZInsO 2005, 678, 681; HK/*Landfermann,* § 169 Rn. 20; MünchKomm-InsO/*Tetzlaff,* § 169 Rn. 37; N/R/*Becker,* § 169 Rn. 31; *Riggert,* Die Rechtsverfolgung der Gläubiger dinglicher Kreditsicherheiten in der Unternehmensinsolvenz des Schuldners, S. 115; Uhlenbruck/*Brinkmann,* § 169 Rn. 9.

630 *Becker,* DZWIR 2002, 294, 303; Gottwald/*Adolphsen,* § 42 Rn. 148; *Grub,* DZWIR 2002, 441, 442.

631 *Grub,* DZWIR 2002, 441, 442.

Gegen diese Auffassung spricht allerdings, dass sie mangels eindeutiger, präziser Anknüpfungspunkte zu erheblichen Anwendungsschwierigkeiten führt.[632] Sinn und Zweck der Zinszahlungspflicht streiten vielmehr dafür, den Begriff der Verwertung im Rahmen des § 169 InsO – anders als bei § 166 Abs. 2 InsO – so auszulegen, dass die Zinszahlungspflicht erst mit Liquiditätszufluss beim absonderungsberechtigten Gläubiger endet. Sinn der Regelung ist es nicht nur, den Insolvenzverwalter zu einer möglichst schnellen Verwertung anzuhalten, sondern vor allem auch, Schutz vor einer Verzögerung in der Erlösauskehr zu gewährleisten, die durch den Verlust der eigenen Verwertungsbefugnis entsteht. Der Gläubiger soll durch die Zinszahlung in die Lage versetzt werden, sich durch die Aufnahme von Darlehen anderweitige Liquidität zur Überbrückung zu verschaffen.[633] Dieses Bedürfnis hält bis zur Auskehr des Erlöses an den Absonderungsberechtigten an. Wäre der Gläubiger berechtigt, die Forderung selbst einzuziehen, könnte er nämlich unmittelbar über den Verwertungserlös verfügen.[634] Die Zielsetzung des § 169 InsO würde damit verfehlt, wenn die Zinszahlungspflicht bereits vor der Auskehrung des Verwertungserlöses an den Gläubiger endete.

Im Ergebnis ist das Ende der Verzinsungspflicht somit an die Befriedigung des gesicherten Gläubigers zu knüpfen und der Begriff der Verwertung im Sinne des „endgültigen Liquiditätszuflusses" beim Gläubiger zu interpretieren. Die Auslegung entspricht der Terminologie bei der Verwertung in der Zwangsvollstreckung,[635] weil nach allgemeiner Ansicht erst die Ablieferung des Verwertungserlöses beim Gläubiger zur Beendigung der Zwangsvollstreckung führt.[636]

V. Rechtsfolgen eines Verstoßes gegen §§ 167 ff. InsO

Verwertet der Insolvenzverwalter eine sicherungsabgetretene Forderung unter Verstoß gegen die Verfahrensvorschriften der §§ 167 ff. InsO, so stellt sich die Frage, welche Rechtsfolge ein solcher Verstoß nach sich zieht. Die Problematik wird vor allem im Rahmen der Mitteilungspflicht nach § 168 Abs. 1 S. 1 InsO relevant, weil insbesondere hier die Möglichkeit besteht, dass der Insolvenzverwalter das Absonderungsrecht oder die Person des absonderungsberechtigten Gläubigers nicht kennt oder sich über den Inhaber des Absonderungsrechts irrt und infolgedessen die erforderliche Mitteilung unterlässt.[637] Auf den Bestand des Verwertungsrechts hat die Tatsache, dass der Insolvenzverwalter bei Ausübung des Rechts von dessen Bestehen keine Kenntnis hat, jedenfalls keinen Einfluss.

---

632 LG Stendal DZWIR 2002, 294, 298.

633 S. nur HK/*Landfermann*, § 169 Rn. 1; MünchKomm-InsO/*Tetzlaff*, § 169 Rn. 1; N/R/*Becker*, § 169 Rn. 2.

634 BGHZ 154, 72, 88 = NZI 2003, 259.

635 So auch *Hellmich*, ZInsO 2005, 678, 681.

636 S. u. a. *Baumbach/Lauterbach/Albers/Hartmann*, ZPO, § 815 Rn. 9; Kindl/Meller-Hannich/Wolf/*Kindl*, § 815 Rn. 4; Zöller/*Stöber*, ZPO, § 815 Rn. 3.

637 *Berger*, KTS 2007, 433, 444.

Die §§ 165 ff. InsO schweigen hinsichtlich der Rechtsfolge eines Verstoßes gegen die Verfahrenspflichten. Einigkeit besteht lediglich insoweit, als ein Verstoß die Haftung des Insolvenzverwalters nach § 60 InsO auslösen kann, vorausgesetzt, die Verletzung erfolgte schuldhaft.[638] Darüber hinaus ist jedoch fraglich, ob sich die Rechtsfolgen einer unter Verstoß gegen §§ 167 ff. InsO vorgenommenen Verwertung weiterhin nach § 170 Abs. 1 InsO richten, sodass der Insolvenzverwalter die Verwertung beenden kann und anschließend zum Abzug der Kostenbeiträge berechtigt ist, bevor er den Erlös an den absonderungsberechtigten Gläubiger auskehrt, oder ob ein Verstoß gegen die §§ 167 ff. InsO die Verwertung insgesamt zu einer unberechtigten macht und – vorbehaltlich ihrer Wirksamkeit – (nur) zu einem Ersatzabsonderungsrecht analog § 48 InsO führt. Dies würde bedeuten, dass der Absonderungsberechtigte den vollen Verwertungserlös herausverlangen könnte, was zur Folge hätte, dass die Kostenbeiträge nach § 170 Abs. 1 S. 1, 171 InsO entfielen.

Einen Hinweis liefert die Gesetzesbegründung zu § 60 RegEInsO.[639] Mit der im Zuge des Gesetzgebungsverfahrens lediglich aus Gründen der redaktionellen Straffung gestrichenen Vorschrift[640] sollte ursprünglich eine Regelung der Ersatzabsonderung im Gesetz aufgenommen werden. In der Begründung heißt es, dass unberechtigte Verwertungen, die zu einem Ersatzabsonderungsrecht des gesicherten Gläubigers führen, nicht nur diejenigen Fälle erfassen, in denen das Verwertungsrecht des Insolvenzverwalters von vornherein nicht besteht, sondern auch Fallgestaltungen, in denen die Voraussetzungen für die Ausübung eines bestehenden Verwertungsrechts nicht beachtet werden.

Unter Berufung hierauf wird in der Literatur die Ansicht vertreten, eine Verletzung der Verfahrensvorschriften führe zu einem Verlust der Verwertungsberechtigung. Eine dennoch vorgenommene Verwertung könne als „unberechtigte Veräußerung" lediglich zu einem Ersatzabsonderungsrecht analog § 48 InsO führen. Kostenbeiträge entstünden ferner nicht, da Einschränkungen der Rechtsposition des gesicherten Gläubigers als Forderungsinhaber nur dann gerechtfertigt seien, wenn der Insolvenzverwalter sich im Rahmen seines gesetzlich vorgesehenen Verwertungsrechts halte. Andernfalls könne der Insolvenzverwalter die gläubigerschützenden Vorschriften der §§ 167 ff. InsO sanktionslos missachten.[641]

Dem kann jedoch nicht gefolgt werden. Die besseren Argumente sprechen vielmehr dafür, eine Verwertung durch den Insolvenzverwalter trotz eines Verstoßes gegen die §§ 167 ff. InsO als berechtigte Verwertung einzuordnen, sodass sich die

638 S. u. a. OLG Celle ZInsO 2004, 42; *Berger,* KTS 2007, 433, 445; *Ganter,* NZI 2005, 1, 8; *Ganter/Bitter,* ZIP 2005, 93, 102; *Gundlach/Frenzel/Schmidt,* NZI 2001, 350, 355; HambKomm/*Büchler,* § 168 Rn. 11; HK/*Landfermann,* § 168 Rn. 6.

639 S. BT-Drucks. 12/2443, S. 125 f.

640 S. oben Fn. 555.

641 *Gundlach/Frenzel/Schmidt,* DZWIR 2001, 140, 143; *dies.,* ZInsO 2001, 537, 538; *dies.,* KTS 2001, 241, 247; ebenso MünchKomm-InsO/*Tetzlaff,* § 168 Rn. 23.

Rechtsfolgen auch weiterhin nach § 170 Abs. 1 InsO richten.[642] Denn die Verwertungsbefugnis des Insolvenzverwalters nach § 166 Abs. 2 InsO setzt lediglich voraus, dass die zu verwertende Forderung vom Schuldner zur Sicherung eines Anspruchs abgetreten wurde. Die Einhaltung der Pflichten nach §§ 167 ff. InsO ist demgegenüber keine Voraussetzung der Verwertungsbefugnis. Im Gegenteil stellen die §§ 167 ff. InsO bloße Verfahrensregelungen dar, die an die Verwertungsbefugnis nach § 166 Abs. 2 InsO anknüpfen, diese jedoch nicht begründen.[643] Die Wirksamkeit der Verwertung bestimmt sich daher ausschließlich nach § 166 Abs. 2 InsO.

Betrachtet man darüber hinaus das Außenverhältnis zum Drittschuldner, so hätte die Auffassung, nach welcher der Insolvenzverwalter durch den Verstoß gegen die §§ 167 ff. InsO die Verwertungsbefugnis verlieren soll, unhaltbare Ergebnisse zur Folge. Der Insolvenzverwalter würde wegen des Verstoßes auch seine Empfangszuständigkeit einbüßen, sodass Drittschuldner nur noch nach Maßgabe des § 407 Abs. 1 InsO von ihrer Leistungspflicht befreit werden könnten. Zudem wäre der Insolvenzverwalter im Rahmen eines Forderungsverkaufs mangels Verfügungsbefugnis nicht mehr dazu imstande, die eingegangene Verpflichtung zu erfüllen. Dies würde zu erheblicher Rechtsunsicherheit führen.[644]

Überdies ginge die Annahme, ein Verstoß gegen die §§ 167 ff. InsO begründe ein Ersatzabsonderungsrecht des gesicherten Gläubigers und führe damit zu einem Verlust der Kostenbeteiligung, in nicht legitimer Weise zu Lasten der ungesicherten Gläubiger, denen die entstandenen Kosten letztendlich zur Last fielen.[645] Dies liefe der Zielsetzung der Kostenbeitragspflicht, die Insolvenzmasse von Kosten zu entlasten, die im Interesse der Absonderungsberechtigten entstehen, zuwider.

Des Weiteren bietet die Haftung des Insolvenzverwalters nach § 60 InsO einen hinreichenden Schutz des absonderungsberechtigten Gläubigers.[646] Zwar kann dem entgegengehalten werden, der Absonderungsberechtigte befinde sich bei der Geltendmachung von Schadensersatzansprüchen in erheblichen Beweisschwierigkeiten.[647] Jedoch macht auch diese Erwägung, sofern sie denn überhaupt zutrifft, die Einhaltung der §§ 167 ff. InsO nicht zu einer Voraussetzung der Verwertungsbefugnis.

---

642 So die überwiegende Auffassung, s. *Berger,* KTS 2007, 433, 445 f.; *Eckardt,* FS Schilken, S. 645, 655; *Ganter,* NZI 2005, 1, 8; Gottwald/*Adolphsen,* § 42 Rn. 175; HambKomm/*Büchler,* § 168 Rn. 11; *Harder,* Insolvenzrechtliche Surrogation, Rn. 381; HK/*Landfermann,* § 168 Rn. 6; MünchKomm-InsO/*Ganter,* § 48 Rn. 30; Uhlenbruck/*Brinkmann,* § 168 Rn. 3, § 48 Rn. 32; vgl. auch *Ganter/Bitter,* ZIP 2005, 93, 101 f.

643 So auch *Berger,* KTS 2007, 433, 445; wohl auch Uhlenbruck/*Brinkmann,* § 168 Rn. 3; a.A. hingegen wohl *Gundlach/Frenzel/Schmidt,* ZInsO 2001, 537, 538; *dies.,* DZWIR 2001, 18.

644 *Berger,* KTS 2007, 433, 444 f., der für die Wirksamkeit von Verfügungen des Insolvenzverwalters im Außenverhältnis plädiert.

645 Uhlenbruck/*Brinkmann,* § 168 Rn. 3.

646 *Ganter,* NZI 2005, 1, 8; *Ganter/Bitter,* ZIP 2005, 93, 102.

647 So MünchKomm-InsO/*Tetzlaff,* § 168 Rn. 23.

Die überzeugenderen Argumente sprechen also dafür, dass es sich auch dann, wenn der Insolvenzverwalter im Zuge der Verwertung gegen eine der Verfahrensvorschriften der §§ 167 ff. InsO verstößt, um eine an sich rechtmäßige Verwertung nach § 166 Abs. 2 InsO handelt. Damit finden die §§ 170, 171 InsO trotz Verfahrensfehlern Anwendung, sodass der Masse die Kostenbeiträge nach § 170 Abs. 1 S. 1, 171 InsO zustehen. Die Auslegung ist trotz der Begründung zu § 60 RegEInsO möglich, da diese insofern nicht bindend ist, als sie keinen Ausdruck im Gesetz gefunden hat.[648] Im Gegenteil wurde nicht einmal die Vorschrift selbst in die InsO aufgenommen. Hinsichtlich der Rechtslage am Erlös kann somit auf das zu rechtmäßigen Einziehungen Festgestellte verwiesen werden.[649]

F. Forderungseinziehung bei fehlendem Verwertungsrecht

Zu untersuchen bleibt die Konstellation in welcher der Insolvenzverwalter eine mit einem Absonderungsrecht belastete Forderung einzieht, ohne nach § 166 Abs. 2 InsO zur Verwertung berechtigt zu sein, weil der absonderungsberechtigte Gläubiger gemäß § 173 Abs. 1 InsO selbst verwertungsbefugt ist. In diesen Fällen stellt sich ebenso wie im Falle der berechtigten Verwertung die Frage nach der Rechtslage am Erlös. Erfüllung i.S.d. § 362 BGB kann jedenfalls nur unter dem Gesichtspunkt des Gutglaubensschutzes in entsprechender Anwendung des § 407 Abs. 1 BGB eintreten.

I. Rechtslage am Erlös

Zweifellos muss dem gesicherten Gläubiger ein Vorzugsrecht gegenüber allen Insolvenz- und Massegläubigern eingeräumt werden. Fraglich ist allerdings, ob sich das Absonderungsrecht ebenso wie im Falle der berechtigten Forderungsverwertung[650] und einer gegen die Verfahrensvorschriften der §§ 167 ff. InsO verstoßenden Verwertung[651] im Wege der dinglichen Surrogation am Verwertungserlös fortsetzt oder ob eine Ersatzabsonderung analog § 48 InsO stattfindet.[652] Wie bereits dargelegt bliebe im Falle dinglicher Surrogation für die Anwendbarkeit eines Ersatzabsonderungsrechts analog § 48 InsO kein Raum.[653]

Für die Annahme, dass sich das Absonderungsrecht kraft dinglicher Surrogation am Verwertungserlös fortsetzt, könnte ein Erst-recht-Schluss zur berechtigten

---

648 *Ganter/Bitter,* ZIP 2005, 93, 102.

649 Zur Rechtslage am Erlös im Falle der rechtmäßigen Forderungseinziehung oben § 2 D.II.1., S. 111 ff.

650 Dazu oben § 2 D.II.1., S. 111 ff.

651 Dazu oben § 2 E.V., S. 128 ff.

652 So die überwiegende Auffassung, s. u. a. *Ganter/Bitter,* ZIP 2005, 93, 95 f.; *Gundlach/Frenzel/Schmidt,* DZWIR 2001, 441, 445; HambKomm/*Büchler,* § 48 Rn. 34; HK/*Lohmann,* § 48 Rn. 8; Jaeger/*Henckel,* Vor §§ 49–52 Rn. 56; MünchKomm-InsO/*Ganter,* § 48 Rn. 30; *ders.,* NZI 2005, 1, 8; Uhlenbruck/*Brinkmann,* § 48 Rn. 40.

653 S. oben Fn. 550.

Verwalterverfügung angeführt werden: Wenn im Falle der berechtigten Verwertung durch den Insolvenzverwalter dingliche Surrogation nach Maßgabe des § 170 Abs. 1 S. 2 InsO stattfindet, muss dies erst recht gelten, wenn die Verwertung unberechtigt erfolgt ist.[654] In der Literatur wird dies mit der Argumentation vertreten, dass die Gefahr der Vereitelung eines Absonderungsrechts durch eine nichtberechtigte Verfügung des Insolvenzverwalters aufgrund der Tatsache, dass § 166 InsO den Verwalter zur Verwertung verpflichte, signifikant höher sei als die Gefahr der Beeinträchtigung durch einen sonstigen Nichtberechtigten. Insofern müsse der Absonderungsberechtigte im Falle der unberechtigten Verwertung durch den Insolvenzverwalter durch dingliche Surrogation geschützt werden.[655]

Dem kann allerdings nicht gefolgt werden. Denn wie bereits festgestellt sind Fälle, in denen ein mit einem Absonderungsrecht belasteter Gegenstand berechtigterweise verwertet wird, von Fällen zu unterscheiden, in denen die Verwertung unberechtigterweise erfolgt. § 170 Abs. 1 S. 2 InsO knüpft systematisch eindeutig an die Verwertungsbefugnis des Insolvenzverwalters nach § 166 InsO an und enthält damit eine Regelung für die berechtigte Verwertung, während Fälle unberechtigter Verwertungen von § 48 InsO (analog) erfasst werden. Die Anwendungsbereiche beider Vorschriften überschneiden sich daher nicht.[656] Für eine solche Auslegung spricht neben der Gesetzessystematik auch die Gesetzesbegründung zu § 60 RegEInsO. Der Regierungsentwurf zur Insolvenzordnung betont, dass die Ersatzabsonderung – in Abgrenzung zu Fällen, in denen der Verwalter zur Verwertung von Gegenständen mit Absonderungsrechten berechtigt ist – gerade diejenigen Fälle erfasse, in denen ein Verwertungsrecht des Insolvenzverwalters nicht bestehe.[657] Wie bereits ausgeführt wurde die Regelung lediglich aus Gründen der redaktionellen Straffung mit dem Hinweis darauf, dass ein Ersatzabsonderungsrecht ohnehin anerkannt sei, gestrichen.[658] Dies muss als bewusste Entscheidung gegen die Annahme dinglicher Surrogation verstanden werden.[659] Insofern kann die Regelung des § 170 Abs. 1 S. 2 InsO allenfalls zur Bestätigung dafür herangezogen werden, dass dem Absonderungsberechtigten im Falle der unberechtigten Verwertung Vorrang vor allen Insolvenz- und Massegläubigern einzuräumen ist, nicht aber zur Begründung dinglicher Surrogation.

Darüber hinaus hätte die Annahme, dass auch in Fällen unberechtigter Verwertungen seitens des Insolvenzverwalters dingliche Surrogation stattfindet, zur

---

654 So *Harder,* Insolvenzrechtliche Surrogation, Rn. 396; *ders.,* KTS 2001, 97, 114; *Serick,* Eigentumsvorbehalt und Sicherungsübertragung, Band III, S. 271 f., Band V, S. 347 f. und S. 366 f.; abl. *Gundlach,* KTS 1997, 553, 564.

655 S. *Harder,* Insolvenzrechtliche Surrogation, Rn. 397; *ders.,* KTS 2001, 97, 114.

656 So auch *Gundlach,* KTS 1997, 553, 564 (zu § 46 KO bzw. §§ 127 Abs. 1 S. 2 KO, 170 Abs. 1 S. 2 InsO).

657 Begr. zu § 60 zu RegEInsO, BT-Drucks. 12/2443, S. 125 f.

658 S. oben Fn. 555.

659 So *Gundlach/Frenzel/Schmidt,* DZWIR 2001, 441, 445; a.A. jedoch *Harder,* Insolvenzrechtliche Surrogation, Rn. 244.

Folge, dass der Anwendungsbereich der Ersatzabsonderung auf die rechtswidrige Vereitelung von Absonderungsrechten durch den Insolvenzschuldner beschränkt wäre. Veräußerungen des Schuldners anders zu behandeln als solche des Insolvenzverwalters, widerspricht jedoch den Vorstellungen des Gesetzgebers, der in beiden Fällen eine Ersatzabsonderung wollte.[660]

Wird ein Absonderungsrecht infolge einer unberechtigten Verwertung seitens des Insolvenzverwalters vereitelt, findet damit im Ergebnis keine dingliche Surrogation zugunsten des Gläubigers statt. Diesem steht (lediglich) ein Ersatzabsonderungsrecht analog § 48 InsO zu.

II. Vermischung des Erlöses mit der Masse

Hat der Insolvenzverwalter den eingezogenen Forderungserlös bereits untrennbar mit der sonstigen Insolvenzmasse vermischt, scheidet eine Ersatzabsonderung aus.[661] Wie für die berechtigte Forderungsverwertung durch den Insolvenzverwalter bereits ausgeführt, sollte der Erlös daher auf einem Treuhandkonto separiert werden.[662] Im Übrigen ist die Unterscheidbarkeit aber auch dann gewahrt, wenn der Erlös zwar auf ein allgemeines Geschäftskonto des Insolvenzverwalters gelangt, aufgrund der Buchung und der dazugehörigen Belege von dem übrigen dort angesammelten Guthaben jedoch unterschieden werden kann und eine ausreichende Deckung des Kontos besteht.[663]

Sollte der Betrag nicht mehr unterscheidbar vorhanden sein, steht dem ursprünglich Absonderungsberechtigten ein Anspruch nach § 55 Abs. 1 Nr. 1, Nr. 3 InsO gegen die Insolvenzmasse zu.[664] Hat der Insolvenzverwalter den eingezogenen Erlös schuldhaft mit der übrigen Insolvenzmasse vermischt, kann zudem ein Schadensersatzanspruch gegen den Verwalter nach § 61 InsO begründet werden, wenn die Befriedigung des absonderungsberechtigten Gläubigers nicht mehr möglich ist.[665]

---

660 Jaeger/*Henckel,* § 48 Rn. 63.

661 BGHZ 58, 257, 259 f. = NJW 1972, 872; BGH NJW 1998, 2213; BGH NJW 1998, 2592, 2596; BGH NZI 2006, 170, 171; Jaeger/*Henckel,* § 48 Rn. 80; MünchKomm-InsO/*Ganter,* Vor §§ 49–52 Rn. 176; N/R/*Andres,* § 48 Rn. 17.

662 Dazu oben § 2 D.II.2., S. 116 f.

663 Oben Fn. 564.

664 *Ganter/Bitter,* ZIP 2005, 93, 97; Jaeger/*Henckel,* § 48 Rn. 80; MünchKomm-InsO/*Ganter,* Vor §§ 49–52 Rn. 176; N/R/*Andres,* § 48 Rn. 13; Uhlenbruck/*Brinkmann,* § 48 Rn. 41; vgl. ferner bereits BGH NJW 1982, 1751. Nur § 55 Abs. 1 Nr. 3 InsO nennt Gottwald/*Adolphsen,* § 42 Rn. 219.

665 *Ganter/Bitter,* ZIP 2005, 93, 97; HambKomm/*Büchler,* § 48 Rn. 39; Jaeger/*Henckel,* Vor §§ 49–52 Rn. 56; *Lüke,* Persönliche Haftung des Verwalters in der Insolvenz, Rn. 155; MünchKomm-InsO/*Ganter,* Vor §§ 49–52 Rn. 176.

III. Herausgabe des Erlöses an einen vermeintlich Absonderungsberechtigten

Fraglich ist, welche Ansprüche dem Gläubiger zustehen, wenn der Insolvenzverwalter den zunächst separierten Erlös an einen Nichtberechtigten auskehrt und das Absonderungsrecht infolgedessen vereitelt wird. Dies ist insofern problematisch, als es eine Gegenleistung, auf welche die Rechte des Gläubigers übergehen könnten, nicht gibt. Eine zweite Ersatzabsonderung, nach welcher der Absonderungsberechtigte die Ersatzabsonderung der „zweiten Gegenleistung" verlangen kann, wenn eine der Ersatzabsonderung unterliegende Gegenleistung durch den Insolvenzverwalter unberechtigterweise veräußert wird, kommt damit grundsätzlich nicht in Betracht.[666]

Statt einer Gegenleistung erlangt die Masse aber einen Bereicherungsanspruch nach § 812 Abs. 1 S. 1 Alt. 1 BGB gegen den vermeintlich zur Absonderung Berechtigten auf Herausgabe des Erlangten. Dieser Anspruch, als konkreter, individueller Vermögenswert, stellt zwar nicht die „Gegenleistung der Gegenleistung" dar, haftungsrechtlich betrachtet zählt der Anspruch aber ebenfalls nicht zur Insolvenzmasse. Vermögensrechtlich ist er vielmehr dem Gläubiger zuzuordnen. Er stellt das „haftungsrechtliche Surrogat" des – zunächst separiert und unterscheidbar vorhandenen – Forderungserlöses dar. Die Massefremdheit des Anspruchs spricht dafür, dass der Anspruch gemäß § 285 Abs. 1 BGB an den wahren Absonderungsberechtigten abzutreten ist.[667] Denn auf der einen Seite wäre es unbillig, den Anspruch der Haftungsmasse zuzuweisen, obwohl er sich klar von der übrigen Masse abzeichnet. Auf der anderen Seite erscheint es vor dem Grundgedanken der Ersatzaus- bzw. -absonderung, Schutz vor der rechtswidrigen Vereitelung von Aus- bzw. Absonderungsrechten zu bieten,[668] nicht gerechtfertigt, den gesicherten Gläubiger nach der unberechtigten Vereitelung seines Absonderungsrechts auf bloße Masseansprüche nach § 55 Abs. 1 Nr. 1, 3 InsO zu verweisen.[669] Sollte es nämlich nach der Auskehr des Erlöses an den vermeintlich Absonderungsberechtigten zur Massearmut kommen, fiele der Gläubiger mit seiner Forderung gegen die Masse aus. Durch die Abtretung des Bereicherungsanspruchs ist der Gläubiger in der Lage, selbst gegen

666 Die Möglichkeit einer „zweiten Ersatzaussonderung" wird von der ganz überwiegenden Auffassung bejaht: *Gundlach/Frenzel/Schirrmeister,* KTS 2003, 69 ff.; HK/*Lohmann,* § 48 Rn. 16; Jaeger/*Henckel,* § 48 Rn. 10; K/P/B/*Prütting,* § 48 Rn. 6; MünchKomm-InsO/*Ganter,* § 48 Rn. 75; N/R/*Andres,* § 48 Rn. 14; Uhlenbruck/*Brinkmann,* § 48 Rn. 37; bereits zur KO *Gundlach,* Der Ersatzaussonderungsberechtigte, S. 111 ff.; *Gerhardt,* KTS 1990, 1, 3; ablehnend dagegen *Scherer,* KTS 2002, 197. Entsprechend der „zweiten Ersatzaussonderung" muss es auch eine „zweite Ersatzabsonderung" geben, s. *Ganter/Bitter,* ZIP 2005, 93, 96; HambKomm/*Büchler,* § 48 Rn. 30; MünchKomm-InsO/*Ganter,* Vor §§ 49–52 Rn. 176; *ders.,* NZI 2005, 1, 8; Uhlenbruck/*Brinkmann,* § 48 Rn. 42.

667 Ebenso bereits *Ganter/Bitter,* ZIP 2005, 93, 97.

668 S. oben Fn. 559.

669 So aber Gottwald/*Adolphsen,* § 42 Rn. 219; Uhlenbruck/*Brinkmann,* § 48 Rn. 42.

den scheinbar Berechtigten, an den der Erlös unberechtigterweise ausgezahlt wurde, vorzugehen.

Neben diesem Anspruch kann ferner ein Schadensersatzanspruch gegen den Insolvenzverwalter persönlich begründet werden, wenn dieser das Ersatzabsonderungsrecht durch die Auszahlung des Erlöses schuldhaft vereitelt.[670]

G. Mitwirkungspflichten des absonderungsberechtigten Gläubigers

Ist der Insolvenzverwalter nach § 166 Abs. 2 InsO zur Verwertung berechtigt, treffen auch den absonderungsberechtigten Gläubiger während der Durchführung der Verwertung bestimmte Pflichten. Etwa hat der Sicherungszessionar die für die Prüfung der Wirksamkeit der Absonderungsberechtigung notwendigen Unterlagen zur Verfügung zu stellen und die notwendigen Auskünfte zu erteilen.[671] Zwar statuieren die §§ 166 ff. InsO selbst keine Mitwirkungspflicht.[672] § 166 Abs. 2 InsO begründet jedoch ein gesetzliches Schuldverhältnis,[673] aus dem sich eine Mitwirkungspflicht nach § 241 Abs. 2 BGB ergeben kann.

Unerheblich ist in diesem Zusammenhang, dass der eingezogene Erlös grundsätzlich nicht zur Haftungsmasse zählt, sondern an den Absonderungsberechtigten abzuführen ist. Denn kann die Forderung aufgrund der fehlenden Mitwirkung des Absonderungsberechtigten nicht eingezogen werden, hat dies nicht nur Nachteile für den absonderungsberechtigten Gläubiger selbst, sondern wirkt sich auch auf die Masse aus. Insbesondere entfallen die Kostenbeiträge, die der Masse gemäß § 170 Abs. 1 S. 1 InsO zustehen, sodass bereits entstandene Feststellungs- und Verwertungskosten der Masse und damit den ungesicherten Gläubigern zur Last fallen. Weil der gesicherte Gläubiger nicht befriedigt werden kann, verringert sich zudem die Belastung der Masse nicht. Auch ein eventuell erzielter Erlösüberschuss, der der Masse zustünde, entfällt. Aufgrund dessen ist anzunehmen, dass der Absonderungsberechtigte dazu verpflichtet ist, die Verwertung seitens des Insolvenzverwalters weder zu erschweren noch zu verhindern und soweit erforderlich daran mitzuwirken.[674] Ein Verstoß des Gläubigers gegen diese Verpflichtung kann einen Schadensersatzanspruch der Masse nach §§ 280 Abs. 1, 241 Abs. 2 BGB, § 166 Abs. 2 InsO auslösen.

---

670 Gottwald/*Adolphsen*, § 42 Rn. 219; Uhlenbruck/*Brinkmann*, § 48 Rn. 42.

671 Vgl. MünchKomm-InsO/*Tetzlaff*, Vor §§ 166–173 Rn. 71, der jedoch von Obliegenheiten des absonderungsberechtigten Gläubigers spricht.

672 Für den Schuldner normiert § 97 InsO eine entsprechende Auskunfts- und Mitwirkungspflicht, s. oben § 1 A.V., S. 16.

673 OLG Stuttgart NZI 2012, 845, 846 (zu § 166 Abs. 1 InsO); *Berger*, KTS 2007, 433, 436.

674 OLG Stuttgart NZI 2012, 845, 846 (zu § 166 Abs. 1 InsO).

H. Zusammenfassung

Um die Durchsetzung von Forderungen zu vereinfachen, die der Schuldner vor der Verfahrenseröffnung zur Sicherheit abgetreten hat, ermächtigt § 166 Abs. 2 InsO den Insolvenzverwalter zur Einziehung und Verwertung und erweitert damit die Befugnisse des Verwalters gegenüber den Rechten des Schuldners. Dogmatisch betrachtet stellt die Verwertungsbefugnis des Insolvenzverwalters eine eigene, gesetzliche Ermächtigung dar, die originär, also weder von der Einziehungsbefugnis des Schuldners abhängig noch aus der Rechtsmacht des Absonderungsberechtigten abgeleitet ist.

Der Anwendungsbereich der Norm erstreckt sich auf sämtliche Forderungen, die der Schuldner zur Sicherung von Ansprüchen abgetreten hat. Dies gilt unabhängig davon, ob die Abtretung gegenüber dem Drittschuldner offengelegt wurde oder Verwertungsreife im Verhältnis zum Sicherungszessionar eingetreten ist. Verpfändete Forderungen fallen jedoch nicht in den Anwendungsbereich des § 166 Abs. 2 InsO. Obwohl die Differenzierung zwischen der offengelegten Sicherungsabtretung und der Forderungsverpfändung nur wenig nachvollziehbar ist, scheidet auch eine analoge Anwendung des § 166 Abs. 2 InsO auf verpfändete Forderungen wegen den Gesetzesmaterialien zu § 166 Abs. 2 InsO aus.

Das Verwertungsrecht des Insolvenzverwalters umfasst sowohl die Forderungseinziehung (§ 166 Abs. 2 Alt. 1 InsO) als auch die Verwertung in anderer Weise (§ 166 Abs. 2 Alt. 2 InsO). Letztere schließt etwa den Verkauf der Forderung ein, wobei § 166 Abs. 2 InsO dem Insolvenzverwalter die notwendige Verfügungsmacht über die zur Sicherheit abgetretene Forderung verleiht. Neben materiell-rechtlichen Befugnissen vermittelt § 166 Abs. 2 InsO die gesetzliche Ermächtigung zur prozessualen Geltendmachung der Forderung gegenüber dem Drittschuldner.

Spiegelbildlich dazu verliert der Sicherungszessionar – dessen Forderungsinhaberschaft durch die Verfahrenseröffnung unangetastet bleibt – die Verfügungsmacht über die zur Sicherheit abgetretene Forderung. Dies betrifft neben der Einziehungsbefugnis auch die Empfangszuständigkeit. Einer Leistung an den Sicherungszessionar kommt daher nur noch unter dem Gesichtspunkt des Gutglaubensschutzes in einer Gesamtanalogie zu §§ 407 Abs. 1, 408, 412 BGB, § 82 InsO schuldbefreiende Wirkung zu. Überdies kann der Sicherungszessionar ab dem Zeitpunkt der Verfahrenseröffnung nicht mehr über die Forderung verfügen. Insofern schränkt § 166 Abs. 2 InsO die materiell-rechtliche Forderungsinhaberschaft des Sicherungszessionars mit dinglicher Wirkung ein. Die Möglichkeit zur Übertragung der Forderungsinhaberschaft unter Fortbestand der Verwertungsbefugnis des Insolvenzverwalters bleibt durch die Verfahrenseröffnung allerdings unberührt.

Auch zur Prozessführung ist der absonderungsberechtigte Gläubiger ab dem Zeitpunkt der Verfahrenseröffnung nicht mehr berechtigt. Hatte der Sicherungszessionar vor der Verfahrenseröffnung bereits gerichtliche Schritte gegen den Drittschuldner eingeleitet, tritt ein gesetzlicher Parteiwechsel ein. Bereits begonnene Prozesse werden in entsprechender Anwendung des § 17 Abs. 1 AnfG unterbrochen.

Mit der Verfahrensunterbrechung geht die Möglichkeit des Insolvenzverwalters zur Aufnahme des unterbrochenen Rechtsstreits einher.

Nach der Verwertung durch den Insolvenzverwalter ist der absonderungsberechtigte Gläubiger unverzüglich aus dem um die Kostenbeiträge verminderten Erlös zu befriedigen, § 170 Abs. 1 InsO. Das Absonderungsrecht setzt sich kraft dinglicher Surrogation am eingezogenen Erlös fort, sofern dieser unterscheidbar vorhanden ist. Dies gilt auch dann, wenn die Verwertung verfahrensfehlerhaft erfolgte. Verwertet der Insolvenzverwalter eine mit einem Absonderungsrecht belastete Forderung, ohne nach § 166 Abs. 2 InsO zur Verwertung berechtigt zu sein, steht dem gesicherten Gläubiger ein Ersatzabsonderungsrecht analog § 48 InsO zu. Dingliche Surrogation findet in diesem Fall nicht statt.

Der gesetzlich angeordnete Verwertungsstopp und die damit verbundene Übertragung der Verwertungsbefugnis auf den Insolvenzverwalter stellen einen Eingriff in die durch Art. 14 GG geschützte Rechtsposition des Sicherungszessionars dar. Jedoch ist die Regelung des § 166 Abs. 2 InsO als eine verfassungsmäßige Inhalts- und Schrankenbestimmung einzuordnen, die die Grenzen des Eigentums in verhältnismäßiger und zumutbarer Weise inhaltlich bestimmt. Dies gilt auch für die Kostenbeitragspflicht nach §§ 170 Abs. 1 S. 2, 171 InsO einschließlich der Pauschalierung der entstandenen Kosten.

2. Teil: Die Einziehung von Außenständen im Insolvenzeröffnungsverfahren

Die Einziehung von Außenständen des Schuldners ist nicht nur im eröffneten Verfahren von wesentlicher Bedeutung, sondern bereits während der Insolvenzeröffnungsphase. Denn zum Zeitpunkt der Antragsstellung hat sich die Liquidität des schuldnerischen Unternehmens in der Regel so misslich entwickelt, dass der Bestand des Betriebs in hohem Maße bedroht ist. Um die drohende oder bereits eingetretene Zahlungsunfähigkeit zu beseitigen bzw. zu verhindern, wird der vorläufige Insolvenzverwalter daher in erster Linie versuchen, die Liquidität des Unternehmens wieder zu erhöhen. Zu diesem Zwecke gilt es, Außenstände des späteren Insolvenzschuldners – die lediglich die Vorstufe zur Barliquidität darstellen – einzuziehen, um einerseits Liquidität aus dem Forderungseinzug zu generieren und andererseits durch den frühzeitigen Forderungseinzug zu verhindern, dass Ansprüche des Schuldners verjähren oder uneinbringlich werden.

Wie im eröffneten Verfahren ist auch im Insolvenzeröffnungsverfahren zwischen der Einziehung unbelasteter Außenstände und solchen Forderungen zu unterscheiden, die der Schuldner zur Sicherung von Ansprüchen an Geld- oder Warenkreditgeber abgetreten hat.

§ 3 Die Einziehung unbelasteter Außenstände im Insolvenzeröffnungsverfahren

Fällige, unbelastete Forderungen des Schuldners bilden regelmäßig einen wesentlichen Teil des schuldnerischen Gesamtvermögens.[675] Da aufgrund der den Insolvenzantrag bedingten (drohenden) Zahlungsunfähigkeit oder Überschuldung meist keinerlei finanzielle Mittel mehr zur Verfügung stehen, ist ihre Einziehung für den vorläufigen Insolvenzverwalter in der Regel die einzige Möglichkeit, die für die Verfahrenseröffnung und die gesetzlich geforderte Betriebsfortführung benötigten finanziellen Mittel aus dem schuldnerischen Unternehmen zu beschaffen.

Für den vorläufigen Insolvenzverwalter stellt sich daher die Frage, ob er zur materiellen bzw. prozessualen Forderungsdurchsetzung berechtigt ist. Dies wird im Folgenden je nach der Ausgestaltung der Rechtsstellung des vorläufigen Insolvenzverwalters sowohl in materiell-rechtlicher als auch in prozessualer Hinsicht untersucht. Anschließend behandelt die Arbeit die Frage, unter welchen Voraussetzungen Leistungen, die nach Anordnung einer Verfügungsbeschränkung an den Schuldner erbracht werden, Erfüllungswirkung haben.

---

675 MünchKomm-InsO/*Haarmeyer*, § 22 Rn. 54.

A. Die Einziehungsbefugnis des vorläufigen Insolvenzverwalters

I. Der vorläufige Insolvenzverwalter mit allgemeiner Verwaltungs- und Verfügungsbefugnis

Hat das Insolvenzgericht dem Schuldner ein allgemeines Verfügungsverbot auferlegt und einen „starken" vorläufigen Insolvenzverwalter eingesetzt, ist dieser berechtigt und verpflichtet, fällige, nicht zur Sicherheit an Geld- oder Warenkreditgeber abgetretene Forderungen des Schuldners im Rahmen der Vermögensverwaltung einzuziehen.[676] Insofern steht er dem endgültigen Verwalter gleich.

Zwar sind dem vorläufigen Insolvenzverwalter Verwertungs- und Abwicklungsmaßnahmen grundsätzlich nicht gestattet,[677] die Einziehung fälliger Außenstände des Schuldners stellt jedoch keine „echte" und damit unzulässige Verwertungstätigkeit dar, sondern vielmehr eine Maßnahme der Sammlung und Sicherung des schuldnerischen Vermögens im normalen Geschäftsgang.[678] Denn durch die Einziehung wird ein Wertverlust der Forderung verhindert, indem die Gefahr der Verjährung gebannt und die Uneinbringlichkeit der Forderung – etwa durch Vermögensverfall eines Drittschuldners – vermieden wird. Die Forderungseinziehung ist somit geboten, um das einer Forderung stets in bestimmtem Umfang anhaftende Ausfallrisiko abzuwehren. Ihre Zielrichtung besteht in erster Linie darin, die Forderung bzw. den

---

676 Einhellige Meinung, s. u. a. *Ampferl*, Der "starke" vorläufige Verwalter in der Unternehmensinsolvenz, Rn. 504; Jaeger/*Gerhardt*, § 22 Rn. 95; MünchKomm-InsO/*Haarmeyer*, § 22 Rn. 54; N/R/*Mönning*, § 22 Rn. 143; *Thiemann*, Die vorläufige Masseverwaltung im Insolvenzeröffnungsverfahren, Rn. 273; Uhlenbruck/*Vallender*, § 22 Rn. 22. Zum Forderungseinzug bedarf der vorläufige Insolvenzverwalter auch nicht der Zustimmung des Schuldners, s. nur MünchKomm-InsO/*Haarmeyer*, § 22 Rn. 54; *Pohlmann*, Befugnisse und Funktionen des vorläufigen Insolvenzverwalters, Rn. 426; a.A. noch *Kuhn/Uhlenbruck*-KO, § 106 Rn. 13d.

677 Dies hat der Gesetzgeber in der Begründung zu § 22 ausdrücklich betont, vgl. Begr. zu § 26 RegEInsO, BT-Drucks. 12/2443, S. 117. S. ferner BGHZ 144, 192, 199 = NZI 2000, 306; BGHZ 146, 165, 172 f. = NZI 2001, 191; BGH NZI 2002, 599, 601; BGH NZI 2007, 338, 339; HK/*Kirchhof*, § 22 Rn. 14; MünchKomm-InsO/*Haarmeyer*, § 22 Rn. 73 ff.; *ders.*, FS für Kreft, S. 279 f.; N/R/*Mönning*, § 22 Rn. 38; *Smid*, Kreditsicherheiten in der Insolvenz, § 13 Rn. 6; Uhlenbruck/*Vallender*, § 22 Rn. 43; zur Abgrenzung der Verwertung gegenüber der zulässigen Verwaltung *Kirchhof*, ZInsO 1999, 436 ff.

678 BGHZ 154, 72, 81 = NZI 2003, 259; *Ampferl*, Der "starke" vorläufige Verwalter in der Unternehmensinsolvenz, Rn. 504; FK-InsO/*Wegener*, § 159 Rn. 4; HK/*Kirchhof*, § 22 Rn. 15; K/P/B/*Pape*, § 22 Rn. 21; L/S/Z/*Thiemann*, § 22 Rn. 126; *ders.*, Die vorläufige Masseverwaltung im Insolvenzeröffnungsverfahren, Rn. 274; MünchKomm-InsO/*Haarmeyer*, § 22 Rn. 54, *ders.*, FS Kreft, S. 279, 283; *Pohlmann*, Befugnisse und Funktionen des vorläufigen Insolvenzverwalters, Rn. 427; Uhlenbruck/*Vallender*, § 22 Rn. 22.

hinter der Forderung stehenden Betrag zu sichern. Des Weiteren wird den Gläubigern durch die Einziehung fälliger Forderungen des Schuldners kein Haftungsobjekt entzogen, sondern ein eventueller Wertverlust der Forderung verhindert.[679] Die Einziehung von Forderungen besitzt damit stets einen „Doppelcharakter".[680]

Führt der vorläufige Insolvenzverwalter das Unternehmen des Schuldners bis zur Eröffnung des Insolvenzverfahrens fort, wozu ihn § 22 Abs. 1 S. 2 Nr. 2 InsO grundsätzlich verpflichtet, ist die Einziehung von Außenständen zudem erforderlich, um über die zur Betriebsfortführung notwendige Liquidität zu verfügen.[681] Da die Forderungseinziehung die notwendigen finanziellen Mittel zur Fortführung des Unternehmens schafft, stellt sie eine zulässige Maßnahme nach § 22 Abs. 1 Nr. 2 InsO dar.

Außerhalb des laufenden Geschäftsbetriebs, etwa wenn der vorläufige Insolvenzverwalter den Geschäftsbetrieb des Schuldners einstellt oder der Geschäftsbetrieb bereits eingestellt war, weil sich das schuldnerische Unternehmen schon vor Beginn der vorläufigen Insolvenzverwaltung in Liquidation befunden hat, darf der vorläufige Insolvenzverwalter Forderungen dagegen nur zum Zwecke der Vorbeugung drohender Verjährung oder Uneinbringlichkeit einziehen, nicht aber allein aus Gründen der Masseanreicherung.[682] Denn in diesem Falle dient die Einziehung weder der Fortführung des schuldnerischen Unternehmens noch der Verhütung nachteiliger Veränderungen in der Vermögenslage des Schuldners.

Für den Fall, dass der vorläufige Insolvenzverwalter den Geschäftsbetrieb des Schuldners mit Zustimmung des Gerichts nach § 22 Abs. 1 Nr. 2 InsO schließen muss, können die aus dem Forderungseinzug erlangten Barmittel für die Abwicklung des Betriebs benötigt werden.[683]

II. Der vorläufige Insolvenzverwalter mit Einzelermächtigung nach § 22 Abs. 2 InsO

Hat das Insolvenzgericht dem Schuldner kein allgemeines Verfügungsverbot auferlegt und die Verfügungsmacht umfassend auf den vorläufigen Insolvenzverwalter übertragen, kann es nach Maßgabe des § 22 Abs. 2 InsO eine besondere Einziehungs- bzw.

---

679 MünchKomm-InsO/*Haarmeyer,* § 22 Rn. 54; ebenso *Pohlmann,* Befugnisse und Funktionen des vorläufigen Insolvenzverwalters, Rn. 427.

680 So L/S/Z/*Thiemann,* § 22 Rn. 127; *ders.,* Die vorläufige Masseverwaltung im Insolvenzeröffnungsverfahren, Rn. 274.

681 BGHZ 154, 72, 81 = NZI 2003, 259; *Ampferl,* Der "starke" vorläufige Verwalter in der Unternehmensinsolvenz, Rn. 505; K/P/B/*Pape,* § 22 Rn. 21.

682 BGH NZI 2004, 381, 382; BGH NZI 2012, 365, 366 (Rn. 11); HK/*Kirchhof,* § 22 Rn. 16; *ders.,* ZInsO 1999, 436, 437; Nerlich/Kreplin/*Bornheimer,* § 29 Rn. 303; Uhlenbruck/*Vallender,* § 22 Rn. 44.

683 L/S/Z/*Thiemann,* § 22 Rn. 126; MünchKomm-InsO/*Haarmeyer,* § 22 Rn. 54.

Verfügungsermächtigung erteilen.[684] Soweit eine solche Einzelbestimmung der Befugnisse des vorläufigen Insolvenzverwalters vorgenommen und dem Schuldner spiegelbildlich dazu ein entsprechendes besonderes Verfügungsverbot auferlegt wurde,[685] ist die rechtliche Situation nicht anders zu beurteilen als im Falle der Einsetzung eines vorläufigen Insolvenzverwalters mit allgemeiner Verwaltungs- und Verfügungsbefugnis. Auch der vorläufige Insolvenzverwalter mit besonderer Verfügungsbefugnis ist aufgrund der ihm durch gerichtlichen Beschluss obliegenden Aufgabe, das Vermögen des Schuldners zu sichern und zu erhalten, berechtigt und verpflichtet, fällige Außenstände des Schuldners einzuziehen.

III. Der vorläufige Insolvenzverwalter ohne Verfügungsbefugnis

Setzt das Gericht hingegen einen vorläufigen Insolvenzverwalter ein, ohne ein allgemeines oder ein besonderes Verfügungsverbot hinsichtlich des Forderungsbestands zu verhängen, so ist der vorläufige Insolvenzverwalter aufgrund eigener Rechtsmacht nicht berechtigt, Außenstände des Schuldners einzuziehen.[686]

Das Insolvenzgericht kann jedoch einen allgemeinen Zustimmungsvorbehalt nach § 21 Abs. 2 S. 1 Nr. 2 Alt. 2 InsO anordnen, sodass die Einziehung durch den Schuldner an die Zustimmung des vorläufigen Insolvenzverwalters gebunden ist. Anstelle eines allgemeinen Zustimmungsvorbehalts, der die Einziehung durch den Insolvenzschuldner generell an die Zustimmung des vorläufigen Insolvenzverwalters bindet, kann das Gericht ferner einen besonderen Zustimmungsvorbehalt erlassen und anordnen, dass der Schuldner nur mit Zustimmung des vorläufigen Insolvenzverwalters über Forderungen verfügen darf. Die Verfügungsbefugnis verbleibt in den Fällen des Zustimmungsvorbehalts aber grundsätzlich beim Schuldner.[687]

Stellt der vorläufige Insolvenzverwalter fest, dass der Forderungsbestand in Gefahr ist oder der Schuldner sein Einziehungsrecht nicht ausübt, so hat er beim Insolvenzgericht die Anordnung weiterer Sicherungsmittel anzuregen.[688]

---

684 BGHZ 151, 353, 365 = NZI 2002, 543; MünchKomm-InsO/*Haarmeyer,* § 22 Rn. 54; *Pohlmann,* Befugnisse und Funktionen des vorläufigen Insolvenzverwalters, Rn. 426; *Thiemann,* Die vorläufige Masseverwaltung im Insolvenzeröffnungsverfahren, Rn. 275.

685 Die Anordnung eines Verfügungsverbots empfiehlt sich, um den Schuldner daran zu hindern, Forderungen seinerseits zu verwerten.

686 MünchKomm-InsO/*Haarmeyer,* § 22 Rn. 54; *Thiemann,* Die vorläufige Masseverwaltung im Insolvenzeröffnungsverfahren, Rn. 276.

687 Dazu L/S/Z/*Thiemann,* § 21 Rn. 41; *ders.,* Die vorläufige Masseverwaltung im Insolvenzeröffnungsverfahren, Rn. 276; MünchKomm-InsO/*Haarmeyer,* § 21 Rn. 65.

688 So *Thiemann,* Die vorläufige Masseverwaltung im Insolvenzeröffnungsverfahren, Rn. 276.

B. Verwertung in anderer Weise

Ist der vorläufige Insolvenzverwalter dazu befugt, Außenstände des Schuldners einzuziehen, weil die Verfügungsbefugnis des Schuldner im Ganzen oder infolge einer besonderen gerichtlichen Anordnung auf ihn übergegangen ist, ist er – ebenso wie im eröffneten Verfahren – auch dazu berechtigt, Forderungen in anderer Weise als durch Einziehung zu „verwerten". Denn die Verfügungsbefugnis des Schuldners ist in vollem Umfang bzw. gegenstandsbezogen auf den vorläufigen Insolvenzverwalter übergegangen. Der vorläufige Insolvenzverwalter hat daher die Möglichkeit, die Forderung beispielsweise zu verkaufen oder sich mit dem Drittschuldner zu vergleichen. Um Missverständnissen vorzubeugen, sei angemerkt, dass es sich hierbei ebenso wie bei der Einziehung nicht um eine echte Verwertungsmaßnahme handelt, sondern um eine Maßnahme der Sicherung und Erhaltung des schuldnerischen Vermögens.

Fraglich ist allerdings, ob entsprechende Handlungen des vorläufigen Insolvenzverwalters im Innenverhältnis an die Zustimmung durch den vorläufigen Gläubigerausschuss i.S.d. § 21 Abs. 2 S. 1 Nr. 1a InsO gebunden sind, sofern ein solcher eingesetzt wurde.[689] Verwertet der Insolvenzverwalter Forderungen im eröffneten Verfahren anders als durch Einziehung, ist die Zustimmung des Gläubigerausschusses bzw. der Gläubigerversammlung gemäß § 160 Abs. 1 InsO erforderlich, falls wesentliche Teile des Forderungsbestands betroffen sind.[690] Beabsichtigt der Insolvenzverwalter, zur Vermeidung eines Rechtsstreits von erheblichem Streitwert einen Vergleich zu schließen, ergibt sich ein Zustimmungserfordernis aus § 160 Abs. 2 Nr. 3 InsO.[691] Es fragt sich damit, ob § 160 InsO auch im Eröffnungsverfahren Anwendung findet.

Gegen die Anwendung des § 160 InsO auf Handlungen des vorläufigen Insolvenzverwalters spricht jedenfalls, dass § 21 Abs. 2 S. 1 Nr. 1a InsO nur auf § 67 Abs. 2 InsO und die §§ 69 bis 73 InsO, nicht hingegen auf § 160 InsO verweist. Zudem ist § 160 InsO systematisch im Abschnitt über die Verwertung der Insolvenzmasse eingeordnet. Im Insolvenzeröffnungsverfahren, das der Sicherung und Erhaltung des schuldnerischen Vermögens dient, findet eine Verwertung aber nicht statt.

Dennoch spricht die vom Gesetzgeber verfolgte Intention, die Gläubigerautonomie im Eröffnungsverfahren zu stärken,[692] für die Annahme eines Zustimmungserfordernisses. Um die Beteiligung der Gläubiger an wesentlichen Entscheidungen bereits frühzeitig zu gewährleisten, verlagert § 21 Abs. 2 S. 1 Nr. 1a InsO die Rechte und Pflichten des Gläubigerausschusses nach § 69 InsO in das Eröffnungsverfahren. Der vorläufige Gläubigerausschuss hat den vorläufigen Insolvenzverwalter

---

689 Bejahend HambKomm/*Frind,* § 67 Rn. 2b; *ders.,* ZIP 2012, 1380, 1382; *ders.,* ZInsO 2011, 2249, 2255; K/P/B/*Kübler,* § 69 Rn. 32; wohl auch *Rauscher,* ZInsO 2012, 1201, 1202.

690 S. oben § 1 A.II.1., S. 6.

691 S. oben § 1 A.II.3., S. 7.

692 Dazu Allgemeine Begründung RegE-ESUG, BT-Drucks. 17/5712, S. 17 f.

damit bei seiner Geschäftsführung zu unterstützen und zu überwachen. Aufgrund dessen muss sich die in § 160 InsO enthaltene Wertung auch auf das Insolvenzeröffnungsverfahren auswirken, wenn es sich um Entscheidungen handelt, durch welche die Weichen für den Ausgang des Verfahrens gestellt werden.[693] Folglich ist anzunehmen, dass eine andersartige „Forderungsverwertung" seitens des vorläufigen Insolvenzverwalters jedenfalls dann der Zustimmung durch den vorläufigen Gläubigerausschuss bedarf, wenn es sich um eine besonders bedeutsame Rechtshandlung mit dem Gewicht des § 160 InsO handelt.

Im Außenverhältnis findet die Rechtsmacht des vorläufigen Insolvenzverwalters ihre Grenze ebenso wie im eröffneten Verfahren in der Insolvenzzweckwidrigkeit.[694] Unwirksam sind daher nach den allgemeinen Grundsätzen Handlungen, wenn sie dem Insolvenzzweck offensichtlich zuwiderlaufen und die Insolvenzzweckwidrigkeit für den Geschäftspartner ohne Weiteres erkennbar ist.[695]

C. Prozessuale Geltendmachung durch den vorläufigen Insolvenzverwalter

Sollten Drittschuldner die Zahlung verweigern, kann eine prozessuale Forderungsdurchsetzung notwendig sein. Hierzu bedarf der vorläufige Insolvenzverwalter neben der materiell-rechtlichen Einziehungsbefugnis auch der Ermächtigung zur prozessualen Geltendmachung der Forderung gegenüber dem Drittschuldner. Ob der vorläufige Insolvenzverwalter zur prozessualen Forderungsdurchsetzung berechtigt ist, richtet sich wiederum nach der Ausgestaltung seiner Rechtsstellung.

I. Prozessführungsbefugnis

1. Der vorläufige Insolvenzverwalter mit allgemeiner Verwaltungs- und Verfügungsbefugnis

Da das Prozessrecht der Verwirklichung des materiellen Rechts dient, kommt die Stellung des „starken" vorläufigen Insolvenzverwalters, die in weiten Teilen derjenigen des (endgültigen) Insolvenzverwalters angenähert ist, dieser auch in prozessualer Hinsicht nahe. Um die Insolvenzmasse bis zur Entscheidung über die Eröffnung des Verfahrens zu sichern, wird der materiell-rechtliche Übergang der Verwaltungs- und Verfügungsbefugnis auf den vorläufigen Insolvenzverwalter daher durch den Ausschluss des Schuldners von der Prozessführung über alle die Insolvenzmasse betreffenden Rechtsverhältnisse ergänzt, sofern das Insolvenzgericht dem Schuldner die Verfügungsbefugnis über sein Vermögen allgemein und umfassend entzogen

693 Vgl. *Pohlmann,* Befugnisse und Funktionen des vorläufigen Insolvenzverwalters, Rn. 594.

694 S. nur MünchKomm-InsO/*Haarmeyer,* § 22 Rn. 26; entsprechend zur Insolvenzzweckwidrigkeit im eröffneten Verfahren s. oben § 1 A.II.3., S. 7.

695 Oben § 1 Fn. 19.

und auf den vorläufigen Insolvenzverwalter übertragen hat.[696] Die Übertragung der Verwaltungs- und Verfügungsbefugnis hat zur Folge, dass der „starke“ vorläufige Insolvenzverwalter – ebenso wie der (endgültige) Insolvenzverwalter – Prozesse als Partei kraft Amtes für die Insolvenzmasse führt.[697] Folglich kann der vorläufige Insolvenzverwalter im eigenen Namen klagen und verklagt werden.

Als Pendant zur materiellen Verfügungsbefugnis geht die Prozessführungsbefugnis umfassend auf den vorläufigen Insolvenzverwalter über,[698] sodass dieser nicht auf Akte der Notgeschäftsführung beschränkt ist.[699] Da dem Schuldner die Prozessführungsbefugnis für zukünftige Prozesse fehlt, werden Neuverfahren ausschließlich vom vorläufigen Insolvenzverwalter geführt.[700]

Auf der haftungsrechtlich relevanten Ebene des rechtlichen Dürfens ist der vorläufige Insolvenzverwalter allerdings nur dann zur Klageerhebung berechtigt, wenn diese zur Sicherung und Erhaltung des schuldnerischen Vermögens erforderlich ist.[701] Denn grundsätzlich soll erst der Insolvenzverwalter im eröffneten Verfahren über die gerichtliche Geltendmachung von schuldrechtlichen Ansprüchen und das damit verbundene Prozessrisiko entscheiden. Ist die Prozessführung für die Sicherung und Erhaltung des schuldnerischen Vermögens nicht erforderlich oder schätz der vorläufige Insolvenzverwalter das Prozessrisiko falsch ein und entsteht hieraus ein Schaden, kann eine Haftung nach §§ 60, 21 Abs. 2 Nr. 1 InsO in Betracht

---

696 Einhellige Meinung, s. nur *Fritsche,* DZWIR 2005, 265, 274; Gottwald/*Eckardt,* § 32 Rn. 13; MünchKomm-InsO/*Haarmeyer,* § 22 Rn. 184, § 24 Rn. 17; *Pohlmann,* Befugnisse und Funktionen des vorläufigen Insolvenzverwalters, Rn. 569; Uhlenbruck/*Vallender,* § 22 Rn. 247.

697 *Bork,* Einführung in das Insolvenzrecht, Rn. 126 (Fn. 8); *Damerius,* Das Schicksal schwebender Verfahren des Insolvenzschuldners, S. 29; *Fritsche,* DZWIR 2005, 265, 274; FK-InsO/*Schmerbach,* § 24 Rn. 33; MünchKomm-InsO/*Haarmeyer,* § 24 Rn. 28; Musielak/*Weth,* § 51 Rn. 19a; Uhlenbruck/*Vallender,* § 24 Rn. 16.

698 So die heute ganz h.M., s. nur FK-InsO/*Schmerbach,* § 24 Rn. 33; HK/*Kirchhof,* § 24 Rn. 24; K/P/B/*Pape,* § 24 Rn. 10; MünchKomm-InsO/*Haarmeyer,* § 22 Rn. 17; *Pohlmann,* Befugnisse und Funktionen des vorläufigen Insolvenzverwalters, Rn. 569; *Rückert,* Einwirkung des Insolvenzverfahrens auf schwebende Prozesse, S. 79; a.A. aber offenbar L/S/Z/*Thiemann,* § 22 Rn. 17: Der vorläufige Insolvenzverwalter ist über den Rahmen der Aufnahme anhängiger Prozesse nicht zur Prozessführung für die Masse befugt.

699 Anders noch die überwiegende Auffassung unter der Geltung der KO, umfassende Nachweise dazu bei *Kuhn/Uhlenbruck*-KO, § 106 Rn. 13l.

700 FK-InsO/*Schmerbach,* § 24 Rn. 33; Jaeger/*Gerhardt,* § 24 Rn. 11; MünchKomm-InsO/*Haarmeyer,* § 24 Rn. 28; Uhlenbruck/*Vallender,* § 24 Rn. 16.

701 *Pohlmann,* Befugnisse und Funktionen des vorläufigen Insolvenzverwalters, Rn. 570; vgl. entsprechend zur Verfügungsbefugnis Begr. zu § 26 RegEInsO, BT-Drucks. 12/2443, S. 117; MünchKomm-InsO/*Haarmeyer,* § 22 Rn. 24 m.w.N.

kommen.[702] Im Interesse des Rechtsverkehrs wird die Prozessführung im Außenverhältnis jedoch nicht berührt.

2. Der vorläufige Insolvenzverwalter mit Einzelermächtigung nach § 22 Abs. 2 InsO

Ist lediglich ein „schwacher" vorläufiger Insolvenzverwalter eingesetzt, kann ihn das Insolvenzgericht per Einzelanordnung nach § 22 Abs. 2 InsO dazu ermächtigen, Prozesse zur Sicherung und Erhaltung des Schuldnervermögens zu führen, sofern der Sicherungszweck der vorläufigen Verwaltung die Übertragung der Prozessführungsbefugnis erfordert.[703] Auf diesem Wege kann dem angesichts einer wirtschaftlich oftmals aussichtslosen Lage an der Prozessführung uninteressierten Schuldner die Möglichkeit genommen werden, die Rechte der Masse durch Untätigkeit zu vernachlässigen. Dabei ist stets zu beachten, dass die Anordnung nicht pauschal ergehen kann, sondern sich im Wege einer Einzelanordnung auf bestimmte Forderungen zu beziehen hat.[704]

Da die Prozessführungsbefugnis regelmäßig auch die materielle Verfügungsbefugnis über das geltend gemachte Recht verlangt, hat das Insolvenzgericht dem vorläufigen Insolvenzverwalter zugleich die materiell-rechtliche Verfügungsbefugnis einzuräumen.[705] Die isolierte Übertragung der Prozessführungsbefugnis auf den materiell-rechtlich nicht verfügungsbefugten Insolvenzverwalter kraft richterlicher Anweisung ist nicht möglich.[706] Denn andernfalls könnte der Kreis der Personen, die Partei kraft Amtes sind, durch Gerichte auf beliebige Weise ausgedehnt werden.[707]

---

702 *Pohlmann,* Befugnisse und Funktionen des vorläufigen Insolvenzverwalters, Rn. 572.

703 BGH NZI 2012, 365 (Rn. 9); BGH NZI 2013, 747, 748 (Rn. 8); Gottwald/*Eckardt,* § 32 Rn. 13; Jaeger/*Gerhardt,* § 22 Rn. 144; K/P/B/*Pape,* § 24 Rn. 9; *Rückert,* Einwirkung des Insolvenzverfahrens auf schwebende Prozesse, S. 92. S. auch HK/*Kirchhof,* § 22 Rn. 63, wonach das Insolvenzgericht den vorläufigen Insolvenzverwalter entsprechend § 53 ZPO ermächtigen kann, Prozesse zu führen.

704 S. nur BGHZ 151, 353, 366 = NZI 2002, 543; BGH NZI 2012, 365 (Rn. 9); HK/*Kirchhof,* § 22 Rn. 63.

705 BGH NZI 2012, 365 (Rn. 9); HambKomm/*Schröder,* § 22 Rn. 175; HK/*Kirchhof,* § 22 Rn. 63; Jaeger/*Gerhardt,* § 22 Rn. 144; *Rückert,* Einwirkung des Insolvenzverfahrens auf schwebende Prozesse, S. 92. Im eröffneten Insolvenzverfahren geht die materiell-rechtliche Verfügungsbefugnis nach § 80 Abs. 1 InsO auf den Insolvenzverwalter über. Der „starke" vorläufige Insolvenzverwalter erlangt die materielle Verfügungsbefugnis gemäß § 22 Abs. 1 InsO.

706 *Herbert,* Die Sequestration im Konkursantragsverfahren, S. 104; *Pohlmann,* Befugnisse und Funktionen des vorläufigen Insolvenzverwalters, Rn. 573; *Rückert,* Einwirkung des Insolvenzverfahrens auf schwebende Prozesse, S. 91; *Urban,* MDR 1982, 441, 442; s. ferner Stein/Jonas/*Bork,* Vor § 50 Rn. 60.

707 So *Urban,* MDR 1982, 441, 442; ebenso *Rückert,* Einwirkung des Insolvenzverfahrens auf schwebende Prozesse, S. 91.

Dies widerspräche der Systematik des Zivilprozessrechts, nach der die Parteien kraft Amtes durch die objektive materielle und formelle Rechtsordnung vorgegeben sind.[708] Das Insolvenzgericht kann den „schwachen" vorläufigen Insolvenzverwalter daher nicht allein prozessual so stellen, als wäre er ein „starker" vorläufiger Insolvenzverwalter, ohne ihn auch in materieller Hinsicht entsprechend zu ermächtigen.

Dies bedeutet zugleich aber auch, dass es der Erteilung einer besonderen Prozessführungsermächtigung nicht mehr bedarf, wenn das Insolvenzgericht dem vorläufigen Insolvenzverwalter die materielle Verfügungsmacht im Wege einer Einzelanordnung bereits übertragen hat.[709] Denn die Prozessführungsbefugnis stellt sich als prozessrechtliches Pendant zur materiellen Verfügungsbefugnis dar, sodass aus der materiellen Befugnis zur Geltendmachung eines Rechts zugleich auch die Befugnis folgt, selbiges prozessual durchzusetzen.[710]

Obwohl weite Teile der zivilprozessrechtlichen Literatur die Stellung als Partei kraft Amtes auf den „starken" vorläufigen Insolvenzverwalter zu beschränken scheinen,[711] ist der mit Einzelbefugnissen ausgestattete „schwache" Insolvenzverwalter ebenso wie der „starke" Insolvenzverwalter Partei kraft Amtes. Als gesetzlicher Prozessstandschafter tritt er im Prozess im eigenen Namen auf.[712]

Unabhängig davon ist anzunehmen, dass auch der vorläufige Verwalter ohne Verwaltungs- und Verfügungsbefugnis im Falle von Eilmaßnahmen, also wenn es sich um die gerichtliche Durchsetzung unaufschiebbarer Notmaßnahmen handelt, entsprechend der Rechtsprechung unter der Geltung der KO prozessführungsbefugt ist.[713]

3. Der vorläufige Insolvenzverwalter mit Zustimmungsvorbehalt

Der nur mit einem Zustimmungsvorbehalt ausgestattete vorläufige Insolvenzverwalter ist demgegenüber grundsätzlich nicht prozessführungsbefugt.[714] Der Insolvenzschuldner behält die Verwaltungs- und Verfügungsbefugnis über sein Vermögen und damit auch die Prozessführungsbefugnis für massebezogene Verfahren.

---

708 Vgl. OLG Dresden NZI 1998, 127, 128. Zu dieser Systematik Stein/Jonas/*Bork,* Vor § 50 Rn. 27 f.

709 OLG Köln ZIP 2004, 2450, 2451; *Fritsche,* DZWIR 2005, 265, 274.

710 *Fritsche,* DZWIR 2005, 265, 274; *Pohlmann,* Befugnisse und Funktionen des vorläufigen Insolvenzverwalters, Rn. 569.

711 S. etwa Saenger/*Bendtsen,* § 51 Rn. 14; Musielak/*Weth,* § 51 Rn. 19a.

712 *Fritsche,* DZWIR 2005, 265, 275; a.A. OLG Köln ZIP 2004, 2450, 2451; Uhlenbruck/*Vallender,* § 22 Rn. 248: gewillkürter Prozessstandschafter.

713 FK-InsO/*Schmerbach,* § 24 Rn. 39; *Fritsche,* DZWIR 2005, 265, 274; MünchKomm-InsO/*Haarmeyer,* § 24 Rn. 18; vgl. zur Rechtslage unter der Geltung der KO LG Frankfurt NJW-RR 1997, 796; LG Magdeburg ZIP 1997, 896.

714 BGH NZI 2012, 365 (Rn. 9); LG Essen NZI 2000, 552, 553; *Damerius,* Das Schicksal schwebender Verfahren des Insolvenzschuldners, S. 30; *Fritsche,* DZWIR 2005, 265, 274; Gottwald/*Eckardt,* § 32 Rn. 14; HK/*Kirchhof,* § 22 Rn. 63; MünchKomm-InsO/*Haarmeyer,* § 22 Rn. 185, § 24 Rn. 16; Uhlenbruck/*Vallender,* § 22 Rn. 248.

Gläubiger haben ihre Klagen daher nicht gegen den vorläufigen Insolvenzverwalter zu richten, sondern den Schuldner persönlich zu verklagen.[715]

II. Auswirkungen auf rechtshängige Prozesse des Schuldners

Hat der Schuldner schon vor der Anordnung der vorläufigen Verwaltung Prozesse zur Durchsetzung offener Außenstände angestrengt, wirkt sich der Übergang der Prozessführungsbefugnis auch auf diese Prozesse aus. In Parallele zum eröffneten Verfahren ordnet § 240 S. 2 ZPO an, dass rechtshängige[716] Prozesse, die die (künftige) Insolvenzmasse betreffen, bereits durch ein noch zu eröffnendes Verfahren von Gesetzes wegen unterbrochen werden, wenn die Verwaltungs- und Verfügungsbefugnis über das Schuldnervermögen auf einen vorläufigen Insolvenzverwalter übergegangen ist.

Die Verfahrensunterbrechung ist von erheblicher praktischer Bedeutung, weil der spätere Insolvenzverwalter bei rechtskräftiger Abweisung der Klage zum Nachteil der Masse nichts mehr ausrichten könnte.[717] Die Unterbrechung bietet dem vorläufigen Insolvenzverwalter die notwendige Zeit zu prüfen, ob das Verfahren im Interesse der Insolvenzmasse fortgeführt werden sollte.

1. Unterbrechung gerichtlicher Verfahren gemäß § 240 S. 2 ZPO

a) Der vorläufige Insolvenzverwalter mit allgemeiner Verwaltungs- und Verfügungsbefugnis

Die Unterbrechungswirkung tritt ein, wenn der Schuldner die Prozessführungsbefugnis infolge eines umfassenden Übergangs seiner Verfügungsbefugnis auf den vorläufigen Insolvenzverwalter verliert, indem dem Schuldner ein allgemeines Verfügungsverbot auferlegt und ein „starker" vorläufiger Insolvenzverwalter nach § 22 Abs. 1 InsO eingesetzt wird.[718] Der vorläufige Insolvenzverwalter tritt prozessual vollständig an die Stelle des Schuldners.[719] Es findet ein gesetzlicher Parteiwechsel statt.

b) Der vorläufige Insolvenzverwalter mit Einzelermächtigung nach § 22 Abs. 2 InsO

Da die Einsetzung eines „starken" vorläufigen Insolvenzverwalters nach der derzeitigen Praxis der Insolvenzgerichte nicht die Regel ist, stellt sich die Frage, ob ein bereits begonnener Rechtsstreit auch dann unterbrochen wird, wenn der Wechsel

---

715 BGHZ 189, 299, 309 = NZI 2011, 602; HK/*Kirchhof*, § 22 Rn. 65.
716 S. oben § 1 Fn. 53.
717 *Damerius*, Das Schicksal schwebender Verfahren des Insolvenzschuldners, S. 68.
718 Dazu Jaeger/*Gerhardt*, § 24 Rn. 11; N/R/*Mönning/Zimmermann*, § 24 Rn. 32; *Pohlmann*, Befugnisse und Funktionen des vorläufigen Insolvenzverwalters, Rn. 579; *Rückert*, Einwirkung des Insolvenzverfahrens auf schwebende Prozesse, S. 81; Uhlenbruck/*Vallender*, § 24 Rn. 13.
719 Dazu oben § 3 C.I.1., S. 144 f.

in der Prozessführungsbefugnis einer wirksamen Einzelermächtigung des vorläufigen Insolvenzverwalters nach § 22 Abs. 2 InsO folgt. Dies wird zum Teil verneint. Ausschließlich die Bestellung eines „starken" vorläufigen Insolvenzverwalters verbunden mit dem Erlass eines allgemeinen Verfügungsverbots nach §§ 21 Abs. 2 S. 1 Nr. 1 und 2 Alt. 1, 22 Abs. 1 InsO führe eine Verfahrensunterbrechung herbei, weil § 240 S. 2 ZPO seinem Wortlaut nach ein inhaltlich unbeschränktes allgemeines Verfügungsverbot voraussetze.[720] Dem ist jedoch entgegenzuhalten, dass der zivilprozessuale Normzweck des § 240 ZPO eine Differenzierung nicht gebietet. Wie bereits ausgeführt trägt die Verfahrensunterbrechung dem Wechsel in der materiellrechtlichen Verfügungsbefugnis und der damit einhergehenden Änderung in der Prozessführungsbefugnis Rechnung. Den Verfahrensbeteiligten soll Zeit gegeben werden, sich auf die rechtlich und wirtschaftlich veränderte Situation einzustellen und über die Fortführung des Prozesses zu entscheiden.[721] Vor diesem Hintergrund kann es keinen Unterschied machen, ob der Wechsel in der Prozessführungsbefugnis der Anordnung eines allgemeinen Verfügungsverbots oder einer Einzelermächtigung nach § 22 Abs. 2 InsO folgt. Denn der Wechsel in der Prozessführungsbefugnis bedarf in beiden Fällen einer verfahrensrechtlichen Absicherung. In beiden Fällen gebieten es Sinn und Zweck des § 240 ZPO gleichermaßen, dem vorläufigen Insolvenzverwalter sowie der anderen Partei die Möglichkeit einzuräumen, sich auf die rechtlich und wirtschaftlich veränderte Lage einzustellen.[722]

Der Gesetzgeber hat in § 240 S. 2 ZPO und in § 24 Abs. 2 InsO auf den Wechsel der Verwaltungs- und Verfügungsbefugnis Bezug genommen.[723] Dies schließt nicht aus, dass der Wechsel in der Prozessführungsbefugnis einer Einzelermächtigung des vorläufigen Insolvenzverwalters folgt.[724] Denn auch in diesem Fall geht die für § 240 S. 2 ZPO maßgebliche Befugnis auf den vorläufigen Insolvenzverwalter über.[725] Demnach werden rechtshängige Verfahren auch dann gemäß § 240 S. 2 ZPO unterbrochen, wenn dem Schuldner ein besonderes Verfügungsverbot auferlegt und der vorläufige Insolvenzverwalter zur Prozessführung ermächtigt wird.

---

720 KG Berlin ZInsO 2001, 265, 266; s. auch Jaeger/*Gerhardt,* § 24 Rn. 11, wonach die Unterbrechungswirkung nach § 240 S. 2 InsO (auch) nicht dadurch herbeiführbar sein soll, dass das Gericht den „schwachen" vorläufigen Insolvenzverwalter zur Prozessführung im Einzelfall oder generell ermächtigt; ebenso K/P/B/*Pape,* § 24 Rn. 9; im Ergebnis auch *Rückert,* Einwirkung des Insolvenzverfahrens auf schwebende Prozesse, S. 92.

721 S. oben § 1 Fn. 51.

722 BGH NZI 2013, 747, 748 (Rn. 13 ff.).

723 S. Begr. RegE EGInsO, BT-Drucks. 12/3803, S. 68.

724 Für eine Verfahrensunterbrechung daher die h.M., s. BGH NZI 2013, 747, 749 (Rn. 16); *Bork,* Einführung in das Insolvenzrecht, Rn. 126 (Fn. 8); *Fritsche,* DZWIR 2005, 265, 275; Gottwald/*Eckardt,* § 32 Rn. 97; L/S/Z/*Thiemann,* § 24 Rn. 14; MünchKomm-InsO/*Haarmeyer,* § 24 Rn. 16; Zöller/*Greger,* ZPO, § 240 Rn. 5; wohl auch HambKomm/*Schröder,* § 24 Rn. 19.

725 Ausführlich dazu oben § 3 C.I.2., S. 146 f.

c) Der vorläufige Insolvenzverwalter ohne Prozessführungsbefugnis

Da die Verfahrensunterbrechung die Konsequenz des Übergangs der Parteistellung auf den (vorläufigen) Insolvenzverwalter ist, tritt keine Unterbrechung nach § 240 S. 2 ZPO ein, wenn das Insolvenzgericht lediglich einen „schwachen" vorläufigen Insolvenzverwalter mit Zustimmungsvorbehalt nach § 21 Abs. 2 S. 1 Nr. 2 Alt. 2 InsO bestellt hat.[726] Ein während des Eröffnungsverfahrens schwebender Prozess des Schuldners wird durch die Anordnung dieser Maßnahme daher nicht unterbrochen.

Um zu verhindern, dass die Gläubigergemeinschaft Nachteile aus der Prozessführung des Schuldners erleidet, wird in der Literatur jedoch zum Teil eine analoge Anwendung des § 240 S. 2 ZPO auf den lediglich mitbestimmenden vorläufigen Insolvenzverwalter diskutiert.[727] Zweck der Verfahrensunterbrechung sei es, bereits während des Insolvenzeröffnungsverfahrens zu verhindern, dass Entscheidungen zulasten der Gläubigergemeinschaft ergehen.

Eine Analogie zu § 240 S. 2 ZPO ist indes zu verneinen. Zwar könnte argumentiert werden, die Entscheidungsbefugnis liege nicht nur bei Anordnung eines allgemeinen bzw. eines besonderen Verfügungsverbots, sondern auch im Falle des Zustimmungsvorbehalts letztlich beim vorläufigen Insolvenzverwalter.[728] Die Situationen seien daher insofern vergleichbar, als Verfügungen des Schuldners grundsätzlich unwirksam seien, §§ 24 Abs. 1, 81 Abs. 1 S. 1 InsO. Ihre Wirksamkeit hänge jeweils von der Zustimmung des vorläufigen Insolvenzverwalters ab.[729] Diese Argumentation ist allerdings nicht überzeugend, weil sich die Rechtsstellung des verfügungsbefugten vorläufigen Insolvenzverwalters grundlegend von der eines in Verbindung mit der Anordnung eines Zustimmungsvorbehalts bestellten vorläufigen Insolvenzverwalters unterscheidet. Der verfügungsbefugte vorläufige Insolvenzverwalter handelt umfassend für den Schuldner, während die Anordnung eines

726 BGH NZI 1999, 363, 364; BGH NZI 2013, 747, 748 (Rn. 12); OLG Celle ZInsO 2002, 728; OLG Koblenz ZInsO 2005, 777; KG Berlin ZInsO 2001, 265 ff.; *Bork,* Einführung in das Insolvenzrecht, Rn. 126 (Fn. 682); FK-InsO/*Schmerbach,* § 24 Rn. 37; *Fritsche,* DZWIR 2005, 265, 274; Gottwald/*Eckardt,* § 32 Rn. 97; HambKomm/*Schröder,* § 24 Rn. 19; HK/*Kirchhof,* § 22 Rn. 63; Jaeger/*Gerhardt,* § 22 Rn. 142, § 24 Rn. 11; L/S/Z/*Thiemann,* § 24 Rn. 14; MünchKomm-InsO/*Haarmeyer,* § 24 Rn. 18; Zöller/*Greger,* ZPO, § 240 Rn. 5; kritisch, jedoch im Ergebnis ebenso *Damerius,* Das Schicksal schwebender Verfahren des Insolvenzschuldners, S. 67 ff.; *Rückert,* Einwirkung des Insolvenzverfahrens auf schwebende Prozesse, S. 82 ff.

727 S. *Damerius,* Das Schicksal schwebender Verfahren des Insolvenzschuldners, S. 69 f.; *Rückert,* Einwirkung des Insolvenzverfahrens auf schwebende Prozesse, S. 84 f., im Ergebnis jedoch jeweils ablehnend.

728 Vgl. *Bork,* ZIP 1999, 781, 785, der argumentiert, dass es sich bei einem Zustimmungsvorbehalt aus der Sicht der Gläubiger um ein „faktisches allgemeines Verfügungsverbot" handle.

729 Vgl. *Bork,* ZIP 1999, 781, 785; s. auch *Rückert,* Einwirkung des Insolvenzverfahrens auf schwebende Prozesse, S. 84.

Zustimmungsvorbehalts lediglich bewirkt, dass der vorläufige Insolvenzverwalter die Wirksamkeit von Schuldnerverfügungen verhindern kann.[730]

Hinzu kommt, dass die Verfahrensunterbrechung die Konsequenz des Übergangs der Parteistellung auf den (vorläufigen) Insolvenzverwalter ist. Dieser Übergang findet ausschließlich dann statt, wenn ein „starker" vorläufiger Insolvenzverwalter oder ein vorläufiger Insolvenzverwalter mit Einzelermächtigung bestellt wird. Denn nur in diesen Konstellationen geht die Prozessführungsbefugnis des Schuldners auf den vorläufigen Insolvenzverwalter über, wie es § 240 S. 2 InsO erfordert.

Abgesehen davon mangelt es bereits an den Voraussetzungen für eine Analogie. Zwar liegt eine Regelungslücke vor, weil die prozessualen Auswirkungen des Zustimmungsvorbehalts auf schwebende Prozesse gesetzlich nicht geregelt sind. Diese Lücke ist aber nicht planwidrig, denn der Gesetzgeber unterscheidet in den §§ 21 ff. InsO deutlich zwischen Verfügungsverbot und Zustimmungsvorbehalt. Dies beweisen etwa die §§ 23 Abs. 1 S. 1, 24 Abs. 1 InsO, die Verfügungsverbot und Zustimmungsvorbehalt gleichsetzen.[731] Insofern ist anzunehmen, dass der Gesetzgeber Verfügungsverbot und Zustimmungsvorbehalt auch im Rahmen des § 240 S. 2 ZPO gleichgesetzt hätte, hätte er dies gewollt.

Die Ablehnung der Analogie wird schließlich durch die Parallele zu § 55 Abs. 2 InsO bestätigt. Wie § 240 S. 2 InsO verlangt die Vorschrift ihrem Wortlaut nach, dass die Verfügungsbefugnis des Schuldners auf einen vorläufigen Insolvenzverwalter übergegangen ist. Auch hier wird eine erweiternde Anwendung der Norm auf den mit einem Zustimmungsvorbehalt ausgestatteten vorläufigen Insolvenzverwalter verneint,[732] sodass sich die im Zusammenhang mit § 55 Abs. 2 InsO vorgebrachten Argumente auf § 240 S. 2 InsO entsprechend übertragen lassen.

Eine Verfahrensunterbrechung tritt damit ausschließlich dann ein, wenn die Prozessführungsbefugnis des Schuldners auf den vorläufigen Insolvenzverwalter übertragen wird. Wird lediglich ein „schwacher" vorläufiger Insolvenzverwalter bestellt und ein Zustimmungsvorbehalt nach § 21 Abs. 2 Nr. 2 Alt. 2 InsO angeordnet, findet eine Verfahrensunterbrechung nicht statt. Sollten aus der Prozessführung des Schuldners Nachteile für die spätere Insolvenzmasse drohen, bleibt jedoch stets die Möglichkeit, den vorläufigen Insolvenzverwalter im Wege der

730 BGHZ 151, 353, 361 = NZI 2002, 543; s. ferner *Jaffé/Hellert,* ZIP 1999, 1204, 1205 f.; *Pohlmann,* Befugnisse und Funktionen des vorläufigen Insolvenzverwalters, Rn. 347 (jeweils zu § 55 Abs. 2 InsO).

731 So *Kirchhof,* ZInsO 1999, 365, 368; ebenso *Rückert,* Einwirkung des Insolvenzverfahrens auf schwebende Prozesse, S. 85; vgl. ferner OLG Köln ZIP 2001, 1422, 1425.

732 S. BGHZ 151, 353, 358 ff. = NZI 2002, 543; BGHZ 154, 190, 193 = NZI 2003, 315; BGH NZI 2008, 295 (Rn. 9); BGH NZI 2009, 475, 476 (Rn. 13); BGH NZI 2011, 143, 144 (Rn. 9); OLG Köln ZIP 2001, 1422 ff.; *Bork,* Einführung in das Insolvenzrecht, Rn. 128; HK/*Lohmann,* § 55 Rn. 28; Jaeger/*Henckel,* § 55 Rn. 88; *Jaffé/Hellert,* ZIP 1999, 1204 ff.; MünchKomm-InsO/*Hefermehl,* § 55 Rn. 221; *Pohlmann,* Befugnisse und Funktionen des vorläufigen Insolvenzverwalters, Rn. 345 ff.; Uhlenbruck/*Sinz,* § 55 Rn. 93.

Einzelermächtigung zur (prozessualen) Geltendmachung von Forderungen zu ermächtigen. In diesem Fall tritt eine Unterbrechung des Verfahrens gemäß § 240 S. 2 InsO ein, sodass der vorläufige Insolvenzverwalter alle notwendigen prozessualen Maßnahmen treffen kann.

2. Ende der Unterbrechung

a) Aufnahme, § 85 Abs. 1 S. 1 InsO

Wird ein rechtshängiger Prozess gemäß § 240 S. 2 ZPO unterbrochen, ist der vorläufige Insolvenzverwalter berechtigt, diesen gemäß § 24 Abs. 2 InsO i.V.m. § 85 Abs. 1 S. 1 InsO aufzunehmen. Über die Aufnahme entscheidet er nach pflichtgemäßem Ermessen.[733] Denn dem vorläufigen Insolvenzverwalter stehen in Bezug auf die Aufnahme grundsätzlich dieselben Rechte zu, die der endgültige Insolvenzverwalter innehat. Als Orientierung dienen die Ziele der vorläufigen Insolvenzverwaltung, deren Hauptzweck die Sicherung und Erhaltung der zukünftigen Insolvenzmasse ist.[734] Hierzu zählt auch die Pflicht zur Fortführung des schuldnerischen Betriebs, sodass die Aufnahme unterbrochener Prozesse sinnvoll sein kann, um Forderungen des Schuldners schneller zu realisieren und so die für die Unternehmensfortführung notwendige Liquidität zu schaffen.[735] Zudem hat sich der vorläufige Insolvenzverwalter stets am Prozessrisiko und der Bedeutung des Rechtsstreits für das verwaltete Vermögen zu orientieren.[736]

Da der vorläufige Insolvenzverwalter seine Befugnis im Innenverhältnis nur insoweit ausüben darf, wie es der Zweck der Vermögenssicherung bis zur Entscheidung über die Eröffnung des Insolvenzverfahrens erfordert, kann er sich den Beteiligten gegenüber gemäß §§ 60, 21 Abs. 2 S. 1 Nr. 1 InsO schadensersatzpflichtig machen, wenn er seine Pflicht schuldhaft verletzt.[737] Aus diesem Grund wird der vorläufige Insolvenzverwalter von der Prozessaufnahme absehen, wenn er die Rechtsverfolgung entweder für aussichtslos hält oder die streitige Forderung für das verwaltete Vermögen wertlos ist.[738]

---

733 K/P/B/*Pape*, § 24 Rn. 10; MünchKomm-InsO/*Haarmeyer*, § 24 Rn. 22; *Pohlmann*, Befugnisse und Funktionen des vorläufigen Insolvenzverwalters, Rn. 582; Uhlenbruck/*Vallender*, § 22 Rn. 250.

734 *Ampferl*, Der "starke" vorläufige Verwalter in der Unternehmensinsolvenz, Rn. 773; *Pohlmann*, Befugnisse und Funktionen des vorläufigen Insolvenzverwalters, Rn. 582; Uhlenbruck/*Vallender*, § 22 Rn. 250.

735 *Ampferl*, Der "starke" vorläufige Verwalter in der Unternehmensinsolvenz, Rn. 774; *Pohlmann*, Befugnisse und Funktionen des vorläufigen Insolvenzverwalters, Rn. 582.

736 *Pohlmann*, Befugnisse und Funktionen des vorläufigen Insolvenzverwalters, Rn. 582; Uhlenbruck/*Vallender*, § 22 Rn. 250.

737 MünchKomm-InsO/*Haarmeyer*, § 24 Rn. 25; *Pohlmann*, Befugnisse und Funktionen des vorläufigen Insolvenzverwalters, Rn. 582; Uhlenbruck/*Vallender*, § 22 Rn. 250.

738 MünchKomm-InsO/*Haarmeyer*, § 24 Rn. 25.

Entscheidet sich der vorläufige Insolvenzverwalter für die Prozessaufnahme und verliert er den aufgenommenen Prozess, so stellen die Kosten des gesamten Rechtsstreits eine Masseverbindlichkeit nach § 55 Abs. 2 InsO dar.[739] Als solche kann sie erst im eröffneten Verfahren geltend gemacht werden, sodass die Forderung bis zur Entscheidung über die Verfahrenseröffnung unberührt bleibt.[740]

Die Vorschriften über eine Verzögerung oder eine Ablehnung der Aufnahme kommen hingegen nicht zur Anwendung, weil § 24 Abs. 2 InsO nicht auf § 85 Abs. 2 InsO verweist. Der vorläufige Insolvenzverwalter ist daher nicht befugt, die Aufnahme des Prozesses abzulehnen.[741] Es entspricht dem Sinn der vorläufigen Insolvenzverwaltung, dass der vorläufige Insolvenzverwalter die Aufnahme nicht mit Wirkung gegenüber der späteren Insolvenzmasse ablehnen kann. Über eine endgültige Ablehnung entscheidet daher allein der Insolvenzverwalter.

Zugleich entfällt die in § 85 Abs. 2 InsO vorgesehene Aufnahmemöglichkeit des jeweiligen Beklagten sowie des Schuldners, weil die vorläufige Insolvenzverwaltung nur von kurzer Dauer sein soll und es dem Prozessgegner während dieses Zeitraums zumutbar ist, bis zur Entscheidung über die Verfahrenseröffnung abzuwarten.[742] Aufgrund dessen kann der Prozessgegner den vorläufigen Insolvenzverwalter auch nicht gemäß § 85 Abs. 1 S. 2 InsO i.V.m. § 239 Abs. 2 bis 4 ZPO zur Entscheidung über die Aufnahme zwingen. Sofern der vorläufige Insolvenzverwalter den Rechtsstreit nicht (freiwillig) aufnimmt, bleibt es also beim Stillstand des Verfahrens.

b) Zustimmungserfordernis gemäß § 160 Abs. 2 Nr. 3 InsO

Um die Beteiligung der Gläubiger an wesentlichen Entscheidungen des Insolvenzverwalters zu gewährleisten, hat der Insolvenzverwalter im eröffneten Verfahren gemäß § 160 Abs. 2 Nr. 3 InsO die Zustimmung des Gläubigerausschusses bzw. der Gläubigerversammlung einzuholen, wenn ein Rechtsstreit mit erheblichem Streitwert aufgenommen wird. Für das Insolvenzeröffnungsverfahren wird ein entsprechendes Zustimmungserfordernis in der Literatur verneint.[743] Weder § 24 Abs. 2 InsO noch § 21 Abs. 2 S. 1 Nr. 1a InsO verwiesen auf § 160 InsO.

Wie dargelegt spricht die vom Gesetzgeber verfolgte Intention, Gläubiger frühzeitig an wesentlichen Entscheidungen zu beteiligen, aber dafür, den vorläufigen

739 HK/*Kirchhof*, § 24 Rn. 30; Jaeger/*Gerhardt*, § 24 Rn. 18.

740 Jaeger/*Gerhardt*, § 24 Rn. 18.

741 Statt aller *Ampferl*, Der "starke" vorläufige Verwalter in der Unternehmensinsolvenz, Rn. 778; HK/*Kirchhof*, § 24 Rn. 27; Jaeger/*Gerhardt*, § 24 Rn. 13; *Pohlmann*, Befugnisse und Funktionen des vorläufigen Insolvenzverwalters, Rn. 587.

742 Begr. zu § 28 RegEInsO, BT-Drucks. 12/2443, S. 117; HK/*Kirchhof*, § 24 Rn. 27; L/S/Z/*Thiemann*, § 24 Rn. 14; Jaeger/*Gerhardt*, § 24 Rn. 13; Uhlenbruck/*Vallender*, § 24 Rn. 14.

743 HK/*Kirchhof*, § 24 Rn. 27; MünchKomm-InsO/*Haarmeyer*, § 24 Rn. 26; s. auch *Ampferl*, Der "starke" vorläufige Verwalter in der Unternehmensinsolvenz, Rn. 784 ff. (vor der Einführung des § 21 Abs. 2 S. 1 Nr. 1a InsO).

Gläubigerausschuss bei besonders bedeutsamen Rechtshandlungen i.S.d. § 160 InsO heranzuziehen.[744] Handelt es sich also um die Aufnahme eines Rechtsstreits mit erheblichem Streitwert, bedarf der vorläufige Insolvenzverwalter der Zustimmung durch den vorläufigen Gläubigerausschuss, sofern ein solcher bestellt wurde.[745]

c) Wegfall der Verfügungsbeschränkung

Nimmt der vorläufige Insolvenzverwalter den Prozess nicht auf, endet die Verfahrensunterbrechung entsprechend § 240 S. 1 ZPO, sobald die Verfügungsbeschränkung oder die vorläufige Insolvenzverwaltung aufgehoben wird. In diesem Fall wird das gerichtliche Verfahren nach den allgemeinen Regeln fortgeführt.[746]

D. Leistungen an den Schuldner nach Anordnung einer Verfügungsbeschränkung

Der Schuldner, dem ab dem Erlass eines durch das Insolvenzgericht angeordneten allgemeinen oder besonderen Verfügungsverbots die Verfügungsbefugnis fehlt, ist ab dem Zeitpunkt der Anordnung weder berechtigt, die Forderung einzuziehen – d.h. aktiv geltend zu machen – noch bleibt er empfangszuständig. Eine Leistung, die ein Drittschuldner nach Erlass der gerichtlichen Anordnung an den späteren Insolvenzschuldner erbringt, hat demnach keine Erfüllungswirkung i.S.d. § 362 Abs. 1 BGB.

Für diesen Fall ordnet § 24 Abs. 1 InsO eine entsprechende Anwendung des § 82 InsO für das Insolvenzeröffnungsverfahren an.[747] Leistet der Drittschuldner nach der Anordnung der Verfügungsbeschränkung an den Schuldner, wird er daher in Parallele zum eröffneten Insolvenzverfahren von seiner Verbindlichkeit frei, wenn ihm die Verfügungsbeschränkung nicht bekannt war.

Ebenso wie im eröffneten Verfahren ist auch im Insolvenzeröffnungsverfahren die Unkenntnis zum Zeitpunkt der Leistungshandlung maßgeblich.[748] Hinsichtlich der Beweislastverteilung kommt es in entsprechender Anwendung des § 82 S. 2 InsO darauf an, ob die Leistung vor oder nach der öffentlichen Bekanntmachung der Verfügungsbeschränkung erbracht wurde.[749] So wird entsprechend § 82 S. 2 InsO vermutet, dass der Drittschuldner die Verfügungsbeschränkung nicht kannte,

744 Dazu bereits oben unter § 3 B., S. 143 f.

745 S. HambKomm/*Frind*, § 67 Rn. 2b; *ders.*, ZInsO 2011, 2249, 2255: Der vorläufige Gläubigerausschuss wird über Maßnahmen i.S.v. § 160 InsO befinden müssen; vgl. auch *Pohlmann*, Befugnisse und Funktionen des vorläufigen Insolvenzverwalters, Rn. 594 ff., der sich bereits vor Einführung des § 21 Abs. 2 S. 1 Nr. 1a InsO für eine Zustimmung durch das Insolvenzgericht ausgesprochen hat.

746 S. nur HK/*Kirchhof*, § 24 Rn. 26; Uhlenbruck/*Vallender*, § 24 Rn. 13.

747 Zum Gutglaubensschutz im eröffneten Verfahren s. oben § 1 B.III.1., S. 26 ff.

748 Ausführlich dazu oben § 1 B.III.1.c)bb)(5), S. 33 ff.

749 HK/*Kirchhof*, § 24 Rn. 21; MünchKomm-InsO/*Haarmeyer*, § 24 Rn. 14.

wenn die Leistung vor der öffentlichen Bekanntmachung nach § 23 Abs. 1 S. 1 InsO erfolgte. Im Übrigen trägt der Leistende die Beweislast dafür, dass ihm die Verfügungsbeschränkung des Schuldners unbekannt war.

Auch in Bezug auf die Rechtsfolgen einer in Unkenntnis der Verfügungsbeschränkung an den Schuldner erbrachten Leistung finden die zu § 82 InsO entwickelten Grundsätze Anwendung: Leistet der Drittschuldner ohne schuldbefreiende Wirkung an den Schuldner, bleibt der Anspruch gegen ihn bestehen und ist vom vorläufigen Insolvenzverwalter im Rahmen seiner Befugnisse geltend zu machen. Dem Leistenden steht lediglich ein bereicherungsrechtlicher Anspruch gegen den Schuldner zu.[750]

Die Ausführungen gelten unabhängig davon, ob der Schuldner die Empfangszuständigkeit infolge eines allgemeinen oder eines besonderen Verfügungsverbots verloren hat.[751] Zwar umfasst § 24 Abs. 1 InsO ausdrücklich nur die in „§ 21 Abs. 2 Nr. 2 InsO vorgesehenen Verfügungsbeschränkungen", d.h. die Anordnung eines allgemeinen Verfügungsverbots und die Anordnung, dass Verfügungen des Schuldners nur mit Zustimmung des vorläufigen Insolvenzverwalters wirksam sind, sodass angenommen werden könnte, besondere Verfügungsbeschränkungen seien nicht erfasst. Jedoch lassen sich Gründe, die eine unterschiedliche Behandlung rechtfertigen würden, nicht finden. Indem § 24 Abs. 1 InsO sowohl auf § 81 InsO als auch auf § 82 InsO verweist, wird das im eröffneten Verfahren geltende System des Verkehrsschutzes auf das Insolvenzeröffnungsverfahren übertragen. Wertungsmäßig muss dies bei Anordnung einer besonderen Verfügungsbeschränkung ebenso gelten wie im Falle des Erlasses einer allgemeinen Verfügungsbeschränkung. Zudem handelt es sich bei einer besonderen Verfügungsbeschränkung im Verhältnis zur Anordnung einer allgemeinen Verfügungsbeschränkung im Grunde lediglich um ein minus, nicht hingegen um ein aliud.[752] Aufgrund dessen muss ein allgemeines Verfügungsverbot i.S.d. § 21 Abs. 2 Nr. 2 Alt. 1 InsO als Zusammenfassung aller erdenklichen Verfügungsverbote in einem Beschluss betrachtet werden.[753] Bestätigt wird diese Sichtweise durch die Tatsache, dass sich das Insolvenzgericht bei der

---

750 Statt vieler HK/*Kirchhof,* § 24 Rn. 23; L/S/Z/*Thiemann,* § 24 Rn. 12.

751 Die Anwendbarkeit des § 24 Abs. 1 InsO auf besondere Verfügungsverbote ist strittig. Für die Anwendbarkeit plädieren *Kießling/Singhof,* DZWIR 2000, 353, 357 ff.; MünchKomm-InsO/*Haarmeyer,* § 24 Rn. 8; *Pohlmann,* Befugnisse und Funktionen des vorläufigen Insolvenzverwalters, Rn. 259; abl. aber die wohl h.M. (zumeist jedoch ohne nähere Begründung bzw. einzig unter Verweis auf den Wortlaut von § 24 Abs. 1 InsO), s. Braun/*Böhm,* § 24 Rn. 3; FK-InsO/*Schmerbach,* § 24 Rn. 2; HambKomm/Schröder, § 24 Rn. 15; HK/*Kirchhof,* § 24 Rn. 4; Karsten Schmidt-InsO/*Hölzle,* § 24 Rn. 4; N/R/*Mönning/Zimmermann,* § 24 Rn. 8; Uhlenbruck/*Vallender,* § 24 Rn. 2; wohl auch Hess/*Hess,* § 24 Rn. 7.

752 MünchKomm-InsO/*Haarmeyer,* § 21 Rn. 59; *Pohlmann,* Befugnisse und Funktionen des vorläufigen Insolvenzverwalters, Rn. 259; *Vallender,* FS Uhlenbruck, S. 133, 146.

753 So *Pohlmann,* Befugnisse und Funktionen des vorläufigen Insolvenzverwalters, Rn. 259.

Anordnung einer besonderen Verfügungsbeschränkung ebenfalls auf § 21 Abs. 2 Nr. 2 InsO stützt.[754]

E. Zusammenfassung

Vor dem Hintergrund, dass fällige, unbelastete Außenstände regelmäßig den wesentlichen Teil des schuldnerischen Gesamtvermögens bilden, stellt ihre Einziehung eine wesentliche Pflicht des vorläufigen Insolvenzverwalters dar. Dieser ist – im Rahmen des doppelten Sicherungszwecks des Eröffnungsverfahrens – zum Forderungseinzug berechtigt und verpflichtet, wenn die Verfügungsbefugnis des Schuldners im Ganzen oder in Folge einer besonderen gerichtlichen Anordnung nach § 22 Abs. 2 InsO auf ihn übergegangen ist. Neben der Forderungseinziehung ist der vorläufige Insolvenzverwalter auch befugt, Forderungen in anderer Weise als durch Einziehung zu verwerten. Handelt es sich um einen wesentlichen Teil des Forderungsbestands, bedarf er allerdings der Zustimmung durch den vorläufigen Gläubigerausschuss, wenn ein solcher bestellt worden ist.

Sofern die materiell-rechtliche Verfügungsbefugnis auf den Insolvenzverwalter übergegangen ist, ist er zugleich auch befugt, Forderungen gerichtlich durchzusetzen. Der vorläufige Insolvenzverwalter erlangt im Außenverhältnis umfassende Prozessführungsbefugnis, die jedoch im Innenverhältnis durch den Sicherungszweck des Eröffnungsverfahrens begrenzt ist. Prozessrechtlich wird der Wechsel in der Prozessführungsbefugnis gesichert, indem bereits begonnene Prozesse des Schuldners nach § 240 S. 2 ZPO unterbrochen werden. Dies gilt unabhängig davon, ob ein „starker“ vorläufiger Insolvenzverwalter nach § 22 Abs. 1 InsO eingesetzt wird oder der Wechsel in der Prozessführungsbefugnis einer wirksamen Einzelermächtigung des vorläufigen Insolvenzverwalters nach § 22 Abs. 2 InsO folgt. Unterbrochene Prozesse können nach Maßgabe des § 85 Abs. 1 S. 1 InsO aufgenommen werden.

Wird lediglich ein „schwacher“ vorläufiger Insolvenzverwalter bestellt und ein Zustimmungsvorbehalt nach § 21 Abs. 2 S. 1 Nr. 2 Alt. 2 InsO angeordnet, ist der vorläufige Insolvenzverwalter weder zur Prozessführung befugt noch werden rechtshängige Verfahren nach § 240 Abs. 2 ZPO (analog) unterbrochen.

Leistet ein Drittschuldner nach Erlass einer Verfügungsbeschränkung an den Schuldner, kommt der Leistung in Parallele zum eröffneten Verfahren grundsätzlich keine Erfüllungswirkung zu. Etwas anderes gilt nur dann, wenn der Drittschuldner zum Zeitpunkt der Leistung keine Kenntnis von der mangelnden Verfügungsbefugnis des Schuldners besitzt. In diesem Fall wird er nach Maßgabe der §§ 24 Abs. 1, 82 InsO von seiner Leistungspflicht befreit.

754 S. u. a. K/P/B/*Pape*, § 21 Rn. 22; MünchKomm-InsO/*Haarmeyer*, § 21 Rn. 59; *Pohlmann*, Befugnisse und Funktionen des vorläufigen Insolvenzverwalters, Rn. 259; Uhlenbruck/*Vallender*, § 21 Rn. 23; *Vallender*, FS Uhlenbruck, S. 133, 145; vgl. für den Zustimmungsvorbehalt auch *Bork*, Einführung in das Insolvenzrecht, Rn. 132.

§ 4 Die Einziehung sicherungsabgetretener Außenstände im Insolvenzeröffnungsverfahren

Im eröffneten Verfahren ermächtigt § 166 Abs. 2 InsO den Insolvenzverwalter, Forderungen, die der Schuldner zur Sicherheit an Waren- oder Geldkreditgeber abgetreten hat, einzuziehen oder in anderer Weise zu verwerten. Im Insolvenzeröffnungsverfahren ist die Rechtslage im Hinblick auf sicherungsabgetretene Forderungen weniger eindeutig. Eine § 166 Abs. 2 InsO vergleichbare Regelung fehlte zunächst. Im Gesetz fand sich lediglich die wenig aussagekräftige Regelung des § 169 S. 2 InsO, die den Zeitpunkt festlegt, ab welchem dem Gläubiger Zinszahlungen aus der Insolvenzmasse zustehen, wenn dieser schon vor der Eröffnung des Insolvenzverfahrens aufgrund einer Anordnung nach § 21 InsO an der Verwertung von Sicherungsgut gehindert ist.

Dies verwundert nicht nur deshalb, weil die Vorausabtretung als Mittel der Kreditsicherheit zwischen dem Schuldner und dem ihm Kredit gebenden Gläubiger weitgehende Praxis ist, sondern vor allem auch deswegen, weil die gegensätzliche Interessenlage zwischen vorläufigem Insolvenzverwalter und Sicherungsnehmern gerade während des Insolvenzeröffnungsverfahrens zum Ausdruck kommt. Auf der einen Seite der Sicherungszessionar – meist eine kreditgebende Bank –, der die ihm zur Sicherheit abgetretenen Forderungen in der Krise schnellstmöglich einziehen will, um seine Forderung zu befriedigen und die der Masse im eröffneten Verfahren nach § 170 Abs. 1 S. 1, 171 InsO zustehenden Kostenbeiträge zu umgehen. Auf der anderen Seite der vorläufige Insolvenzverwalter, der danach strebt, die Insolvenzmasse bis zur Eröffnung des Insolvenzverfahrens zusammenzuhalten, und Forderungen möglichst selbst einziehen möchte, um die Liquidität des schuldnerischen Unternehmens zu verbessern und die Kostenbeiträge zugunsten der Insolvenzmasse aus dem Verwertungserlös zu entnehmen.

Erst durch das Gesetz zur Vereinfachung des Insolvenzverfahrens[755] vom 13.4.2007 wurde die Vorschrift des § 21 Abs. 2 S. 1 Nr. 5 InsO eingeführt, die es dem Insolvenzgericht nunmehr ermöglicht, bereits während des Insolvenzeröffnungsverfahrens ein Einziehungsverbot für den Sicherungszessionar auszusprechen und den vorläufigen Insolvenzverwalter zum Forderungseinzug zu ermächtigen.

A. Frühere Rechtslage

Vor der Einführung des § 21 Abs. 2 S. 1 Nr. 5 InsO wurde kontrovers diskutiert, ob und in welchem Umfang ein an den Sicherungszessionar gerichtetes Verbot ergehen konnte, das diesem bereits im Insolvenzeröffnungsverfahren untersagte, die ihm zur Sicherheit übertragene Forderung einzuziehen. Strittig war zudem, ob das Insolvenzgericht den vorläufigen Insolvenzverwalter darüber hinaus ermächtigen konnte,

755 BGBl I 2007, 509.

sicherungszedierte Forderungen einzuziehen. Beide Fragestellungen wurden sowohl in der Literatur als auch in der Rechtsprechung uneinheitlich beantwortet.

Um einen Wettlauf gesicherter Gläubiger vor der Eröffnung des Insolvenzverfahrens zu vermeiden, der insbesondere dadurch entstand, dass diese versuchten, Forderungen selbst einzuziehen, um auf diesem Wege die Kostenbeiträge, die der Masse im eröffneten Verfahren gemäß §§ 170 Abs. 1 S. 1, 171 InsO zustehen, zu sparen, wurde teils vertreten, Sicherungszessionaren könne es bereits vor der Eröffnung des Insolvenzverfahrens untersagt werden, die ihnen zur Sicherheit übertragenen Forderungen einzuziehen.[756] Ebenso wurde aber auch die Auffassung vertreten, eine entsprechende Anordnung könne nicht erlassen werden.[757] Der IX Zivilsenat ließ die Frage, ob im Insolvenzantragsverfahren gerichtliche Sicherungsmaßnahmen gezielt gegenüber Sicherungszessionaren angeordnet werden konnten, offen.[758] Er stellte allerdings klar, dass eine Anordnung des Insolvenzgerichts, die den Insolvenzverwalter ermächtigt, sicherungsabgetretene Forderungen einzuziehen, lediglich das Verhältnis zwischen Schuldner und Insolvenzverwalter betreffe, jedoch keine Wirkung gegen den Sicherungszessionar entfalte.[759]

Auch die Frage, ob Insolvenzgerichte Anordnungen erlassen konnten, die den vorläufigen Insolvenzverwalter ermächtigten, zur Sicherheit abgetretene Forderungen einzuziehen, wurde teilweise bejaht.[760] Andere Stimmen in der Literatur plädierten sogar für eine analoge Anwendung des § 166 Abs. 2 InsO. Um die Befugnisse, die dem Insolvenzverwalter im eröffneten Verfahren nach § 166 Abs. 2 InsO zustehen, zu wahren, müsse es gesicherten Gläubigern bereits während des Eröffnungsverfahrens verwehrt sein, die ihnen abgetretenen Forderungen zu verwerten.[761] Einer gesonderten gerichtlichen Ermächtigung des vorläufigen Insolvenzverwalters, die Forderung einzuziehen, bedurfte es nach dieser Ansicht nicht.

Die Sichtweisen, die den vorläufigen Insolvenzverwalter – aufgrund einer gerichtlichen Anordnung oder einer Analogie zu § 166 Abs. 2 InsO – als berechtigt ansahen, sicherungszedierte Forderungen einzuziehen, stießen allerdings auf erhebliche Kritik. So wurde argumentiert, eine entsprechende gerichtliche Anordnung entbehre

756 BayObLG NZI 2001, 592; KG NZI 1999, 500, 501; LG Berlin NZI 1999, 416; *Bork*, ZBB 2001, 271, 278; FK-InsO⁴/ *Wegener*, § 166 Rn. 8; *Gundlach/Frenzel/Schmidt*, NZI 2002, 530, 532 f.; Uhlenbruck[12]/*Uhlenbruck*, § 22 Rn. 209.

757 *Foltis*, ZInsO 1999, 386, 390; *Lwowski/Tetzlaff*, NZI 1999, 395, 396 f.; *Pape*, NZI 2007, 425, 428; *Smid*, WM 2004, 2373, 2374; *Vallender*, DStR 1999, 2034, 2037.

758 BGHZ 154, 72, 79 ff. = NZI 2003, 259.

759 BGHZ 154, 72, 83 = NZI 2003, 259.

760 BayObLG NZI 2001, 592; AG Duisburg NZI 1999, 421, 422; *Gundlach/Frenzel/Schmidt*, NZI 2002, 530, 532 f.; Uhlenbruck[12]/*Uhlenbruck*, § 22 Rn. 209; vgl. auch *Mitlehner*, NZI 2001, 677, 678, wonach eine gerichtliche Anordnung, die den Insolvenzverwalter zur Forderungseinziehung ermächtigte, dem nachträglich durch Widerruf der Einziehungsermächtigung begründeten Verwertungsrecht des Sicherungszessionars vorgehen sollte.

761 Jaeger/*Gerhardt*, § 22 Rn. 96 ff.

jeglicher gesetzlichen Grundlage.[762] Zudem finde § 166 Abs. 2 InsO eindeutig erst im eröffneten Verfahren Anwendung, sodass eine analoge Anwendung der Vorschrift im Eröffnungsverfahren ausscheide.[763] Nach herrschender Ansicht war das Insolvenzgericht daher nicht berechtigt, dem vorläufigen Insolvenzverwalter die Einziehung zur Sicherheit abgetretener Forderungen gegen den Willen des Sicherungsnehmers zu gestatten.[764] Für die Frage, ob der vorläufige Insolvenzverwalter zur Forderungseinziehung berechtigt war, sollte allein der Fortbestand der dem Schuldner vom Sicherungszessionar erteilten Einziehungsermächtigung maßgeblich sein.[765]

Der BGH vertrat diesbezüglich die Ansicht, die auf Grundlage der Sicherungsvereinbarung erteilte Einziehungsermächtigung erlösche weder durch die Krise des Schuldners noch durch die Stellung des Insolvenzantrags.[766] Diese Sichtweise erweckte jedoch den Anschein, mehr eine Hilfsargumentation zu sein als die tatsächliche Auslegung der Willenserklärung nach dem Willen des Ermächtigenden. Denn sie schien auf dem Gedanken zu beruhen, ein „automatischer" Wegfall der Einziehungsermächtigung würde die Fortführung des Betriebs unmöglich machen.[767] Auch der BGH räumte ein, das Fortbestehen der Einziehungsermächtigung werde deshalb für erforderlich gehalten, weil die im Gesetz vorausgesetzte Fortführung eines Unternehmens durch den vorläufigen Insolvenzverwalter kaum möglich sei, wenn ein wesentlicher Teil des Umlaufvermögens – dies betrifft gerade die häufig an Kreditinstitute abgetretenen Forderungen – bereits blockiert sei. Kritisiert wurde diese Rechtsprechung folglich zu Recht, denn sie entfernte sich vom rechtsgeschäftlichen Charakter der Einziehungsermächtigung, die als Willenserklärung sowohl auslegungsfähig als auch auslegungsbedürftig ist.[768]

Auch die Anwendung der Kostenbeitragsregelungen wurde verneint. Die §§ 170, 171 InsO bezögen sich ihrem Wortlaut nach nur auf den endgültigen Insolvenzverwalter.[769] Sofern der vorläufige Insolvenzverwalter eine zur Sicherheit

---

762 *Lwowski/Tetzlaff,* NZI 1999, 395; *Smid,* Kreditsicherheiten in der Insolvenz², § 11 Rn. 33; s. auch *Bork,* ZBB 2001, 271, 278, der jedoch eine Ausnahme zum Zwecke der Abwendung eines drohenden Forderungsverlusts annahm.

763 BGH NZI 2007, 338, 339; *Kirchhof,* ZInsO 1999, 436, 437; K/P/B/*Flöther,* § 166 Rn. 26; *Pohlmann,* Befugnisse und Funktionen des vorläufigen Insolvenzverwalters, Rn. 429; *Vallender,* DStR 1999, 2034, 2037.

764 *Bork,* ZBB 2001, 271, 278; *Foltis,* ZInsO 1999, 386, 392; *Kuder,* ZIP 2007, 1690, 1693 f.; *Lwowski/Tetzlaff,* NZI 1999, 395, 396; *Obermüller,* NZI 2003, 416, 417; *ders.,* DZWIR 2000, 10, 14; *Smid,* WM 2004, 2373, 2374; *Vallender,* DStR 1999, 2034, 2037.

765 So BGHZ 154, 72, 79 = NZI 2003, 259; *Becker,* DZWIR 2003, 332, 337 f.; FK-InsO⁴/*Wegener,* § 166 Rn. 8; *Lwowski/Tetzlaff,* NZI 1999, 395, 396; *Smid,* WM 2004, 2373, 2374; vgl. *Foltis,* ZInsO 1999, 386, 390; *Kirchhof,* ZInsO 1999, 436, 437.

766 BGHZ 144, 192 = NZI 2000, 306.

767 So *Berger,* FS Fischer, S. 1, 8.

768 *Berger,* FS Fischer, S. 1, 8; *Gundlach/Frenzel/Jahn,* NZI 2010, 336, 337.

769 So BGHZ 154, 72, 79 = NZI 2003, 259; Jaeger/*Gerhardt,* § 22 Rn. 100; *Obermüller,* NZI 2003, 416 f.; *ders.,* DZWIR 2000, 10, 15; s. ferner *Kirchhof,* ZInsO 1999, 436, 438: Kostenbeiträge nur bei Forderungseinziehung wegen Gefahr im Verzuge.

abgetretene Forderung einzog, hatte er daher den gesamten Einziehungserlös an den gesicherten Gläubiger abzuführen. Die im Zuge der Feststellung sowie der Verwertung entstandenen Kosten fielen der späteren Insolvenzmasse zur Last.

B. Heutige Rechtslage

Die Frage, ob das Insolvenzgericht die Forderungseinziehung durch den Sicherungszessionar untersagen und den vorläufigen Verwalter ermächtigen kann, zur Sicherheit abgetretene Forderungen einzuziehen, ist seit Einführung des § 21 Abs. 2 S. 1 Nr. 5 InsO obsolet. Denn die Möglichkeiten, die dem Gericht im Insolvenzeröffnungsverfahren zur Verfügung stehen, sind durch das Gesetz zur Vereinfachung des Insolvenzverfahrens vom 13.4.2007[770] um eine Variante ergänzt worden. Seit dem 1.7.2007 besteht die Möglichkeit, eine entsprechende Anordnung während der Eröffnungsphase zu erlassen. Gleichwohl blieben etliche Fragen offen. So ergibt sich nicht nur aus der Vorschrift des § 21 Abs. 2 S. 1 Nr. 5 InsO selbst eine Reihe an Problemen, unklar bleibt nach wie vor auch, wie sich die Rechtslage ohne gerichtliche Anordnung nach § 21 Abs. 2 S. 1 Nr. 5 InsO gestaltet.

Im Folgenden werden die Mittel, die dem Insolvenzgericht in Hinblick auf die Einziehung sicherungsabgetretener Forderungen während des Insolvenzeröffnungsverfahrens zur Verfügung stehen, dargestellt, wobei zunächst Voraussetzungen und Rechtsfolgen einer gerichtlichen Anordnung nach § 21 Abs. 2 S. 1 Nr. 5 InsO analysiert werden. Im Anschluss daran wird die Rechtslage ohne Erlass einer solchen Anordnung untersucht.

I. Forderungseinziehung nach § 21 Abs. 2 S. 1 Nr. 5 InsO

Gemäß § 21 Abs. 2 S. 1 Nr. 5 InsO kann das Insolvenzgericht anordnen, dass Gegenstände, die im Falle der Eröffnung des Verfahrens von § 166 InsO erfasst würden, vom Gläubiger nicht verwertet oder eingezogen werden dürfen und dass solche Gegenstände zur Fortführung des Unternehmens des Schuldners eingesetzt werden können, soweit sie hierfür von erheblicher Bedeutung sind. Die Vorschrift ordnet zudem kraft ausdrücklicher Regelung an, dass die §§ 170, 171 InsO entsprechend gelten, wenn der vorläufige Insolvenzverwalter eine zur Sicherheit abgetretene Forderung anstelle des Sicherungszessionars einzieht.

Auf den ersten Blick scheint die Rechtslage – jedenfalls bei Erlass einer solchen Anordnung – somit eindeutig. Bei genauerer Betrachtung fällt jedoch auf, dass der knappe Wortlaut der Regelung Fragen aufwirft, die sich allein aus der Gesetzeslektüre nicht beantworten lassen. So benennt § 21 Abs. 2 S. 1 Nr. 5 InsO die Voraussetzungen der Anordnung nicht eindeutig. Der Vorschrift kann beispielsweise nicht entnommen werden, ob die Anordnung auch in Bezug auf sicherungszedierte Forderungen voraussetzt, dass die eingezogenen Beträge von erheblicher Bedeutung

770 Zur Entstehungsgeschichte der Vorschrift *Weigelt*, Sicherungsanordnungen, S. 15 ff.

für die Fortführung des schuldnerischen Unternehmens sind. Darüber hinaus sind auch die Rechtsfolgen der Anordnung nur unzureichend geregelt. Für den mit der Fortführung des Unternehmens befassten vorläufigen Insolvenzverwalter, der auf die Zuführung liquider Mittel angewiesen ist, stellt sich insbesondere die Frage, ob die eingezogenen Erlöse für die Betriebsfortführung eingesetzt werden können.

1. Sinn und Zweck der Vorschrift

Die Anordnung nach § 21 Abs. 2 S. 1 Nr. 5 InsO dient dazu, die Schaffung vollendeter Tatsachen zu vermeiden, bevor der vorläufige Insolvenzverwalter oder der (spätere) Insolvenzverwalter die Wirksamkeit von Sicherungsabtretungen abschließend prüfen konnte.[771] Der amtlichen Begründung nach besteht die Möglichkeit zur Prüfung für den Insolvenzverwalter häufig nicht mehr, weil zur Sicherheit abgetretene Forderungen nach vorheriger Offenlegung der Abtretung durch den gesicherten Gläubiger oftmals selbst realisiert werden.[772] Aufgrund dessen könnten die Kostenbeiträge, die der Masse im eröffneten Verfahren nach §§ 170, 171 InsO zustehen, nicht mehr geltend gemacht werden.[773] Habe der Sicherungszessionar die Forderung einmal eingezogen und stelle sich sodann die Unwirksamkeit des Sicherungsrechts heraus, sei es ferner schwierig, der Masse den entgangenen Erlös wieder zuzuführen.[774] Eine Anordnung nach § 21 Abs. 2 S. 1 Nr. 5 InsO ist daher insbesondere in denjenigen Fällen angebracht, in denen die Wirksamkeit der Sicherungszession zweifelhaft ist und vermieden werden soll, dass der Sicherungszessionar vor der Eröffnung des Insolvenzverfahrens durch die Einziehung der Forderung vollendete Tatsachen schafft.[775]

Das Einziehungsverbot dient hingegen nicht der Finanzierung der Betriebsfortführung. Denn der Insolvenzverwalter hat den eingezogenen Erlös gemäß § 21 Abs. 2 S. 1 Nr. 5 S. 3 InsO i.V.m. § 170 Abs. 1 S. 2 InsO an den Sicherungszessionar auszukehren. Für die Betriebsfortführung können Einziehungserlöse daher nicht eingesetzt werden.[776]

---

771 Dazu RegE zu Art. 1 Nr. 6 InsOVereinfG, BT-Drucks. 16/3227, S. 15; s. auch AG Hamburg ZInsO 2011, 2045; FK-InsO/*Schmerbach,* § 21 Rn. 295; HambKomm/*Schröder,* § 21 Rn. 69h; N/R/*Mönning,* § 21 Rn. 225.

772 RegE zu Art. 1 Nr. 6 InsOVereinfG, BT-Drucks. 16/3227, S. 15.

773 Zumindest die Kosten der Feststellung entstehen unabhängig von einer eigenen Verwertungshandlung des Insolvenzverwalters, weil dieser die Wirksamkeit des Sicherungsrechts auch bei einer Einziehung der Forderung durch den Sicherungszessionar zu prüfen hat.

774 RegE zu Art. 1 Nr. 6 InsOVereinfG, BT-Drucks. 16/3227, S. 15.

775 K/P/B/*Pape,* § 21 Rn. 40b; Uhlenbruck/*Vallender,* § 21 Rn. 38d.

776 RegE zu Art. 1 Nr. 6 InsOVereinfG, BT-Drucks. 16/3227, S. 16; BGHZ 184, 101, 113 = NZI 2010, 339; K/P/B/*Pape,* § 21 Rn. 40y; *ders.,* FS Fischer, S. 427, 431; N/R/*Mönning,* § 21 Rn. 225. Ausführlich zur Behandlung eigezogener Beträge unter § 4 B.I.4., S. 172 ff.

Obwohl sich die Möglichkeit des Insolvenzgerichts, ein Verwertungsverbot auszusprechen, auf alle von § 166 InsO erfassten Gegenstände bezieht, d.h. auch auf zur Sicherheit übereignete Sachen, die sich noch – wenn auch nur im mittelbaren Besitz – des Schuldners befinden, erlangt das Verwertungsverbot nur hinsichtlich sicherungsabgetretener Forderungen praktische Bedeutung. Denn bewegliche Sachen kann der Sicherungseigentümer zwar möglichweise nach § 931 BGB übereignen, nicht jedoch ohne die Herausgabe der Sache durch den Schuldner verwerten. Auf der anderen Seite dürfte Sicherungsgut, das sich bereits im Besitz des Sicherungseigentümers befindet, kaum noch von erheblicher Bedeutung für die Fortführung des schuldnerischen Unternehmens sein.[777]

2. *Voraussetzungen der Anordnung nach § 21 Abs. 2 S. 1 Nr. 5 InsO*

a) Allgemeine Voraussetzungen der Anordnung

Die Anordnung von Sicherungsmaßnahmen im Insolvenzeröffnungsverfahren erfordert grundsätzlich zunächst einen zulässigen Insolvenzantrag. Das Gericht muss prüfen, ob der Antrag von einem Antragsberechtigten gestellt ist und die Verfahrensvoraussetzungen – die Zuständigkeit des Gerichts sowie die Insolvenzfähigkeit des Schuldners – gegeben sind. Im Falle eines Gläubigerantrags müssen Forderung und Insolvenzgrund glaubhaft gemacht sein.[778]

Um einen lückenlosen Schutz der Vermögensmasse sicherzustellen, darf eine Sicherungsanordnung aber auch schon dann erlassen werden, wenn noch nicht sämtliche Zulässigkeitsvoraussetzungen abschließend geklärt sind.[779] Dies ist vom Wortlaut des § 21 InsO eindeutig zugelassen und aus Gründen der Eilbedürftigkeit von Sicherungsmaßnahmen im Interesse der Gläubiger erforderlich. Voraussetzung ist jedoch stets, dass ausgeschlossen ist, dass ein erkennbar unzulässiger oder gar rechtsmissbräuchlich gestellter Antrag vorliegt.[780]

Bevor das Gericht eine Sicherungsanordnung erlässt, hat es zudem von Amts wegen das Kriterium der Erforderlichkeit zu prüfen, worauf die Vorschrift des § 21 Abs. 1 InsO ausdrücklich hinweist.[781] Stellt sich die Maßnahme als erforderlich heraus, steht die Anordnung nach § 21 Abs. 2 S. 1 Nr. 5 InsO – wie jede Maßnahme

---

777 So HK/*Kirchhof*, § 21 Rn. 30; s. auch Uhlenbruck/*Vallender*, § 21 Rn. 38b.

778 S. nur Jaeger/*Gerhardt*, § 21 Rn. 4 m.w.N.

779 Dazu BGH NZI 2007, 344 f. (Rn. 9 f.); BGH NZI 2010, 680 (Rn. 5); HambKomm/*Schröder*, § 21 Rn. 2; Jaeger/*Gerhardt*, § 21 Rn. 4; MünchKomm-InsO/*Haarmeyer*, § 21 Rn. 16 ff.; N/R/*Mönning*, § 21 Rn. 46; a.A. K/P/B/*Pape*, § 21 Rn. 8; *Vallender*, Kölner Schrift, 5. Kapitel Rn. 44, wonach die Anordnung von Sicherungsmaßnahmen an das Vorliegen eines zulässigen Insolvenzantrags gebunden sein soll; ebenfalls kritisch *Smid*, DZWIR 2007, 485, 486 f.

780 MünchKomm-InsO/*Haarmeyer*, § 21 Rn. 16.

781 MünchKomm-InsO/*Haarmeyer*, § 21 Rn. 19; N/R/*Mönning*, § 21 Rn. 49. Dies gilt auch für das Fortbestehen der Erforderlichkeit. Die Sicherungsmaßnahme ist sonst ggf. nach § 25 InsO aufzuheben, s. *Brei/Bultmann*, § 5 Rn. 112.

nach § 21 InsO – als staatliches Handeln ferner unter dem rechtsstaatlichen Gebot der Verhältnismäßigkeit.[782] Danach hat das Gericht die Anordnung daraufhin zu überprüfen, ob sie zur Erreichung des Sicherungszwecks geeignet, notwendig und zweckmäßig ist.[783] Eine vorherige Anhörung des Schuldners ist hingegen nicht erforderlich.[784] Ausreichend ist die nachträgliche Gewähr rechtlichen Gehörs.[785]

b) „Von erheblicher Bedeutung“ für die Fortführung des Unternehmens

Weder aus dem Wortlaut des § 21 Abs. 2 S. 1 Nr. 5 InsO noch aus den Gesetzesmaterialien[786] ergibt sich, ob die Anordnung (auch) im Hinblick auf sicherungsabgetretene Forderungen voraussetzt, dass ihr Einzug von erheblicher Bedeutung für die Fortführung des schuldnerischen Unternehmens ist.[787] Von erheblicher Bedeutung für die Fortführung des Unternehmens ist ein Gegenstand dann, wenn der Betriebsablauf ohne den Zugriff auf den fraglichen Gegenstand nicht unerheblich gestört würde.[788]

In der Literatur wird diesbezüglich vertreten, die erhebliche Bedeutung für die Betriebsfortführung sei anzunehmen, solange das Sicherungsrecht noch nicht geklärt ist.[789] Nach anderer Auffassung soll die erhebliche Bedeutung für die Betriebsfortführung gesetzlich vermutet werden.[790] Diese Ansätze setzen allerdings voraus, dass sich das „Betriebsfortführungserfordernis“ im Grundsatz auch auf zur Sicherheit abgetretene Forderungen erstreckt. Berücksichtigt man jedoch, dass durch die Anordnung insbesondere verhindert werden soll, dass der Sicherungszessionar durch die Einziehung vollendete Tatsachen schafft, so scheint die Notwendigkeit der Einziehung für die Betriebsfortführung keine Rolle zu spielen. Hinzu kommt, dass der vorläufige Insolvenzverwalter die eingezogenen Forderungsbeträge gemäß §§ 21 Abs. 2 S. 1 Nr. 5 S. 3, 170 Abs. 1 S. 2 InsO zu separieren und nach Abzug der Kostenbeiträge unverzüglich an den absonderungsberechtigten Gläubiger weiterzuleiten hat. Eine Verwendung des Verwertungserlöses während des

---

782 S. nur BGH NZI 2006, 122, 123 (Rn. 11); MünchKomm-InsO/*Haarmeyer,* § 21 Rn. 23.

783 S. nur MünchKomm-InsO-InsO/*Haarmeyer,* § 21 Rn. 23.

784 BGHZ 183, 269, 273 = NZI 2010, 95; *Ganter* NZI 2007, 549, 551.

785 K/P/B/*Pape,* § 21 Rn. 18; MünchKomm-InsO/*Haarmeyer,* § 21 Rn. 31; *Vallender,* Kölner Schrift, 5. Kapitel Rn. 45.

786 RegE zu Art. 1 Nr. 6 InsOVereinfG, BT-Drucks. 16/3227, S. 15 f.

787 Bejahend AG Hamburg NZI 2011, 407; HK/*Kirchhof,* § 21 Rn. 29; von dem Erfordernis der „erheblichen Bedeutung“ absehend die wohl h.M., s. AG Hamburg ZInsO 2011, 2045, 2046; HambKomm/*Schröder,* § 21 Rn. 69h; K/P/B/*Pape,* § 21 Rn. 40z; N/R/*Mönning,* § 21 Rn. 225; *Pape,* FS Fischer, S. 427, 431; Uhlenbruck/*Vallender,* § 21 Rn. 38d; *Weigelt,* Sicherungsanordnungen, S. 105.

788 S. u. a. HambKomm/*Schröder,* § 21 Rn. 69d; HK/*Kirchhof,* § 21 Rn. 29; Uhlenbruck/*Vallender,* § 21 Rn. 38l.

789 HK/*Kirchhof,* § 21 Rn. 29.

790 HambKomm/*Schröder,* § 21 Rn. 69h.

Insolvenzeröffnungsverfahrens kommt damit regelmäßig nicht in Betracht, es sei denn, es liegt eine entsprechende Vereinbarung mit dem Sicherungszessionar vor.[791]

Für die Betriebsfortführung in Betracht kämen damit von vorherein nur die der Masse zustehenden Kostenbeiträge in Höhe von insgesamt 9 % des Verwertungserlöses. Diese Beträge sollen nach der gesetzgeberischen Konzeption aber dazu dienen, die im Zuge der Feststellung und Verwertung von Absonderungsrechten entstehenden Kosten zu kompensieren, nicht hingegen dazu, die Betriebsfortführung zu ermöglichen.[792] Überdies werden die Beträge ihrer Höhe nach für die Fortführung des Unternehmens kaum an Bedeutung erlangen.[793]

Das bedeutet, dass die Vorschrift des § 21 Abs. 2 S. 1 Nr. 5 InsO in Bezug auf sicherungsabgetretene Forderungen faktisch leerliefe, wenn man die „erhebliche Bedeutung für die Fortführung des schuldnerischen Unternehmens" zur Voraussetzung der Anordnung machen würde.[794] Das Erfordernis der „erheblichen Bedeutung" kann sich daher im Ergebnis nur auf zur Sicherheit übereignete Sachen, nicht hingegen auf sicherungsabgetretene Forderungen beziehen.

c) Nichtigkeit pauschaler Anordnungen

Der Erlass eines Verwertungs- und Einziehungsverbots nach § 21 Abs. 2 S. 1 Nr. 5 InsO erfordert grundsätzlich eine individualisierende Anordnung. Die Anordnung setzt also die Feststellung derjenigen Forderungen voraus, bei denen nach der Überzeugung des Gerichts die gesetzlichen Voraussetzungen der Anordnung vorliegen. Unzulässig sind dagegen formularmäßige Anordnungen.[795] So ist eine Anordnung, die auf die erforderliche Prüfung der gesetzlichen Voraussetzungen verzichtet und lediglich den Gesetzestext wiedergibt, wegen fehlender Bestimmtheit nichtig und somit unwirksam.[796] Der individualisierten Prüfung bedarf es aus Gründen des Gläubigerschutzes, da die InsO dem Absonderungsberechtigten weder ein Rechtsmittel gegen den Anordnungsbeschluss einräumt noch eine vorherige Anordnung des Gläubigers erforderlich ist.[797]

Anders als bei beweglichen Sachen muss das Gericht in Hinblick auf sicherungsabgetretene Forderungen jedoch nicht feststellen, ob der Betrieb fortgeführt wird und die betroffenen Forderungen hierfür von erheblicher Bedeutung sind. Denn die

---

791 Oben Fn. 776.

792 Zum Kompensationsgedanken der Kostenbeteiligung oben § 2 D.I., S. 104 f.

793 *Weigelt,* Sicherungsanordnungen, S. 105.

794 So auch AG Hamburg ZInsO 2011, 2045, 2046; HambKomm/*Schröder,* § 21 Rn. 69h; vgl. auch *Pape,* FS Fischer, S. 427, 431.

795 Einhellige Meinung, s. BGHZ 183, 269, 273 = NZI 2010, 95, dazu *Tetzlaff,* WuB VI. A. § 21 InsO 2.10, 303 ff.; FK-InsO/*Schmerbach,* § 21 Rn. 291; *Gundlach/Schirrmeister,* NZI 2010, 176, 177; HambKomm/*Schröder,* § 21 Rn. 69a; MünchKomm-InsO/*Ganter,* Vor §§ 49–52 Rn. 109c; N/R/*Mönning,* § 21 Rn. 221; *Pape/Pape,* ZInsO 2010, 1345, 1349; *Smid,* DZWIR 2010, 309, 311.

796 BGHZ 183, 269, 273 = NZI 2010, 95.

797 BGHZ 183, 269, 273 = NZI 2010, 95.

Betriebsfortführung ist, wie dargelegt, keine Voraussetzung der Anordnung. Um den Anwendungsbereich der Vorschrift nicht zu sehr einzuengen, ist es für den Erlass einer Anordnung in Bezug auf zur Sicherheit abgetretene Forderungen lediglich erforderlich darzulegen, welche Gläubiger und welche Forderungen betroffen sind, wobei es zulässig ist, bestimmte Gläubiger und Forderungen zusammenfassend zu bezeichnen.[798] Im Falle einer Globalzession ist es darüber hinaus ausreichend, dass sich die Anordnung des Insolvenzgerichts auf sämtliche zur Sicherheit abgetretenen Forderungen bezieht; einer Individualisierung einzelner Forderungen bedarf es darüber hinaus nicht.[799]

d) Anordnung nach Widerruf der dem Schuldner erteilten Einziehungsermächtigung

Strittig ist, ob die Anordnung nach § 21 Abs. 2 S. 1 Nr. 5 InsO noch erlassen werden kann, nachdem der Sicherungszessionar die dem Schuldner im Rahmen des Sicherungsvertrags erteilte Einziehungsermächtigung widerrufen und die Abtretung offen gelegt hat. Zum Teil wird dies mit dem Argument verneint, das Insolvenzgericht könne dem vorläufigen Insolvenzverwalter keine über die Rechtsmacht des Schuldners hinausgehenden Rechte verschaffen.[800] Die Forderung gehöre spätestens mit dem Widerruf nicht mehr zum Vermögen des Schuldners, sondern stehe alleine dem Sicherungsgläubiger zu.[801]

Dem ist jedoch entgegenzuhalten, dass die Forderung wegen des Widerrufs nicht in das Vermögen des Sicherungszessionars „übergeht", sondern diesem lediglich haftet.[802] Darüber hinaus berücksichtigt die Gegenauffassung nicht hinreichend, dass die Einziehungsbefugnis des Insolvenzverwalters unmittelbar aus § 21 Abs. 2 S. 1 Nr. 5 InsO folgt und nicht vom Schuldner abgeleitet ist. Die Anordnung verschafft dem vorläufigen Insolvenzverwalter ein originäres Einziehungsrecht.[803] Dass die vertraglich erteilte Einziehungsbefugnis des Schuldners zum Zeitpunkt der Anordnung fortbesteht, ist damit nicht erforderlich. Hinzu kommt, dass durch die Anordnung nach § 21 Abs. 2 S. 1 Nr. 5 InsO gerade verhindert werden soll, dass vollendete Tatsachen geschaffen werden, bevor die Wirksamkeit des Absonderungsrechts überhaupt

798 BGHZ 183, 269, 273 = NZI 2010, 95.

799 AG Hamburg ZInsO 2011, 2045, 2046; ebenso FK-InsO/*Schmerbach,* § 21 Rn. 291; HambKomm/*Schröder,* § 21 Rn. 69a; MünchKomm-InsO/*Haarmeyer,* § 21 Rn. 99; anders HK/*Kirchhof,* § 21 Rn. 29, wonach zu erfassende Globalzessionen hinsichtlich der betroffenen Gläubiger zu konkretisieren sein sollen.

800 *Beck/Depré,* Praxis der Insolvenz, § 26 Rn. 27; s. auch *Mitlehner,* Mobiliarsicherheiten im Insolvenzverfahren[3], Rn. 578; vgl. *ders.,* ZIP 2001, 677, 678.

801 MünchKomm-InsO/*Haarmeyer,* § 22 Rn. 55; Uhlenbruck/*Vallender,* § 21 Rn. 38f.

802 BGHZ 147, 233, 239 = NZI 2001, 357; HK/*Kirchhof,* § 21 Rn. 30; vgl. auch Jaeger/*Gerhardt,* § 22 Rn. 99.

803 Zum Einziehungsrecht des vorläufigen Insolvenzverwalters im Rahmen der Anordnung nach § 21 Abs. 2 S. 1 Nr. 5 InsO sogleich unter § 4 B.I.3.c), S. 168 ff.

feststeht.[804] Das Bedürfnis, den Gläubiger an der Einziehung zu hindern, besteht aber gerade dann, wenn dieser im Begriff ist, die Forderung einzuziehen. Damit muss die Anordnung nach § 21 Abs. 2 S. 1 Nr. 5 InsO auch noch erlassen werden können, nachdem der Gläubiger die Einziehungsermächtigung widerrufen hat.

3. *Rechtsfolgen*

Erlässt das Insolvenzgericht eine Anordnung nach § 21 Abs. 2 S. 1 Nr. 5 InsO, so werden bestimmte Wirkungen des eröffneten Verfahrens partiell in das Insolvenzeröffnungsverfahren vorverlagert.[805]

a) Verbot der Verwertung durch den Sicherungszessionar

Als Rechtsfolge verliert der Sicherungszessionar als Forderungsinhaber sein Einziehungs- und Verwertungsrecht, sodass er Forderungen nach Erlass der gerichtlichen Anordnung weder einziehen noch in sonstiger Weise verwerten darf. War die dem Schuldner vertraglich erteilte Einziehungsermächtigung zum Zeitpunkt der gerichtlichen Anordnung noch nicht widerrufen, bewirkt die Anordnung außerdem, dass ein Widerruf des Sicherungszessionars keine Wirkung auf die Verwertungsbefugnisse entfaltet.[806] Das bedeutet, dass der vorläufige Insolvenzverwalter weiterhin zur Einziehung der Forderung berechtigt ist und der Sicherungszessionar trotz des Widerrufs nicht zur Einziehung befugt ist. Denn gerade hierin liegt der Sinn der Vorschrift, die verhindern soll, dass der Sicherungszessionar durch die Einziehung der Forderung bereits vor der Eröffnung des Insolvenzverfahrens vollendete Tatsachen schafft.[807]

Könnte der Sicherungszessionar die Forderung ungeachtet der Anordnung nach § 21 Abs. 2 S. 1 Nr. 5 InsO vor der Eröffnung des Insolvenzverfahrens selbst einziehen, indem er die gerichtliche Anordnung durch einen Widerruf der dem Schuldner erteilten Einziehungsermächtigung außer Kraft setzt, würde der Zweck der Anordnung in einem wesentlichen Punkt verfehlt. Eine Anordnung nach § 21 Abs. 2 S. 1 Nr. 5 InsO greift demnach in das Rechtsverhältnis zwischen dem Sicherungszessionar und dem Schuldner ein.

Zieht der Sicherungszessionar die Forderung trotz der gerichtlichen Anordnung ein, ist die Einziehung rechtswidrig.[808] Der vorläufige Insolvenzverwalter kann die Einziehung aber genehmigen und die Feststellungspauschale vom

---

804 Vgl. HK/*Kirchhof*, § 21 Rn. 30.

805 *Ganter*, NZI 2007, 549, 550; HambKomm/*Schröder*, § 21 Rn. 69a; HK/*Kirchhof*, § 22 Rn. 19; MünchKomm-InsO/*Haarmeyer*, § 21 Rn. 96.

806 Vgl. *Mitlehner*, ZIP 2001, 677, 678; MünchKomm-InsO/*Ganter*, Vor §§ 49–52 Rn. 109d; a.A. wohl Uhlenbruck/*Vallender*, § 21 Rn. 38f.

807 Zum Normzweck s. oben § 4 B.I.1., S. 161.

808 HambKomm/*Schröder*, § 21 Rn. 69i; MünchKomm-InsO/*Haarmeyer*, § 21 Rn. 102; *Weigelt*, Sicherungsanordnungen, S. 103 a.E.

Sicherungszessionar verlangen.[809] Die Verwertungspauschale schuldet der Sicherungszessionar demgegenüber grundsätzlich nicht,[810] es sei denn, der vorläufige Insolvenzverwalter hat in Unkenntnis der Rechtsverfolgung seitens des Sicherungszessionars bereits eigene Verwertungsmaßnahmen veranlasst.[811] Anstatt die Einziehung zu genehmigen, kann der vorläufige Insolvenzverwalter den Drittschuldner auch auf erneute Zahlung in Anspruch nehmen.[812]

b) Die Leistungserbringung an den Sicherungszessionar

Die gerichtliche Anordnung nach § 21 Abs. 2 S. 1 Nr. 5 InsO hat ferner zur Folge, dass der Sicherungszessionar seine Empfangszuständigkeit verliert. Leistungen sind daher ab Erlass der Anordnung ausschließlich an den vorläufigen Insolvenzverwalter zu erbringen. Leistet der Drittschuldner nach diesem Zeitpunkt an den Sicherungszessionar, kommt der Leistung grundsätzlich keine Erfüllungswirkung zu.

Eine nach Erlass der gerichtlichen Anordnung an den Sicherungszessionar erbrachte Leistung hat unter dem Gesichtspunkt des Gutglaubensschutzes jedoch dann Erfüllungswirkung, wenn der Drittschuldner in Unkenntnis des Einziehungsverbots an den gesicherten Gläubiger geleistet hat. Die §§ 407 Abs. 1, 408, 412 BGB, § 82 InsO finden entsprechende Anwendung.[813] Zwar sieht § 24 Abs. 1 InsO die Anwendung der §§ 81, 82 nur für den Fall eines Verstoßes gegen eine der in § 21 Abs. 2 S. 1 Nr. 2 InsO vorgesehenen Verfügungsbeschränkungen vor. Jedoch gebietet der Drittschuldnerschutz als allgemeiner Rechtsgrundsatz eine entsprechende Anwendung schuldnerschützender Normen. Das Gesetz zeigt, dass es den (Dritt-)Schuldner, der keine Kenntnis vom Verlust der Empfangszuständigkeit seines bisherigen Gläubigers hat, als schutzwürdig erachtet: Im Insolvenzeröffnungsverfahren ordnen §§ 24 Abs. 1, 82 InsO Drittschuldnerschutz für Leistungen auf unbelastete Forderungen ausdrücklich an.[814] Im eröffneten Verfahren ist der Drittschuldnerschutz in

809 *Ganter,* NZI 2007, 549, 552; L/S/Z/*Thiemann,* § 21 Rn. 84; MünchKomm-InsO/*Haarmeyer,* § 21 Rn. 102; *Uhlenbruck,* Kölner Schrift, 6. Kapitel Rn. 33; *Weigelt,* Sicherungsanordnungen, S. 104.

810 *Ganter,* NZI 2007, 549, 552.

811 Dazu oben § 2 D.I.2., S. 106 f.

812 *Ganter,* NZI 2007, 549, 552; L/S/Z/*Thiemann,* § 21 Rn. 84; MünchKomm-InsO/*Haarmeyer,* § 21 Rn. 102; *Uhlenbruck,* Kölner Schrift, 6. Kapitel Rn. 33.

813 HK/*Kirchhof,* § 21 Rn. 30; Uhlenbruck/*Vallender,* § 21 Rn. 38d (jeweils auf die Vorschrift des § 407 Abs. 1 BGB verweisend); N/R/*Mönning,* § 21 Rn. 228 a.E, der jedoch nur auf die Vorschrift des § 82 InsO abstellt; ebenso *Ganter,* NZI 2007, 549, 552; *Obermüller,* Insolvenzrecht in der Bankpraxis, Rn. 6.1092. *Kuder,* ZIP 2007, 1690, 1695 nimmt demgegenüber stets eine Schuldbefreiung des Drittschuldners bei Leistung an den Sicherungszessionar an.

814 Dazu oben unter § 3 D., S. 154 f. Unerheblich ist, ob der Schuldner die Empfangszuständigkeit infolge eines allgemeinen oder eines besonderen Verfügungsverbots verloren hat.

§ 82 InsO gesetzlich normiert.[815] Wie ausgeführt wird der Drittschuldner einer zur Sicherheit abgetretenen Forderung im eröffneten Insolvenzverfahren in entsprechender Anwendung der §§ 407 Abs. 1, 408, 412 BGB, § 82 InsO geschützt, wenn er gutgläubig an den Sicherungszessionar statt an die Insolvenzmasse leistet.[816] Für den Fall, dass ein Drittschuldner während des Insolvenzeröffnungsverfahrens in Unkenntnis der Anordnung nach § 21 Abs. 2 S. 1 Nr. 5 InsO an den gesicherten Gläubiger leistet, kann nichts anderes gelten.

In Parallele zum eröffneten Insolvenzverfahren wird dem Drittschuldner Gutglaubensschutz gewährt, wenn er keine Kenntnis von den Tatsachen besitzt, die das alleinige Einziehungsrecht des vorläufigen Insolvenzverwalters begründen. Das ist zum einen der Sicherungscharakter der Abtretung, zum anderen der Erlass der gerichtlichen Anordnung.

Im Hinblick auf die Beweislastverteilung kann auf das zu § 166 Abs. 2 InsO Entwickelte zurückgegriffen werden.[817] Demnach obliegt entsprechend § 82 InsO nach der öffentlichen Bekanntmachung der Anordnung dem Drittschuldner die Beweislast dafür, dass er zum Zeitpunkt der Leistung keine Kenntnis von der Anordnung hatte. Erbringt der Drittschuldner seine Leistung an den Sicherungszessionar hingegen vor der öffentlichen Bekanntmachung, so streitet die Vermutung des § 82 S. 2 InsO zu seinen Gunsten. Der vorläufige Insolvenzverwalter muss in entsprechender Anwendung der §§ 407 Abs. 1, 408, 412 BGB nachweisen, dass der Drittschuldner Kenntnis vom Sicherungscharakter der Zession hatte, um der Leistung die Erfüllungswirkung zu nehmen.[818] Dass die Bekanntmachung der Anordnung nach § 21 Abs. 2 S. 1 Nr. 5 InsO im Gegensatz zur Verfahrenseröffnung nach § 30 Abs. 1 S. 1 InsO nicht zwingend ist,[819] ist für die Beweislastverteilung unerheblich. Um schuldbefreienden Leistungen an den Sicherungszessionar vorzubeugen, sollte der Beschluss sämtlichen Drittschuldnern jedoch unverzüglich zugestellt werden.[820]

c) Rechtsfolgen für den vorläufigen Insolvenzverwalter

aa) Einziehungsrecht des vorläufigen Insolvenzverwalters

Die Anordnung nach § 21 Abs. 2 S. 1 Nr. 5 InsO, die dem Sicherungszessionar die Forderungseinziehung untersagt, geht mit einer Einziehungsermächtigung des vorläufigen Insolvenzverwalters einher.[821] Die Erteilung einer expliziten

---

815 Zum Schuldnerschutz im eröffneten Verfahren oben § 1 B.III.1., S. 26 ff.

816 Dazu oben unter § 2 C.II.2.d), S. 78 ff.

817 S. oben § 2 C.II.2.d)bb)(2), S. 82 f.

818 Kritisch, aber im Ergebnis ebenso *Leithaus/Riewe,* DStR 2010, 2194, 2197.

819 Nach § 23 Abs. 1 S. 1 InsO ist lediglich ein Beschluss, durch den eine der in § 21 Abs. 2 Nr. 2 InsO vorgesehenen Verfügungsbeschränkungen angeordnet und ein vorläufiger Insolvenzverwalter bestellt wird, öffentlich bekanntzumachen.

820 So HK/*Kirchhof,* § 21 Rn. 30 m.w.N.; ebenso Uhlenbruck/*Vallender,* § 21 Rn. 38d.

821 FK-InsO/*Schmerbach,* § 21 Rn. 304, 308; HambKomm/*Schröder,* § 21 Rn. 69h; HK/*Kirchhof,* § 21 Rn. 31; *Kuder,* ZIP 2007, 1690, 1695; N/R/*Mönning,* § 21 Rn. 227;

Einziehungsermächtigung durch das Insolvenzgericht ist nicht notwendig.[822] Dies folgt unmittelbar aus § 21 Abs. 2 S. 1 Nr. 5 S. 3 InsO, der eine Einziehungsbefugnis des vorläufigen Insolvenzverwalters voraussetzt. Der Sicherungszessionar ist infolge der Anordnung zur Forderungseinziehung nicht mehr berechtigt, sodass das Einziehungsrecht des vorläufigen Insolvenzverwalters erforderlich ist, um einen möglichen Wertverlust der Forderung durch Insolvenz des Drittschuldners oder Verjährung zu vermeiden und um zu verhindern, dass fällige Forderungen nicht eingezogen werden. Diese Sichtweise deckt sich mit den Gesetzesmaterialien zu § 21 Abs. 2 S. 1 Nr. 5 InsO, die davon auszugehen scheinen, dass die Anordnung neben dem Einziehungsverbot für den Sicherungszessionar eine Einziehungsermächtigung des vorläufigen Insolvenzverwalters zum Inhalt hat.[823]

Dennoch soll der Erlass einer besonderen Verfügungs- bzw. Einziehungsermächtigung erforderlich sein, wenn die Anordnung nach § 21 Abs. 2 S. 1 Nr. 5 InsO in Verbindung mit der Bestellung eines „schwachen" vorläufigen Insolvenzverwalters einhergeht.[824] Denn für den Einzug sicherungsabgetretener Forderungen sei zu beachten, dass der vorläufige Insolvenzverwalter die Forderung nach Erlass der Anordnung selbst einziehe und nicht etwa der Schuldner mit Zustimmung des vorläufigen Insolvenzverwalters.[825] Wie ausgeführt folgt die Einziehungsermächtigung des vorläufigen Insolvenzverwalters jedoch unmittelbar aus § 21 Abs. 2 S. 1 Nr. 5 InsO. Der Sicherungszessionar ist daran gehindert, die Forderung einzuziehen, sodass das Einziehungsrecht des vorläufigen Insolvenzverwalters erforderlich ist, um einen Wertverlust der Forderung zu vermeiden. Dies gilt unabhängig davon, ob die Anordnung nach § 21 Abs. 2 S. 1 Nr. 5 InsO in Verbindung mit der Bestellung eines „starken" oder eines „schwachen" vorläufigen Insolvenzverwalters erlassen wird. Vor allem aber übt der vorläufige Insolvenzverwalter im Rahmen einer Anordnung nach § 21 Abs. 2 S. 1 Nr. 5 InsO nicht die dem Schuldner vertraglich erteilte

---

Uhlenbruck/*Vallender,* § 21 Rn. 38d; *Weigelt,* Sicherungsanordnungen, S. 102; vgl. auch *Ganter,* NZI 2007, 549, 551; *ders.,* NZI 2010, 551; K/P/B/*Pape,* § 21 Rn. 40a und MünchKomm-InsO/*Haarmeyer,* § 21 Rn. 102, wonach der vorläufige Insolvenzverwalter zur Einziehung ermächtigt werden kann; a.A. aber *Szalai,* ZInsO 2009, 1177, 1185, der argumentiert, der vorläufige Insolvenzverwalter sei zur Verwertung nicht berechtigt, sodass ihm trotz Erlass der Anordnung nach § 21 Abs. 2 S. 1 Nr. 5 InsO nur ein Notverwertungsrecht zustehe. § 21 Abs. 2 S. 1 Nr. 5 InsO verweise nur auf die Einziehung durch den Verwalter, begründe aber kein Recht hierzu.

822 Eine ausdrückliche Übertragung der Einziehungsbefugnis dennoch empfehlend: FK-InsO/*Schmerbach,* § 21 Rn. 304; HambKomm/*Schröder,* § 21 Rn. 69h; Uhlenbruck/*Vallender,* § 21 Rn. 38d.

823 S. RegE zu Art. 1 Nr. 6 InsOVereinfG, BT-Drucks. 16/3227, S. 16.

824 Die Anordnung nach § 21 Abs. 2 S. 1 Nr. 5 InsO kann unstreitig unabhängig davon erlassen werden, ob ein „starker" oder ein „schwacher" vorläufiger Insolvenzverwalter eingesetzt wurde, s. nur RegE zu Art. 1 Nr. 6 InsOVereinfG, BT-Drucks. 16/3227, S. 16; MünchKomm-InsO/*Ganter,* Vor §§ 49–52 Rn. 109d; N/R/*Mönning,* § 21 Rn. 227; Uhlenbruck/*Vallender,* § 21 Rn. 38d.

825 So L/S/Z/*Thiemann,* § 21 Rn. 83.

Einziehungsermächtigung an dessen Stelle aus. Ähnlich der Einziehungsermächtigung nach § 166 Abs. 2 InsO vermittelt die Anordnung dem vorläufigen Insolvenzverwalter eine eigene gesetzliche Einziehungsermächtigung, die originär, d.h. weder aus der Rechtsstellung des Schuldners abgeleitet noch von dieser abhängig ist.

Erlässt das Gericht eine Anordnung nach § 21 Abs. 2 S. 1 Nr. 5 InsO, ist der vorläufige Insolvenzverwalter auch dann zur Forderungseinziehung befugt, wenn die Einziehung dem Schuldner nach dem Sicherungsvertrag nicht mehr gestattet wäre. Auch ein Widerruf der dem Schuldner erteilten Einziehungsermächtigung durch den Sicherungszessionar als materiell-rechtlicher Forderungsinhaber hat keine Auswirkung auf die Einziehungsermächtigung des vorläufigen Insolvenzverwalters.[826] Damit stehen dem vorläufigen Insolvenzverwalter nach Erlass der gerichtlichen Anordnung mehr Rechte zu als dem Schuldner und Sicherungsgeber, der nach Widerruf der Einziehungsermächtigung zur Einziehung regelmäßig nicht mehr befugt ist.

Um einer Entwertung der Forderung vorzubeugen, obliegt dem vorläufigen Insolvenzverwalter die unverzügliche Einziehung als Amtspflicht.[827] Ist es dem Insolvenzverwalter nicht möglich, die Forderung einzuziehen, so hat er die Aufhebung der Sicherungsmaßnahme zu verlangen.[828]

bb) Verwertung in anderer Weise

Dem Gesetz lässt sich kein Hinweis darauf entnehmen, ob es dem vorläufigen Insolvenzverwalter im Rahmen der Anordnung nach § 21 Abs. 2 S. 1 Nr. 5 InsO gestattet ist, die Forderung in anderer Weise als durch Einziehung, also etwa im Wege des Forderungsverkaufs, zu verwerten. In der Literatur findet sich diesbezüglich lediglich der Hinweis, zur andersartigen Verwertung als durch Einziehung sei der vorläufige Insolvenzverwalter nur nach Absprache mit dem Sicherungszessionar berechtigt.[829] Denn anders als in § 166 Abs. 2 InsO sei in § 21 Abs. 2 S. 1 Nr. 5 InsO nur von der Forderungseinziehung durch den vorläufigen Insolvenzverwalter, nicht hingegen von der Verwertung in anderer Weise die Rede.

Ob allein hieraus der Schluss gezogen werden kann, dass der vorläufige Insolvenzverwalter im Rahmen einer Anordnung nach § 21 Abs. 2 S. 1 Nr. 5 InsO ausschließlich darauf beschränkt ist, Forderungen im Wege der Einziehung zu verwerten, ist jedoch fraglich. Man wird vielmehr differenzieren müssen, ob der vorläufige Insolvenzverwalter den gesamten Forderungsbetrag realisieren kann oder aber im Rahmen der Verwertung auf einen Teil der Forderung verzichten muss. Kann der volle Forderungsbetrag realisiert werden, sind keine Gründe ersichtlich, die gegen eine andersartige Verwertung seitens des vorläufigen Insolvenzverwalters sprechen. § 21 Abs. 2 S. 1 Nr. 5 S. 3 InsO ordnet an, dass die §§ 170, 171 InsO entsprechend gelten. Der vorläufige Insolvenzverwalter ist folglich verpflichtet, den

826 Vgl. MünchKomm-InsO/*Ganter*, Vor §§ 49–52 Rn. 109d.
827 HK/*Kirchhof*, § 21 Rn. 31; *Kuder*, ZIP 2007, 1690, 1695.
828 *Kuder*, ZIP 2007, 1690, 1695.
829 So HK/*Kirchhof*, § 21 Rn. 31.

Verwertungserlös zu separieren und an den gesicherten Gläubiger abzuführen.[830] Für den Sicherungszessionar bedeutet es daher keinen Unterschied, auf welche Weise die sicherungsabgetretene Forderung verwertet wird.

Ist der vorläufige Insolvenzverwalter jedoch dazu gezwungen, auf einen Teil der Forderung zu verzichten – was beim Forderungsverkauf regelmäßig der Fall sein wird –, so ist eine Absprache mit dem Sicherungszessionar notwendig. Denn anders als § 166 Abs. 2 InsO verschafft eine Anordnung nach § 21 Abs. 2 S. 1 Nr. 5 InsO dem Insolvenzverwalter nicht die umfassende Verfügungsbefugnis über die zur Sicherung abgetretene Forderung, sondern lediglich die materiell-rechtliche Ermächtigung zur Forderungseinziehung. Diese ist erforderlich, um einen möglichen Wertverlust der Forderung zu verhindern, weil der gesicherte Gläubiger infolge der Anordnung an der Forderungseinziehung gehindert ist. Zu Eingriffen in die Rechte des Gläubigers ist der vorläufige Insolvenzverwalter im Rahmen einer Anordnung nach § 21 Abs. 2 S. 1 Nr. 5 InsO aber nicht berechtigt.

cc) Prozessuale Geltendmachung

Die gerichtliche Anordnung nach § 21 Abs. 2 S. 1 Nr. 5 InsO überträgt dem vorläufigen Insolvenzverwalter nicht nur die materiell-rechtliche Befugnis zur Forderungseinziehung, sondern umfasst auch die gesetzliche Ermächtigung zur prozessualen Geltendmachung der zur Sicherheit abgetretenen Forderung gegenüber dem Drittschuldner. Denn die Prozessführungsbefugnis stellt sich als prozessrechtliches Pendant zur materiellen Verfügungsbefugnis dar, sodass aus der materiell-rechtlichen Einziehungsbefugnis des vorläufigen Insolvenzverwalters zugleich auch die Befugnis zur prozessualen Durchsetzung folgt.[831] Einer gesonderten Prozessführungsermächtigung durch das Insolvenzgericht bedarf es folglich nicht.

Unerheblich ist daher auch, ob ein „starker“ mit allgemeinem Verfügungsrecht ausgestatteter oder ein „schwacher“ vorläufiger Insolvenzverwalter bestellt worden ist. Denn sowohl dem „starken“ als auch dem „schwachen“ vorläufigen Insolvenzverwalter wird die materiell-rechtliche Einziehungsbefugnis als Rechtsfolge der Anordnung übertragen.[832]

Wie für das eröffnete Verfahren bereits dargelegt, tritt der (vorläufige) Insolvenzverwalter bei der Durchsetzung sicherungsabgetretener Forderungen als gesetzlicher Prozessstandschafter – als Partei kraft Amtes – für die Masse auf, die die Forderung wiederum für den Sicherungszessionar geltend macht, sodass von einer „doppelten Prozessstandschaft“ gesprochen werden kann.[833]

830 Zur Behandlung eingezogener Beträge s. sogleich § 4 B.I.4., S. 172 ff.
831 Ebenso *Pohlmann,* Befugnisse und Funktionen des vorläufigen Insolvenzverwalters, Rn. 569.
832 Dazu oben § 4 B.I.3.c), S. 168 f.
833 Für das eröffnete Verfahren s. oben § 2 C.III.1., S. 95.

4. *Behandlung eingezogener Forderungsbeträge*

a) Grundsatz: Erlösauskehr gemäß § 170 Abs. 1 S. 2 InsO

Hat das Gericht eine Anordnung nach § 21 Abs. 2 S. 1 Nr. 5 InsO erlassen und zieht der vorläufige Insolvenzverwalter eine Forderung auf dieser Grundlage ein, gelten §§ 170, 171 InsO gemäß § 21 Abs. 2 S. 1 Nr. 5 S. 3 InsO entsprechend. Der Insolvenzverwalter ist folglich verpflichtet, den eingezogenen Betrag unverzüglich an den Sicherungszessionar auszuzahlen, sofern die vertragliche Verwertungsreife im Verhältnis zum Schuldner eingetreten ist.[834]

Ebenso wie im eröffneten Verfahren setzt sich das Sicherungsrecht nach der Einziehung durch den vorläufigen Insolvenzverwalter im Wege der dinglichen Surrogation am eigezogenen Erlös fort.[835] Um in der Lage zu bleiben, den gesicherten Gläubiger zu befriedigen, hat der vorläufige Insolvenzverwalter daher zu gewährleisten, dass eingezogene Beträge nicht mit dem sonstigen Vermögen des Schuldners vermischt werden.[836] Wie bereits ausgeführt, ist die Unterscheidbarkeit jedenfalls dann gewährleistet, wenn der eingezogene Betrag auf einem Treuhandkonto separiert wird, das der vorläufige Insolvenzverwalter im Namen des gesicherten Gläubigers eröffnet, über das er jedoch selbst die Verfügungsbefugnis behält.[837]

Zur Betriebsfortführung – etwa zum Erwerb von Waren oder Rohstoffen – darf der Verwertungserlös ohne eine entsprechende Vereinbarung mit dem Sicherungszessionar grundsätzlich nicht eingesetzt werden.[838] Denn ein „echtes" Verwertungsrecht, das den vorläufigen Insolvenzverwalter berechtigen würde, die durch die Einziehung gewonnene Liquidität zur Betriebsfortführung zu nutzen, steht ihm auch bei Erlass der Anordnung nach § 21 Abs. 2 S. 1 Nr. 5 InsO nicht zu.[839] Die Sicherungsanordnung vermittelt dem vorläufigen Insolvenzverwalter lediglich das Recht, die zur Sicherheit abgetretene Forderung einzuziehen. Sie dient dazu, die Forderungsverwertung durch den gesicherten Gläubiger zu verhindern, um so die

---

834 S. nur HK/*Kirchhof*, § 21 Rn. 31; *Kuder*, ZIP 2007, 1690, 1695; Uhlenbruck/*Vallender*, § 21 Rn. 38e.

835 Dazu BGHZ 184, 101, 114 f. = NZI 2010, 339; HambKomm/*Schröder*, § 21 Rn. 69j; MünchKomm-InsO/*Haarmeyer*, § 21 Rn. 102. Ausführlich zur Rechtslage am Erlös im Falle der Einziehung einer sicherungsabgetretenen Forderung im eröffneten Verfahren oben § 2 D.II.1., S. 111 ff.

836 S. oben § 2 Fn. 561.

837 S. oben § 2 Fn. 563.

838 RegE zu Art. 1 Nr. 6 InsOVereinfG, BT-Drucks. 16/3227, S. 16; BGHZ 184, 101, 113 = NZI 2010, 339; HambKomm/*Schröder*, § 21 Rn. 69h; *Flitsch*, BB 2006, 1805 f.; *Ganter*, NZI 2010, 551; HK/*Kirchhof*, § 21 Rn. 32; K/P/B/*Pape*, § 21 Rn. 40z; *ders*, FS Fischer, S. 427, 431; *Kuder*, ZIP 2007, 1690, 1695; MünchKomm-InsO/*Haarmeyer*, § 21 Rn. 102; Nerlich/Kreplin/*Bornheimer*, § 29 Rn. 302; N/R/*Mönning*, § 21 Rn. 226; *Weigelt*, Sicherungsanordnungen, S. 102.

839 Der vorläufige Insolvenzverwalter ist grundsätzlich nicht zur Verwertung berechtigt, Nachweise dazu oben § 3 Fn. 677.

Möglichkeit zu erhalten, die Wirksamkeit des Absonderungsrechts zu prüfen.[840] Die Einziehungsbefugnis des vorläufigen Insolvenzverwalters darf aber keinen Wertverlust des Sicherungsrechts zur Folge haben. Nach der Gesetzesbegründung soll möglichst schonend in die Rechte des gesicherten Gläubigers eingegriffen werden, ohne dass der Eingriff zu einer deutlichen Entwertung des Sicherungsrechts führt.[841]

Verstößt der vorläufige Insolvenzverwalter zulasten des Sicherungszessionars gegen die ihm obliegende Pflicht, die eingezogenen Beträge abzuführen, oder vermischt er den Erlös schuldhaft mit dem Vermögen des Schuldners und verschlechtert sich dadurch die Position des Zessionars, so haftet er gemäß § 60 i.V.m. § 21 Abs. 2 S. 1 Nr. 5 InsO auf Schadensersatz.[842]

b) Erlösauskehr im Falle der Globalzession

Meist hat der Schuldner Forderungen jedoch nicht isoliert abgetreten, sondern den Forderungsbestand global zediert. Die Einziehungserlöse stellen daher oftmals die einzig kurzfristig verfügbare Liquiditätsquelle dar, sodass deren Verwendung maßgebliche Voraussetzung für die gesetzlich geforderte Betriebsfortführung ist. Insofern stellt sich die Frage, ob die Vorwirkung des § 170 Abs. 1 S. 2 InsO im Insolvenzeröffnungsverfahren auch Einziehungserlöse aus Globalzessionen erfasst.

Die Verwendung von Einziehungserlösen sicherungszedierter Forderungen war bisher noch nicht Gegenstand einer höchstrichterlichen Entscheidung. Lediglich in seiner Entscheidung vom 21.1.2010 stellte der BGH fest, dass der vorläufige Insolvenzverwalter Beträge aus der Einziehung einer zur Sicherheit abgetretenen Forderung gem. § 170 Abs. 1 S. 2 InsO an den Sicherungsgläubiger abzuführen habe, was jedoch „abgesehen von dem Sonderfall einer Globalzession" gelte.[843]

Unter Berufung auf den Wortlaut des § 170 Abs. 1 S. 2 InsO wird in der Literatur demgegenüber die Ansicht vertreten, in der rechtlichen Behandlung sei nicht zwischen Erlösen aus Einziehungen globalzedierter Forderungen und Erlösen aus Singularzessionen zu unterscheiden. Das würde bedeuten, dass der vorläufige Insolvenzverwalter stets dazu verpflichtet wäre, die eingezogenen Beträge an den gesicherten Gläubiger auszukehren. Eine Verwendung eingezogener Beträge zur

840 Zum Normzweck s. oben § 4 B.I.1., S. 161 f.

841 RegE zu Art. 1 Nr. 6 InsOVereinfG, BT-Drucks. 16/3227, S. 15 f.; vgl. Allgemeine Begr. RegEInsO, BT-Drucks. 12/2443, S. 86: Gesicherte Gläubiger sollen durch ihre Einbeziehung in das Insolvenzverfahren keinen „Eingriffen in die Wertsubstanz der Sicherheit" ausgesetzt sein.

842 HambKomm/*Schröder*, § 21 Rn. 69j; *Kuder*, ZIP 2007, 1690, 1695; *Obermüller*, Insolvenzrecht in der Bankpraxis, Rn. 6.1088. Ausführlich zu den Haftungsrisiken des Verwalters bei der Verwertung von Sicherungsgut *Ganter*, FS Wellensiek, S. 399 ff.

843 BGHZ 184, 101, 110 f. = NZI 2010, 339 unter Verweis auf *Ganter*, NZI 2007, 549, 551. S. auch *Ganter*, NZI 2010, 551 ff.; *ders.*, FS Wellensiek, S. 399, 402 ff.; *Johlke/Jensen*, FS Wellensiek, S. 563 ff.

Betriebsfortführung käme nur nach Abschluss einer entsprechenden Verwertungsvereinbarung mit dem gesicherten Gläubiger in Betracht.[844]

Dieser Auffassung kann jedoch nicht gefolgt werden. Denn erstreckt sich die Pflicht des Insolvenzverwalters, eingezogene Erlöse zu separieren und an den Gläubiger abzuführen, auch auf Erlöse aus Einziehungen globalzedierter Forderungen, so stehen – da andere finanzielle Ressourcen meist nicht in Betracht kommen – die zur Unternehmensfortführung notwendigen Mittel in der Regel nicht zur Verfügung. Die Aufnahme weiterer Darlehen dürfte von vornherein ausscheiden, weil eine Sicherheitenstellung durch die bereits erfolgten Globalzessionen regelmäßig nicht mehr möglich ist. Eine Betriebsfortführung wäre in der Praxis daher kaum möglich, sodass der schuldnerische Betrieb letztendlich zum Erliegen kommen würde. Dieses Ergebnis stünde jedoch in eindeutigem Widerspruch zu Sinn und Zweck des § 22 Abs. 2 Nr. 2 InsO.[845]

Der Insolvenzverwalter befände sich in der Eröffnungsphase also stets in dem Konflikt, den Erlös an den gesicherten Gläubiger auszukehren oder die Betriebsfortführung mit den eingezogenen Mitteln zu finanzieren und sich der Gefahr auszusetzen, persönlich in die Haftung genommen zu werden. Der einzige Ausweg bestünde darin, Verwertungsvereinbarungen mit den gesicherten Gläubigern zu schließen, die den vorläufigen Insolvenzverwalter dazu berechtigen, die eingezogenen Beträge als Liquidität einzusetzen.

Ob dieses Ergebnis den Interessen der (zukünftigen) Insolvenzgläubigerschaft entspricht, ist zweifelhaft. Denn zum einen hinge die Betriebsfortführung von der Gunst des gesicherten Gläubigers ab, zum anderen dürfte es für den vorläufigen Insolvenzverwalter in der Praxis oftmals schwierig sein, kurzfristig Individualvereinbarungen mit den Sicherungszessionaren zu schließen. Daher ist anzunehmen, dass die Sanierungschancen erheblich gesteigert werden, wenn dem vorläufigen Insolvenzverwalter die Möglichkeit eingeräumt wird, Erlöse aus Einziehungen sicherungszedierter Forderungen im Rahmen der Betriebsfortführung zu verwenden.

aa) Revolvierungsmechanismus als Entscheidungskriterium

Die Verwendung eingezogener Erlöse durch den Insolvenzverwalter darf allerdings nicht zu einer Entwertung des Sicherungsrechts führen. Insofern muss sichergestellt sein, dass das Sicherungsmittel in seinem Wert für den Sicherungsnehmer erhalten bleibt. Im Falle der Globalzession ist dies jedenfalls gewährleistet. Denn – anders als bei der Singularzession – entstehen im laufenden Geschäftsbetrieb gemäß der zwischen dem Schuldner und dem Globalzessionar getroffenen Vereinbarung an der Stelle der eingezogenen Forderungen, an denen das Sicherungsrecht erlischt, ständig neue Forderungen, die von der Globalzession erfasst werden. Sofern der Schuldner bei Einigung über die Abtretung noch verfügungsbefugt war, kann auch die Anordnung eines allgemeinen Verfügungsverbots verbunden mit dem Übergang

844 So *Obermüller*, Insolvenzrecht in der Bankpraxis, Rn. 6.1088.
845 Dazu *Ganter*, NZI 2010, 551, 553.

der Verfügungsbefugnis auf einen „starken" vorläufigen Insolvenzverwalter die Wirksamkeit der Abtretung nicht hindern, da es für die Wirksamkeit der Verfügung auf das Vorliegen der Verfügungsbefugnis des Abtretenden zum Zeitpunkt des Verfügungstatbestandes (Abtretungsvertrag), nicht hingegen auf den Zeitpunkt des Verfügungserfolgs (Forderungsentstehung) ankommt.[846] Auch die Vorschrift des § 91 InsO, die sonstigen Rechtserwerb an Gegenständen der Insolvenzmasse ausschließt, gilt erst ab dem Zeitpunkt der Verfahrenseröffnung und findet im Insolvenzeröffnungsverfahren daher keine Anwendung.[847] Der Eintritt des Abtretungserfolgs vollzieht sich somit unabhängig vom Fortbestand der Verfügungsbefugnis des Schuldners, sodass während des Insolvenzeröffnungsverfahrens ein weiteres Revolvieren des Forderungsbestands möglich ist.[848]

Das bedeutet, dass das Sicherungsgut im Falle der Globalzession lediglich ausgetauscht wird, wertmäßig jedoch erhalten bleibt, sodass der Sicherungsnehmer stets über eine gleichbleibende Sicherheit verfügt. Die Rechte des gesicherten Gläubigers sind daher bereits durch das Revolvieren des Sicherungsrechts hinreichend geschützt. Damit besteht grundsätzlich kein Bedürfnis, den Zugriff auf Verwertungserlöse aus der Einziehung globalzedierter Forderungen im Rahmen der Betriebsfortführung zu versperren. Im Ergebnis rechtfertigt sich die Verwendung eingezogener Erlöse bei der Globalzession also – anders als im Falle der Singularzession – durch das Revolvieren des Sicherungsbestands.[849]

Das Revolvieren des Sicherungsbestands rechtfertigt eine unterschiedliche Behandlung von Erlösen aus der Einziehung globalzedierter Forderungen aber nicht nur, sondern gebietet eine Differenzierung sogar. Denn zieht der vorläufige Insolvenzverwalter (global)zedierte Forderungen ein und verwendet er die eingezogenen Erlöse, agiert er lediglich so, wie es der Sicherungszessionar und der Schuldner

---

846 BGHZ 135, 140, 144 ff. = NJW 1997, 1857; BGH NZI 2009, 888, 889 (Rn. 7 ff.), dazu Anm. *Wilkens/Siepmann*, EWiR 2010, 121; BGH NZI 2010, 138, 140 (Rn. 25), dazu Anm. *Jacoby*, EWiR 2010, 123; *Gehrlein*, WM 2014, 485; *ders.*, ZIP 2011, 5, 6; HambKomm/*Kuleisa*, § 81 Rn. 10; *Herchen*, EWiR 2008, 565; *Johlke/Jensen*, FS Wellensiek, S. 563, 568; *Krüger/Opp*, NZI 2010, 672, 673 f.; *Pohlmann*, Befugnisse und Funktionen des vorläufigen Insolvenzverwalters, Rn. 433 f.; *Voß*, Die Vorausabtretung in der Insolvenz, S. 53; *Wellensiek*, BB 2000, 1, 2; anders OLG Dresden ZInsO 2006, 1057, 1058; *Brinkmann*, Kreditsicherheiten an beweglichen Sachen und Forderungen, S. 167 ff.; *Eckardt*, EWiR 2010, 191, 192; *ders.*, ZIP 1997, 957, 959 ff.; HambKomm/*Schröder*, § 24 Rn. 8; *Simokat*, NZI 2012, 57, 59 ff. Dies gilt unabhängig davon, dass der Rechtsübergang erst mit dem Entstehen der Forderung erfolgt, st. Rspr., s. u. a. BGH NZI 2009, 888, 889 (Rn. 10); BGH NZI 2010, 682, 683 (Rn. 9); BGH NZI 2013, 641, 642 (Rn. 17).

847 BGHZ 170, 196, 199 = NZI 2007, 158; BGH NZI 2010, 138, 140; *Gehrlein*, WM 2014, 485; HambKomm/*Kuleisa*, § 81 Rn. 10; MünchKomm-InsO/*Breuer*, § 91 Rn. 7; *Simokat*, NZI 2012, 57, 59; Uhlenbruck/*Mock*, § 91 Rn. 2.

848 *Johlke/Jensen*, FS Wellensiek, S. 563, 568.

849 *Ganter*, NZI 2010, 551, 552 f.; *ders.*, NZI 2007, 549, 551 f.; *Johlke/Jensen*, FS Wellensiek, S. 563, 567 ff.

vereinbart hatten. Wäre der vorläufige Insolvenzverwalter hingegen verpflichtet, die eingezogenen Beträge gemäß § 170 Abs. 1 S. 2 InsO zu separieren und an den Gläubiger abzuführen, käme es zu einer nachträglichen Übersicherung.[850] Aufgrund dessen ist anzunehmen, dass sich die Pflicht zur unverzüglichen Erlösauskehr nur auf die „endgültige" Verwertung der sicherungsabgetretenen Forderung bezieht, nicht hingegen auf alle Einziehungen im Rahmen einer vereinbarten Globalzession.

Die Verwendung von Forderungserlösen aus Globalzessionen bedingt demnach aber, dass das Revolvieren gewährleistet ist und das Sicherungsmittel in seinem Wert für den Sicherungsnehmer erhalten bleibt. Gerät dieser Sicherungsmechanismus jedoch ins Stocken, sodass der Realisierungswert des Sicherungsbestandes unter den bei Anordnung der vorläufigen Verwaltung gegebenen Realisierungswerts absinkt, so endet das Verwendungsrecht des vorläufigen Insolvenzverwalters, um dem Schutz des Gläubigers gerecht zu werden.[851] Der Erlös ist dann gemäß § 170 Abs. 1 S. 2 InsO an den Sicherungszessionar abzuführen, es sei denn, der gesicherte Gläubiger gestattet die Verwendung eingezogener Erlöse im Wege der Gewährung eines unechten Massekredits. Diese Einschränkung betrifft indessen nur verfahrensspezifische Risiken. Realisiert sich hingegen das vertraglich übernommene Risiko, hat der Sicherungszessionar einen Wertverfall hinzunehmen, solange er die dem Schuldner erteilte Einziehungs- und Verwendungsermächtigung nicht widerrufen hat.[852]

bb) Anfechtbarkeit des Sicherungsrechts

Die Verwendungsbefugnis des Insolvenzverwalters erfordert insofern aber auch, dass die Auffüllung der Sicherheit durch neu entstehende Forderungen insolvenzfest ist, da die freiwerdenden Forderungen andernfalls nicht gleichwertig ersetzt würden. Für die Globalzession hat der BGH in seiner Grundsatzentscheidung vom 29.11.2007[853] allerdings entschieden, dass die Entstehung des Sicherungsrechts im Hinblick auf globalzedierte, künftige Forderungen sowie das Werthaltigmachen zukünftiger Forderungen aus Globalzessionen grundsätzlich als kongruente Deckung anfechtbar ist.

Die insolvenzrechtliche Anfechtung setzt stets eine Gläubigerbenachteiligung voraus, die nach ständiger Rechtsprechung vorliegt, wenn durch die anzufechtende Handlung die Befriedigung der Insolvenzgläubiger beeinträchtigt wird, indem die Aktivmasse verkürzt oder die Passivmasse erhöht wird.[854] Eine Gläubigerbenachteiligung wird im Falle des bloßen Austauschens von Sicherheiten jedoch verneint, wenn eine dem Anfechtungsgegner bestellte Sicherheit durch eine andere

---

850 *Ganter,* NZI 2010, 551, 553.

851 *Johlke/Jensen,* FS Wellensiek, S. 563, 570 f.

852 *Johlke/Jensen,* FS Wellensiek, S. 563, 571.

853 BGHZ 174, 297 ff. = NZI 2008, 89; fortgeführt in BGHZ 189, 1 ff. = NZI 2011, 366.

854 S. nur BGHZ 124, 76, 78 f. = NJW 1994, 449; BGHZ 182, 317, 322 = NZI 2009, 764; HK/*Kreft,* § 129 Rn. 37; K/P/B/*Ehricke,* § 129 Rn. 64; MünchKomm-InsO/*Kayser,* § 129 Rn. 100; Uhlenbruck/*Hirte/Eden,* § 129 Rn. 162.

gleichwertige Sicherheit ersetzt wird, ohne dass damit ein zusätzlicher Rechtsverlust für das Schuldnervermögen verbunden ist.[855] In diesem Fall fehlt es an einer Gläubigerbenachteiligung, da die Befriedigungsaussichten der anderen Gläubiger nicht berührt werden.

Wirtschaftlich[856] betrachtet, gilt dies auch für die Globalzession als revolvierende Sicherheit.[857] Denn im Gegensatz zur Singularzession wird im Falle der Globalzession zwar bei Forderungsentstehung ein Sicherungsrecht zugunsten des Sicherungsnehmers neu begründet, durch den Forderungseinzug erlischt jedoch gleichzeitig das Sicherungsrecht an der eingezogenen Forderung und der Forderungserlös steht der (künftigen) Insolvenzmasse zur Verfügung.[858] Begründung und Untergang von Sicherungsrechten stehen während des Fortbestands der Einziehungs- und Verwendungsermächtigung also in beständiger Wechselwirkung. Eine Gläubigerbenachteiligung ist daher – jedenfalls von wirtschaftlichen Gesichtspunkten aus betrachtet – zu verneinen, weil der vorläufige Insolvenzverwalter berechtigt bleibt, die von der Globalzession erfassten Forderungen einzuziehen und die eingezogenen Forderungsbeträge zu verwenden.[859]

Nun könnte hiergegen eingewendet werden, in der Stellung der neuen Sicherheit liege eine selbstständige gläubigerbenachteiligende Belastung, die die Befriedigungsaussichten der Gläubiger verschlechtert, weil die Sicherheit nicht gegen Stellung einer konkreten anderen Sicherheit ausgetauscht werde, sondern ohnehin bereits frei geworden war.[860] Jedoch ist dem entgegenzuhalten, dass in der dem Schuldner im

---

855 BGHZ 147, 233, 239 f. = NZI 2001, 357; BGH NZI 2003, 34, 35; BGH NZI 2006, 700, 701 (Rn. 14); BGH NZI 2008, 302 (Rn. 12); BGH NZI 2008, 539, 540 (Rn. 14); BGHZ 182, 264, 270 = NZI 2009, 764; HambKomm/*Rogge/Leptien*, § 129 Rn. 68; HK/*Kreft*, § 129 Rn. 40; Jaeger/*Henckel*, § 129 Rn. 82; *Klinck*, Die Grundlagen der besonderen Insolvenzanfechtung, S. 407; K/P/B/*Bork*, Anh. I § 147 Rn. 11; MünchKomm-InsO/*Kayser*, § 129 Rn. 108d.

856 Ob im Einzelfall eine Gläubigerbenachteiligung vorliegt, ist nach wirtschaftlichen Gesichtspunkten zu beurteilen, s. BGH NJW 1955, 709; BGHZ 128, 184, 188 = NJW 1995, 659; BGH NZI 2006, 700, 701; HK/*Kreft*, § 129 Rn. 37; MünchKomm-InsO/*Kayser*, § 129 Rn. 101; N/R/*Nerlich*, § 129 Rn. 63; Uhlenbruck/*Hirte/Eden*, § 129 Rn. 162. Erforderlich ist daher, dass die Forderungen sich in ihrem betragsmäßigen und wirtschaftlichen Wert entsprechen.

857 Die Anfechtung einer revolvierenden Globalzession verneinen mangels Gläubigerbenachteiligung *Brandt/Günther*, BKR 2006, 232, 235; *Johlke/Jensen*, FS Wellensiek, S. 563, 572 ff.; *Leithaus*, NZI 2007, 545, 548; *Zeller/Edelmann*, BB 2007, 1461, 1463; zur fehlenden Gläubigerbenachteiligung durch den Austausch von Sicherheiten s. auch *Stoll*, Die Globalzession, S. 204.

858 Der Sicherungsgeber ist bis zum Eintritt der Verwertungsreife grundsätzlich dazu befugt, im Rahmen des ordnungsgemäßen Geschäftsbetriebs über die Forderungseinziehungserlöse zu verfügen, s. oben § 2 B.II.2., S. 49.

859 *Johlke/Jensen*, FS Wellensiek, S. 563, 573.

860 *Beiner/Luppe*, NZI 2005, 15, 19; *Eßbauer*, ZInsO 2008, 598, 600; HK/*Kreft*, § 129 Rn. 40; *Jacobi*, ZIP 2006, 2351, 2354; *Klinck*, Die Grundlagen der besonderen

Rahmen des Sicherungsvertrags erteilten Erlaubnis, der Globalzession unterfallende Forderungen einzuziehen und die eingezogenen Erlöse zu verwenden, eine gleichwertige Gegenleistung dafür zu sehen ist, dass die Abtretung die im anfechtungsrelevanten Zeitraum entstehenden Forderungen erfasst. Denn der in den eingezogenen Forderungen verkörperte Wert scheidet als gleichwertige Gegenleistung dafür, dass neu begründete Forderungen der Zession unterfallen, aus dem Sicherungszugriff des Zessionars aus. Zudem ist das Erfordernis der Unmittelbarkeit, an das wegen des Dauercharakters des Leistungsaustauschs keine allzu strengen Anforderungen zu stellen sind, im Zweifel gewahrt, wenn bei der Fortführung des schuldnerischen Geschäftsbetriebs fortlaufend Forderungen vom Insolvenzverwalter eingezogen und neue Forderungen begründet werden.[861] Eine Anfechtung scheitert daher jedenfalls am Vorliegen eines Bargeschäfts i.S.d. § 142 InsO.[862]

Zwar hat der BGH das Vorliegen eines Bargeschäfts im Rahmen der Anfechtung von global abgetretenen, zukünftig entstehenden Forderungen verneint, da die Erlaubnis des gesicherten Gläubigers, die sicherungszedierte Forderung einzuziehen, nicht die konkrete Gegenleistung für die im anfechtungsrelevanten Zeitraum entstandene Forderung darstelle.[863] Um dem Zweck der Norm zu entsprechen, muss für die Frage der Gleichwertigkeit jedoch auf eine Gegenüberstellung des Gesamtwerts der im anfechtungsrelevanten Zeitraum vom Insolvenzverwalter eingezogenen Forderungen sowie des Gesamtwerts der im gleichen Zeitraum zugunsten des Sicherungszessionars entstandenen und werthaltig gewordenen Forderungen abgestellt werden.[864] Insofern ist – vorausgesetzt die Forderungen entsprechen sich in ihrem wirtschaftlichen Wert – eine gleichwertige Gegenleistung des Gläubigers gegeben.

Da Leistung und Gegenleistung gleichwertig sein müssen, um den Tatbestand des § 142 InsO zu erfüllen, ist die Anfechtung durch die Anwendung des Bargeschäftsprivilegs jedoch nur insoweit ausgeschlossen, als der Insolvenzverwalter im selben Zeitraum Forderungen eingezogen hat, die aus der Globalzession herausfielen. Ein darüber hinausgehender Wertzuwachs ist hingegen anfechtbar.[865]

Letztlich bedeutet dies, dass das Sicherungsinteresse des Zessionars auch bei einer Verwendung der Forderungseinzugserlöse aus Globalzessionen gewahrt wird, sofern das Sicherungsrecht insolvenzfest entstanden ist.

Insolvenzanfechtung, S. 408; K/P/B/*Bork,* Anh. I § 147 Rn. 14; *Mitlehner,* ZIP 2007, 1925, 1929 f.

861 *Klinck,* Die Grundlagen der besonderen Insolvenzanfechtung, S. 410.

862 LG Berlin ZInsO 2007, 555, 556; *Blum,* ZInsO 2007, 528, 530; *Klinck,* Die Grundlagen der besonderen Insolvenzanfechtung, S. 408 ff.; *Kuder,* ZInsO 2006, 1065, 1068; *Leiner,* ZInsO 2006, 460, 463; *Zeller/Edelmann,* BB 2007, 1461, 1463; vgl. *Piekenbrock,* WM 2007, 141, 144.

863 BGHZ 174, 297, 311 f. = NZI 2008, 89.

864 *Klinck,* Die Grundlagen der besonderen Insolvenzanfechtung, S. 409.

865 *Johlke/Jensen,* FS Wellensiek, S. 563, 573; *Klinck,* Die Grundlagen der besonderen Insolvenzanfechtung, S. 409.

cc) Ergebnis

In der rechtlichen Behandlung eingezogener Forderungserlöse macht es im Ergebnis einen Unterschied, ob der Gläubiger durch eine Global- oder eine Singularzession gesichert ist. Der vorläufige Insolvenzverwalter ist im Rahmen der Anordnung nach § 21 Abs. 2 S. 1 Nr. 5 InsO dazu berechtigt, Erlöse aus globalzedierten Forderungen bis zum Widerruf der Einziehungs- und Verwendungsbefugnis des Schuldners zur Unternehmensfortführung zu verwenden, wenn und soweit der Revolvierungsmechanismus gewährleistet ist und eine spätere Anfechtung des zugunsten des Gläubigers entstandenen Sicherungsrechts ausscheidet. Eine gesonderte Ermächtigung des Insolvenzverwalters durch den Sicherungszessionar ist zwar möglich, jedoch nicht vonnöten.

Diese Auslegung ist vom Zweck des Gesetzes getragen. Denn es liefe der Fortführungspflicht des vorläufigen Insolvenzverwalters zuwider, die eingezogenen Beträge nicht für die Fortführung des Unternehmens einsetzen zu dürfen. Ginge man demgegenüber davon aus, dass der vorläufige Insolvenzverwalter zur Separierung und späteren Auskehrung sämtlicher von der Globalzession erfasster eingezogener Beträge ist, erscheint eine Anordnung nach § 21 Abs. 2 S. 1 Nr. 5 InsO kaum sinnvoll.[866]

Nach Widerruf der vertraglich erteilten Einziehungs- und Verwendungsbefugnis durch den Sicherungszessionar ist der vorläufige Insolvenzverwalter hingegen nur nach Abschluss einer entsprechenden Verwertungsvereinbarung mit dem gesicherten Gläubiger befugt, die eingezogenen Beträge für die Betriebsfortführung zu nutzen. Da die neu entstehenden Forderungen revolvierend als neue Sicherheit verwendet werden, handelt es sich hierbei um einen unechten Massekredit.[867] Wurde eine entsprechende Vereinbarung nicht getroffen und verwendet der vorläufige Insolvenzverwalter eingezogene Erlöse dennoch, riskiert er eine persönliche Haftung nach § 60 InsO.[868]

c) Kostenbeteiligung

Zieht der vorläufige Insolvenzverwalter eine zur Sicherheit abgetretene Forderung ein, ordnet § 21 Abs. 2 S. 1 Nr. 5 S. 3 InsO neben der Pflicht zur Erlösauskehr ferner an, dass die Kosten der Feststellung sowie die Kosten der Verwertung zugunsten der späteren Insolvenzmasse aus dem Verwertungserlös zu entnehmen sind. Wird durch die Einziehung der Forderung ein Erlösüberschuss erzielt, so kann der vorläufige Insolvenzverwalter diesen neben den Feststellungs- und Verwertungskosten ebenfalls zugunsten der Masse aus dem Verwertungserlös entnehmen.

Der Masse stehen jedoch keine Kostenbeiträge zu, wenn der vorläufige Insolvenzverwalter eingezogene Beträge aus Globalzessionen verwendet. Denn in diesem Fall

---

866 So auch *Flöther/Wehner,* NZI 2010, 554, 558.

867 *Flitsch,* BB 2006, 1805, 1806; MünchKomm-InsO/*Tetzlaff,* Vor §§ 166–173 Rn. 40.

868 *Strotmann/Tetzlaff,* ZInsO 2011, 559, 560.

handelt es sich bei der Einziehung nicht um die „endgültige" Verwertung der zur Sicherheit abgetretenen Forderungen.[869]

Dies gilt auch dann, wenn der vorläufige Insolvenzverwalter sicherungszedierte Forderungen auf Grundlage von Verwertungsvereinbarungen einzieht. Denn auch hierbei handelt es sich nicht um die endgültige Forderungsverwertung.

5. *Verfassungsrechtliche Betrachtung*

Nach hier vertretener Auffassung schränkt die Anordnung nach § 21 Abs. 2 S. 1 Nr. 5 InsO die Verfügungsbefugnis des Sicherungszessionars ein und begründet somit einen Eingriff in seine durch Art. 14 GG geschützte Rechtsposition. Verfassungsrechtlich ist dieser Eingriff jedoch unbedenklich. Die Anordnung dient dem legitimen Zweck, eine nachteilige Veränderung in der Vermögensmasse zu verhindern, indem vermieden wird, dass Sicherungsrechte verwertet werden, bevor die Wirksamkeit der Sicherungsübertragung überhaupt feststeht.[870] Der Verwertungsstopp und die damit verbundene Einziehungsbefugnis des vorläufigen Insolvenzverwalters sind die geeigneten Mittel, diese Zielsetzung zu erreichen. Die Anordnung vermeidet insbesondere, dass die Kostenbeiträge, die der Masse im eröffneten Verfahren zustehen, vereitelt werden. Zudem entfällt das Risiko, einen vom Sicherungszessionar zu Unrecht eingezogenen Betrag von diesem heraus verlangen zu müssen, sollte sich die Zession später als unwirksam erweisen.[871] Auf diese Weise wird einer Belastung der Masse mit kostenintensiven und zeitraubenden Anfechtungsprozessen entgegengewirkt.

Da kein gleich wirksames, jedoch weniger belastendes Mittel erkennbar ist, erweist sich die Anordnung zur Erreichung des beabsichtigten Zwecks darüber hinaus als erforderlich. Schließlich bestehen auch gegen die Angemessenheit keine Bedenken. Denn auf der einen Seite erhöht die Anordnung die Befriedigungschancen der ungesicherten Gläubiger, deren Rechtsposition ein dem Eigentum gegenüberzustellendes Interesse Dritter darstellt. Auf der anderen Seite bleibt der wirtschaftliche Wert der Sicherheit trotz des Verlusts der Verwertungsbefugnis erhalten. Gemäß § 21 Abs. 2 S. 1 Nr. 5 InsO gilt die Bestimmung des § 170 Abs. 1 S. 2 InsO entsprechend, die die sofortige Befriedigung des Sicherungszessionars nach der Verwertung anordnet, sodass der Sicherungszessionar sein Vorzugsrecht infolge der Anordnung nicht verliert. Ein Sonderopfer wird dem Sicherungszessionar daher nicht auferlegt. Schließlich ist die mit der Anordnung verfolgte Zielsetzung nur mit einem Verwertungsverbot für den Sicherungszessionar wirksam umzusetzen. Im Ergebnis stellt die Anordnung nach § 21 Abs. 2 S. 1 Nr. 5 InsO somit eine verfassungsgemäße Inhalts- und Schrankenbestimmung i.S.d. Art. 14 Abs. 1 S. 2 GG dar.[872]

---

869 *Ganter,* NZI 2007, 549, 552; *Knof,* EWiR 2010, 395, 396; vgl. auch *Kirchhof,* ZInsO 1999, 436, 438; *Mönning,* FS Uhlenbruck, S. 239, 256.

870 Zum Normzweck s. oben § 4 B.I.1., S. 161 f.

871 Vgl. RegE zu Art. 1 Nr. 6 InsOVereinfG, BT-Drucks. 16/3227, S. 15.

872 Ebenso Gottwald/*Vuia,* § 14 Rn. 51, jedoch ohne nähere Begründung.

6. Ergebnis

Um zu verhindern, dass Sicherungszessionare durch die Verwertung sicherungsabgetretener Forderungen bereits vor der Eröffnung des Insolvenzverfahren vollendete Tatsachen schaffen und um die Möglichkeit des Insolvenzverwalters zu wahren, die Wirksamkeit von Sicherungszessionen zu prüfen, kann das Insolvenzgericht eine Anordnung nach § 21 Abs. 2 S. 1 Nr. 5 InsO erlassen. Die Frage, ob das Insolvenzgericht die Forderungseinziehung durch den Sicherungszessionar bereits während des Insolvenzeröffnungsverfahren untersagen und den vorläufigen Insolvenzverwalter zur Einziehung sicherungszedierter Forderungen ermächtigen kann, ist damit obsolet.

Neben den allgemeinen Voraussetzungen einer Sicherungsanordnung erfordert die Anordnung nach § 21 Abs. 2 S. 1 Nr. 5 InsO eine individualisierende Anordnung der Forderungen, bei denen nach der Überzeugung des Gerichts die gesetzlichen Voraussetzungen der Anordnung vorliegen. Es ist darzulegen, welche Gläubiger und welche Forderungen betroffen sind, wobei es zulässig ist, bestimmte Gläubiger und Forderungen zusammenfassend zu bezeichnen. Im Falle einer Globalzession ist es darüber hinaus ausreichend, dass die Anordnung des Insolvenzgerichts sich auf sämtliche zur Sicherheit abgetretenen Forderungen bezieht. Unzulässig sind hingegen formularmäßige Anordnungen. Trotz des missverständlichen Wortlauts von § 21 Abs. 2 S. 1 Nr. 5 InsO setzt die Anordnung aber nicht voraus, dass die Einziehung der Forderung bzw. die eingezogenen Forderungsbeträge für die Betriebsfortführung eingesetzt werden und von erheblicher Bedeutung hierfür sind.

Als Rechtsfolge der Anordnung werden die Wirkungen des eröffneten Verfahrens partiell in das Insolvenzeröffnungsverfahren vorverlagert. So ist der Sicherungszessionar als Forderungsinhaber nach Erlass der gerichtlichen Anordnung nicht mehr berechtigt, die Forderung einzuziehen. Neben der Einziehungsbefugnis verliert der Sicherungszessionar auch die Empfangszuständigkeit. Leistungen sind in Parallele zum eröffneten Verfahren nur noch an den vorläufigen Insolvenzverwalter zu erbringen. Leisten Drittschuldner nach Erlass der Anordnung an den Sicherungszessionar, so kommt der Leistung mangels Empfangszuständigkeit keine schuldbefreiende Wirkung zu, es sei denn, es greifen die besonderen Vorschriften über den Schuldnerschutz. Es gelten die zu § 166 Abs. 2 InsO entwickelten Grundsätze. Die Anordnung bewirkt ferner, dass ein Widerruf der dem Schuldner erteilten Einziehungsermächtigung seitens des Sicherungszessionars wirkungslos bleibt. Der Sicherungszessionar ist demnach daran gehindert, die Einziehungsermächtigung zu widerrufen, die Abtretung offenzulegen und die Forderung selbst zu verwerten. Zudem entfaltet der Widerruf keinerlei Auswirkung auf die Einziehungsbefugnis des vorläufigen Insolvenzverwalters. Eine Anordnung nach § 21 Abs. 2 S. 1 Nr. 5 InsO greift damit in das Rechtsverhältnis zwischen dem Sicherungszessionar und dem Schuldner ein.

Mit dem Verwertungsverbot des Sicherungszessionars geht eine gesetzliche Einziehungsermächtigung des vorläufigen Insolvenzverwalters einher, die originär, d. h. weder aus dem Recht des Schuldners abgeleitet noch von diesem abhängig, ist. Dies gilt unabhängig davon, ob ein „starker" oder ein „schwacher" vorläufiger Insolvenzverwalter eingesetzt wurde. Die Anordnung verschafft dem vorläufigen Insolvenzverwalter somit Rechte, die über die Rechtsmacht des Schuldners hinausgehen.

Zieht der vorläufige Insolvenzverwalter eine Forderung aufgrund der Anordnung des Insolvenzgerichts ein, gelten die §§ 170, 171 InsO gemäß § 21 Abs. 2 S. 1 Nr. 5 S. 3 InsO entsprechend. Der vorläufige Verwalter ist daher verpflichtet, eingezogene Beträge zu separieren und an den Sicherungszessionar abzuführen. Zuvor sind jedoch die im Zuge der Feststellung sowie der Verwertung entstandenen Kosten zugunsten der späteren Insolvenzmasse aus dem Verwertungserlös zu entnehmen. Ist der Sicherungszessionar durch eine Globalzession gesichert und besteht die dem Schuldner erteilte Einziehungs- und Verwendungsbefugnis fort, ist der vorläufige Insolvenzverwalter in Ausnahme zu § 21 Abs. 2 S. 1 Nr. 5 S. 3 InsO aber dazu berechtigt, eingezogene Forderungserlöse zur Fortführung des schuldnerischen Unternehmens zu verwenden, solange und soweit im Zuge der Betriebsfortführung wertäquivalente Forderungen erwirtschaftet werden.

II. Rechtslage ohne gerichtliche Anordnung nach § 21 Abs. 2 S. 1 Nr. 5 InsO

Da Anordnungen nach § 21 Abs. 2 S. 1 Nr. 5 InsO in der Praxis häufig nicht getroffen werden,[873] weil Insolvenzgerichte bestimmen müssen, auf welche Forderungen sich die Anordnung bezieht, welche Gläubiger erfasst sein sollen sowie im Einzelnen prüfen und darlegen müssen, dass die Maßnahme geeignet, erforderlich und angemessen ist,[874] stellt sich die Frage, inwieweit Verwertungsbefugnisse gesicherter Gläubiger im Insolvenzeröffnungsverfahren ausgeübt werden können, wenn keine gerichtliche Anordnung nach § 21 Abs. 2 S. 1 Nr. 5 InsO erlassen wurde.

1. Einziehungsrecht des Sicherungszessionars

In der Literatur wird die Auffassung vertreten, gesicherte Gläubiger seien auch ohne Erlass einer gerichtlichen Anordnung nach § 21 Abs. 2 S. 1 Nr. 5 InsO daran gehindert, Forderungen eigenständig einzuziehen. Der Sicherungszessionar könne daher nicht gegen den Willen des vorläufigen Insolvenzverwalters die Einziehungsermächtigung des Schuldners widerrufen, die Zession offenlegen und die Forderung einziehen. Ein automatischer Verwertungsstopp sei erforderlich, um ein Leerlaufen des § 166 Abs. 2 InsO, der die Verwertungs- und Verfügungsbefugnis im eröffneten Verfahren dem Insolvenzverwalter zuweist, zu verhindern und um die Rechte, die dem Insolvenzverwalter im eröffneten Verfahren zustehen, zu wahren. Andernfalls werde dem späteren Insolvenzverwalter die Möglichkeit genommen, die Forderung nach § 166 Abs. 2 InsO zu verwerten und die Kostenbeiträge zugunsten der Masse zu entnehmen, wie es § 170 Abs. 1 S. 1 InsO vorsehe. Dogmatisch begründet wird dies entweder mit einer Analogie zu § 166 Abs. 2 InsO, dessen Vorwirkung schon

873 So *Flöther/Wehner*, NZI 2010, 554, 555.
874 BGHZ 183, 269, 273 = NZI 2010, 95.

während der Eröffnungsphase ein Einziehungsverbot für den Sicherungszessionar bewirke,[875] oder mit der Sicherungs- und Erhaltungsfunktion des Insolvenzeröffnungsverfahrens.[876]

Für einen automatischen Verwertungstopp streitet jedenfalls die Tatsache, dass der Sicherungszessionar sicherlich versuchen wird, die Forderung selbst zu verwerten, um auf diese Weise die Kostenbeiträge, die der Masse im eröffneten Verfahren nach §§ 170, 171 InsO zustehen, zu umgehen. Ferner verhindert ein automatischer Verwertungsstopp, dass durch die Einziehung der Forderung bereits in der Eröffnungsphase vollendete Tatsachen geschaffen werden.[877] Hat der Sicherungszessionar die Forderung einmal eingezogen und stellt sich die Zession später als unwirksam heraus, wird es zudem nur mit Mühe – und unter Verursachung zusätzlicher Kosten – möglich sein, der Insolvenzmasse den einmal eingezogenen Betrag sowie die entstandenen Kosten wieder zuzuführen.[878] Darüber hinaus droht die Belastung der Masse mit kostenintensiven und zeitraubenden Anfechtungsprozessen.[879] Schließlich wird ein Wettlauf gesicherter Gläubiger vermieden, wenn diese bereits während der Eröffnungsphase von der Verwertung ausgeschlossen werden.[880]

Wesentliche Argumente sprechen somit für einen automatischen Verwertungsstopp schon während des Eröffnungsverfahrens. Dennoch verbietet sich eine entsprechende Anwendung der im eröffneten Verfahren geltenden Grundsätze für das Insolvenzeröffnungsverfahren.[881] Zwar erstreckt sich der Anwendungsbereich von § 166 Abs. 2 InsO nicht ausdrücklich auf die Zeit nach der Verfahrenseröffnung, jedoch spricht die systematische Stellung der Vorschrift im vierten Teil der InsO unter der Überschrift „Verwaltung und Verwertung der Insolvenzmasse“ gegen die Anwendung der Norm im Insolvenzeröffnungsverfahren, das der Sicherung und Erhaltung des schuldnerischen Vermögens, nicht hingegen der Verwertung dient.

---

875 Für eine Analogie zu § 166 Abs. 2 InsO Jaeger/*Gerhardt,* § 22 Rn. 96 (jedoch vor Einführung des § 21 Abs. 2 S. 1 Nr. 5 InsO); ohne nähere Begründung und unter Verweis auf den vorgenannten auch N/R/*Mönning,* § 22 Rn. 143; vgl. ferner MünchKomm-InsO/*Haarmeyer,* § 166 Rn. 55.

876 So L/S/Z/*Thiemann,* § 21 Rn. 87, § 22 Rn. 128; *ders.,* Die vorläufige Masseverwaltung im Insolvenzeröffnungsverfahren, Rn. 278; diesem folgend *Smid,* DZWIR 2002, 221, 227.

877 Auf dieser Überlegung beruhte auch die Einführung des § 21 Abs. 2 S. 1 Nr. 5 InsO, hierzu RegE zu Art. 1 Nr. 6 InsOVereinfG, BT-Drucks. 16/3227, S. 15.

878 Vgl. ebenfalls RegE zu Art. 1 Nr. 6 InsOVereinfG, BT-Drucks. 16/3227, S. 15.

879 L/S/Z/*Thiemann,* § 22 Rn. 129; *ders.,* Die vorläufige Masseverwaltung im Insolvenzeröffnungsverfahren, Rn. 280.

880 L/S/Z/*Thiemann,* § 22 Rn. 129; *ders.,* Die vorläufige Masseverwaltung im Insolvenzeröffnungsverfahren, Rn. 281.

881 So BGHZ 146, 165, 172 f. = NZI 2001, 191; BGH NZI 2007, 338, 339 (Rn. 12); *Becker,* DZWIR 2002, 467, 468; *Kirchhof,* ZInsO 1999, 436, 437; K/P/B/*Flöther,* § 166 Rn. 26; *Pohlmann,* Befugnisse und Funktionen des vorläufigen Insolvenzverwalters, Rn. 474; *Smid,* Kreditsicherheiten im Insolvenzverfahren, § 13 Rn. 26; Uhlenbruck/*Vallender,* § 22 Rn. 52; *Wellensiek,* BB 2000, 1, 2.

Eine analoge Anwendung von § 166 Abs. 2 InsO scheidet ferner deshalb aus, weil eine Regelungslücke jedenfalls seit Einführung des § 21 Abs. 2 S. 1 Nr. 5 InsO nicht mehr besteht. Der Gesetzgeber hat sich mit der Einführung des § 21 Abs. 2 S. 1 Nr. 5 InsO offensichtlich dafür entschieden, eine weitere Sicherungsmaßnahme einzuführen, nicht hingegen dafür, den Anwendungsbereich des § 166 Abs. 2 InsO auf das Insolvenzeröffnungsverfahren auszudehnen. Hat das Insolvenzgericht hinreichenden Anlass, die Forderungseinziehung durch den Sicherungszessionar zu unterbinden, hat es nunmehr die Möglichkeit, ein entsprechendes Verwertungsverbot zu erlassen. Eine generelle Heranziehung des § 166 Abs. 2 InsO schon vor der Verfahrenseröffnung würde die Regelung des § 21 Abs. 2 S. 1 Nr. 5 InsO zum einen überflüssig machen und hätte zum anderen einen pauschalen Einschnitt in die Rechte des Sicherungszessionars als materiell-rechtlichem Forderungsinhaber zur Folge, der sich verfassungsrechtlich zu rechtfertigen hätte.

Darüber hinaus hat das Insolvenzeröffnungsverfahren nicht einmal für den Schuldner zwangsläufig einen Eingriff in seine Verwaltungs- und Verfügungsbefugnis zur Konsequenz. Vielmehr hat das Gericht eine Anordnung nach § 21 Abs. 2 S. 1 Nr. 2 InsO zu erlassen, wenn die Verwaltungs- und Verfügungsbefugnis des Schuldners auf den vorläufigen Insolvenzverwalter übergehen soll. Wird eine solche Anordnung nicht getroffen, bleibt der Schuldner bis zur Verfahrenseröffnung, die gemäß § 80 Abs. 1 InsO zwingend den Übergang des Verwaltungs- und Verfügungsrechts zur Folge hat, befugt, sein Vermögen zu verwalten und über es verfügen. Gleiches muss für den Sicherungszessionar gelten, dessen Recht, über die zur Sicherheit abgetretene Forderung zu verfügen, ebenfalls erst ab dem Zeitpunkt der Verfahrenseröffnung nach § 166 Abs. 2 InsO – der als Verlängerung des § 80 Abs. 1 InsO verstanden werden muss – auf den Insolvenzverwalter übergeht.

Erfordert die Sicherungsfunktion des Insolvenzeröffnungsverfahrens es hingegen, dem Sicherungszessionar die Forderungsverwertung bereits vor diesem Zeitpunkt zu untersagen, so hat das Gericht eine Anordnung nach § 21 Abs. 2 S. 1 Nr. 5 InsO zu erlassen. Im Übrigen wird man den Sicherungszessionar als berechtigt ansehen müssen, die Einziehungsermächtigung des Schuldners zu widerrufen, die Abtretung offenzulegen und die ihm zur Sicherheit übertragene Forderung zu verwerten.[882] Erweist sich die Sicherungszession später als unwirksam, steht dem Insolvenzverwalter das Instrument der Insolvenzanfechtung zur Seite, um Vermögensverschiebungen, die zum Nachteil der Gläubiger eingetreten sind, rückgängig zu machen.

882 Im Ergebnis BGH NZI 2007, 338, 339 (Rn. 10 ff.); HambKomm/*Schröder*, § 22 Rn. 52; *Kirchhof*, ZInsO 1999, 436, 437; *Kuder*, ZIP 2007, 1690, 1693; *Obermüller*, Insolvenzrecht in der Bankpraxis, Rn. 6.1068; *Smid*, Kreditsicherheiten in der Insolvenz, § 13 Rn. 27; Uhlenbruck/*Vallender*, § 22 Rn. 51.

2. *Die Einziehungsbefugnis des vorläufigen Insolvenzverwalters*

Des Weiteren stellt sich die Frage, unter welchen Voraussetzungen der vorläufige Insolvenzverwalter berechtigt ist, sicherungszedierte Forderungen während des Insolvenzeröffnungsverfahrens einzuziehen, wenn keine Anordnung nach § 21 Abs. 2 S. 1 Nr. 5 InsO getroffen wurde. Für die Betrachtung ist zwischen der Konstellation zu unterscheiden, in der die dem Schuldner erteilte Einziehungsermächtigung fortbesteht, und derjenigen, in der der Sicherungszessionar die Einziehungsermächtigung des Schuldners widerrufen hat.

a) Kein Widerruf der Einziehungsermächtigung des Schuldners

In der Insolvenz des Sicherungszedenten geschieht es nicht selten, dass der Sicherungszessionar untätig bleibt und die dem Schuldner eingeräumte Einziehungsbefugnis bestehen lässt, sodass der Schuldner weiterhin die materiell-rechtliche Einziehungsbefugnis innehat. Ob der vorläufige Insolvenzverwalter in dieser Konstellation berechtigt ist, sicherungsabgetretene Forderungen einzuziehen, richtet sich dann je nach der Ausgestaltung seiner Rechtsstellung.

aa) Der vorläufige Insolvenzverwalter ohne Verwaltungs- und Verfügungsbefugnis

Wurde ein vorläufiger Insolvenzverwalter mit reinen Prüfungsaufgaben bestellt, ohne dass diesem die Verwaltungs- und Verfügungsbefugnis des Schuldners übertragen oder ein Zustimmungsvorbehalt angeordnet wurde, kann der Schuldner die ihm im Rahmen der Sicherungsabrede erteilte Einziehungsermächtigung weiter ausüben. Er bleibt zur Forderungseinziehung berechtigt und kann die eingezogenen Erlöse im Rahmen der Sicherungsvereinbarung verwenden. Dem vorläufigen Insolvenzverwalter ist die Forderungseinziehung hingegen nicht gestattet.[883]

Gehen die Befugnisse des vorläufigen Insolvenzverwalters weiter und ist er etwa mit einem Zustimmungsvorbehalt nach § 21 Abs. 2 Nr. 2 Alt. 2 InsO ausgestattet, so darf der Schuldner die Forderung nur noch mit Zustimmung des vorläufigen Insolvenzverwalters einziehen oder in sonstiger Weise verwerten.[884] Der vorläufige Insolvenzverwalter ist darüber hinaus jedoch, da er kein Initiativrecht zur Forderungseinziehung besitzt, nicht berechtigt, zur Sicherheit abgetretene Forderungen ohne den Schuldner einzuziehen.

---

883 S. dazu *Kuder,* ZIP 2007, 1690, 1691; *Obermüller,* Insolvenzrecht in der Bankpraxis, Rn. 6. 1059.

884 *Kuder,* ZIP 2007, 1690, 1691; *Obermüller,* Insolvenzrecht in der Bankpraxis, Rn. 6. 1060.

bb) Der vorläufige Insolvenzverwalter mit Verwaltungs- und Verfügungsbefugnis

Erweist sich die „Entmachtung" des Schuldners als zum Schutz der Gläubiger geboten und wurde daher ein „starker" vorläufiger Insolvenzverwalter nach § 22 Abs. 1 InsO eingesetzt, auf den die Verwaltungs- und Verfügungsbefugnis des Schuldners übergegangen ist, ist dieser unabhängig von einer Anordnung nach § 21 Abs. 2 S. 1 Nr. 5 InsO im Rahmen der vertraglichen Rechte des Schuldners befugt, zur Sicherheit abgetretene Forderungen einzuziehen, solange der Sicherungszessionar die Zession nicht offen gelegt und die Einziehungsermächtigung des Schuldners widerrufen hat.[885] Die Einziehungsbefugnis leitet sich in diesem Fall aus dem Recht des Schuldners ab und stellt folglich keine eigene Ermächtigung des vorläufigen Insolvenzverwalters dar.

Gleiche Erwägungen gelten im Falle einer gerichtlichen Kompetenzzuweisung, wenn das Insolvenzgericht eine Einzelbestimmung der Befugnisse des vorläufigen Insolvenzverwalters nach §§ 21 Abs. 2 S. 1 Nr. 2, 22 Abs. 2 InsO vornimmt und zugleich ein korrespondierendes Verfügungsverbot für den Schuldner anordnet.[886] In diesem Fall reichen die Befugnisse des vorläufigen Insolvenzverwalters an die Kompetenzen des „starken" vorläufigen Insolvenzverwalters nach § 22 Abs. 1 InsO heran, was § 22 Abs. 2 InsO allerdings explizit zulässt.

cc) Behandlung eingezogener Forderungsbeträge

Zieht der vorläufige Insolvenzverwalter zur Sicherheit abgetretene Forderungen außerhalb des Anwendungsbereichs des § 21 Abs. 2 S. 1 Nr. 5 InsO anstelle des Schuldners ein, so stellt sich die Frage, ob dem gesicherten Gläubiger lediglich ein schuldrechtlicher auf der Sicherungsabrede beruhender Anspruch auf Weiterleitung des eingezogenen Betrags gegen den vorläufigen Insolvenzverwalter zusteht oder ob sich die dingliche Position, die der Sicherungszessionar zuvor innehatte, am Einziehungserlös fortsetzt.

Nach Ansicht des BGH steht dem Sicherungszessionar in einer analogen Anwendung des § 170 Abs. 1 S. 2 InsO ein Anspruch auf Herausgabe des Erlöses zu.[887] Zwar

---

885 Allgemeine Meinung, s. BGHZ 146, 165, 174 = NZI 2001, 191; BGHZ 154, 72, 79 = NZI 2003, 259; Beck/Depré/*Zuleger/Wegmann*, § 26 Rn. 25; *Becker*, DZWIR 2003, 332, 337 f.; FK-InsO/*Schmerbach*, § 21 Rn. 333; Gottwald/*Vuia*, § 14 Rn. 104; *Haarmeyer/Wutzke/*Förster, Handbuch der vorläufigen Insolvenzverwaltung, § 6 Rn. 59; HambKomm/*Schröder*, § 22 Rn. 52; HK/*Kirchhof*, § 22 Rn. 17; *Kirchhof*, ZInsO 1999, 436, 437; *Kuder*, ZIP 2007, 1690, 1691; MünchKomm-InsO/*Haarmeyer*, § 22 Rn. 55; Uhlenbruck/*Vallender*, § 22 Rn. 51; *Uhlenbruck*, Kölner Schrift, 6. Kapitel Rn. 34.

886 BGHZ 154, 72, 79 = NZI 2003, 259; *Becker*, DZWIR 2003, 337, 338; *Fritsche*, DZWIR 2005, 265, 270; HambKomm/*Schröder*, § 22 Rn. 108 i.V.m. Rn. 52; *Kuder*, ZIP 2007, 1690, 1691.

887 BGHZ 184, 101, 111 ff. = NZI 2010, 339, mit Anm. *Knof*, EWiR 2010, 395, 396, der BGH nimmt in seiner Entscheidung ein „Ersatzabsonderungsrecht" entsprechend

finde die Vorschrift keine unmittelbare Anwendung, weil dies stets eine Verwertung durch den (endgültigen) Insolvenzverwalter voraussetze, jedoch bestehe eine planwidrige Regelungslücke.[888] Daher soll der Erlös, den der vorläufige Insolvenzverwalter eingezogen hat, im Ergebnis ebenso behandelt werden, wie der Erlös, den der (endgültige) Verwalter durch eine Einziehung im eröffneten Verfahren erzielt.[889] Die Analogie begründet der BGH damit, dass die dem vorläufigen Insolvenzverwalter vom Insolvenzgericht verliehene Einziehungsbefugnis dazu diene, die Einziehung der Forderung durch den Schuldner zu verhindern und einen Wertverlust der Forderung zu vermeiden, hingegen nicht den Verlust von Rechten des Sicherungszessionars bewirken dürfe. Andernfalls bestehe ein Wertungswiderspruch zu denjenigen Fällen, in denen § 170 Abs. 1 S. 2 InsO unmittelbar (im eröffneten Verfahren) oder kraft gesetzlicher Verweisung (§ 21 Abs. 2 S. 1 Nr. 5 S. 3 InsO) anwendbar sei.[890]

Dem ist zuzustimmen, da die Einziehungsbefugnis des vorläufigen Insolvenzverwalters nicht zu einer Entwertung des Sicherungsgegenstands führen darf.[891] Könnte der vorläufige Insolvenzverwalter die Forderung einziehen, ohne dass sich die dingliche Position des Sicherungszessionars am eigezogenen Erlös fortsetzt, müsste der gesicherte Gläubiger einen endgültigen und ersatzlosen Rechtsverlust befürchten. Denn der rein schuldrechtliche Anspruch des Sicherungszessionars würde sich mit Verfahrenseröffnung zu einer Insolvenzforderung wandeln, die zur Tabelle angemeldet werden müsste. Ein Schadensersatzanspruch des Sicherungszessionars gegen den vorläufigen Insolvenzverwalter nach §§ 21 Abs. 2 S. 1 Nr. 1, 60 InsO bestünde ferner nicht, da der Insolvenzverwalter gegen keine ihm nach der Insolvenzordnung obliegende Pflicht – sondern lediglich gegen eine sich aus dem Sicherungsvertrag ergebende Pflicht – verstoßen würde. Der Sicherungszessionar müsste im eröffneten Verfahren also einen vollständigen wirtschaftlichen Verlust seines Sicherungsrechts hinnehmen.

In der Literatur wird dem entgegengehalten, der Verlust des Sicherungsrechts entspreche der zwischen Schuldner und Sicherungszessionar getroffenen Abrede

---

§ 170 Abs. 1 S. 2 InsO an, da der Erlös nicht Teil der Masse sei. Ebenso *Ganter,* NZI 2010, 551, 552; *ders.,* FS Wellensiek, S. 399, 402 ff.; HambKomm/*Schröder,* § 22 Rn. 54; *Heinze,* ZInsO 2013, 2401, 2409; *Henkel,* NJW 2010, 2590; HK/*Kirchhof,* § 22 Rn. 17; vgl. auch Jaeger/*Gerhardt,* § 22 Rn. 101 „bei der Einziehung durch den vorläufigen Insolvenzverwalter ist darauf zu achten, dass das Absonderungsrecht des Gläubigers gewahrt wird"; a.A. *Mitlehner,* ZIP 2010, 1934 ff.: Der Forderungserlös unterliegt uneingeschränkt dem Zugriff der Gläubiger; ebenfalls kritisch *Flöther/Wehner,* NZI 2010, 554 ff.

888 BGHZ 184, 101, 111 ff. = NZI 2010, 339.

889 BGHZ 184, 101, 116 = NZI 2010, 339.

890 BGHZ 184, 101, 114 = NZI 2010, 339.

891 Vgl. RegE zu Art. 1 Nr. 6 InsOVereinfG, BT-Drucks. 16/3227, S. 15 f.; *Ganter,* NZI 2010, 551, 552; Jaeger/*Gerhardt,* § 22 Rn. 101; L/S/Z/*Thiemann,* § 22 Rn. 129; MünchKomm-InsO/*Haarmeyer,* § 22 Rn. 56.

und stelle insofern lediglich die Folge der vertragsgemäßen Abwicklung dar.[892] Ziehe der vorläufige Insolvenzverwalter die sicherungszedierte Forderung ein, agiere er lediglich so, wie es der Schuldner und der Sicherungszessionar vereinbart hatten, denn materiell-rechtlich nehme der vorläufige Insolvenzverwalter lediglich die Stellung des Schuldners ein. Der Verlust des Sicherungsgegenstandes erfolge daher nicht wegen der gerichtlichen Anordnung oder der Einziehung durch den vorläufigen Verwalter, sondern allein aufgrund der vertragsgemäßen Abwicklung.[893] Ein „Wertungswiderspruch", wie ihn der BGH feststellt, liege daher nicht vor.[894]

Vertraglich stehe dem Sicherungsnehmer lediglich ein schuldrechtlicher Anspruch auf Auskehr eingezogener Forderungsbeträge zu. Gewähre man ihm darüber hinaus ein Absonderungsrecht am Forderungserlös, stehe der Sicherungszessionar besser als in der Sicherungsabrede vereinbart.[895] Eine solche Besserstellung durch eine Art „generelles" Absonderungsrecht lasse sich jedoch nicht allein mit der Tatsache rechtfertigen, dass der vorläufige Insolvenzverwalter die Forderung anstelle des Schuldners eingezogen habe. Überdies sei es nicht die Pflicht des vorläufigen Insolvenzverwalters, schuldrechtliche Ansprüche eines Sicherungszessionars, der seine Sicherung infolge einer vertragsgemäßen Einziehung verloren hat, vorab aus der Masse zu befriedigen.[896]

Dieser Einwand ist zwar insofern zustimmungswürdig, als es grundsätzlich nicht die Aufgabe des Insolvenzgerichts ist, die sich aus dem zivilrechtlichen Verhältnis ergebenden Rechte der Parteien zu regeln. Jedoch spricht die Schutzbedürftigkeit des gesicherten Gläubigers dafür, diesem eine dingliche Rechtsposition am Einziehungserlös zu gewähren. In der Praxis wird der vorläufige Insolvenzverwalter die Einziehungserlöse nämlich dazu nutzen, die Betriebsfortführung bis zur Verfahrenseröffnung zu finanzieren, nicht hingegen dazu, den gesicherten Gläubiger zu befriedigen. Insofern kann auch nicht eingewendet werden, dem Sicherungszessionar sei zuzumuten, dass sein rein schuldrechtlicher auf der Sicherungsabrede beruhender Anspruch auf Auskehr des Erlöses mit dem Zeitpunkt der Verfahrenseröffnung zu einer Insolvenzforderung werde. Denn letztlich realisiert sich nicht das vertraglich übernommene Risiko; der Wertverlust des Sicherungsrechts durch eine Verwendung eingezogener Beträge im Rahmen der Betriebsfortführung stellt vielmehr ein verfahrensspezifisches Risiko dar. Eben hierin liegt auch der vom BGH festgestellte Wertungswiderspruch zu denjenigen Fällen, in denen § 170 Abs. 1 S. 2 InsO kraft gesetzlicher Verweisung unmittelbare Anwendung findet.

Überdies würde dem vorläufigen Insolvenzverwalter ein einfacher und legaler Weg eröffnet, spätere Absonderungsrechte zu umgehen, indem er sicherungsabgetretene Forderungen aus dem Recht des Schuldners heraus schnellstmöglich einzieht

892 *Flöther/Wehner*, NZI 2010, 554, 557; *Mitlehner*, ZIP 2010, 1934, 1936.
893 *Mitlehner*, ZIP 2010, 1934, 1936.
894 *Mitlehner*, ZIP 2010, 1934, 1936 f.
895 *Flöther/Wehner*, NZI 2010, 554, 557.
896 *Mitlehner*, ZIP 2010, 1934, 1935 f.

und die eingezogenen Forderungsbeträge für die Betriebsfortführung verwendet, bevor der Sicherungszessionar die dem Schuldner erteilte Einziehungsbefugnis widerrufen hat. Dies hätte mit großer Wahrscheinlichkeit zur Folge, dass gesicherte Gläubiger bestehende Einziehungsermächtigungen unverzüglich widerrufen, Zessionen offenlegen und Forderungen selbst verwerten, um ihre Rechte zu wahren oder wenigstens in den Anwendungsbereich des § 48 InsO zu gelangen[897] – wozu sie berechtigt sind, sofern keine Sicherungsanordnung nach § 21 Abs. 2 S. 1 Nr. 5 InsO erging. Ein solches Vorgehen liefe jedoch zum einen der gesetzgeberischen Zielsetzung, gesicherte Gläubiger in das Verfahren einzubinden, zuwider, zum anderen würden die Chancen des vorläufigen Insolvenzverwalters, das schuldnerische Unternehmen bis zur Eröffnung des Insolvenzverfahrens fortzuführen, erheblich geschmälert, wenn nicht sogar gänzlich ausgehebelt. Insbesondere vor dem Hintergrund, dass der Schuldner Forderungen meist global zediert hat, sodass die Einziehungserlöse die einzig kurzfristig verfügbare Liquiditätsquelle darstellen, ist es für die Betriebsfortführung wesentlich, zu vermeiden, dass gesicherte Gläubiger sämtliche Geschäftsverbindungen zum Schuldner vorsorglich beenden. Insofern kann auch nicht argumentiert werden, der Sicherungszessionar könne die Einziehungsermächtigung gegenüber dem Schuldner widerrufen, wenn er annehme, dass der Wert seiner Forderung gefährdet sei, um so zu erreichen, dass ihm ein (Ersatz-) Absonderungsrecht am Erlös zusteht.[898]

Schließlich kann auch nicht eingewendet werden, Insolvenzgerichte könnten dies mit dem Erlass von Anordnungen, die die Verwertung durch den Sicherungszessionar untersagen, verhindern. Denn der Anwendungsbereich des § 21 Abs. 2 S. 1 Nr. 5 InsO ist dadurch, dass die Gerichte stets bestimmen müssen, auf welche Forderungen sich die Anordnung erstreckt und welche Forderungen erfasst sein sollen, sowie im Einzelnen prüfen und darlegen müssen, ob die Maßnahme geeignet, erforderlich und angemessen ist, erheblich eingeschränkt.

Im Ergebnis ist daher anzunehmen, dass der vorläufige Insolvenzverwalter Einziehungserlöse in analoger Anwendung des § 170 Abs. 1 S. 2 InsO unverzüglich an den gesicherten Gläubiger abzuführen oder zumindest unterscheidbar zu verwahren hat, um im eröffneten Verfahren vorrangig das Absonderungsrecht des gesicherten Gläubigers zu befriedigen. Konsequenterweise stehen dem vorläufigen Insolvenzverwalter im Zuge der analogen Heranziehung des § 170 Abs. 1 S. 2 InsO dann aber auch die Kostenbeiträge nach § 170 Abs. 1 S. 1, 171 InsO zu.[899] Dies verlangt das Prinzip der Kostenverursachung, das der Kostenverteilung zugrunde liegt.

---

897 *Ganter*, NZI 2010, 551, 552.

898 So aber *Flöther/Wehner*, NZI 2010, 554, 557.

899 So *Ganter*, FS Wellensiek, S. 399, 404; s. auch *Knof*, EWiR 2010, 395, 396; offengelassen in BGHZ 184, 101, 116 = NZI 2010, 339; a.A. BGHZ 154, 72, 79 = NZI 2003, 259 (vor Einführung des § 21 Abs. 2 S. 1 Nr. 5 InsO); *Kirchhof*, ZInsO 1999, 436, 438; ohne nähere Begründung auch HambKomm/*Schröder*, § 22 Rn. 52; Gottwald/*Vuia*, § 14 Rn. 102; MünchKomm-InsO/*Haarmeyer*, § 22 Rn. 56; kritisch, aber im Ergebnis ebenfalls ablehnend Jaeger/*Gerhardt*, § 22 Rn. 100.

Für den Fall, dass der Schuldner Forderungen global zediert hat, ist der vorläufige Insolvenzverwalter dazu berechtigt, die eingezogenen Beträge der Sicherungsabrede entsprechend für die Betriebsfortführung einzusetzen, denn die Wirkungen des § 170 Abs. 1 S. 2 InsO beziehen sich nur auf die „endgültige" Forderungseinziehung.[900] Es gilt das im Rahmen der Darstellung des § 21 Abs. 2 S. 1 Nr. 5 InsO Dargelegte.[901] Die Kostenbeiträge stehen dem vorläufigen Insolvenzverwalter in diesem Fall nicht zu.[902]

dd) Schicksal der Einziehungsermächtigung

Schließlich stellt sich die Frage, bis zu welchem Zeitpunkt die dem Schuldner erteilte Einziehungsermächtigung Bestand hat, wenn ein ausdrücklicher Widerruf der Einziehungsermächtigung durch den Sicherungszessionar nicht erfolgt ist. Denn nur so lange die im Rahmen der Sicherungsabrede erteilte Ermächtigung fortbesteht, kann der vorläufige Insolvenzverwalter Befugnisse aus der Rechtsstellung des Schuldners ableiten.

Zumeist wird der Sicherungsvertrag Regelungen zum Schicksal der Einziehungsermächtigung bei Eröffnung des Insolvenzverfahrens oder der Anordnung von Sicherungsmaßnahmen enthalten, sodass die Frage nach dem Erlöschen der Einziehungsermächtigung aufgrund der besonderen Abreden je nach Einzelfall unterschiedlich zu beantworten sein wird. Sind hingegen keine Vereinbarungen getroffen worden, ist nach wie vor umstritten, ob die Einziehungsermächtigung trotz der Anordnung von Sicherungsmaßnahmen weiterhin Bestand hat und erst durch die Verfahrenseröffnung – als endgültiger und eindeutiger Einschnitt in die Rechte des Schuldners – erlischt oder bereits durch die Anordnung von Sicherungsmaßnahmen entfällt.

In der insolvenzrechtlichen Literatur wird überwiegend die Auffassung vertreten, weder die Stellung eines Insolvenzantrags noch die Anordnung von Sicherungsmaßnahmen beende die Einziehungsermächtigung.[903] Auch der BGH nahm bereits unter der Geltung der KO an, der Schuldner verliere die ihm zustehende Einziehungsermächtigung weder durch den Eintritt der Krise noch durch die Beantragung des Konkurses oder die Anordnung von Sequestrationsmaßnahmen.[904] Er begründete

900 S. BGHZ 184, 101, 110 f. = NZI 2010, 339 unter Verweis auf *Ganter,* NZI 2007, 549, 551; *Ganter,* NZI 2010, 551 ff.; *ders.,* FS für Wellensiek, S. 399, 404; *Johlke/Jensen,* FS Wellensiek, S. 563 ff.

901 Dazu oben § 4 B.I.4.b), S. 173 ff.

902 S. oben Fn. 869.

903 Beck/Depré/*Zuleger/Wegmann,* § 26 Rn. 32; FK-InsO/*Schmerbach,* § 22 Rn. 43; HK/*Kirchhof,* § 22 Rn. 17; *Kirchhof,* ZInsO 2001, 1, 9 f.; *ders.,* ZInsO 1999, 436, 437; *Mitlehner,* Mobiliarsicherheiten im Insolvenzverfahren, Rn. 680; *ders.,* ZIP 2001, 677, 678; MünchKomm-InsO/*Ganter,* § 51 Rn. 181; MünchKomm-BGB/*Roth/Kieninger,* § 398 Rn. 55; N/R/*Mönning,* § 21 Rn. 228; Uhlenbruck/*Vallender,* § 22 Rn. 51; kritisch hingegen Jaeger/*Henckel,* § 48 Rn. 34.

904 BGHZ 144, 192, 198 ff. = NZI 2000, 306.

das Fortbestehen der Einziehungsermächtigung damit, dass die im Gesetz vorausgesetzte Fortführung des schuldnerischen Unternehmens kaum möglich sei, wenn ein wesentlicher Teil des Umlaufvermögens – eben die sehr häufig zur Sicherheit abgetretenen Forderungen – bereits blockiert sei.[905] Die Argumentation basierte somit auf dem Grundgedanken, dass ein vorheriges Erlöschen der Einziehungsermächtigung die Fortführung des schuldnerischen Betriebs unmöglich macht. Im Hinblick auf die nunmehr bestehende Möglichkeit, dem Sicherungszessionar die Einziehung bereits während der Eröffnungsphase zu versagen, deutete der BGH allerdings eine Änderung der bisherigen Rechtsprechung an. Die Annahme des Erlöschens der Einziehungsermächtigung mit dem Insolvenzantrag stelle sicher, dass sicherungsabgetretene Forderungen nicht mehr durch den Schuldner, sondern nur noch durch den vorläufigen Insolvenzverwalter eingezogen werden.[906]

Diese Überlegungen entfernen sich indessen weit vom rechtsgeschäftlichen Charakter der Einziehungsermächtigung als Willenserklärung, die als solche nach dem Willen des Ermächtigenden, nicht hingegen nach den Zielen des Gesetzgebers auszulegen ist.[907] So muss für eine sachgerechte Auslegung allein der Wille des Sicherungszessionars als Ermächtigendem maßgeblich sein. In der Literatur wird daher die Auffassung vertreten, die Einziehungsermächtigung sei dahin gehend auszulegen, dass sie bereits in Folge der Anordnung einer vorläufigen Insolvenzverwaltung bzw. der Anordnung von Sicherungsmaßnahmen erlöschen soll.[908] Insbesondere jedoch vor dem Hintergrund, dass sich der Insolvenzantrag stets als unbegründet erweisen kann und ein vorzeitiger Widerruf von Einziehungsermächtigungen wegen der hohen Anzahl an Globalzessionen dann mit hoher Wahrscheinlichkeit die vielleicht noch vermeidbare Insolvenz des Schuldners auslösen würde, kann ein Interesse des Sicherungszessionars, die Einziehungsermächtigung vorzeitig zu widerrufen, nicht pauschal angenommen werden.[909] Der Sicherungszessionar wird als Kreditgeber vielmehr ein Interesse daran haben, die Vertragsbeziehungen zum Schuldner aufrecht zu erhalten. Letztlich wird das Erlöschen der Einziehungsermächtigung somit – weil es sich um die Auslegung einer Willenserklärung handelt – je nach Einzelfall unterschiedlich zu beantworten sein.

Allerdings ist anzunehmen, dass ein Fortbestehen der Einziehungsermächtigung nicht mehr vom Willen des Sicherungszessionars getragen ist, wenn das

905 BGHZ 144, 192, 199 = NZI 2000, 306.

906 BGHZ 184, 101, 107 f. = NZI 2010, 339.

907 Zutreffend *Berger,* FS Fischer, S. 1, 8; *Gundlach/Frenzel/Jahn,* NZI 2010, 336, 337.

908 *Ampferl,* Der "starke" vorläufige Verwalter in der Unternehmensinsolvenz, Rn. 627; Jaeger/*Henckel,* § 48 Rn. 34; *Obermüller,* DZWIR 2000, 10, 14; *Pohlmann,* Befugnisse und Funktionen des vorläufigen Insolvenzverwalters, Rn. 430; zur Sequestration *Herbert,* Die Sequestration im Konkursantragsverfahren, S. 141; s. auch *Serick,* Eigentumsvorbehalt und Sicherungsübertragung, Band V, S. 456: Erlöschen der Einziehungsermächtigung bereits mit Zahlungseinstellung oder dem Antrag auf Verfahrenseröffnung.

909 So auch MünchKomm-InsO/*Ganter,* § 51 Rn. 181.

Bestehenbleiben der Einziehungsermächtigung einen Verlust seiner Rechtsposition zur Folge hätte.[910] Das wäre der Fall, wenn der vorläufige Insolvenzverwalter berechtigt wäre, die eigezogenen Erlöse mit dem Vermögen des Schuldners zu vermischen und vollständig zur Fortführung des schuldnerischen Unternehmens zu verwenden. Wie zuvor dargestellt, steht dem gesicherten Gläubiger jedoch ein Anspruch analog § 170 Abs. 1 S. 2 InsO zu, wenn der vorläufige Insolvenzverwalter die Forderung anstelle des Schuldners aus dessen Recht heraus einzieht.[911] Erlässt das Gericht eine Anordnung nach § 21 Abs. 2 S. 1 Nr. 5 InsO, die den vorläufigen Insolvenzverwalter ermächtigt, sicherungsabgetretene Forderungen einzuziehen, so gelten die §§ 170, 171 InsO zudem bereits kraft gesetzlicher Verweisung.[912] Der Sicherungszessionar muss daher auch bei Bestehenbleiben der Einziehungsermächtigung keinen Rechtsverlust befürchten. Sein Sicherungsrecht setzt sich nach der Einziehung durch den vorläufigen Insolvenzverwalter – mag dieser aufgrund einer gerichtlichen Anordnung nach § 21 Abs. 2 S. 1 Nr. 5 InsO oder infolge der Übertragung der allgemeinen Verfügungsbefugnis bzw. der Anordnung einer besonderen Verfügungsbefugnis anstelle des Schuldners zur Einziehung berechtigt sein – am Einziehungserlös fort. Im Ergebnis ist damit nicht anzunehmen, dass die Anordnung von Sicherungsmaßnahmen dem Willen des Sicherungszessionars nach zwangsweise das Erlöschen der Einziehungsermächtigung zur Folge hat, sondern die Einziehungsermächtigung bis zum ausdrücklichen Widerruf seitens des Sicherungszessionars, spätestens jedoch bis zur Eröffnung des Insolvenzverfahrens, bestehen bleibt.

b) Widerruf der Einziehungsermächtigung des Schuldners

Hat der Sicherungszessionar die materiell-rechtliche Einziehungsermächtigung gegenüber dem Schuldner widerrufen und die Zession offen gelegt – wozu er nach den üblichen Verträgen berechtigt ist, wenn der Kreditnehmer mit Zahlungen in Verzug ist oder Zahlungen gar eingestellt hat –, hat dies zur Folge, dass der vorläufige Insolvenzverwalter keine Befugnisse aus der Rechtsstellung des Schuldners mehr ableiten kann. Die Forderungseinziehung kann daher jedenfalls nicht mehr auf der Grundlage des Sicherungsvertrags erfolgen. Wurde auch eine gerichtliche Anordnung nach § 21 Abs. 2 S. 1 Nr. 5 InsO nicht erlassen, so stellt sich die Frage, ob der vorläufige Insolvenzverwalter zum Zwecke der Sicherung und Erhaltung des schuldnerischen Vermögens oder zur Erfüllung seiner gesetzlich angeordneten Fortführungspflicht dennoch zur Forderungseinziehung berechtigt und verpflichtet ist.

910 *Ampferl*, Der "starke" vorläufige Verwalter in der Unternehmensinsolvenz, Rn. 627; MünchKomm-InsO/*Ganter*, § 51 Rn. 181.

911 Dazu oben § 4 B.II.2.a)cc), S. 186 ff.

912 Zur Behandlung eingezogener Beträge bei Erlass einer Anordnung nach § 21 Abs. 2 S. 1 Nr. 5 InsO oben § 4 B.I.4, S. 172 ff.

aa) Fortführungspflicht, § 22 Abs. 1 S. 2 Nr. 2 InsO

In Anbetracht des Umstands, dass regelmäßig rund vier Fünftel des beim insolventen Schuldner vorgefundenen und betrieblich genutzten Vermögens mit Aus- und Absonderungsrechten belastet sind,[913] könnte sich eine Verpflichtung des vorläufigen Insolvenzverwalters, sicherungsabgetretene Forderungen einzuziehen, auch außerhalb des Anwendungsbereichs von § 21 Abs. 2 S. 1 Nr. 5 InsO aus seiner Fortführungspflicht nach § 22 Abs. 1 S. 2 Nr. 2 InsO ergeben, die es gebietet, das schuldnerische Unternehmen im Insolvenzeröffnungsverfahren bis zur Entscheidung über die Eröffnung des Insolvenzverfahrens fortzuführen. Dies setzt allerdings voraus, dass mit der Einziehung zur Sicherheit abgetretener Forderungen tatsächlich die Schaffung von Liquidität für die Fortführung des Betriebs verbunden ist. Als Liquiditätsquelle kommen zum einen die eingezogenen Forderungsbeträge selbst, zum anderen die Kostenbeiträge der gesicherten Gläubiger in Betracht.

Im Hinblick auf die eingezogenen Erlöse ist ein Liquiditätszufluss jedenfalls zu verneinen. Denn die Einziehung seitens des vorläufigen Insolvenzverwalters darf, wie ausgeführt, keinen endgültigen und ersatzlosen Rechtsverlust des gesicherten Gläubigers zur Folge haben.[914] Das bedeutet, dass dem Sicherungszessionar ein Anspruch analog § 170 Abs. 1 S. 2 InsO zugestanden werden müsste.[915] Der vorläufige Insolvenzverwalter wäre folglich dazu verpflichtet, den eingezogenen Forderungsbetrag an den Sicherungszessionar abzuführen, zumindest jedoch unterscheidbar zu verwahren, sodass der gesicherte Gläubiger im eröffneten Verfahren vorrangig befriedigt werden könnte.[916]

Aufgrund dessen kämen höchstens die gesetzlichen Kostenbeiträge als finanzielle Mittel für eine Betriebsfortführung in Frage. Allerdings hat der Reformgesetzgeber mit der Kostenbeitragspflicht keinen Zuschuss gesicherter Gläubiger zur Masse vorgesehen, sondern (lediglich) die Kompensation solcher Vermögensnachteile, die der Masse durch die Feststellung und Verwertung von Absonderungsrechten entstehen.[917] Die Kostenbeiträge dienen also nicht dazu, die Betriebsfortführung während der Eröffnungsphase zu finanzieren. Für die Betriebsfortführung hat die Übertragung des Einziehungsrechts damit keine Bedeutung.[918]

---

913 Allgemeine Begr. RegEInsO, BT-Drucks. 12/2443, S. 86.

914 Oben Fn. 891.

915 Vgl. dazu BGHZ 184, 101, 111 ff. = NZI 2010, 339.

916 Zur Behandlung eingezogener Erlöse bei Erlass einer Anordnung nach § 21 Abs. 2 S.1 Nr. 5 InsO s. oben § 4 B.I.4.a), S. 172 ff.

917 Dazu oben § 2 D.I., S. 104 f.

918 Vgl. auch *Ampferl*, Der "starke" vorläufige Verwalter in der Unternehmensinsolvenz, Rn. 619; K/P/B/*Pape*, § 21 Rn. 40y.

bb) Vermögenssicherungs- und Vermögenserhaltungspflicht, § 22 Abs. 1 S. 2 Nr. 1 InsO

Die Einziehung sicherungsabgetretener Forderungen durch den vorläufigen Insolvenzverwalter könnte jedoch zum Zwecke der Sicherung und Erhaltung des schuldnerischen Vermögens notwendig sein. Die Sicherungs- und Erhaltungspflicht, nach welcher der vorläufige Insolvenzverwalter den Zustand des schuldnerischen Unternehmens wertmäßig zu erhalten und vor Verschlechterung zu schützen hat,[919] erstreckt sich auch auf Gegenstände, die im eröffneten Verfahren mit einem Absonderungsrecht belastet sind.[920] Denn diese gehören trotz der Vollrechtsübertragung haftungsrechtlich zum Vermögen des Schuldners, was dadurch zum Ausdruck kommt, dass Sicherungszessionaren in der Insolvenz lediglich ein Absonderungsrecht, jedoch kein Aussonderungsrecht zugestanden wird.

Wie ausgeführt dient die Forderungseinziehung anders als die Verwertung sicherungsübereigneter Sachen stets (auch) der Sicherstellung der Forderung bzw. des hinter der Forderung stehenden Geldbetrags. Denn durch die Einziehung wird ein möglicher Wertverlust der Forderung – etwa wegen drohender Insolvenz des Drittschuldners – vermieden. Überdies kann durch die rechtzeitige Einziehung verhindert werden, dass der Anspruch verjährt. Zieht der vorläufige Insolvenzverwalter eine zur Sicherheit abgetretene Forderung ein, um einen Wertverlust der Forderung zu verhindern, so stellt die Einziehung folglich im Grundsatz eine zulässige Sicherungsmaßnahme dar.[921]

Allerdings können die Rechte des vorläufigen Insolvenzverwalters nicht weitergehen als die Rechtsmacht des Schuldners. Denn mit Ausnahme der Anordnung nach § 21 Abs. 2 S. 1 Nr. 5 InsO betreffen Anordnungen des Insolvenzgerichts nach §§ 21, 22 InsO ausschließlich das Rechtsverhältnis zwischen dem Schuldner und dem vorläufigen Insolvenzverwalter.[922] Dem vorläufigen Insolvenzverwalter wird die Verwaltungs- und Verfügungsbefugnis über das Vermögen des Schuldners übertragen, sodass ihm auch nur diejenigen Rechte zustehen können, die der Schuldner zum Zeitpunkt der Anordnung innehat.

---

919 Statt vieler HK/*Kirchhof*, § 22 Rn. 12; N/R/*Mönning*, § 22 Rn. 28.

920 BGHZ 184, 101, 112 = NZI 2010, 339; BGH NZI 2011, 602, 605 (Rn. 19); HambKomm/*Schröder*, § 22 Rn. 46; HK/*Kirchhof*, § 21 Rn. 5; MünchKomm-InsO/*Haarmeyer*, § 21 Rn. 12; N/R/*Mönning*, § 22 Rn. 34.

921 S. dazu BGHZ 154, 72, 82 = NZI 2003, 259; Jaeger/*Gerhardt*, § 22 Rn. 96; L/S/Z/*Thiemann*, § 21 Rn. 86 und § 22 Rn. 129; *ders.*, Die vorläufige Masseverwaltung im Insolvenzeröffnungsverfahren, Rn. 281; *Smid*, DZWIR 2002, 221, 227; vgl. HK/*Kirchhof*, § 22 Rn. 15; *ders.*, ZInsO 1999, 436; a.A. *Ampferl*, Der "starke" vorläufige Verwalter in der Unternehmensinsolvenz, Rn. 618 „keinesfalls ist die Einziehung durch den vorläufigen Insolvenzverwalter zur Erfüllung der ihm obliegenden Sicherungspflicht erforderlich.

922 BGHZ 154, 72, 82 f. = NZI 2003, 259; BGH NZI 2007, 338, 339 (Rn. 13); *Mitlehner*, Mobiliarsicherheiten im Insolvenzverfahren, Rn. 684.

Würde man dem vorläufigen Insolvenzverwalter ein Einziehungsrecht auch dann zugestehen, wenn die dem Schuldner im Rahmen des Sicherungsvertrags erteilte Einziehungsermächtigung bereits widerrufen worden ist, liefe dies praktisch auf eine (analoge) Anwendung des § 166 Abs. 2 InsO hinaus. Denn der vorläufige Insolvenzverwalter wäre ebenso wie der (endgültige) Insolvenzverwalter berechtigt, sicherungsabgetretene Forderungen auch dann einzuziehen, wenn dem Schuldner das Einziehungsrecht nicht mehr zusteht. Seine Rechtsmacht ginge damit weiter als diejenige des Schuldners. Die Tatsache, dass der Gesetzgeber sich mit der Einführung des § 21 Abs. 2 S. 1 Nr. 5 InsO dafür entschieden hat, die Möglichkeiten des Insolvenzgerichts zu erweitern, nicht hingegen dafür, die Wirkungen des § 166 Abs. 2 InsO generell in das Insolvenzeröffnungsverfahren vor zu verlagern, beweist jedoch, dass die Vorschrift des § 166 Abs. 2 InsO erst ab dem Zeitpunkt der Verfahrenseröffnung Anwendung finden soll.[923]

Zudem besteht selbst dann, wenn man auf einen möglichen Wertverlust der Forderung abstellt, kein Bedürfnis für eine Einziehung durch den vorläufigen Insolvenzverwalter, weil die Gefahr des Forderungsausfalls bereits durch eine Einziehung seitens des Sicherungszessionars gebannt werden kann.[924] Denn anders als bei einer Anordnung nach § 21 Abs. 2 S. 1 Nr. 5 InsO, die in die Rechtsstellung des Sicherungsgläubigers eingreift, ist der Sicherungszessionar nicht daran gehindert, die Forderung einzuziehen.

Damit scheidet eine Einziehung zur Sicherheit abgetretener Forderung durch den vorläufigen Insolvenzverwalter nach Widerruf der vertraglichen Einziehungsermächtigung des Schuldners aus. Bis zur Eröffnung des Insolvenzverfahrens ist ausschließlich der Sicherungszessionar einziehungsberechtigt. Soll der Sicherungszessionar daran gehindert werden, die Forderung vor der Eröffnung des Insolvenzverfahrens zu verwerten, muss das Gericht eine Anordnung nach § 21 Abs. 2 S. 1 Nr. 5 InsO erlassen. In diesem Fall ist der vorläufige Insolvenzverwalter ermächtigt, die Forderung einzuziehen, auch wenn dem Schuldner ein Einziehungsrecht nicht mehr zusteht. Unabhängig hiervon hat der Sicherungszessionar jedoch das Recht, den Insolvenzverwalter vertraglich zur Einziehung der Forderung zu ermächtigen.[925]

3. Ergebnis

Hat das Insolvenzgericht keine Anordnung nach § 21 Abs. 2 S. 1 Nr. 5 InsO erlassen, ist zunächst die zwischen Sicherungszessionar und Schuldner getroffene Abrede maßgeblich. Das bedeutet, dass der vorläufige Insolvenzverwalter sicherungsabgetretene

---

923 Für eine analoge Anwendung von § 166 Abs. 2 InsO während der Eröffnungsphase: N/R/*Mönning*, § 22 Rn. 143; ebenso Jaeger/*Gerhardt*, § 22 Rn. 97 (jedoch vor Einführung des § 21 Abs. 2 S. 1 Nr. 5 InsO).

924 Vgl. *Ampferl*, Der "starke" vorläufige Verwalter in der Unternehmensinsolvenz, Rn. 618.

925 MünchKomm-InsO/*Haarmeyer*, § 22 Rn. 55 a.E.; *Pohlmann*, Befugnisse und Funktionen des vorläufigen Insolvenzverwalters, Rn. 430.

Forderungen auf Grundlage des Sicherungsvertrags bis zum Widerruf der Einziehungsermächtigung weiter einziehen darf, wenn die Verfügungsbefugnis des Schuldners entweder allgemein oder in Folge einer besonderen Verfügungsermächtigung auf ihn übergegangen ist. Ob der vorläufige Insolvenzverwalter berechtigt ist, zur Sicherheit abgetretene Forderungen einzuziehen, entscheidet sich also je nach der Ausgestaltung seiner Rechtsstellung. Der Sicherungszessionar ist nach Maßgabe seiner vertraglichen Befugnisse jedoch berechtigt, die Zession offen zu legen und die Forderung nach Widerruf der Einziehungsermächtigung zu verwerten.

Zieht der vorläufige Insolvenzverwalter eine sicherungszedierte Forderung aus dem Recht des Schuldners heraus ein, gelten die §§ 170, 171 InsO analog. Der vorläufige Insolvenzverwalter ist folglich verpflichtet, den eingezogenen Betrag unverzüglich an den gesicherten Gläubiger abzuführen oder zumindest unterscheidbar zu verwahren, um im eröffneten Verfahren vorrangig das Absonderungsrecht des gesicherten Gläubigers zu befriedigen. In diesem Fall stehen der (künftigen) Insolvenzmasse die Kostenbeiträge analog § 170 Abs. 1 S. 2 InsO zu. Hat der Schuldner Forderungen global zediert, ist der vorläufige Insolvenzverwalter dazu berechtigt, die eingezogenen Beträge der Sicherungsabrede entsprechend für die Betriebsfortführung einzusetzen. Die Kostenbeiträge stehen dem vorläufigen Insolvenzverwalter in diesem Fall nicht zu.

Sofern der Sicherungszessionar die Einziehungsermächtigung des Schuldners bereits widerrufen hat, kann der vorläufige Insolvenzverwalter keine Befugnisse aus der Rechtsstellung des Schuldners mehr ableiten. Wurde auch eine gerichtliche Anordnung nach § 21 Abs. 2 S. 1 Nr. 5 InsO nicht erlassen, steht dem vorläufigen Insolvenzverwalter ein Einziehungsrecht nicht zu, weil Anordnungen des Gerichts – mit Ausnahme von § 21 Abs. 2 S. 1 Nr. 5 InsO – die Rechtsstellung des vorläufigen Insolvenzverwalters gegenüber derjenigen des Schuldners nicht erweitern.

Zusammenfassung der wesentlichen Ergebnisse

Primäres Ziel des Insolvenzverfahrens ist die Befriedigung der Gläubiger. Nach §§ 35, 38 InsO sollen diese aus der Insolvenzmasse befriedigt werden. Jedoch findet der Insolvenzverwalter bei der Übernahme seines Amtes noch nicht die verteilungsfähige Masse vor, vielmehr übernimmt er lediglich einen Teil jener. Diese vorgefundene Ist-Masse muss daher einerseits vermehrt, andererseits verringert werden, um als Haftungsobjekt der Gläubiger zur Verfügung zu stehen. Vermehrt wird die Ist-Masse insbesondere durch die Einziehung offener Außenstände des Schuldners. Die Durchsetzung fälliger Außenstände ist damit entscheidend für den Erfolg des Insolvenzverfahrens. Zentrale Bedeutung erlangt die Einziehung von Außenständen aber nicht nur im eröffneten Insolvenzverfahren. Bereits während des Insolvenzeröffnungsverfahrens ist die Forderungsdurchsetzung maßgeblich, um die drohende oder die bereits eingetretene Zahlungsunfähigkeit zu verhindern bzw. zu beseitigen und um die Fortführung des schuldnerischen Unternehmens zu gewährleisten.

Die Auseinandersetzung mit der Thematik der „Einziehung von Außenständen im Insolvenzverfahren“ hat gezeigt, dass der Insolvenzverwalter bzw. der vorläufige Insolvenzverwalter mit zahlreichen Rechtsfragen konfrontiert wird, mit denen sich Rechtsprechung und Literatur trotz ihrer hohen praktischen Relevanz bislang nur zum Teil näher beschäftigt haben. Anliegen der vorliegenden Arbeit war es daher, die bestehenden Rechtsfragen umfassend und in der gebotenen Tiefe zu analysieren. Die gewonnenen Erkenntnisse sollen im Folgenden rekapituliert werden:

Im eröffneten Verfahren verpflichtet § 148 Abs. 1 InsO den Insolvenzverwalter dazu, offene Außenstände geltend zu machen. Sofern die Gläubiger nichts anderes beschlossen haben, begründet zudem § 159 InsO ab dem Berichtstermin eine gesetzliche Verwertungspflicht. Dabei ist der Insolvenzverwalter nicht darauf beschränkt, Forderungen einzuziehen. Auf welche Art und Weise er offene Außenstände verwertet, entscheidet er vielmehr nach pflichtgemäßem Ermessen.[926]

Verweigern Drittschuldner die Zahlung, ist der Insolvenzverwalter ferner dazu verpflichtet, Außenstände gerichtlich durchzusetzen. Die Prozessführungsbefugnis folgt ebenso wie die materiell-rechtliche Verwertungsbefugnis aus § 80 Abs. 1 InsO. Der Insolvenzverwalter tritt daher als gesetzlicher Prozessstandschafter – als Partei kraft Amtes – für die Masse auf.[927] Hat der Schuldner vor der Eröffnung des Verfahrens bereits gerichtliche Schritte zur Durchsetzung einer Forderung eingeleitet, wird der Prozess gemäß § 240 S. 1 ZPO unterbrochen.

926 Zu den Verwertungsmöglichkeiten des Insolvenzverwalters s. oben § 1 A.II., S. 6 ff.
927 Dazu oben unter § 1 A.III.1., S. 12 ff.

Die Durchsetzung offener Außenstände zählt zu den insolvenzspezifischen Pflichten i.S.d. § 60 Abs. 1 InsO. Macht der Insolvenzverwalter werthaltige Forderungen schuldhaft nicht geltend, kann daher eine Schadensersatzpflicht nach § 60 Abs. 1 InsO begründet werden. Dies gilt jedenfalls dann, wenn die Prozessführung hinreichenden Erfolg verspricht, von nennenswertem wirtschaftlichem Interesse ist und die Vollstreckung nicht ausgeschlossen erscheint.[928]

Der Insolvenzschuldner verliert infolge der Verfahrenseröffnung die Empfangszuständigkeit für massezugehörige Forderungen. Dies gilt unabhängig davon, ob es sich um Alt- oder Neuforderungen handelt.[929] Leistet der Drittschuldner nach Verfahrenseröffnung an den Schuldner, wird er von seiner Verbindlichkeit nicht frei und hat die Leistung auf Verlangen des Insolvenzverwalters erneut zu bringen. Damit gehören sowohl die zugrunde liegende Forderung als auch der Leistungsgenstand selbst zur Insolvenzmasse. Dem Drittschuldner steht ein Anspruch gemäß § 812 Abs. 1 S. 1 Alt. 1 BGB gegen den Insolvenzschuldner zu, der allerdings nur gegen das insolvenzfreie Vermögen des Schuldners geltend gemacht werden kann.[930]

Aus Gründen des Verkehrsschutzes schränkt die Regelung des § 82 InsO den Grundsatz der fehlenden Erfüllungswirkung ein: Leistet ein Drittschuldner nach Verfahrenseröffnung an den Insolvenzschuldner, wird er von seiner Leistungspflicht auch gegenüber der Masse befreit, sofern er die Verfahrenseröffnung zur Zeit der Leistung nicht kannte. § 82 InsO findet auch dann Anwendung, wenn auf eine Forderung geleistet wird, die als Neuerwerb in die Masse fällt.[931] Für das Merkmal „zur Zeit der Leistung" ist entgegen der herrschenden Meinung auf den Zeitpunkt der Leistungshandlung abzustellen.[932] In Bezug auf die Beweislast hinsichtlich der Gutgläubigkeit des Drittschuldners differenziert das Gesetz danach, ob die Leistung vor oder nach der öffentlichen Bekanntmachung des Eröffnungsbeschlusses erbracht wurde. Erfolgt die Leistung vor der öffentlichen Bekanntmachung, wird gemäß § 82 S. 2 InsO widerlegbar vermutet, dass der Leistende die Verfahrenseröffnung nicht kannte. Leistet der Drittschuldner hingegen nach der öffentlichen Bekanntmachung, muss er nach den allgemeinen Regeln der Beweislast als für ihn günstigen Umstand darlegen, dass er keine Kenntnis von der Verfahrenseröffnung besaß.[933] Schädlich ist grundsätzlich nur die positive Kenntnis. Der Gutglaubensschutz ist jedoch nach Treu und Glauben dort zu beschränken, wo sich der Drittschuldner der Kenntniserlangung bewusst und rechtsmissbräuchlich verschließt. Das bedeutet allerdings nicht, dass dem Drittschuldner die Berufung auf seine Unkenntnis schon deshalb verwehrt ist, weil Insolvenzbekanntmachungen im Internet nicht abgefragt und die zur Verfügung stehenden Informationsquellen somit nicht ausgeschöpft wurden.[934]

---

928 Dazu oben unter § 1 A.IV., S. 15 ff.
929 Dazu oben unter § 1 B.I., S. 17 ff.
930 Dazu oben unter § 1 B.II., S. 24 ff.
931 Dazu oben unter § 1 B.III.1.b), S. 27 ff.
932 Dazu oben unter § 1 B.III.1.c)bb)(5), S. 33 ff.
933 Dazu oben unter § 1 B.III.1.c)bb)(2), S. 29.
934 Dazu oben unter § 1 B.III.1.c)bb)(4), S. 31 ff.

Für die Verwertung sicherungsabgetretener Forderungen gilt die Sonderregelung des § 166 Abs. 2 InsO, die den Insolvenzverwalter ermächtigt, zur Sicherheit abgetretene Forderungen einzuziehen oder in anderer Weise zu verwerten.[935] Der Anwendungsbereich der Norm erstreckt sich auf alle Forderungen, die der Schuldner vor der Eröffnung des Insolvenzverfahrens zur Sicherheit abgetreten hat. Dies gilt unabhängig davon, ob die Abtretung gegenüber dem Drittschuldner offengelegt wurde oder die Verwertungsreife im Verhältnis zum Sicherungszessionar eingetreten ist. Nicht erfasst werden verpfändete Forderungen.[936]

Der Übergang der Verwertungsbefugnis auf den Insolvenzverwalter führt von Gesetzes wegen zu einer Überlagerung der eigenen Verwertungsmacht des Sicherungszessionars. Der Sicherungszessionar ist daher ab dem Zeitpunkt der Verfahrenseröffnung nicht mehr berechtigt, die Forderung einzuziehen.[937] Neben der Einziehungsbefugnis verliert er auch seine Empfangszuständigkeit.[938] Einer nach Verfahrenseröffnung an den Sicherungszessionar erbrachten Leistung kommt deshalb nur noch unter dem Gesichtspunkt des Gutglaubensschutzes in einer Gesamtanalogie zu §§ 407 Abs. 1, 408, 412 BGB, § 82 InsO schuldbefreiende Wirkung zu.[939] Gleichzeitig beinhaltet § 166 Abs. 2 InsO eine Verfügungsbeschränkung, sodass der Sicherungszessionar ab dem Zeitpunkt der Verfahrenseröffnung nicht mehr wirksam über die Forderung verfügen kann.[940] Unberührt bleibt allerdings die Möglichkeit, die Forderung unter Fortbestand der Verwertungsbefugnis des Insolvenzverwalters zu übertragen.[941] Prozessrechtlich geht der Verlust der Einziehungs- und Verfügungsbefugnis des Sicherungszessionars mit dem Verlust seiner Prozessführungsbefugnis einher. Hatte der Sicherungszessionar vor der Verfahrenseröffnung bereits gerichtliche Schritte gegen den Drittschuldner eingeleitet, wird der Prozess in entsprechender Anwendung des § 17 Abs. 1 AnfG unterbrochen. Der Insolvenzverwalter kann den Prozess dann nach den insolvenzrechtlichen Regelungen aufnehmen.[942]

Nach der Verwertung durch den Insolvenzverwalter ist der absonderungsberechtigte Gläubiger unverzüglich aus dem um die Kostenbeiträge verminderten Erlös zu befriedigen, § 170 Abs. 1 InsO. Das Absonderungsrecht setzt sich im Wege der dinglichen Surrogation am Erlös fort.[943] Dies gilt auch bei einer unter Verstoß gegen die Verfahrensvorschriften der §§ 167 ff. InsO erfolgten Verwertung.[944] Verwertet der Insolvenzverwalter eine mit einem Absonderungsrecht belastete Forderung, ohne

---

935 Dazu oben unter § 2 C.I., S. 57 ff.
936 Dazu oben unter § 2 B., S. 47 ff.
937 Dazu oben unter § 2 C.II.1., S. 66 f.
938 Dazu oben unter § 2 C.II.2., S. 67 ff.
939 Dazu oben unter § 2 C.II.2.d), S. 78 ff.
940 Dazu oben unter § 2 C.II.3., S. 84 ff.
941 Dazu oben unter § 2 C.II.3.b)gg), S. 91 f.
942 Dazu oben unter § 2 C.III.2.b), S. 99 ff.
943 Dazu oben unter § 2 D.II.1., S. 111 ff.
944 Dazu oben unter § 2 E.V., S. 128 ff.

nach § 166 Abs. 2 InsO zur Verwertung berechtigt zu sein, steht dem gesicherten Gläubiger ein Ersatzabsonderungsrecht analog § 48 InsO zu. Dingliche Surrogation findet in diesem Fall nicht statt.[945]

Im Insolvenzeröffnungsverfahren richtet sich die Einziehungsbefugnis für unbelastete Forderungen je nach der Ausgestaltung der Rechtsstellung des vorläufigen Insolvenzverwalters. Dieser ist sowohl wegen seiner Sicherungs- und Erhaltungspflicht als auch aufgrund seines Fortführungsauftrags zur Forderungseinziehung berechtigt bzw. verpflichtet, wenn die Verfügungsbefugnis des Schuldners im Ganzen oder in Folge einer besonderen gerichtlichen Anordnung nach § 22 Abs. 2 InsO auf ihn übergegangen ist.[946]

Leisten Drittschuldner nach Erlass einer Verfügungsbeschränkung an den Schuldner, kommt der Leistung – in Parallele zum eröffneten Verfahren – grundsätzlich keine Erfüllungswirkung zu, es sei denn, der Drittschuldner hat zum Zeitpunkt der Leistung keine Kenntnis von der mangelnden Verfügungsbefugnis des Schuldners. In diesem Fall wird der Drittschuldner nach Maßgabe der §§ 24 Abs. 1, 82 InsO von seiner Leistungspflicht befreit.[947] In Bezug auf die Beweislastverteilung gelten die für das eröffnete Verfahren dargelegten Grundsätze.

Sofern der vorläufige Insolvenzverwalter zur Forderungseinziehung berechtigt ist, ist er zugleich auch zur gerichtlichen Durchsetzung der Forderung befugt. Prozessrechtlich wird der Wechsel in der Prozessführungsbefugnis gesichert, indem bereits begonnene Prozesse des Schuldners nach § 240 S. 2 ZPO unterbrochen werden. Dies gilt unabhängig davon, ob ein „starker" vorläufiger Insolvenzverwalter nach § 22 Abs. 1 InsO eingesetzt wurde oder der Wechsel in der Prozessführungsbefugnis einer wirksamen Einzelermächtigung des vorläufigen Insolvenzverwalters nach § 22 Abs. 2 InsO folgt. Unterbrochene Prozesse können nach Maßgabe des § 85 Abs. 1 S. 1 InsO aufgenommen werden.[948]

Die Frage, ob das Insolvenzgericht den vorläufigen Insolvenzverwalter zur Einziehung sicherungsabgetretener Forderungen ermächtigen und die Forderungseinziehung durch den Sicherungszessionar untersagen kann, ist durch die Einführung des § 21 Abs. 2 S. 1 Nr. 5 InsO obsolet geworden. Um zu verhindern, dass durch Verwertungsmaßnahmen gesicherter Gläubiger bereits vor der Eröffnung des Insolvenzverfahrens vollendete Tatsachen geschaffen werden, und um die Möglichkeit des Insolvenzverwalters zu wahren, die Wirksamkeit von Sicherungszessionen zu prüfen, ordnet das Gesetz dies nun ausdrücklich an.

Erlässt das Insolvenzgericht eine Anordnung nach § 21 Abs. 2 S. 1 Nr. 5 InsO, werden bestimmte Wirkungen des eröffneten Verfahrens in das Insolvenzeröffnungsverfahren vorverlagert. So ist der Sicherungszessionar als Forderungsinhaber nach Erlass der gerichtlichen Anordnung nicht mehr berechtigt, die zur Sicherheit

945 Dazu oben unter § 2 F., S. 131 ff.
946 Dazu oben unter § 3 A., S. 140 ff.
947 Dazu oben unter § 3 D., S. 154 ff.
948 Dazu oben unter § 3 C., S. 144 ff.

abgetretene Forderung einzuziehen.[949] Mit dem Verbot geht die Ermächtigung des vorläufigen Insolvenzverwalters einher, die von der Anordnung betroffenen Forderungen einzuziehen.[950] Neben der Einziehungsbefugnis verliert der Sicherungszessionar auch die Empfangszuständigkeit. Ist nach Erlass der gerichtlichen Anordnung zur Erfüllung einer Verbindlichkeit an den Sicherungszessionar geleistet worden, kommt der Leistung mangels Empfangszuständigkeit daher keine schuldbefreiende Wirkung zu, es sei denn, es greifen die besonderen Vorschriften über den Schuldnerschutz.[951]

Zieht der vorläufige Insolvenzverwalter eine Forderung aufgrund der Anordnung des Insolvenzgerichts ein, gelten die §§ 170, 171 InsO gemäß § 21 Abs. 2 S. 1 Nr. 5 S. 3 InsO entsprechend. Der vorläufige Verwalter ist folglich dazu verpflichtet, eingezogene Beträge zu separieren und an den Sicherungszessionar abzuführen. Zuvor sind jedoch die im Zuge der Feststellung sowie der Verwertung entstandenen Kosten zugunsten der späteren Insolvenzmasse aus dem Verwertungserlös zu entnehmen.[952] In Ausnahme zu § 21 Abs. 2 S. 1 Nr. 5 S. 3 InsO ist der vorläufige Insolvenzverwalter allerdings berechtigt, eingezogene Forderungserlöse zur Fortführung des schuldnerischen Unternehmens zu verwenden, wenn der Sicherungszessionar durch eine Globalzession gesichert ist und die dem Schuldner erteilte Einziehungs- und Verwendungsbefugnis fortbesteht. Dies gilt jedenfalls solange und soweit im Zuge der Betriebsfortführung wertäquivalente Forderungen erwirtschaftet werden.[953]

Erlässt das Insolvenzgericht keine Anordnung nach § 21 Abs. 2 S. 1 Nr. 5 InsO, ist für die Frage, ob der vorläufige Insolvenzverwalter zur Einziehung sicherungsabgetretener Außenstände berechtigt ist, grundsätzlich die zwischen Sicherungszessionar und Schuldner getroffene Abrede maßgeblich. Bis zum Widerruf der Einziehungsermächtigung durch den Sicherungszessionar ist der vorläufige Insolvenzverwalter daher auf Grundlage des Sicherungsvertrags berechtigt, zur Sicherheit abgetretene Außenstände einzuziehen, wenn die Verfügungsbefugnis des Schuldners entweder allgemein oder in Folge einer besonderen Verfügungsermächtigung auf ihn übergegangen ist.[954] Der Sicherungszessionar ist nach Maßgabe seiner vertraglichen Befugnisse allerdings jederzeit dazu berechtigt, die Zession offenzulegen und die Forderung nach Widerruf der Einziehungsermächtigung zu verwerten.

Hat der Sicherungszessionar die Einziehungsermächtigung gegenüber dem Insolvenzschuldner widerrufen, kann der vorläufige Insolvenzverwalter keine Befugnisse aus der Rechtsstellung des Schuldners mehr ableiten. Wurde auch eine gerichtliche Anordnung nach § 21 Abs. 2 S. Nr. 5 InsO nicht erlassen, steht dem vorläufigen Insolvenzverwalter daher kein Einziehungsrecht zu.[955]

949 Dazu oben unter § 4 B.I.3.a), S. 166 f.
950 Dazu oben unter § 4 B.I.3.c), S. 168 ff.
951 Dazu oben unter § 4 B.I.3.b), S. 167 f.
952 Dazu oben unter § 4 B.I.4.a), S. 172 f.
953 Dazu oben unter § 4 B.I.4.b), S. 173 ff.
954 Dazu oben unter § 4 B.II.2.a), S. 185 ff.
955 Dazu oben unter § 4 B.II.2.b), S. 192 ff.

Literaturverzeichnis

Adam, Roman F., Die Haftung des Insolvenzverwalters aus § 61 InsO, DZWIR 2008, S. 14–18.

Adolphsen, Jens, Die Rechtsstellung dinglich gesicherter Gläubiger in der Insolvenzordnung, in Kölner Schrift zur Insolvenzordnung, 3. Auflage, Münster 2009, 41. Kapitel, S. 1326–1372 (zit.: *Adolphsen,* Kölner Schrift).

Althammer, Christoph, Verjährungshemmung durch unzulässige Klage des Rechtsnachfolgers, NJW 2011, S. 2172–2175.

Ampferl, Hubert, Der „starke" vorläufige Insolvenzverwalter in der Unternehmensinsolvenz, Köln 2002, zugl. Regensburg, Univ., Diss.

Andres, Dirk / Leithaus, Rolf / Dahl, Michael, Kommentar zur Insolvenzordnung, 3. Auflage, München 2014 (zit.: Andres/Leithaus/*Bearbeiter*).

Andres, Dirk / Pape, Gerhard, Die Freigabe des Neuerwerbs als Mittel zur Bewältigung der Probleme einer selbstständigen Tätigkeit des Schuldners, NZI 2005, S. 141–147.

Balle, Kathleen, Anmerkung zu BGH Urteil v. 7.4.2005 - IX ZR 138/04, EWiR 2005, S. 641–642.

Bamberger, Heinz Georg / Roth, Herbert (Hrsg.), Kommentar zum Bürgerlichen Gesetzbuch, Band 1 §§ 1 – 610, CISG, 3. Auflage, München 2012 (zit.: Bamberger/Roth/*Bearbeiter*).

Bauer, Fritz / Stürner, Rolf / Bruns, Alexander, Zwangsvollstreckungsrecht, 13. Auflage, Heidelberg, München, Landsberg, Berlin 2006.

Bauer, Fritz / Stürner, Rolf, Sachenrecht, 18. Auflage, München 2009.

Baumbach, Adolf / Hopt, Klaus, Kommentar zum Handelsgesetzbuch, 36. Auflage, München 2014 (zit.: Baumbach/Hopt/*Bearbeiter*).

Baumbach, Adolf / Lauterbach, Wolfgang / Albers, Jan / Hartmann, Peter, ZPO, Kommentar, 74. Auflage, München 2016 (zit.: *Baumbach/Lauterbach/Albers/Hartmann,* ZPO).

Beck, Siegfried / Depré, Peter, Praxis der Insolvenz, 2. Auflage, München 2010.

Becker, Christoph, Die zur Sicherheit abgetretene Forderung in der Insolvenz des Zedenten – Zugleich Besprechung der Urteile des BGH vom 23.4.2009 – IX ZR 19/08 und IX ZR 65/08, DZWIR 2010, S. 133–137.

–, Anmerkung zu BGH Urteil v. 20.2.2003 – XI ZR 81/02, DZWIR 2003, S. 332–342.

–, Anmerkung zu BGH Urteil v. 11.7.2002 – IX ZR 262/01, DZWIR 2002, S. 467–470.

–, Anmerkung zu LG Stendal Urteil v. 14.2.2002 – 22 S 208/01, DZWIR 2002, S. 294–305.

Beiner, Torsten / Luppe, Ulrich, Insolvenzanfechtung bei Forderungserwerb aus Sicherungsglobalzessionen, NZI 2005, S. 15–23.

Benckendorff, Hans-Peter, Freigabe von Kreditsicherheiten in der Insolvenz, in Kölner Schrift zur Insolvenzordnung, 3. Auflage, Münster 2009, 43. Kapitel, S. 403–460, (zit.: *Benckendorff,* Kölner Schrift).

Berger, Christian, Die Einziehung zur Sicherheit abgetretener Forderungen nach § 166 Abs. 2 InsO durch den Insolvenzverwalter, in Festschrift für Gero Fischer, München 2008, S. 1–13 (zit.: *Berger,* FS Fischer).

–, Die Verwertung von Absonderungsgut – im Spannungsverhältnis von Bürgerlichem Recht, Insolvenzrecht und Europäischem Recht –, KTS 2007, S. 433–450.

–, Die persönliche Haftung des Insolvenzverwalters gegenüber dem Prozessgegner bei erfolgloser Prozessführung für die Masse, KTS 2004 , S. 185–194.

Berliner Kommentar zum Insolvenzrecht v. Jürgen Blersch, Hans-W. Goetsch, Ulrich Haas, Band I §§ 1–147; Band II, §§ 148–359, Loseblattlfg. Stand Dezember 2015 (zit.: BK-InsO/*Bearbeiter*).

Binz, Fritz / Hess, Harald, Der Konkurs der Insolvenzrechtsreform, Neuwied, Darmstadt 1987.

Blum, Stefan, Zur (Un-)Anfechtbarkeit der Globalzession, zugl. Anmerkung zu LG Berlin, Urt. v. 26.1.2007, ZInsO 2007, S. 528–531.

Bork, Reinhard, Einführung in das Insolvenzrecht, 7. Auflage, Tübingen 2014.

–, Wissenszurechnung im Insolvenz(anfechtungs)recht, DB 2012, S. 33–41.

–, Verfolgungspflichten – Muss der Insolvenzverwalter alle Forderungen einziehen?, ZIP 2005, S. 1120–1124.

–, Die Rolle der Banken in der vorläufigen Insolvenz, ZBB 2001, S. 271–278.

–, § 55 Abs. 2 InsO, § 108 Abs. 2 InsO und der allgemeine Zustimmungsvorbehalt, ZIP 1999, S. 781–786.

Braun, Eberhard, Kommentar zur Insolvenzordnung, 6. Auflage, München 2014 (zit.: Braun/*Bearbeiter*).

–, Anmerkung zu OLG Hamm Urt. v. 8.6.1995 – 27 U 18/95, EWiR 1995, S. 905–906.

Brandt, Sven / Günther, Antje, Kongruenz von Kreditsicherheiten – gleichzeitig eine Besprechung von OLG Karlsruhe BKR 2006, 161, BKR 2006, S. 232–237.

Brehm, Wolfgang, Anmerkung zu BGH Urteil v. 27.10.1988 – IX ZR 27/88, JZ 1989, S. 300–301.

–, Anmerkung zu BGH Urteil v. 19.3.1987 – III ZR 2/86, JR 1988, S. 6–17.

Brei, Kathrin / Bultmann, Britta, Insolvenzrecht, 1. Auflage, Baden-Baden 2007.

Brinkmann, Moritz, Kreditsicherheiten an beweglichen Sachen und Forderungen, Tübingen 2011, zugl. Köln, Univ., Habil.-Schrift 2009.

–, Anmerkung zu BGH Urt. v. 15.4.2010 – IX ZR 62/09, KTS 2010, S. 343–347.

Brox, Hans / Walker, Wolf-Dietrich, Besonderes Schuldrecht, 40. Auflage, München 2016.

–, Zwangsvollstreckungsrecht, 10. Auflage, München 2014.

Buck-Heeb, Petra, Private Kenntnis in Banken und Unternehmen – Haftungsvermeidung durch Einhaltung von Organisationspflichten –, WM 2008, S. 281–285.

–, Wissen und juristische Personen: Wissenszurechnung und Herausbildung zivilrechtlicher Organisationspflichten, Tübingen 2001, zugl. Tübingen, Univ., Habil.-Schrift 1999 (zit.: *Buck-Heeb,* Wissen und juristische Personen).

Bülow, Peter, Recht der Kreditsicherheiten, 8. Auflage, Heidelberg, München, Landsberg, Frechen, Hamburg 2012 (zit.: *Bülow,* Recht der Kreditsicherheiten).

–, Grundfragen der Verfügungsverbote, JuS 1994, S. 1–8.

Bundesministerium der Justiz (Hrsg.), Erster Bericht der Kommission für Insolvenzrecht, Köln 1985.

Dahl, Michael, Die Behandlung der Kostenbeiträge nach §§ 170, 171 InsO bei Übersicherung des Sicherungsgläubigers unter besonderer Berücksichtigung des Sicherheitenpools, NZI 2004, S. 615–618.

Damerius, Oliver, Das Schicksal schwebender Verfahren des Insolvenzschuldners, Baden-Baden 2007, zugl. Köln, Univ., Diss.

Diederichsen, Uwe, Die Prozessführung des Gemeinschuldners für den Konkursverwalter, KTS 1963, S. 94–104.

Dinstühler, Klaus-Jürgen, Die prozessuale Wirkungsweise des § 265 ZPO, ZZP 112 (1999), S. 61–97.

Eckardt, Diederich, Surrogationsfragen bei der Verwertung von Sicherungsgut im Insolvenzverfahren, in Festschrift für Eberhard Schilken, München 2015, S. 645–661 (zit.: *Eckardt,* FS Schilken).

–, Anmerkung zu BGH Urteil v. 17.9.2009 – IX ZR 106/08, EWiR 2010, S. 191–192.

–, Vorausverfügung und Sequestration – Eine Besprechung des Urteils des Bundesgerichtshofs vom 20. März 1997, ZIP 1997, S. 957–967.

Erman, Walter, Kommentar zum Bürgerlichen Gesetzbuch, 14. Auflage, Köln 2014 (zit.: Erman/*Bearbeiter*).

Eßbauer, Susanne, Die Insolvenzfestigkeit der Globalzession – Zugleich Besprechung der Entscheidung des BGH v. 29.11.2007 – IX ZR 30/07, ZInsO 2008, S. 598–603.

Fatemi, Aliresa, Der Begriff der Kenntnis im Bürgerlichen Recht, NJOZ 2010, S. 2637–2642.

Flitsch, Michael, Anmerkung zu BGH Urteil v. 15.4.2010 – IX ZR 62/09, EWiR 2010, S. 615–616.

–, Gesetzentwurf zur Vereinfachung des Insolvenzverfahrens – Großer Wurf oder Stückwerk?, BB 2006, S. 1805–1809.

Flöther, Lucas F., André Wehner, Die Globalzession im Insolvenzeröffnungsverfahren, NZI 2010, S. 554–558.

Foerste, Ulrich, Insolvenzrecht, 6. Auflage, München 2014.

Foltis, Richard, Verwertungsbefugnisse des vorläufigen Insolvenzverwalters nach § 21 Abs. 2 Nr. 2 2. Alt. InsO, ZInsO 1999, S. 386–393.

Frankfurter Kommentar zur Insolvenzordnung, 8. Auflage, Köln 2015 (zit.: FK-InsO/ *Bearbeiter*).

Frankfurter Kommentar zur Insolvenzordnung, 4. Auflage, München 2006 (zit.: FK-InsO[4]/*Bearbeiter*).

Frege, Michael C./ Keller, Ulrich / Riedel, Ernst, Handbuch der Rechtspraxis, Band 3, Insolvenzrecht, 8. Auflage, München 2015.

Freudenberg, Nils, Anmerkung zu OLG Rostock Urteil v. 15.5.2008 – 3 U 18/08, EWiR 2008, S. 727–728.

Frind, Frank, Der vorläufige Gläubigerausschuss – Rechte, Pflichten, Haftungsgefahren, ZIP 2012, S. 1380–1387.

–, Die Praxis fragt, „ESUG“ antwortet nicht – Eine Exegese der wichtigsten „ESUG“-Auslegungsfragen mit Handlungsvorschlägen, ZInsO 2011, S. 2249–2161.

Fritsche, Stefan, Entwicklungstendenzen der Zustimmungsverwaltung nach §§ 21 Abs. 2 Nr. 2 2. Alt., 22 Abs. 2 InsO im Insolvenzeröffnungsverfahren, DZWIR 2005, S. 265–277.

Ganter, Hans Gerhard, Zahlungsvergleiche über globalzedierte Forderungen in der Insolvenz, ZIP 2014, S. 53–58.

–, Besondere Haftungsrisiken des Insolvenzverwalters bei der Verwertung von Sicherungsgut, in Festschrift für Jobst Wellensiek, München 2011, S. 399–414 (zit.: *Ganter,* FS Wellensiek).

–, Betriebsfortführung durch den vorläufigen Verwalter trotz Globalzession?, NZI 2010, S. 551–554.

–, Der Surrogationsgedanke bei der Aus- und Absonderung, NZI 2008, S. 583–588.

–, Sicherungsmaßnahmen gegenüber Aus- und Absonderungsberechtigten im Insolvenzeröffnungsverfahren, NZI 2007, S. 549–555.

–, Zweifelsfragen bei der Ersatzaussonderung und Ersatzabsonderung, NZI 2005, S. 1–9.

Ganter, Hans Gerhard / Bitter, Georg, Rechtsfolgen berechtigter und unberechtigter Verwertung von Gegenständen mit Absonderungsrechten durch den Insolvenzverwalter, ZIP 2005, S. 93–103.

Gehrlein, Markus, Schuldbefreiung des Versicherers bei Zahlung an insolventen Versicherungsnehmer?, VersR 2015, S. 38–40.

–, Verfügungsbeschränkungen vor und nach Insolvenzeröffnung, WM 2014, S. 485–536.

–, Erwerb von Rechten zu Lasten der Insolvenzmasse im Eröffnungsstadium, ZIP 2011, S. 5–16.

Gerhardt, Walter, Zur Verwertung von Sicherungsgut im Insolvenzverfahren, in Gedächtnisschrift für Peter Arens, München 1993, S. 127–142, (zit.: *Gerhardt,* GS für Arens).

–, Der Surrogationsgedanke im Konkursrecht – dargestellt an der Ersatzaussonderung, KTS 1990, S. 1–14.

Gessner, Tim, Zahlungsvergleiche über globalzedierte Forderungen in der Insolvenz, ZIP 2012, S. 455–459.

Gogger, Martin, Insolvenzgläubiger-Handbuch, 3. Auflage, München 2011.

Gottwald, Peter (Hrsg.), Insolvenzrechts-Handbuch, 5. Auflage, München 2015 (zit.: Gottwald/*Bearbeiter*).

–, Der verlängerte Eigentumsvorbehalt in der Käuferinsolvenz, in Festschrift für Gero Fischer, München 2008, S. 183–192 (zit.: *Gottwald,* FS Fischer).

Gottwald, Peter / Adolphsen, Jens, Die Rechtsstellung dinglich gesicherter Gläubiger in der Insolvenzordnung, in Kölner Schrift zur Insolvenzordnung, 2. Auflage, Berlin 2000, S. 1043–1082.

Grau, Jörg, Realisierung von Absonderungsrechten an Forderungen aus nichterfüllten Verträgen, Köln, Berlin, München 2006, zugl. Hamburg, Univ., Diss.

Grub, Volker, Die Zinspflicht nach § 169 InsO – eine wirtschaftlich und rechtlich unsinnige Regelung, DZWIR 2002, S. 441–444.

Gundlach, Ulf, Die Ersatzabsonderung, KTS 1997, S. 553–565.

–, Der Ersatzaussonderungsberechtigte, Frankfurt, Berlin, Bern, New York, Paris, Wien 1994, zugl. Göttingen, Univ., Diss.

Gundlach, Ulf / Frenzel, Volkhard, Anmerkung zu BGH Urteil v. 23.4.2009 – IX ZR 65/08, NJW 2009, S. 2306.

–, Verzinsung bei verzögerter Verwertung – Anmerkung zu LG Stendal, Urt. .v. 14.2.2002, 22 S 208/01, DStR 2002, S. 1776.

Gundlach, Ulf / Frenzel, Volkhard / Schmidt, Nikolaus, Die Einflussnahme auf die Kostenbeteiligung eines Absonderungsberechtigten gem. §§ 170, 171 InsO, NZI 2002, S. 530–534.

–, Die Verwertungsbefugnis aus §§ 166 ff. InsO, NZI 2001, S. 119–124.

–, Die Anwendbarkeit des § 48 auf Veräußerungen durch den Insolvenzschuldner, DZWIR 2001, S. 441–445.

–, Die Mitteilungspflicht des § 168 InsO, DZWIR 2001, S. 18–21.

–, Der Anwendungsbereich der §§ 170, 171 InsO, DZWIR 2001, S. 140–144.

–, Die Rechtsstellung des Absonderungsberechtigten im Fall der Verwertung eines Gegenstands gem. §§ 166 ff. InsO, ZInsO 2001, S. 537–544.

–, Das Auskunftsrecht des § 167 InsO, KTS 2001, S. 241–249.

–, Die Haftung des Insolvenzverwalters gegenüber Aus- und Absonderungsberechtigten, NZI 2001, S. 350–356.

Gundlach, Ulf / Frenzel, Volkhard / Jahn, Andreas, Die Einziehungsermächtigung und der vorläufige Insolvenzverwalter, zugl. Anmerkung zu BGH Urteil v. 21.1.2010 – IX ZR 65/09, NZI 2010, S. 336–338.

Gundlach, Ulf / Frenzel, Volkhard / Schirrmeister, André, Nochmals – die sogenannte zweite Ersatzaussonderung, KTS 2003, S. 69–76.

Gundlach, Ulf / Schirrmeister, André, Die aus- und absonderungsfähigen Gegenstände in der vorläufigen Verwaltung, NZI 2010, S. 176–178.

–, Anmerkung zu BGH Urteil v. 16.7.2009 – IX ZR 118/08, EWiR 2009, S. 685–686.

Haarmeyer, Hans, Die „Freigabe" selbstständiger Tätigkeit des Schuldners und die Erklärungspflichten des Insolvenzverwalters, ZInsO 2007, S. 696–698.

–, Grenzen zulässiger Verwertungs- und Abwicklungsmaßnahmen im Insolvenzeröffnungsverfahren, in Festschrift für Gerhart Kreft, Recklinghausen 2004, S. 267–289 (zit.: *Haarmeyer,* FS Kreft).

Haarmeyer, Hans / Wutzke, Wolfgang / Förster, Karsten, Handbuch der vorläufigen Insolvenzverwaltung, 1. Auflage, München 2011.

Haas, Ulrich / Scholl, Stefanie, Hinweispflicht und Hinweisrecht auf alternative Verwertungsmöglichkeiten gem. § 168 InsO, NZI 2002, S. 642–647.

Häcker, Robert, Die Empfangszuständigkeit des Sicherungszessionars für sicherungshalber abgetretene Geldforderungen im eröffneten Insolvenzverfahren, NZI 2002, S. 409–413.

–, Abgesonderte Befriedigung aus Rechten, Köln 2001, zugl. Tübingen, Univ., Diss.

Hamburger Kommentar zum Insolvenzrecht, InsO, EUInsVO, InsVV, VbrInsVV, Insolvenzstrafrecht, 5. Auflage, Köln 2015 (zit.: HambKomm/*Bearbeiter*).

Harder, Manfred, Forum: Die Erfüllungsannahme durch den Minderjährigen – lediglich rechtlicher Vorteil, JuS 1977, S. 149–152.

Harder, Sirko, Insolvenzrechtliche Surrogation, Köln 2002, zugl. Tübingen, Univ., Diss.

–, Ersatzabsonderung und dingliche Surrogation, KTS 2001, S. 97–117.

Häsemeyer, Ludwig, Insolvenzrecht, 4. Auflage, Köln, München 2007.

Heidelberger Kommentar, Insolvenzordnung, 7. Auflage, Heidelberg, München, Landsberg, Frechen, Hamburg 2014 (zit.: HK/*Bearbeiter*).

Heinze, Harald, Die Verwertung von Lohnabtretungen als Kreditsicherheit von Banken, ZInsO 2013, S. 2401–2411.

Hellmich, Nicole, Zur Zinszahlungspflicht des Insolvenzverwalters nach § 169 InsO, ZInsO 2005, S. 678–682.

Henckel, Wolfram, Freigabe und Neuerwerb, in Festschrift für Gerhart Kreft, Recklinghausen 2004, S. 291–305 (zit.: *Henckel,* FS Kreft).

–, Stein – Jonas – ein Großkommentar zur Zivilprozessordnung, JZ 1992, S. 645–656.

–, Parteilehre und Streitgegenstand im Zivilprozess, Heidelberg 1961 (zitiert: *Henckel,* Parteilehre).

Henkel, Andreas, Anmerkung zu BGH Urteil v. 21.1.2010 – IX ZR 65/09, NJW 2010, S. 2590–2591.

Herbert, Ulrich, Die Sequestration im Konkursantragsverfahren, Frankfurt, Bern, New York, Paris 1988, zugl. Regensburg, Univ., Diss.

Herchen, Axel, Anmerkung zu OLG Köln Urteil v. 30.4.2008 – 2 U 19/07, EWiR 2008, S. 565–566.

Hess, Harald, Großkommentar zum Insolvenzrecht, 2. Auflage, Heidelberg, München, Landsberg, Berlin 2013 (zit.: Hess/*Bearbeiter*).

Huth, Vera, Kreditsicherungsrecht im Lichte der neuen Insolvenzordnung, Frankfurt am Main, Berlin, Bern, Bruxelles, New York, Oxford, Wien 2000, zugl. Würzburg, Univ., Diss.

Jacobi, Christoph Alexander, Der latente Widerspruch zwischen kongruenter Globalzession und inkongruentem AGB-Pfandrecht, ZIP 2006, S. 2351–2358.

Jacoby, Florian, Das private Amt, Tübingen 2007, zugl. Hamburg, Univ., Habil.-Schrift, 2005.

–, Anmerkung zu BGH Urteil v. 10.12.2009 – IX ZR 1/09, EWiR 2010, S. 123–124.

Jaeger, Großkommentar zur Insolvenzordnung, Erster Band, §§ 1–55, Berlin 2004; Zweiter Band, §§ 56–102, Berlin 2007 (zit.: Jaeger/*Bearbeiter*).

Jaeger, Großkommentar zur Konkursordnung, §§ 1–42, Register, 9. Auflage, Berlin 1997 (zit.: Jaeger/*Henckel* KO).

–, Konkursordnung mit Einführungsgesetzen, §§ 71–206, 8. Auflage, Berlin 1973 (zit.: Jaeger-KO/*Bearbeiter*).

–, Konkursordnung mit Einführungsgesetzen, Erster Band, §§ 1–70, 8. Auflage, Berlin 1958 (zit.: Jaeger/*Lent* KO).

Jahn, Andreas, Anmerkung zu BGH Urteil v. 23.4.2009 – IX ZR 65/08, NZI 2009, S. 427.

Jaffé, Michael / Hellert, Joos, Keine Haftung des vorläufigen Insolvenzverwalters bei Anordnung eines allgemeinen Zustimmungsvorbehalts, ZIP 1999, S. 1204–1207.

Jauernig, Othmar, Bürgerliches Gesetzbuch mit Allgemeinem Gleichbehandlungsgesetz, 16. Auflage, München 2015 (zit.: Jauernig/*Bearbeiter*).

–, Ist die Rechtsmacht des Konkursverwalters durch den Konkurszweck begrenzt?, in Festschrift für Friedrich Weber, Berlin, New York 1975, S. 307–322.

Johlke, Horst M. / Jensen, Birte, Die Globalzession in der vorläufigen Insolvenzverwaltung – Fortführungsauftrag und Absonderungspflicht im Insolvenzeröffnungsverfahren, in Festschrift für Jobst Wellensiek, München 2011, S. 563–576 (zit.: *Johlke/Jensen,* FS Wellensiek).

Kayser, Godehard, Leistungen Dritter an den Schuldner nach Insolvenzeröffnung, in Festschrift für Jobst Wellensiek, München 2011, S. 211–219 (zit.: *Kayser,* FS Wellensiek).

Keller, Christoph, Anmerkung zu BGH Urteil v. 15.4.2010 – IX ZR 62/09, WuB VI A. § 82 InsO 2.10, S. 765–768.

–, Anmerkung zu BGH Urteil v. 23.4.2009 – IX ZR 19/08, WuB VI A. § 166 InsO 3.09, S. 733–736.

–, Anmerkung zu BGH Urteil v. 24.3.2009 – IX ZR 112/08, WuB VI A. § 166 1.09, S. 567–568.

Kießling, Erik / Singhof, Bernd, Verfügungsbeschränkungen in der vorläufigen Insolvenz – insbesondere zu Grundlagen und Wirkungen besonderer Verfügungsverbote und Zustimmungsvorbehalte – , DZWIR 2000, S. 353–363.

Kilger, Joachim / Schmidt, Karsten, Insolvenzgesetze, KO/VglO/GesO, 17. Auflage, München 1997.

Kindl, Johann / Meller-Hannich, Caroline / Wolf, Hans-Joachim, Gesamtes Recht der Zwangsvollstreckung: ZPO, ZVG, Nebengesetze, europäische Regelungen, Kosten, 3. Auflage, Baden-Baden 2015 (zit.: Kindl/Meller-Hannich/Wolf/*Bearbeiter*).

Kirchhof, Hans-Peter, Zwei Jahre Insolvenzordnung – Ein Rückblick, ZInsO 2001, S. 1–13.

–, Masseverwertung durch den vorläufigen Insolvenzverwalter, ZInsO 1999, S. 436–439.

–, Rechtsprobleme bei der vorläufigen Insolvenzverwaltung, ZInsO 1999, S. 365–369.

Klinck, Fabian, Die Grundlagen der besonderen Insolvenzanfechtung: Gläubiger- und Vertrauensschutz im Übergang vom Prioritäts- zum Gleichbehandlungsgrundsatz, Berlin, Boston, Mass. 2011, zugl. Passau, Univ., Habil.-Schrift 2009.

–, Die Vergleichsbefugnis des Prozessstandschafters, WM 2006, S. 417–423.

Knof, Béla, Anmerkung zu BGH Urteil v. 21.1.2010 – IX ZR 65/09, EWiR 2010, S. 395–396.

Koch, Harald, Anmerkung zu BGH Urteil v. 19.3.1987 – III ZR 2/86, JZ 1987, S. 991–992.

Koller, Ingo / Kindler, Peter / Roth, Wulf-Henning / Morck, Winfried, Kommentar zum Handelsgesetzbuch, 8. Auflage, München 2015 (zitiert: *Koller/Kindler/Roth/Morck*).

Köster, Malte, Anmerkung zu OLG Celle Urteil v. 27.3.2008 – 13 U 160/07, EWiR 2008, S. 631–632.

Krüger, Stefan / Opp, Julian, Wirksamkeit des Forderungserwerbs durch einen Factor im Insolvenzeröffnungsverfahren und individuelle Konzernverrechnungsvereinbarung, NZI 2010, S. 672–675.

Krull, Helge, Ersatzaussonderung und Kontokorrent – zugleich Anmerkung zu BGH Urteil v. 11.3.1999 – IX ZR 164/98, ZInsO 1999, S. 304–309.

Kübler, Bruno M. / Prütting, Hanns / Bork, Reinhard (Hrsg.), Kommentar zur Insolvenzordnung, Stand Dezember 2015, 66. Lieferung (zit.: K/P/B/*Bearbeiter*).

Kuder, Karen, Besitzlose Mobiliarsicherheiten im Insolvenzantragsverfahren nach dem geänderten § 21 InsO, ZIP 2007, S. 1690–1698.

–, Das Ende der Globalzession? Anfechtbarkeit von Globalzession und von Verrechnungen von Zahlungseingängen bei offener Kreditlinien, ZInsO 2006, S. 1065–1071.

Kuhn, Georg, Die Rechtsprechung des BGH zum Insolvenzrecht, WM 1964, S. 998–1110.

–, Die Rechtsprechung des BGH zum Insolvenzrecht, WM 1969, S. 226–239.

Kuhn, Georg / Uhlenbruck, Wilhelm, Kommentar zur Konkursordnung, 11. Auflage, München 1994 (zit.: *Kuhn/Uhlenbruck*-KO).

Landfermann, Hans-Georg, Allgemeine Wirkungen der Insolvenzeröffnung, in Kölner Schrift zur Insolvenzordnung, 2. Auflage, Berlin 2000, S. 159–192 (zit.: *Landfermann,* Kölner Schrift[2]).

–, Die Rechtsstellung der dinglich gesicherten Gläubiger im künftigen Insolvenzverfahren, KTS 1987, S. 381–410.

Larenz, Karl, Lehrbuch des Schuldrechts, Band I: Allgemeiner Teil, 14. Auflage, München 1987 (zit.: *Larenz,* Schuldrecht).

Larenz, Karl / Canaris, Claus-Wilhelm, Methodenlehre der Rechtswissenschaft, 3. Auflage, Berlin, Heidelberg, New York, Barcelona, Budapest, Hong Kong, London, Mailand, Paris, Tokyo 1995 (zit.: *Larenz/Canaris,* Methodenlehre).

Leiner, Miriam, Die Sicherungszession in der Krise – zugleich Anmerkung zu BGH v. 2.6.2005 – IX ZR 181/03 und OLG Karlsruhe Urteil v. 8.4.2005 – 14 U 200/03, ZInsO 2006, S. 460–463.

Leithaus, Rolf, Globalzessionen auf dem Prüfstand, NZI 2007, S. 545–549.

–, Anmerkung zu BGH Urteil v. 20.11.2003 – IX ZR 259/02, NZI 2004, S. 138–139.

Leithaus, Rolf / Riewe, Anne Deike, Insolvenzspezifische Risiken für Drittschuldner sicherungszedierter Forderungen, DStR 2010, S. 2194–2198.

Leonhardt, Peter / Smid, Stefan / Zeuner, Mark (Hrsg.), Kommentar zur Insolvenzordnung, 3. Auflage, Stuttgart 2010 (zit.: L/S/Z/*Bearbeiter*).

Lepa, Brita, Insolvenzordnung und Verfassungsrecht: eine Untersuchung der Verfassungsmäßigkeit der InsO und der Einwirkung verfassungsrechtlicher Wertungen auf die Anwendung dieses Gesetzes, Berlin 2002, zugl. Bonn, Univ., Diss. (zit.: *Lepa,* Insolvenzordnung und Verfassungsrecht).

Looff, Franziska, Anmerkung zu BGH Urteil v. 23.4.2009 – IX ZR 19/08, EWiR 2009, S. 551–552.

Looschelders, Dirk, Schuldrecht / Allgemeiner Teil, 13. Auflage, München 2015 (zit.: *Looschelders,* Schuldrecht).

Lüke, Wolfgang, Persönliche Haftung des Verwalters in der Insolvenz, 5. Auflage, Köln 2015.

–, Zivilprozessrecht, 10. Auflage, München 2011.

–, Zu den Folgen von rechtswidrigen Verwertungshandlungen bei zur Sicherheit abgetretenen Forderungen, in Festschrift für Gero Fischer, München 2008, S. 353–363 (zit.: *Lüke,* FS Fischer).

–, Haftungsrecht überdacht – Überlegungen zur Systematik der Insolvenzverwalterhaftung, ZIP 2005, S. 1113–1120.

Lwowski, Hans-Jürgen / Tetzlaff, Christian, Verwertung von Absonderungsgut im Besitz des Insolvenzverwalters, in Festschrift für Gero Fischer, München 2008, S. 365–378 (zit.: *Lwowski/Tetzlaff,* FS Fischer).

–, Übertragung der Befugnis zum Einzug sicherungshalber abgetretener Forderungen auf den vorläufigen Insolvenzverwalter durch Anordnung des Insolvenzgerichts?, NZI 1999, S. 395–397.

Marotzke, Wolfgang, Die dinglichen Sicherheiten im neuen Insolvenzrecht, ZZP 109 (1996), S. 429–471.

–, Anmerkung zu BGH Urteil v. 19.3.1987 – III ZR 2/86, EWiR 1987, S. 725–726.

Maunz, Theodor / Dürig, Günter, Grundgesetz Kommentar, Band II Art. 6–15, Stand März 2014, 71. Lieferung, München (zit.: Maunz/Dürig/*Bearbeiter*).

Maus, Karl Heinz, Steuern bei Neuerwerb im Insolvenzverfahren oder: Der ungeliebte Neuerwerb, ZIP 2004, S. 389–394.

Meyer, Guido, Selbstständige Beweisverfahren in der Insolvenz eines Verfahrensbeteiligten, NZI 2005, S. 9–15.

Mitlehner, Stephan, Wirkung der Eröffnung des Insolvenzverfahrens auf Kreditsicherungsrechte an Immobilien, Sachen, Rechten und Forderungen, ZIP 2015, S. 60–64.

–, Mobiliarsicherheiten im Insolvenzverfahren, 4. Auflage, Köln 2016.

–, Mobiliarsicherheiten im Insolvenzverfahren, 3. Auflage, Köln 2012 (zit.: *Mitlehner,* Mobiliarsicherheiten im Insolvenzverfahren[3]).

–, Die Verwertung sicherungszedierter Forderungen im Insolvenzantragsverfahren, zugl. Besprechung BGH v. 21.1.2010 – IX ZR 65/09, ZIP 2010, S. 1934–1938.

–, Anfechtungsanspruch bei antizipierter Sicherungsübertragung, ZIP 2007, S. 1925–1931.

–, Verwertung sicherungszedierter Forderungen durch den Insolvenzverwalter, ZIP 2001, S. 677–681.

Mohrbutter, Harro, Anmerkung zu BGH Urteil v. 17.11.2005 – IX ZR 174/04, WuB VI. A. § 166 1.06, S. 429–430.

Mönning, Rolf-Dieter, Verwertung und Nutzung von Gegenständen mit Absonderungsrechten, in FS für Wilhelm Uhlenbruck, Köln 2000, S. 239–268 (zit.: *Mönning,* FS Uhlenbruck).

Müller-Laube, Hans-Martin, Die Empfangszuständigkeit im Zivilrecht, Berlin 1978 (zit.: *Müller-Laube,* Empfangszuständigkeit).

Münchner Kommentar zum Bürgerlichen Gesetzbuch, Hrsg. *Säcker, Franz Jürgen / Rixecker, Roland,* Band 1, Allgemeiner Teil, §§ 1–240, ProstG, AGG, 7. Auflage, München 2015; Band 2, Schuldrecht Allgemeiner Teil, §§ 241– 432, 7. Auflage, München 2016; Band 5, Schuldrecht Besonderer Teil III, §§ 705–853, 6. Auflage, München 2013; Band 6, Sachenrecht, §§ 854–1296; 6. Auflage, München 2013; Band 9, Erbrecht, §§ 1922–2385, 6. Auflage, München 2013 (zit.: MünchKomm-BGB/*Bearbeiter*).

– zum Handelsgesetzbuch, Hrsg. *Schmidt, Karsten,* Band 5, Handelsgeschäfte, §§ 343–406, 3. Auflage, München 2013 (zit.: MünchKomm-HGB/*Bearbeiter*).

– zur Insolvenzordnung, Hrsg. *Kirchhof, Hans-Peter / Eidenmüller, Horst / Stürner, Rolf,* Band 1, §§ 1–79 InsO, insolvenzrechtliche Vergütungsordnung (InsVV), 3. Auflage, München 2013; Band 2, §§ 80–216 InsO, 3. Auflage, München 2013 (zit.: MünchKomm-InsO/*Bearbeiter*).

– zur Zivilprozessordnung, Hrsg. *Rauscher, Thomas / Wax, Peter / Wenzel, Joachim,* Band, 1 §§ 1–354, 4. Auflage, München 2013; Band 2, §§ 355–1024, 4. Auflage, München 2012 (zit.: MünchKomm-ZPO/*Bearbeiter*).

Musielak, Hans-Joachim / Voit, Wolfgang (Hrsg.), Kommentar zur Zivilprozessordnung, 13. Auflage, München 2016 (zit.: Musielak/*Bearbeiter*).

Naraschewski, Alexander, Anmerkung zu OLG Rostock Beschluss v. 18.2.2004 – 3 W 133/03, EWiR 2005, S. 191–192.

Nerlich, Jörg / Kreplin , Georg, Münchner Anwaltshandbuch Insolvenz und Sanierung, 2. Auflage, München 2012.

Nerlich, Jörg / Römermann, Volker (Hrsg.), Insolvenzordnung Kommentar, Stand Januar 2015, 28. Lieferung, München (zit.: N/R/*Bearbeiter*).

Neußer, Anette, Anmerkung zu BGH Urteil v. 23.4.2009 – IX ZR 65/08, EWiR 2009, S. 515-516.

Oberhammer, Paul, Abtretung, Informationsrisiko und Zivilprozess, in Festschrift für Dieter Leipold, Tübingen 2009, S. 101–124 (zit.: *Oberhammer,* FS Leipold).

Obermüller, Manfred, Insolvenzrecht in der Bankpraxis, 8. Auflage, Köln 2011.

–, Überweisungsverkehr bei Insolvenz – unter Berücksichtigung des neuen Rechts der Zahlungsdienste, ZInsO 2010, S. 8–20.

–, Kostenbeiträge und Ausgleichsansprüche bei Verwertung von Mobiliarsicherheiten, NZI 2003, S. 416–418.

–, Verwertung von Mobiliarsicherheiten im Insolvenzantragsverfahren, DZWIR 2000, S. 10–15.

Oerther, Monika, Verwertung des mit Absonderungsrechten belasteten Schuldnervermögens in der Insolvenz nach §§ 165 ff., Hamburg 2010, zugl. Regensburg, Univ., Diss. (zit.: *Oerther,* Verwertung des mit Absonderungsrechten belasteten Schuldnervermögens).

Palandt, Bürgerliches Gesetzbuch, 75. Auflage, München 2016 (zit.: Palandt/*Bearbeiter*).

Pallas, Maren, Die Rechtsstellung der Sicherungsgeber bei der Verwertung des Sicherungseigentums, Köln 2003, zugl. Bremen, Univ., Diss. (zit.: *Pallas,* Die Rechtsstellung der Sicherungsgeber).

Pape, Gerhard, Zweifelsfragen von Sicherungsanordnungen nach § 21 Abs. 2 Nr. 5 InsO auf aussonderungsberechtigte Gläubiger, in Festschrift für Gero Fischer, München 2008, S. 427–444 (zit.: *Pape,* FS Fischer).

–, Entwicklung des Regelinsolvenzverfahrens in den Jahren 2004 – 2006, NJW 2007, S. 411–419.

–, Änderungen im Eröffnungsverfahren durch das Gesetz zur Vereinfachung des Insolvenzverfahrens, NZI 2007, S. 425–432.

–, Anmerkung zu BGH Urteil v. 2.12.2004 – IX ZR 142/03, ZInsO 2005, S. 138–140.

–, Entwurf eines Gesetzes zur Änderung der Insolvenzordnung – Erste Anmerkungen zum Diskussionsentwurf des Bundesministeriums der Justiz, ZInsO 2003, S. 389–396.

–, Anmerkung zu BGH Urteil v. 26.6.2001 – IX ZR 209/98, EWiR 2001, S. 823–824.

–, Einziehungsrecht des Insolvenzverwalters bei sicherungshalber abgetretenen Forderungen, NZI 2000, S. 301–303.

Pape, Irmtraut, Referentenentwurf eines Gesetzes zur Änderung der InsO – Anmerkungen zu den geplanten Neuregelungen, NZI 2004, S. 601–607.

Pape, Irmtraut / Pape, Gerhard, Ausgewählte Entscheidungen zur Unternehmensinsolvenz, ZInsO 2010, S. 1345–1366.

Piekenbrock, Andreas, Zum Wert der Globalzession in der Insolvenz, WM 2007, S. 141–188.

Pohlmann, Ulrich, Befugnisse und Funktionen des vorläufigen Insolvenzverwalters, Köln 1998, zugl. Hamburg, Univ., Diss.

Preuß, Nicola, „Missbrauch der Vertretungsmacht des Insolvenzverwalters, NZI 2003, S. 625–632.

Rauscher, Markus, Aufgaben, Kosten, Nutzen des vorläufigen Gläubigerausschusses, ZInsO 2012, S. 1201–1204.

Reischl, Klaus, Insolvenzrecht, 3. Auflage, Heidelberg, München, Landsberg, Frechen, Hamburg 2014.

Riggert, Lars, Die Rechtsverfolgung der Gläubiger dinglicher Kreditsicherheiten in der Unternehmensinsolvenz des Schuldners, Hamburg 2006, zugl. Kiel, Univ., Diss.

Rombach, Patricia, Die anfängliche und nachträgliche Übersicherung bei revolvierenden Globalsicherheiten, Berlin 2001, zugl. Freiburg (Breisgau), Univ., Diss.

Rosenberg, Leo / Schwab, Karl Heinz / Gottwald, Peter, Zivilprozessrecht, 17. Auflage, München 2010 (*Rosenberg/Schwab/Gottwald,* Zivilprozessrecht).

Rückert, Susann, Einwirkung des Insolvenzverfahrens auf schwebende Prozesse, Köln, Berlin, München 2007, zugl. Hamburg, Univ., Diss.

Runkel, Hans P., Anmerkung zu LG Stendal Urteil v. 7.3.2002 – 22 S 208/01, EWiR 2002, S. 587–588.

Rüssmann, Helmut, Die Einziehungsermächtigung im bürgerlichen Recht – ein Institut richterlicher Rechtsschöpfung, JuS 1972, S. 169–174.

Rüthers, Bernd / Fischer, Christian / Birk, Axel, Rechtstheorie mit juristischer Methodenlehre, 8. Auflage, München 2015 (zit.: *Rüthers/Fischer/Birk,* Rechtstheorie).

Saenger, Ingo (Hrsg.), Kommentar zur Zivilprozessordnung, 6. Auflage, Baden-Baden 2015 (zit.: Saenger/*Bearbeiter*).

Schäfer, Berthold, Zur Rechtssystematik der §§ 80 – 82 InsO und deren Anwendbarkeit bei Kontoeröffnungen des Insolvenzschuldners nach der Anordnung von Verfügungsbeschränkungen, ZInsO 2008, S. 16–18.

Scherer, Inge, Zulässigkeit einer „zweiten Ersatzaussonderung"?, KTS 2002, S. 97–207.

Schilken, Eberhard, Probleme des Wechsels der Sachlegitimation im Zivilprozess, insbesondere auf Klägerseite, in Festschrift für Walter Gerhardt, Köln 2004, S. 879–901 (zit.: *Schilken,* FS Gerhardt).

Schimansky, Herbert / Bunte, Hermann-Josef / Lwowski, Hans-Jürgen, Bankrechts-Handbuch, 4. Auflage, München 2011 (zit. Schimansky/Bunte/Lwowski/*Bearbeiter*).

Schink, Alexander, Rechtsnachfolge und Zivilprozeß – Die §§ 239 ff., 265 Abs. 2 Satz 1 ZPO im Überblick –, Jura 1985, S. 291–297.

Schlegel, Stephan, Der Verwalter als Zahlstelle nach § 166 InsO, NZI 2003, S. 17–21.

Schmidt, Karsten, Handelsrecht, Unternehmensrecht I, 6. Auflage, Köln 2014 (zit.: *Karsten Schmidt,* Handelsrecht).

–, Kommentar zur Insolvenzordnung, 19. Auflage, München 2016 (zit.: Karsten Schmidt-InsO/*Bearbeiter*).

Schmidt, Karsten / Schulz, Wolf, Konkursfreies Vermögen insolventer Handelsgesellschaften?, ZIP 1982, S. 1015–1120.

Schönfelder, Matthias, Anmerkung zu BGH Urteil v. 23.4.2009 – IX ZR 65/08, WuB VI A. § 166 InsO 2.09, S. 643–645.

Schreiber, Klaus, Die Prozessführungsbefugnis im Zivilprozess, Jura 2010, S. 750–753.

Schumacher, Rolf, Anmerkung zu BGH Urteil v. 20.2.2003 – IX ZR 81/02, EWiR 2003, S. 425–426.

Serick, Rolf, Eigentumsvorbehalt und Sicherungsübertragung, Band III, 1970, Band V, 1982.

Seuffert, Walter, Verfassungsrechtliche Fragen zu den Reformvorschlägen der Kommission für Insolvenzrecht, ZIP 1986, S. 1157–1165.

Siegmann, Matthias, Anmerkung zu BGH Urteil v. 16.7.2009 – IX ZR 118/08, WuB VI A. § 82 InsO 1.10, S. 49–52.

Simokat, Alexander, Vorausverfügungen über künftige Forderungen im vorläufigen Insolvenzverfahren, NZI 2012, S. 57–63.

Sinz, Ralf, Leasing und Factoring im Insolvenzverfahren, in Kölner Schrift zur Insolvenzordnung, 3. Auflage, Münster 2009, 14. Kapitel, S. 403–460 (zit.: *Sinz,* Kölner Schrift).

Smid, Stefan, Kreditsicherheiten in der Insolvenz, 3. Auflage, Stuttgart 2015 (zit.: *Smid,* Kreditsicherheiten in der Insolvenz).

–, Kreditsicherheiten in der Insolvenz, 2. Auflage, Stuttgart 2008 (zit.: *Smid,* Kreditsicherheiten in der Insolvenz^2).

–, Vereinnahmung von sicherungszedierten Forderungen im Eröffnungsverfahren – Zugleich zum Urteil des BGH vom 21.1.2010 – IX ZR 65/09, DZWIR 2010, S. 309–316.

–, Struktur und systematischer Gehalt des deutschen Insolvenzrechts in der Judikatur des IX. Zivilsenats des Bundesgerichtshofs, DZWIR 2007, S. 485–516.

–, Struktur und systematischer Gehalt des deutschen Insolvenzrechts in der Judikatur des IX. Zivilsenats des Bundesgerichtshofs (II), DZWIR 2004, S. 265–285.

–, Globalzession der Forderungen und Liquidität des schuldnerischen Unternehmensträgers nach Antragsstellung – Überlegungen zur Sicherheitenverwertung im Eröffnungsverfahren nach geltendem Recht und dem Referentenentwurf zur Änderung der InsO –, WM 2004, S. 2373–2416.

–, Einige Fragen des InsOÄndG und der weiteren Reparatur der InsO, DZWIR 2002, S. 221–232.

Sponagel, Maximilian, Gläubigerinformation im Insolvenzverfahren, DZWIR 2011, S. 270–276.

Staudinger, Julius v., Kommentar zum Bürgerlichen Gesetzbuch mit Einführungsgesetz und Nebengesetzen, Zweites Buch, Recht der Schuldverhältnisse, §§ 362–396, Berlin 2011; §§ 397–432, Berlin 2012; Fünftes Buch, Erbrecht, §§ 2346–2385, Berlin 2010.

Stein, Friedrich / Jonas, Martin (Hrsg.), Kommentar zur Zivilprozessordnung, Band 2 §§ 41–127a, 22. Auflage, Tübingen 2004; Band 3, §§ 128–252, 22. Auflage, Tübingen 2005; Band 4, §§ 253–327, 22. Auflage, Tübingen 2008; Band 8, §§ 828–915h, 22. Auflage, Tübingen 2004 (zit.: Stein/Jonas/*Bearbeiter*).

Stern, Klaus, Insolvenzrechtsreform und verfassungsrechtlicher Schutz der Mobiliarsicherungsgläubiger, in Festschrift für Herbert Helmrich, München 1994, S. 737–754 (zit.: *Stern,* FS Helmrich).

Sternal, Werner, Das Gesetz zur Vereinfachung des Insolvenzverfahrens, NJW 2007, S. 1909–1914.

Stoll, Ralf, Die Globalzession, Baden-Baden 2010, zugl. Freiburg (Breisgau), Univ., Diss.

Strotmann, Gerrit / Tetzlaff, Christian, Besicherung von Massekrediten aus Sicht des Kreditinstituts, ZInsO 2011, S. 559–562.

Szalai, Stephan, Die Verwertungsbefugnis des Insolvenzverwalters bei Sicherungsabtretung, ZInsO 2009, S. 1177–1188.

Tetzlaff, Christian, BGH: Keine Aushöhlung des Verwertungsrechts des Insolvenzverwalters aus § 166 Abs. 2 InsO, Anmerkung zu BGH Urteil v. 23.4.2009 - IX ZR 19/08, GWR 2009, S. 155.

–, Anmerkung zu BGH Urteil v. 3.12.2009 - IX ZR 7/09, WuB VI A. § 21 InsO 2.10, S. 303–306.

Thiemann, Stephan, Die vorläufige Masseverwaltung im Insolvenzeröffnungsverfahren, Berlin 2000, zugl. Halle/Saale, Univ., Diss.

Thole, Christoph, Anmerkung zu BGH Urteil v. 16.7.2009 – IX ZR 118/07, JZ 2010, S. 50–52.

Uhlenbruck, Wilhelm (Hrsg.) Kommentar zur Insolvenzordnung, 12. Auflage, München 2003 (zit.: Uhlenbruck[12]/*Bearbeiter*).

–, Die Rechtsstellung des vorläufigen Insolvenzverwalters, in Kölner Schrift zur Insolvenzordnung, 3. Auflage, Münster 2009, 6. Kapitel, S. 159–207 (zit.: *Uhlenbruck,* Kölner Schrift).

–, Bankrechtliche Aspekte der Insolvenzrechtsreform 1994, in Festschrift für Ralf Vieregge, Berlin, New York 1995, S. 883–900 (zit.: *Uhlenbruck,* FS Vieregge).

Uhlenbruck, Wilhelm / Heribert, Hirte / Heinz, Vallender (Hrsg.) Kommentar zur Insolvenzordnung, 14. Auflage, München 2015 (zit.: Uhlenbruck/*Bearbeiter*).

Urban, Norbert, Prozeßführungsbefugnis des nach § 106 KO bestellten Sequesters, MDR 1982, S. 441–446.

Vallender, Heinz, Das rechtliche Gehör im Insolvenzverfahren, in Kölner Schrift zur Insolvenzordnung, 3. Auflage, Münster 2009, 5. Kapitel, 115–157 (zit.: *Vallender,* Kölner Schrift).

–, Bankgeheimnis und Auskunftspflicht der Kreditinstitute im Insolvenzeröffnungsverfahren, in Festschrift für Wilhelm Uhlenbruck, Köln 2000, S. 133–147 (zit.: *Vallender,* FS Uhlenbruck).

–, Aktuelle Tendenzen zum Unternehmensinsolvenzrecht, DStR 1999, S. 2034–2041.

Vollkommer, Gregor, Verfahrensunterbrechung nach § 240 ZPO bei Prozeßstandschaft und Sicherungszession, MDR 1998, S. 1269–1271.

Voß, Matthias, Die Vorausabtretung in der Insolvenz: zum Werthaltigmachen von Forderungen, Frankfurt, Berlin, Bern, Bruxelles, New York, Oxford, Wien 2010, zugl. Halle-Wittenberg, Univ., Diss.

Wagenknecht-Hose, Ute, Vertragliche und umsatzsteuerliche Neuverbindlichkeiten des Schuldners in der Insolvenz, Berlin, Köln, München 2008, zugl. Erlangen, Nürnberg, Univ., Diss.

Weber, Dagmar Gunila, Vermögensrechtlich und haftungsrechtlich veranlasste Surrogation im Insolvenzverfahren, Aachen 2003, zugl. Heidelberg, Univ., Diss.

Weber, Friedrich, Anmerkung zu BGH Urteil v. 29.5.1961 – XII ZR 46/60, JZ 1963, S. 223–225.

Wegmann, Frank, Die Empfangszuständigkeit des Sicherungszessionars trotz Verwertungsrechts des Insolvenzverwalters, ZInsO 2008, S. 1014–1016.

Weigelt, Jan Hendrik, Sicherungsanordnungen gegenüber aus- und absonderungsberechtigten Gläubigern gemäß § 21 Abs. 2 S. 1 Nr. 5 InsO, Hamburg 2010, zugl. Hamburg, Univ., Diss. (zit.: *Weigelt,* Sicherungsanordnungen).

Wellensiek, Jobst, Ein Jahr Insolvenzordnung – Erste Praxiserfahrungen mit dem neuen Recht, BB 2000, S. 1–8.

Wiegand, Wolfgang, Der öffentliche Glaube des Erbscheins, JuS 1975, S. 283–286.

Wilkens, Jochen / Siepmann, Sebastian, Anmerkung zu BGH Urteil v. 22.10.2009 – IX ZR 90/08, EWiR 2010, S. 121–122.

Windel, Peter A., Die Verteilung der Befugnisse zur Entscheidung über Vermögenserwerb zwischen (Gemein-)Schuldner und Konkurs-(Insolvenz-)verwalter bzw. Vollstreckungsgläubiger nach geltendem und künftigen Haftungsrecht, KTS 1995, S. 367–409.

Wittmann, Christian / Kinzl, Ulrich-Peter, Organisationsobliegenheiten bei Insolvenzbekanntmachungen, ZIP 2011, S. 2232–2237.

Zeller, Ulrich / Edelmann, Hervé, Insolvenzfestigkeit der Globalzession, BB 2007, S. 1461–1463.

Zimmermann, Steffen, Rechtsposition, Handlungsalternativen und Kostenbeiträge der absonderungsberechtigten Bank im Rahmen der InsO, NZI 1998, S. 57–64.

Zöller, Richard (Hrsg.), Kommentar zur Zivilprozessordnung, 31. Auflage, Köln 2016 (zit.: Zöller/*Bearbeiter,* ZPO).

Alle Abkürzungen nach *Kirchner, Hildebert,* Abkürzungsverzeichnis der Rechtssprache, 8. Auflage, Berlin 2015.

Schriften zum Gesellschaftsrecht und Unternehmensinsolvenzrecht

Herausgegeben von Hans-Friedrich Müller und Peter Reiff

Band 1 Björn Müller: Haftungsprivilegierung der Geschäftsleitung durch fachkundige Beratung. Entwicklung eines gesellschaftsrechtlichen Vertrauensgrundsatzes unter Berücksichtigung anglo-amerikanischen Rechts. 2016.

Band 2 Sonja Keller: Die Einziehung unbelasteter sowie sicherungsabgetretener Außenstände im Insolvenzverfahren. 2016.